식민지 이성과 마르크스의 방법

지은이

김지형 金知炯 Kim, Ji-Hyoung _ 1972년 서울 출생이다. 한국외국어대학교 한국어교육과와 동대학원 국어국문학과에서 문학박사학위를 받았다. 현재 한국외국어대에서 강의를 하고 있다. 주요 논문으로 「'물 논쟁'에 나타난 김남천의 자기반성적 실천 고찰」, 「전환기의 사상, 리얼리즘의 조건」, 「『신문학사』와 『한국문학사』의 동일성 소고」, 「김유정 소설에 나타난 근대성 고찰」, 「『신개지』에 나타난 이기영의 세계관 고찰」 등이 있다.

식민지 이성과 마르크스의 방법
김남천과 임화의 창작방법론 연구

초판인쇄 2013년 11월 5일 **초판발행** 2013년 11월 15일
지은이 김지형 **펴낸이** 박성모 **펴낸곳** 소명출판 **출판등록** 제13-522호
주소 서울시 서초구 서초동 1621-18 란빌딩 1층
전화 02-585-7840 **팩스** 02-585-7848 **전자우편** somyong@korea.com **홈페이지** www.somyong.co.kr

값 30,000원

ISBN 978-89-5626-917-7 93810

잘못된 책은 바꾸어드립니다.

식민지 이성과 마르크스의 방법

Colonial Reason and Marx's Methodology

김남천과 임화의 창작방법론 연구

김지형

소명출판

책머리에

사회시간, 게마인샤프트와 게젤샤프트의 차이에 대한 선생님의 설명은, 어떤 맥락에서인지는 현재 분명하게 기억되지 않지만, 연구자의 위치로 넘어가고 있었는데, 내 정신은 묘한 충격에 순간 정지된 듯한 경험을 했다. 연구자의 위치란 결국 선생님의 설명 자체를 상대화하는 기묘한 구석이 있다는 것쯤은 건성으로 듣던 나였지만 눈치챌 수 있었다. 선생님의 설명이라면 '사실'일 것이라고, 아니 거짓을 가르칠 것이라고는 생각조차 못하던 때, 연구자의 위치를 말하는 선생님의 설명은 그 설명 안에 연구자의 위치가 포함됨에 따라 완전히 참임은 아닐 수 있다는 막연한 불안을 경험했던 것 같다. '주체의 위치'가 주요 개념인 학위논문을 책으로 엮으면서 서문을 쓰려고 할 때, 묘하게도 중학교 당시 기억이 떠올랐다.

근대문학을 연구하면서 마르크스의 『자본』을 읽지 않을 수 없었다. 겉핥기식으로나마 읽었던 마르크스의 통찰에 매료되기는 학위논문을 준비하면서였다. '가치형태' 전개에 관한 장에서 마르크스는 중량과 어떤 중량을 구분한다. 곧 설탕은 여러 개의 쇳덩이를 통해 중량이 측정되는데, 이때 쇳덩이는 마치 "중량 이외에 아무것도 표시하지 않는 물체로 간주"되지만, 이 쇳덩이가 이러한 역할을 담당하는 것은 설탕과 맺는 "관계 내에서뿐이다." 여기에는 칸트를 빌려 말하면 예지계와 현상계가 동시에 놓여 있고, 이 둘은 모순되지 않는다. 그렇다면 모순은 어디에 있는가? 모순은 이 관계를 실체적인 것으로 오인하는 주체의 위치에 있으며, 이러한 주체의 위치는 사회, 역사적으로 제한된다는 것이 마르크스를 읽은 뒤 내 나름의 결론이다. 마르크스의 통찰은 결국 우리가 살고 있는 세계는 여러 가능한 세계 가운데 하나로서 우연적이지만, 현실태로서의 세계는 필연적으로 작동한다는 것이다. 베이트슨이 발전시킨 이중구속론은 이러한 결론을 입증하는 훌륭한 이론이었다.

카프 연구에서 김남천은, 말하자면 항상 2인자로 평가되었고 나 역시 이견이 없었다. 그러나 지도교수인 채호석 선생님의 권유로 다시 읽으면서 그는 어쩌면 두 세계를 모두 살았던, 마르크스가 말한 '한계 그으며 창발하는' 공산주의적 인간이었다는 결론에 이르렀다. 그리고 바로 그 근거가 '윤리'로서 파악됨으로써, 덤으로 새로운 연구 과제로 안게 되었다. 이에 반해 임화는 지나치게 해석되었다는 느낌을 지울 수 없다. 이 책이 이들을 '제자리에' 놓는데 도움이 되었으면 하는 바람이 있다. 학위논문을 책으로 엮으면서 4장 김남천에 관한 부분과 7장 '치료적 이중구속' 부분은 특히 수정하고 보충했다. 학위논문보다 이 책에서 보다 명료하게 내 생각을 표현했다고 여기고 있다.

나는 이 책에서 마르크스의 이론과 방법을 베이트슨의 이중구속론으로 재해석했고, 이것이 창작방법론을 전개했던 김남천의 방법이었음을 논증했다. 그 성과 여부는 차치하고 아쉬웠던 점은 소위 현대사상의 최전선에 있다고 여겨지는, 가령 들뢰즈나 지젝 등의 이론을 참조하지 못했다는 것이다. 다른 글을 쓰게 된다면 김남천을 중심으로 소위 구인회로 알려진 작가들과 그들을 비교해보려고 한다. 미리 제목을 생각해 봤는데 '믿을 수 없는 여자들'쯤이면 어떨까 한다.

여러모로 부족한 글이지만 책으로 내게 되니 고마운 분들이 많이 떠오른다. 먼저 항상 염려해주시는 부모님께 진심으로 감사의 말씀을 올린다. 늘 기꺼이 함께 걸어주는 아내에게도 고마움뿐이다. 그리고 학문하는 태도를 보여주신 채호석 선생님과 논문 심사라는 고역을 치르시면서도 꼼꼼한 조언을 아끼지 않으셨던 양민정 선생님, 서경석 선생님, 임경순 선생님, 이현식 선생님께 이 자리를 통해 다시 깊은 감사의 말씀을 올린다. 끝으로 출판을 허락해주신 박성모 사장님과 출판에 관해 친절하게 조언해주신 공홍 편집장님, 특히 난문을 꼼꼼히 읽고 바로잡아주신 성영란 님께 감사의 말씀을 드린다.

차례

첫째 장

주체의 위치와 마르크스의 방법

전향과 이중구속

'Hic Rhodus, hic salta!'

마르크스가 당대 부르주아 경제학의 논리가 결국 모순에 이를 수밖에 없음을 조롱하면서 한 말이다. 이들 경제학에 따르면 자본은 유통에서 발생할 수도 없고, 또 마찬가지로 유통에서 발생하지 않을 수도 없다.[1] 그러나 자본은 현실에서 발생했다. 이처럼 '이중구속double bind'은 모순된 두 명제가 등가의 진리 값을 지님으로써, 어떤 선택도 할 수 없는 상황을 의미한다. 이러한 상황에서 부르주아 경제학자들이 자신들의 논리를 이론 '내적'으로 해결하려 할수록, 이들은 더욱더 깊이 늪 속으로 빠질 뿐인데, 마르크스는 이 모순의 근본 원인을 해명함으로써 자본주의의 한계를 명확히 하고, 새로운 사회의 지평을 열어젖힐 수 있었다.

마르크스의 말을 인용한 이유는, 이 글의 주요한 계기인 '전향' 사태, 예컨대 카프의 맹원이었던 박영희의 유명한 전향 선언, "얻은 것은 이데올로기요, 잃은 것은 예술"이 가리키는 바를 명료하게 하기 위해서이다. 이 전향 선언의 근본적 원인은, 역설적이게도 그 마르크시즘 자체를 선택할 수도 부정할 수도 없는 상황이었다. 부르주아 경제학자들이 이중구속적 상황에 빠져 있음을 조롱했던 마르크시즘이 바로 카프 작가들을 매개로 이중구속에 빠졌던 것이다. 곧 마르크시즘을 선택해도 마르크시즘은 부정되었고, 마르크시즘을 부정하는 것은 전향이었기 때문에 부정할 수도 없는 상황이 발생했다. 그러나 전향의 근본적 원인이었던 이러한 상황은 기존 연구에서 충분히 언급되지 못했다. 이에 이 상황에 대한 본격적 분석에 앞서, 그 이유부터 살펴보기로 한다.

박영희를 비롯해 카프의 많은 작가들이 전향할 무렵, 일제는 원활한 대륙진출을 위한 사전 정지작업의 일환으로 사상 탄압을 더욱 강도 높게 진행했고, 그 영향으로 카프가 해산되었다. 따라서 박영희를 비롯한 카프 작가들의 전향은, 그저 일제의 억압을 견뎌낼 수 없었던 지식인의 구차한 자기변명 정도로 해석될 수 있는데, 이러한 해석은 그간 카프 연구를 비롯한 일제 식민시대 문학연구사에서 지배적인 견해로 작용했지만, 이에 대한 의구심이나 회의는 아직 본격적으로 시도되지 않았다.

그러나 이러한 해석이 전향을 이해하는 기본적 해석 틀로 작용할 때, 전제와 결론이 상충되는 경우가 발생하거나, 혹은 어떤 것들은 설명되지 않거나 추측으로 대체되기도 하고, 개체의 기질이 궁극적 원인으로 제시되는 등 여러 문제를 낳는다. 이로써 그동안 '자명하게' 간주되어온 이상의 해석이 비판적으로 재고되어야 할 필요성이 제기된다. 이에 필자는 논의의 편의를 위해, 이상의 해석이 이루어지는 기존 연구의 해석 지평을 '저항의 관점'으로 지칭한다. '저항의 관점'은 일제의 식민주의적 억압과 착취를 전제한다. 그리고 주체는 일제의 억압과 착취에 대한 저항의 방법과 정도로써 측정된다.

'저항의 관점'에서 우선 제기되는 문제는, 이 관점에서는 주체의 능동성이 충분히 설명되지 않는다는 점이다. 해금 이후 바로 출간되어, 카프 연구에 많은 기여를 한 『카프비평자료총서』의 편찬자들은 카프 전개과정을, 신경향파 시기, 제1차방향전환과 대중화논쟁 시기, 볼세비키화(대중화운동) 시기, 카프해산 시기, 카프 해산 후로 구분, 배치했다. 매우 실증적이고 객관적인 것처럼 보이지만, 여기에는 카프 해산을 중심으로 한 '저항의 관점'이 전제되어 있다. 곧 카프가 조직된 이후, 카프 작가들은 자신들의 문학을 대중에게로 가져가서 대중을 혁명적으로 조직해내야 한다는 데에 이르렀지만, 일제의 억압으로 인해 카프가 해산되었고, 카프 해산 뒤에 전향하거나 소위 '위장전향'의 형태로나마 저항을 지속했다는 관점이다. 이러한 '저항의 관점'에 따라 비전향자들은 카프 재건을 위한 '저항적 주체'로서 규정된다.

물론 카프 조직은 카프 작가들에게 매우 중요한 의미를 지니고 있었기 때문에, 카프 해산은 분명 시기 구분의 요인이 될 수 있다. 그러나 카프의 실천에 대한 '저항의 관점'에는 카프의 능동적 내적 과정이 은폐된다. 일제의 억압에 따라 카프가 해산되었다는 것은, 이미 외적 상황이 원인이 됨을 의미한다. 따라서 이러한 관점에서는 주체의 실천이 아무리 적극적이라고 해도, 이미 그것은 외적 원인에 대한 대응, 혹은 반응이라는 수동적 위치에 놓이게 된다. 이로써 카프의 자발적, 능동적인 내적 과정이 맹점으로 남고, 작가의 실천을 총체적으로 파악하는 데에 한계를 갖게 된다. 이것은 분명 편찬자들의 의도는 아닐 것이다. 이러한 실증적 태도는 총서를 발행하는 입장에서 취할 수 있었던 합리적인 태도였다고 보인다. 그러나 이것은 다시 말하면, 사실 관계의 필연성을 역사적으로 재구성하는 것은 남겨진 과제라고 할 수 있다.

그리고 '저항의 관점'에서는 전제와 결론이 상충되는 일이 벌어짐에 따라 오히려 새로운 문제를 야기한다는 점에서 재고될 필요가 있다. 일제의 억압에 의해 조직이 해산되는 상황 속에서도 조직을 재건하고자 노력했고, 또 일제의 전향 요구에 대해 어떤 식으로든 끝까지 신념과 의지를 굽히지 않았다는 것 자체는, '비범하다'는 점에서 특기할 만한 일이다.

그러나 이런 해석이 전향을 이해하는 기본적 틀로 작용하게 되면, 저항적 주체에게서 배울 점은 다만 이들의 비범한 윤리적 태도에 국한된다는 결과가 초래된다. 그러나 마르크시즘은 사상이지, 윤리학이 아니다. 게다가 이러한 비범함은, 결국 개체의 우연성에 귀속된다는 점에서, 문학 연구의 대상으로는 적합하지 않다. 비전향의 근거가 개체의 비범함에 있다는 것은, 문학 연구에 있어서 그다지 의미 있는 결론은 아니다.

또한 '저항의 관점'은 비전향자들도 결국 전향에서 자유로울 수 없다는 역설을 낳는다는 점에서도 비판된다. 말하자면 위장전향의 형태로나마 비전향을 한 것으로 규정할 수 있는 근거는, 이들이 마르크시즘을 고수했다는 것에 있는데, 이 관점에서는 비전향자들이 오히려 마르크시즘을 포기했다는 역설적 결론이 도출된다.

1920년대는 소위 '마르크스 보이'라는 말이 유행할 정도로, 마르크시즘은 조선 청년들을 휩쓸었다. 마르크시즘이 이처럼 강한 사회적 세력을 형성할 수 있었던 주요한 이유 중 하나는, 식민체제를 자본주의의 결과로서 설명했기 때문이다. 이것은 사회주의로의 이행에는 식민체제로부터의 해방이 포함되어 있음을 의미한다. 카프는 마르크시즘을 근거로 한 사회주의 작가 단체로서, 사회주의로의 이행이 바로 역사의 법칙이라고 믿었기 때문에, 헤겔의 논리를 빌리자면, 이들이 자신들을 '마르크스 보이'로 자각하고 실천하는 과정은 곧 역사가 자기를 실현하는 과정으로 규정되었다. 곧 조선 청년들은 지배받는 식민지 노예의 처지에서 역사의 주인으로 나설 수 있는 계기를 마르크시즘에서 발견했고, 이에 혁명적 열정으로써 역사의 부름에 응답했다.

그런데 마르크시즘은 현실과 일치하지 않았다! 1920년대 말 세계는 대공황에 접어든다. 마르크스주의자들은 레닌의 『제국주의론』을 따라 대공황을 자본주의의 최고단계, 곧 사회주의 혁명 전야로 규정하고 혁명 운동에 뛰어들었다. 그러나 혁명의 시간은 도래하지 않았다! 오히려 파시즘이 창궐하고 자본주의는 새로운 출구를 찾아나갔다. 반면 혁명의 징후는 현실 속에서 발견하기 어려워졌고, 그럴수록 마르크시즘은 몽상적인 것, 낡은 것으로 전락되었다.

혁명의 징후를 발견할 수 없을 때, 마르크시즘을 고수한다는 것은 새로운 물음 앞에 섰음을 의미한다. 왜 마르크시즘인가? 그것이 마르크시즘이기 때문이라는 것은 동어반복일 뿐, 답이 될 수 없다. 마르크시즘을 고수함으로써 비전향자로 남을 수 있다는 것도 답이 될 수 없다.

일제의 동일화 요구로부터 주체를 지켜내기 위해서라면, 반드시 마르크시즘이 아니어도 된다. 이러한 상황에는 오히려 광신도가 적합하다.

마르크시즘이 현실과 불일치한 것으로 경험됨에도 불구하고 마르크시즘일 수밖에 없는 근거를 현실적으로 정립하지 못한다면, 마르크시즘을 고수한다는 것은 결국 마르크시즘을 의지나 윤리의 매개로서 삼고 있음을 의미한다. 그런데 이것은 근본적으로는 '사상'으로서의 마르크시즘은 포기한 것과 동일하다. 전향을 개인의 의지와 신념의 고수와 같은 '저항의 관점'에서 평가할 때 역설에 사로잡히는 이유는 이 때문이다.

이것은 1920년대 말, 마르크시즘이 현실과 일치하지 않았던 사태에 대해 그간 연구자들이 주의 깊게 고찰하지 않았기 때문이다. 당대 카프 작가들은 자신들을 마르크시즘의 혁명적 주체와 동일시했다. 따라서 마르크시즘이 현실과 불일치했다는 것은 곧 카프 자신들이 부정되었음을 의미한다. 그런데 연구자들은 이러한 불일치를 카프 작가들이 마르크시즘에 대한 신념이 부족했기 때문에 발생한 것처럼 취급했다. 이것은 카프 작가들을 이념과 의지로 분리하고, 이념은 부정되었지만 의지 자체는 견지했어야 한다는 식의 논리로서, 마치 카프 작가들이 신념을 고수하는 의지를 가지고 있었다면 이러한 불일치 문제는 발생하지 않았거나, 혹은 발생했다고 해도 극복할 수 있었던 것처럼 간주하는 태도이다. 불일치의 원인을 개체의 의지에 두는 이러한 생각은, 그러나 전도된 생각이다. 마르크시즘과 현실의 불일치 문제는 저항적 의지의 결여 때문에 발생한 것이 아니라, 그 반대이다. 불일치 문제가 발생했기 때문에, 의지가 무력화된 것이다. 게다가 이념과 의지를 분리하는 이러한 사고는, 의지를 이념이 현실에 의해 긍정되든 부정되든 상관없이 견지할 수 있다고 봄으로써, 이념을 초월적인 것으로 전제할 뿐만 아니라, 이념 자체를 의지에 종속시키는 문제를 초래한다. 이처럼 '저항의 관점'은 전향의 원인을 개체의 의지라는 우연성에 귀속시킴으로써, 그 역사적 필연성을 은연중에 은폐한다. 이 역사적 필연성이 '저항의 관점'에서는 소위 맹점으로 남았다.

이 맹점은 1930년 벽두부터 카프 작가들에게 긴요한 현안으로 제기된 '도식성'이다. 도식성이 가리키는 바는 자신들의 작품이 현실과 부합하지 않는다는 점이다. 카프 작가들은 마르크시즘을 형상화한 작품을 대중에게 가져감으로써 대중의 경화된 의식을 혁파하여 혁명적 주체로 전환시키고자 했다. 그러나 작품에 형상화된 조선의 현실과 그들이 경험하는 조선의 현실은 일치하지 않았다. 작품은 마르크시즘을 형상화한 것이었기 때문에, 이것은 결과적으로는 마르크시즘과 조선 현실이 일치하지 않았음을 뜻했다. 곧 모순을 경험한 것인데, 이것을 카프 작가들은 '도식성'으로 표현했다. 도식성은 '저항의 관점'으로는 환원되지 않는 맹점이다. 왜냐하면 카프 해산은 도식성의 원인이 될 수 없기 때문이다. 곧 도식성은 일제의 억압에 의해서 생산된 것이 아니다. 일제는 카프 해산을 명령했지, 작품을 도식적으로 쓰라고 명령한 것은 아니다.

그러나 기존 연구에서 도식성 문제는 문학적 관점에서 주로 다루어짐으로써 본격적으로 이해되지 않았다. 계급혁명이라는 이념에 따라 작품을 자본가와 노동자의 대립이라는 단순한 구도로써 작품을 썼고, 이것이 도식성으로 나타났다고 보는 것이 기존 관점의 해석이라고 할 수 있는데, 이는 도식성 문제를 다만 작가의 수준에 따른 문학적 문제로서 간주하는 것이다.

도식성 문제를 문학적 관점으로 제한함으로써, 이후 카프 작가들이 '창작방법론'에 매진한 것도 문학적인 의미로 제한적으로 해석됨에 따라 역사적 의미가 반감되었다. 이는 기존 연구로는 창작방법론의 역사적 배경을 해명할 수 없다는 점에서 해명된다. 창작방법론 논쟁은 김남천과 임화뿐만 아니라, 1930년대 카프 작가들을 파악하는 핵심적 계기로서, 기존 연구에서도 이에 대한 분석이 이루어져 왔는데, 그 발생 원인을 연구자들의 강조점에 따라 구분하면 두 가지로 대별된다.

첫째는 프로문학 역시 문학인 이상 방법론이 요구되었고, 특히 부르주아문학과의 차이를 명료하게 하기 위해서는 카프 자체의 방법론이 요구되었다는 입장이다. 곧 발생 원인을 카프 전개 과정에서 찾는 관점이다. 카프는 결성 이후 신경향파시기를 거치면서 문학성에 대한 비판에 항상 노출되어 왔다. 이에 대해 카프는 문학을 계급운동의 한 수단으로 파악하고 문학성을 형식 문제로 간주했다. 곧 문학성에 대한 요구를 내용에 대한 수사 문제로 치환하고, 이를 부르주아적 이데올로기로 폄하했다. 그러다가 1930년대 초부터 방법론에 대해 집중하기 시작한다. 그렇다면 왜 1930년대 초부터 갑자기 방법론이 대두되었는지에 대한 설명이 필요하게 되는데, 위 관점으로는 이를 설명하기 어렵다. 특히 카프 작가들이 모색했던 방법론은 '어떻게 표현할 것인가'의 문제가 아니라, '어떻게 볼 것인가'의 문제로서, 현실을 인식하는 태도와 관련된다는 측면에서도 위 입장의 해명은 충분하지 않다.[2]

둘째는 주로 사회주의 리얼리즘의 수입으로 인해서 방법론이 촉발되었다는 견해이다. 이 관점에서는 방법론 발생의 내적 필연성이 간과된다. 그리고 결정적으로 '유물변증법적 창작방법론'은 사회주의 리얼리즘 이전에 이미 당대 카프 작가들에게 논의되고 있었다는 사실과도 위배된다. 유물변증법적 창작방법론도 그 이론적 배경은 마르크시즘에 있고, 카프 작가들이 소련이나 일본의 마르크시즘에 경도되어 있었던 것도 사실이다. 그러나 유물변증법적 창작방법론의 이론적 배경이 마르크시즘에 있다는 것과 이를 수입했다는 것은 다른 차원이다.[3]

이전에도 창작과 관련된 논의는 있었지만, 이전의 논의들은 엄격한 의미에서 '방법론'이라고 말할 수 없다. 왜냐하면 기존의 논의들은 이론의 현실 정합성을 묻는 물음이 아니기 때문이다. "창작방법의 문제가 한국 프로문학운동사상에 나타난 것은 1928년 말경 프로문학의 형식문제와 함께 제출된 김기진의 「변증법적 사실주의」와 한설야 등의 「변증법적 사실주의」라는 것에서부터 추구해야겠으나 그것은 방법론보다는 '통속소설론'과 관련된 양식의 추구가 주된 것이어서 진정한 창작방법의 논의는 아니었다. 그러므로 이 창작방법론이 본격적으로 등장한 것은 1932년에 와서 신유인이 「창작의 고정화에 항하여」…… 등에서부터라고 볼 수 있다."[4] 본격적인 창작방법론으로서 '유물변증법적 창작방법론'이 제기되기 이전에 카프 작가들에게 방법과 형식은 구분되지 않았다. 더 정확히 말하면 방법 자체가 '조직적'으로 의식되지 않았다. 곧 유물변증법적 창작방법 이전의 창작과 관련된 논의는 단적으로 말하면, '어떻게 말할 것인가'와 같은 표현 기술과 관계된 것이지, 인식론(궁극적으로는 존재론)과 연동된 '어떻게 볼 것인가'를 다룬 것은 아니다.

창작방법론이 발생한 계기는 역사적 필연성을 갖고 있는데, '저항의 관점'에서는 도식성이나 창작방법론이 문학적인 것으로 제한적으로 해석됨에 따라, 그 역사적 필연성은 맹점으로 남아 있다. 자세한 것은 뒤에서 본격적으로 다루겠지만 창작방법론의 근본적 원인은, 도식성으로 표현된 이중구속적 상황, 곧 '주체의 위기'로부터 '주체 재건'의 필요성 때문이었다.

'저항의 관점'이 비판되어야 할 근본적 이유는 바로 주체의 위기의 원인을 일제의 억압으로 환원시키는 데에 있다. '주체의 위기'와 이에 따른 '주체 재건'은 1930년대 카프 작가들의 논설에서 가장 중요한 위치에 놓인다. '저항의 관점'에서는 '주체 재건'을 카프 해산으로 인한 조직이 없는 상황에서 그 원인을 찾는다. 그러나 카프가 해산되기 전에 이미 조선공산당은 수차례 무자비한 해체 과정을 거쳤다. 카프를 조선공산당의 하위 분파로 규정한 카프 작가들이 조선공산당 해체 과정에서는 주체의 위기를 느끼지 않다가 막상 카프가 해산되자 주체의 위기에 빠졌다는 논리는 설득력이 높지 않다. 오히려 주체의 위기는 카프 해산으로 인해 심화되었다고 보는 편이 사실과 합당해 보인다. 주체의 위기는 카프 해산 전에 이미 발생했고, 그 원인은 도식성으로 표현된 이념과 현실의 불일치였다. 그런데 '저항의 관점'에서는 도식성이 문학적 문제로 한정됨으로써, '여기가 로두스 섬이다. 뛰어보아라'라고 했던, 바로 그 이중구속적 상황이 제대로 보이지 않는다.

마르크시즘은 해방의 기획으로 수용되었기 때문에, 이념과 현실의 불일치는 혁명의 불발을 의미했다. 따라서 카프 작가들에게 이것은 반드시 통일되어야 할 문제였다. 하지만 혁명의 징후를 발견하기 어려웠을 때, 이것은 이념이나 현실 어느 쪽을 선택한다고 해결될 수 없는 상황이었다. 이념을 다시 강조하는 것은 이러한 불일치를 확대, 재생산하는 것으로 귀결되기 때문에 결국 마르크시즘을 부정하는 것이 된다. 반대로 경험된 현실을 긍정하는 것은 말 그대로 마르크시즘을 부정하는 것이다. 어느 쪽을 선택하든 마르크시즘은 부정되는 이중구속적 상황에 사로잡힌다. 이로써 마르크시즘과 동일시했던 카프 작가들은 결국 자신을 부정하게 되는 처지에 놓인다. 영민했던 임화가 도식성 문제를 두고 "××(마르크스)주의적 이해를 갖기 위한 중심적 명제"로 규정한 것은 이러한 사정 때문이었다.[5] 김남천이 「남편 그의 동지」와 「물」을 쓰면서도 내내 도식성을 관건으로 내걸었던 내막도 여기에 있다. 도식성 문제에서 자유로울 수 있는 작가는 아무도 없었고, 이것이 해결되지 않는 이상 대중을 의식화하는 기획은 수포로 돌아갈 수밖에 없었다. 그리고 그것은 전향이자 해방의 포기이다.

그러나 도식성으로 표현된, 주체의 위기를 가져온 이러한 모순은 갑자기, 또는 우연적으로 발생한 것은 아니다. 기존에 내재된 모순이 어떤 것을 계기로 드러난 것인데, 이것 역시 '저항의 관점'이 놓치고 있는 것 가운데 하나이다.

카프 건립 이후 내재되어 있던 모순이 잠재된 상태로 존재하다가 1930년 벽두에 와서야 도식성이라는 표제어로써 조직적 문제로 제기된 계기는, 대중화운동(볼세비키화)으로 알려진 실천이었다. 곧 도식성은 대중화운동을 계기로 표면으로 떠올랐고, '발견'되었다. 말하자면 1925년 카프가 건립된 이후, 마르크시즘과 동일시했던 카프 작가들은 이미 현실로부터 부정되었던 셈인데, 이것이 혁명적 열기에 가려져서

의식되지 않다가, 대중화운동을 계기로 1920년대 말에 비로소 자각되었다. 따라서 도식성 문제를 해결하지 않는 이상, 카프의 역사는 그 자체로 부정되는 위기에 빠지게 되었다.

대중화운동은 카프 작가들이 자신들을 프롤레타리아의 전위로 규정하고, 마르크시즘을 담은 문학을 대중에게 가져감으로써, 대중을 혁명적으로 조직하기 위한 조직적 실천으로서, 1930년대 초반 카프 운동의 중심이었다. 당시 카프 작가였던 백철에 따르면, 1930~32년에 이르는 기간 동안, 카프의 1차 검거에도 불구하고 전위적 실천으로서의 대중화운동이 전개되었고, 그것은 카프 지부를 설치하는 것과는 '질적'으로 다른 차원의 운동으로 평가된다. "1929년에 문학 대중화가 강조된 후 프로문학의 볼셰비키화의 과정을 통하여 1932년에 이르는 동안은 작품활동이 강조되는 시기"로서, "문화 · 문학 서어클의 문제는 예술동맹의 지부를 설치하는 것과는 근본적으로 그 의미가 다른 것이었다. (…중략…) 한국의 프로문학운동은 이 서어클의 활동이 충분히 전개되기 전에 그 운동이 중단된 셈이지만, 여하튼 한국에서도 1930, 31, 32년간에는 그들의 대중화의 활동중심이 이 서어클 활동에 있었다는 것은 사실이라고 생각된다."[6] 지부 설치가 일종의 거점을 마련하는 것으로서 이념이 중심이었다면, 대중화운동은 작품을 매개로 대중들을 포획하는 구체적 활동이었다. 곧 작품의 실제적 효과가 검증되는 운동이었다.

카프 작가들은 대중화운동을 전개하면서 자신들을 프롤레타리아의 전위로서 규정했다. '전위'라는 개념은 카프 작가들이 노동자, 농민들과 양적으로만 구별될 뿐, 질적으로 구분되지 않는다는 것을 의미한다. 다시 말하면 다른 노동자, 농민들보다 먼저 의식화된 프롤레타리아로서, 먼저 의식화되었기 때문에 다른 노동자, 농민들을 의식화시켜야 하는 존재로서 전위인 것이다. 이러한 관점에서 노동자, 농민은 의식화되어야 할 대상, 곧 계몽의 대상으로 규정된다.

그런데 대중화운동을 전개하면서 카프 작가들은 그들이 '생각한' 대중과 '현실적' 대중이 일치하지 않음을 경험한다. 김남천의 경우 현장 파업에 개입하고 이로써 수감까지 되는 적극적인 실천을 감행했고, 임화와 더불어 카프의 대중화운동을 이끌었다. 이들의 실천은 이론에 따라 지시되었고, 이것은 소설에서든 시에서든 모두 성공으로 형상화되었다. 그러나 실제 상황은 정반대였다. 소설 속에서, 곧 이념적으로는 계급혁명은 필연적이었지만, 현실에서 경험되는 것은 계급혁명의 실패였다. 전위에 따라 계급혁명을 이행해야 할 대중들은 전연 의식화되지 않았다. 작품에 형상화된 노동자, 농민은 조선 대중의 실제 모습을 닮았지만, 그것은 아니었다. 대중은 마르크시즘을 전위들에게 한정시키는, 말하자면 마르크시즘으로는 파악되지 않는 타자로서 나타났고, 이로써 전위들은 위기에 빠졌다.

문제는 카프 작가들의 마르크시즘으로는 이들 대중을 파악할 수 없었다는 데에 있었다. 대중은 다만 의식화가 부진한 존재라고 생각했지만, 실제 경험한 대중은 양적으로 차이나는 존재가 아니라 질적으로 '낯선' 존재, 곧 타자였다. 대중은 카프 작가들과 다른 생활과 인식방식을 갖고 있는 존재였다. 마르크스가 「독일 이데올로기」에서 '의식은 의식된 존재'로 간명하게 정리한 명제를 인용하자면, 카프 작가들의 존재 방식과 대중들의 존재 방식은 질적인 차이를 지니고 있었다. 말하자면 카프 작가들을 도식성이라는 이중구속적 상황에 빠뜨림으로써 주체의 위기를 초래한 것은, 다름 아닌 혁명을 수행할 주체적 존재로서 규정되었던 '조선의' 대중이었다. 그것은 마르크시즘과 동일시한 카프 작가들에 대한 부정이었다. 그러나 카프 작가들은 마르크시즘으로는 '낯선' 대중을 획득할 수 없는 '무능력'으로서 자신들을 인지하게 됨으로써, 주체의 위기에 빠지게 되었다.

이처럼 도식성은 카프 작가들이 자신들이 봉착한 '주체의 위기'를 표현한 것이다. 1930년대 내내 카프의 현안이 된 도식성은 이러한 함축을 지니고 있는바, 박영희의 전향 선언 등을 의지나 윤리의 측면에서 평가할 때 은폐되는 맹점이 의미하는 것은 이러한 것들이다. 그의 전향 선언을 이러한 '근거 없음'으로서의 주체의 위기가 표출된 것으로 인식하기보다 의지나 윤리의 관점으로 읽을 때, 김남천과 임화 역시 이러한 '근거 없음'에 내몰려 있다는 사실은 사상된다. 그러나 이들 역시도 자신들의 신념이었던 마르크시즘의 현실적 근거를 찾기 어려웠다는 점에서 박영희와 다르지 않다.

전향은 이 위기를 마르크시즘으로는 해결할 수 없다는 '무능력'의 고백일 뿐이다. 따라서 그의 전향 선언에 나타난 근본적인 사태는 신념을 배반했다는 윤리적 측면이 아니라, 이 도식성 문제를 해결할 수 없다는 무력함의 표현이었다. 작가로서 대중을 포획할 예술을 잃었고, 또 이데올로기는 대중으로부터 부정될 때, 자신의 근거는 없었다. 여기서 박영희는 손쉽게 마르크시즘을 부정하는 편을 택했다. 그러나 박영희와는 달리 비전향자들은 이러한 모순을 극복하고자 노력했다. 그것은 창작방법론 논쟁으로 이어진다. 이는 창작방법론이 다만 문학적인 것에 그치지 않고, 주체 재건의 방법이었음을 의미한다.

대중화운동의 과정에서 대중이 타자로 경험됨으로써 작가와 대중은 모순적 관계에 놓인다. 그런데 이러한 모순이 이미 존재했지만 비로소 발견되었다는 것은 역으로 말하면, 이미 내재되었던 모순을 보지 못했음을 자각했다는 것을 의미한다. 그것은 카프가 형상화한 '현실'은 조선의 구체적 현실이 아니었음을 의미한다.[7] 그리고 도식성 문제가 조직적으로 제기되었다는 것은, 내재되어 있었던 모순을 '볼 수 없었던' 이유가 반성되었음을 뜻한다. 곧 대중에게 문학을 가져갈 때 '가져감'에 대한 반성이 존재하지 않았던 것인데,[8] 이념과 현실의 불일치를 매개로 비로소 이 '가져감'에 대한 반성으로서 창작방법론이 모색되었고, 1930년대 비전향 카프 작가들을 중심으로 핵심적 사안으로 등장했다.

이처럼 창작방법론은 도식성으로 표현된, 위기에 빠진 주체를 재건하고, 동시에 이념과 현실을 통일함으로써 진정한 리얼리즘문학을 완성하는 방법이었을 뿐만 아니라, 전위와 대중의 불일치를 통일시킴으로써 혁명적 조건을 조성하는 핵심적 계기였다. 결국 창작방법론은 주체의 정립, 리얼리즘의 완성, 혁명적 조건의 조성 문제를 해결하는 관건으로 등장했다.

이러한 맥락에서 이 글은, 그간 카프를 연구하는 데에 있어 일종의 선규정적 선입견으로 작용한 '저항의 관점'에 맹점으로 남아 있는 '도식성'과 '창작방법론'을 중심으로 김남천과 임화의 문학과 논설을 다시 읽는 하나의 시도이다. 그것은 도식성의 발생 원인을 역사적인 조건에서 필연적으로 해명하는 것뿐만 아니라, 동시에 창작방법론의 실천적 의미를 새롭게 규명하는 것을 포함한다. 그 과정은 '로두스 섬'에 갇힌 김남천과 임화가 이러한 주체의 위기를 극복하는 과정에 대한 분석이 될 것인데, 이는 한편으로는 마르크시즘의 현재성에 대한 하나의 해답을 마련하는 것이기도 하다. 왜냐하면 이중구속은 비단 어제의 일이 아닐 뿐만 아니라, 마르크스는 당대 부르주아 경제학자들이 빠진 이중구속에서 벗어나 새로운 사회를 열어젖혔기 때문이다.

망각된 기원과 주체의 위치

도식성과 창작방법론에 대한 '심층적' 연구와 같은 방법이 아닌, '저항의 관점' 자체를 비판하는 방법은 도식성과 창작방법론에 대한 새로운 의미를 생산할 수 있다. 이것은 '저항의 관점'이 아닌 '새로운' 관점의 정립을 전제로 한다. 카프 연구에서 선발 연구자인 김윤식의 성과가 주목될 필요가 있는 것은 이 때문이다. 그것은 바로 '보는 눈'을 대상화하는 '보는 눈'의 생성과 관련된다. 김윤식이 김남천과 임화가 결국 전향했다고 판단하는 근거도 바로 '보는 눈'을 '보는 눈'의 생성에 실패했다고 보기 때문이다. 그는 이 과제를 '사상적 과제'로 규정하고, 소위 '현해탄 콤플렉스'로 명명한다. 이것은 어느 쪽도 선택할 수 없는 이중구속적 상황을 지시한다.

일제는 식민사관을 매개로 조선의 정체성을 재구성하고, 또 위계적으로 배치함으로써 열등한 존재로 규정한다. 이러한 상황에서 탈식민은 일차적으로 일제의 조선(인) 규정을 부정하고 조선(인)의 정체성을 새롭게 규정하는 것이 되어야 하는데, 김윤식은 당대 지식인들은 조선(인)을 새롭게 정립하고자 할 때마다 오히려 일제의 식민사관을 반복하는 질곡에 사로잡힘으로써 결국 전향한 것으로 판단했다. 일제의 식민사관의 인식론적 터전이 서구중심주의에 있기 때문에, 식민사관을 반복한다는 것은 결국 서구중심주의에서 벗어날 수 없었음을 의미한다. 서구에 의해 식민화된 식민지 원주민들이 탈식민화하는 과정에서 오히려 서구의 논리를 반복적으로 재생산함으로써, 식민지 원주민들은 식민사관을 부정할 수도 부정하지 않을 수도 없는 이중구속적 상황에 빠지는데, 이것이 곧 '현해탄 콤플렉스'이다. '현해탄 콤플렉스'에 빠질 때, 타자의 자기규정을 부정할수록 자기 부정으로 귀결되는 기묘한 상황이 발생한다.

김윤식이 한국 근대문학사에서 카프를 중심에 놓고, 그 가운데에서도 임화를 핵심적 인물로 제기하는 이유는, 바로 임화가 '현해탄 콤플렉스'를 전형적으로 보여줄 뿐만 아니라, 그의 한계를 당대 지식인의 한계로 보았기 때문이다. 그가 임화에게 제기하는 물음의 요체는 '사상의 보편성을 부정할 수 있는가' 하는 점이다. 임화에게 사상은 마르크시즘이었기 때문에, 김윤식의 물음은 '마르크시즘의 보편성을 부정할 수 있는가'로 전환된다. 이 물음 앞에서 임화는 마르크시즘의 보편성을 부정할 수 없었기 때문에 결국 전향한 셈이 된다.

우리는 흔히 문학하면 시, 소설, 희곡과 같은 장르를 떠올리고, 마치 문학은 '원래' 이러한 장르로서 구성되는 것으로 이해한다. 그러나 사실 이러한 장르적 관점은 서구의 근대적 관점일 뿐이다. 조선시대에는 시, 소설, 희곡 등으로 환원되지 않는 다양한 양식의 글들이 존재했다. 그런데 어느 틈엔가 문학에 대한 서구의 관점이 문학을 규정하는 지배적인 관점이 되었고, 또 이러한 관점이 '자명한' 것이 되었을 때, 시, 소설, 희곡 등으로 환원되지 않는 조선시대의 다양한 글들은 '비'문학으로 규정되고, '조선' 문학사에서 삭제된다. 문학은 '원래' 시, 소설, 희곡 등으로 분류된다는 관점 자체가 보편적인 것이 아니라 서구라는 장소의 고유한 관점임이 망각될 때, 곧 문학과 전통을 규정하는 관점이 서구의 그것임이 망각된 상황에서는, 조선문학의 전통을 건립한다는 시도 자체는 처음부터 성립될 수 없다.

이광수가 「문학이란 何오」에서 조선 재래의 것과 달리, 오늘날 문학이란 것은 서양의 literature라는 말을 번역한 것이라고 말하면서, 하루빨리 '조선문학', 곧 조선의 literature를 완성하자고 주장한 때가 1916년이다. 곧 당대에 전래된 수많은 여러 글쓰기 양식들은 서양의 literature에 비하면 낡거나 부족한 것이기 때문에, 서양의 literature에 비견될 수 있는 조선의 literature를 완성해야 한다는 주장이다. 이것은 이광수가 서양의 문학관을 내면화하고 있음을 보여준다.

가정이지만 만약 조선이 일본을 매개로 한 서구의 침범을 막아낼 수 있었다면, 서구의 literature는 조선의 양식과는 다른, '낯선' 문학적 양식으로 한정되었을 것이고, 따라서 조선의 입장에서 그것은 '서구의 것'의 지위를 넘어서지 못했을 것이다. 그리고 서구의 literature는 조선 전래의 문학적 양식들을 통해서 설명되고 규정되었을 것이다. 이것은 조선의 관점으로 서구의 것을 설명함을 의미한다. 그러나 실제 역사는 그렇지 못했다. 이광수가 서양의 literature라는 개념을 접했을 때, 그는 그것을 새로운, 낯선 글쓰기 양식이 아니라, 조선의 다양한 여러 문학적 양식의 글들을 재단하는 개념적 틀로 수용했다. 이로써 조선의 여러 문학적 양식들은 오히려 대상으로 전락되고, 조선의 문학'관'은 서구의 문학'관'으로 대체되었다.

여기서 필자는 편의상 '관'을 사용했지만, 한 가지 분명하게 밝혀야 할 것이 있다. 여기서 문학'관'은, 마치 컵을 위에서 볼 때와 옆에서 볼 때 모양이 다르다는 정도로 이해되어서는 안 된다는 점이다. 조선은 여러 글쓰기 양식이 있었고, 이러한 양식들은 일정하게 분류되었다. 여기서 중요한 것은 어떤 양식들이 아니라, 어떤 특정한 글을 어떤 글쓰기 양식'으로' 분류하는 해석학적인 인식론적 체계이다. 이것은 무의식적인 것으로서 여러 글들을 분류할 때마다 드러나지만, 그것 자체는 인식대상이 되지 않는다. 서양도 마찬가지이다. 그들 역시 어떤 글을 문학으로 분류하고, 이것을 다시 시, 소설, 희곡 등으로 분류할 때 그들만의 해석학적 틀을 전제하는 것이지만, 이 틀 자체는 무의식적이다. 따라서 조선과 서구에 있어서 문학이라는 범주 자체 역시 같지 않다. 다시 말해 컵을 다른 관점에서 보는 차원의 문제가 아니라, 어떤 것을 무엇으로 규정하는 인식론적 차원 자체를 편의상 '관'으로 지칭한 것이다. 푸코가 말한 인식론적 체계로서의 '에피스테메'가 이를 설명하기에 가장 적절해 보인다. 푸코는 서양의 역사에서 에피스테메의 전환을 말했는데, 푸코는 에피스테메를 시간적 차원에서 규정한 것이라면, 식민체제를 통한 의식의 식민화란 에피스테메의 전환이 공간적 차원에서 발생한 것으로 규정해도 큰 낙차는 없을 것으로 보인다. 서구의 근대적 제도가 조선의 것을 대체하고 점차 현실적인 것이 되어가면서, 이러한 인식론적 체계 역시 서서히 대체되어 '무의식화'되었고, 이제는 문학이 시, 소설, 희곡 등으로 구분되는 것은 여지없이 '자명한' 것이 되어버렸다.

하지만 1916년 무렵까지 이광수에게 서양의 literature는 어쨌든 조선 재래의 '문학'과는 구별되어야 할 것이었지만, 식민 체제가 지속되면서 literature의 번역어로서 '문학'은 어느 틈엔가 그 기원이 잊히고, 마치 문학이라는 양식은 처음부터 존재했던 것처럼 여겨졌다. 이처럼 서양의 literature의 관점이 내면화되면, '조선문학'의 고유성은 처음부터 서양의 관점에서 철저하게 규정된다. 이는 시, 소설, 희곡 등으로 구분되는 '문학'은 그 자체로 보편적인 개념이 아니라 '서구' 문학에 국한되는 개념임에도 불구하고, '서구'문학의 개념이 문학의 '보편'의 지위에 오름으로써 발생한다. 곧 부분임에도 그 부분이 전체로서 참칭되는 무의식적 과정이 서구중심주의에 사로잡히는 과정이자 전통의 행방이 유실되는 과정이다. 이러한 형국에서 '조선문학'의 완성은 조선 전래의 문학과의 철저한 단절이라는 역설적 상황을 초래한다.

문학뿐만이 아니라 역사를 포함한 거의 모든 영역에서 서구의 관점이 보편적 관점으로 전화되면서, '서구의'가 삭제되고 은폐되는 과정이 '의식의 식민화' 과정인바, 식민화된 의식 자체를 근본적 지점에서 반성하지 못할 때, 조선문학의 정립 혹은 조선역사의 정체성 확립 등은 결국 그 부정으로 이어지게 된다. 그리스 신화의 프로크로테스는 행인을 잡아다 자기 침대에 누이고는, 짧으면 늘려 죽이고 길면 잘라서 죽였는데, 이광수는 literature로서의 조선문학 완성을 주장하면서, 자신이 프로크로테스의 신세였다는 것을 알지 못했다.

이러한 이중구속적 상황에 빠진 것은 비단 이광수만이 아니었다는 것이 김윤식의 판단이다. 임화가 서구와 조선의 차이를 드러내고자, '조선적' 소설로서 '본격소설'을 주장했다고 전제할 때, '어떤' 서사물을 '소설'로 규정하는 인식조건 자체(소설 양식)는 서구적 패러다임이기 때문에, 본격소설을 주장할수록 오히려 서구와 조선의 차이는 동일성으로 함몰되는 상황이 발생한다. 곧 본격소설을 긍정할 수도 부정할 수도 없는 이중구속적 상황이 발생한다.

이러한 이중구속적 상황을 극복하기 위한 김윤식의 방법은 대상을 '소설'로 규정하는 '인식조건'에 대한 반성이다. 이때의 반성은 일상적 반성과 엄격히 구분된다. 예를 들어 '시간을 잘 지켜야겠다'는 반성은 자본주의체제에서 요구하는 시간관(시간은 돈이다)을 무의식적으로 강화함으로써 자본주의체제에 더욱 고착된다. 그런데 '시간 지키기' 자체를 반성하는 것은 자본주의체제 자체를 문제 삼게 된다는 점에서 차원을 달리한다. 이를 칸트는 '초월론적'이라고 하였는데, 다음 절에서 상술하기로 하고, 다만 이 글에서 별다른 언급이 없는 경우 '반성'은 '초월론적' 의미로서 사용한다는 것만 부연한다.

인식조건에 대한 반성을 마르크시즘 수용에 적용할 때, 임화는 마르크시즘을 보편적인 것이 아니라 '서구의' 마르크시즘으로 파악해야 했다는 것으로 귀결된다. 임화는 "근대성의 중심부를 북경이나 상해 또는 소련에 둔 콤플렉스 군群들과 대비"[9]함으로써, '동경적' 인식조건으로부터 벗어났어야 했다. 제국의 수도 '동경'에서 말해지는 마르크시즘과 소련에서 말해지는 마르크시즘은, 그 발화주체의 조건의 차이로 인해서 차이를 갖는다. 그러나 말하는 주체가 동일시될 때, 곧 마르크시즘이 보편적인 것으로 간주되고 전연 의심되지 않을 때, 이 차이는 사상된다. 그런데 사상되는 차이가 바로 메시지의 의미를 결정하는, 주체가 귀속하는 장소(발화 주체의 상황)일 때, 장소들은 무차별적으로 추상적인 공간으로 동일시됨에 따라, 식민지인이라는 자기 귀속적, 현실적 상황은 망각된다.

카프 작가들에게 마르크시즘은 해방의 수단으로 인식되었기 때문에, 마르크스의 위치로 가는 것은 해방의 실천이었다. 하지만 그 위치로 가고자 하는 바로 그 열정이 마르크시즘과의 동일시를 낳았고, 자신이 동일시하고자 한 마르크시즘이 '서구의' 마르크시즘임이 은폐됨으로써, 자신의 구속적 위치로서 식민지라는 조건을 사상시키는 결과를 가져온 것이다.

김윤식은 '현해탄 콤플렉스'가 비단 임화만의 문제가 아니라, '사상적 과제'라고 규정했다. 그 이유는 이것이 대동아공영권 담론이 표방한 탈근대 담론을 추종한 소위 친일자들뿐만 아니라, 소위 '전통론자'들에게도 해당되기 때문이다.

마르크시즘이든, 대동아공영권의 담론이든, 혹은 전통론이든 이것들은 모두 당시 일제가 경멸과 능욕의 의미로 호명하고 규정한 '죠센징'으로부터 탈주하는 데에 그 일차적 목표가 있었다. 파농에게 그것은 '검둥이'였다. '죠센징'과 '검둥이'의 호명 효과는 같지는 않겠지만, 문명／야만의 이분법적 속성의 실체적인 장소로서 호명되었다는 점에서는 동일하다. 그런데 경멸과 능욕의 문제를, 흑인도 백인 못지않게 우월하다는 식으로 해결하려고 하면, 오히려 문명／야만의 구도를 강화하는 결과를 초래할 뿐이다. '검은 것도 아름답다'가 아니라, '검은 것이 아름답다'는, 완전히 다른 차이를 생산해 내야한다. 문제는 이것이 사상적 문제이고, 소위 초월론적 반성이 없이는 만무하다는 점이다.

죠센징은 칸트의 명제 구분에 따르면 분석 명제로서, 단지 조선인을 의미할 뿐이다. 그러나 식민체제는 죠센징의 술어로서 경멸과 능욕의 기의를 선험적인 종합 명제로서 규정한다. 기표와 기의는 소쉬르나 비트겐슈타인에 따르면 자의적 체계이며, 단지 어떤 게임 규칙 안에서만 고정될 뿐이다. 그러나 식민체제는 기표와 기의를 고정시킬 뿐만 아니라, 이 고정성을 선험적인 것처럼 규정한다. 그런데 식민지 원주민 주체는 말 그대로 죠센징이기 때문에 이것을 부정할 수 없고, 동시에 죠센징은 경멸과 능욕을 지시하기 때문에 긍정할 수도 없다. 이러한 이중구속적 상황에서 주체는 정신분열을 경험한다. 이중구속적 상황에서 벗어나기 위해서는, 기표와 기의를 고정시키는 식민체제'에 대한' 비판이 이루어져야 한다. 다시 말해 죠센징과 경멸과 능욕의 고정선을 해체해야 한다.

이것은 두 가지 실천 방향을 지시한다. 첫째는 민족국가라는 근대적 물적 토대를 형성하는 것이고, 둘째는 주로 국내 반일적 지식인들에게 적용되었던 것인데, 일제의 주체 규정이 비본질적인 것임을 주장하는 것이다. 여기에 마르크시즘이 강력한 기제가 되었던 것은 두말할 나위가 없다. 마르크시즘은 기의를 역사화시킴으로써, 기표와 기의의 고정성을 내파시킨다.

그러나 마르크스주의자들과는 달리 소위 대동아공영권에 협력했던 친일자들은 탈근대 담론이 표방한 새로운 주체를 정립함으로써, 경멸과 능욕에서 벗어날 수 있다고 여겼다. 탈근대론자들은 일제와 조선의 내적 차이를 탈근대의 관점에서 무화시키고자 했다. 서구의 문명을 낡은 문명으로 규정하고, 서구 문명을 대체할 새로운 문명으로서 동양 문명의 가치가 정립될 때, 일제와 조선을 제국과 식민으로 규정했던 낡은 담론 역시 해체될 것이라고 생각했던 것이다. 곧 새로운 문명을 정립하는 과정에서 죠센징의 능욕으로부터 벗어나고자 했던 것인데, 이러한 과정 자체가 식민사관에 사로잡히는 과정임은 누언을 필요로 하지 않는다.

이 점에서는 전통론자들도 예외는 아니다. 전통 담론이 상정한 주체는 고유하고 우수한 문화적 역사를 지닌 조선인이다. 이러한 측면에서 전통 담론은 죠센징이라는 경멸과 능욕으로부터 초월적 거리를 확보하기 위한 실천이었다고 볼 수 있다. 그런데 이러한 주체는 회복되거나 혹은 재현되어야 할 것이지, 현재적 존재가 아니었다. 곧 전통적 주체는 현실과 일정한 거리, 곧 현실적 관계로부터의 초월을 전제로 한다. 연적硯滴은 현재 여기에 있지만, 현재 여기의 조건과 무관하게 있어야 전통이 된다.[10] 따라서 이러한 관점에서라면, 전통은 이미 자기를 부정하고 있는 셈이다. 왜냐하면 전통은 이미 부정적인(현재 여기와 무관한) 것으로서만 현재와 교섭하기 때문이다. 그러나 보다 근본적으로는 현재와 무관하게 존재해야만 전통이라는 인식 자체가 이미 전통에 대한 '특정한' 해석이라는 것을 이들이 의식하지 못한다는 점에서, 다시 말해 이들의 전통관 역시 현재 여기의 조건에서 생산된 것이라는 것이 의식되지 않는 이상, 전통론은 탈식민의 효과를 생산하기 어렵다. 이것은 창작방법론 이전, 마르크시즘적 주체를 통해서 식민지 상황의 현실로부터 벗어나려는 카프 작가들의 의식 구조와 동일하다. 곧 죠센징의 기표와 경멸과 능욕의 기의의 선험적 고정을 해체할 수 있는 것으로 여겨진 '전통'이라는 대타자와의 자기 동일성의 구조는, 도식성의 모순과 다르지 않다. 대타자와 동일시함으로써 지금-여기의 구체적 존재는 사상되기 때문이다.

소위 순수문학을 주장했던 문인들도 전통주의자와 같은 맥락에서 비판될 수 있다. 이들이 상정한 순수, 가령 '근원적인 인간상' '삶의 구경' 등도 역시 현실과 유리된 시간, 장소에 놓여 있어야 하는 조건을 내재하고 있기 때문이다. 이들은 현실 정치에 일정한 거리를 둠으로써 자율적 공간을 마련하고자 했지만, 그곳에 시간은 없다. 곧 실체적인 것들이다. 이처럼 대타자와의 동일시는 현실적 조건에 대한 인식을 망각함으로써, 무의식적인 자기 부정을 감행하게 한다.

제국주의가 규정한 주체로부터 벗어나 새로운 주체로서 자기를 규정하기 위해 대타자의 호명에 적극적으로 동일시함으로써, 마르크스주의자이든, 탈근대론자든, 전통론자든, 그리고 순수문학자든 이들은 일정하게 모두 식민지 현실을 사상하는 결과를 가져왔는데, 이것은 이들이 의식했든 그렇지 않든 모두 이중구속적 상황에 사로잡혀 있었음을 반증한다. 대타자의 위치로 가고자 하는 열정은, 식민지 원주민임에도 마치 자신은 아닌 것처럼 여기는 전도된 망상, 괴상한 오인을 발생시킨다. 이것이 망상이자 오인인 것은, 현실적인 관점에서 동경과 서울은 제국본토/식민지의 위계적인 차이를 갖는데, 동일시에의 열망 속에서 이러한 차이는 사상되기 때문이다. 제국의 탈근대 담론에서도 일본인과 조선인은 결국 위계화된다.

식민지 원주민들이 동일시했던 마르크시즘적 주체, 전통적 주체, 혹은 대동아공영권의 탈근대적 주체들은 모두 문명／야만의 도식에서 생산된 것이다. 그것들은 '낡은 것', 혹은 타락한 것들과 대비되는 '새 것'이자 본질적인 것들로 상정된다. 그런데 식민지 원주민들에게 경멸과 모욕을 안겨준 것도 문명／야만의 도식에서 생산된다. 따라서 탈식민이 겨냥해야 할 것은 바로 이 이분법의 허구성이다. 그것은 실체가 아니라는 것이다. 김윤식이 탈식민의 거점으로서 주문하고 있던 것도 이것이다. 이분법의 허구성이 해체되기 위해서는 이분법의 논리를 생산하는 서구중심주의 자체를 해체시켜야 한다.

이처럼 '현해탄 콤플렉스'의 적극적인 의미를 도출할 때, 식민체제란 정신분열의 원인이라는 결론에 도달한다. 대답해야 하지만, 어느 쪽의 대답도 부정될 수밖에 없는 상황에 구속됨으로써, 결국은 죠센징을 긍정도 부정도 할 수 없으며, 이러한 타자의 규정에 대한 반박이 불가능한 식민체제의 상황이 이중구속의 원인이다. 따라서 이로부터 해방되기 위해서는 식민체제를 전복시킴으로써, 문명／야만의 도식을 해체시켜야 한다. 문명／야만의 도식에 사로잡혀서, 우리'에게도' 문명이 있다거나 '더 나은' 문명이 있다는 식의 접근은, 결국 식민체제에 더욱 구속될 뿐이다.

그러나 김윤식은 이중구속적 상황을 극복하는 방법으로서, '의식은 의식된 존재'로 집약되는 사적유물론 테제에의 심화를 되풀이할 뿐, 사적유물론에의 심화가 어떻게 방법론이 되는지에 대한 언급은 미흡했다. 이에 그가 제시하는 방법은 공간적 차이에 대한 경험으로 귀결된다. 하지만 인식조건에 대한 반성은 공간적 차이에 대한 경험으로만 가능한 것도 아니고 일반적인 것도 아니다. 서구인들 그들이 '식민지'

로 부른 곳을 발견했을 때, 그들은 공간적 차이에 대한 경험을 했다. 그러나 서구인들이 이 차이에 대해 취했던 방식은 힘을 매개로 한 동일화의 강제였다. 최근 고진도 공간적 차이에 대한 경험에 과중한 의미부여를 하고 있는데(『트랜스크리틱』), 이 역시 같은 맥락에서 비판된다.

게다가 김윤식은 사적유물론에 따라 의식의 장소 귀속성을 주장하지만, 장소의 내적 차이에 대해서는 말하지 않는다. 임화가 일본('동경'이라고 해도 마찬가지이다)에서 배웠다고 할 때, 일본은 무차별적으로 추상된다. 이것은 동일하게 조선인들에게도 적용된다. 주체들이 민족구성원으로 추상됨으로써, 결과적으로 관계의 다른 양태(가령, 생산관계)들은 배제된다. 이것은 김윤식이 임화가 자신의 인식조건을 반성하지 않았다고 비판하면서, 정작 민족담론으로서의 자신의 인식조건에 대해서는 비판하지 않고 있음을 의미한다. 그에게 민족은 근대성의 외부이다. 김윤식이 『한국문학사』에서 이전의 다른 연구자들이 쓴 문학사에는 등재되지 않았던, 비문학적 저작물을 포함한 것은 이 때문이다. 그는 인식조건을 반성하는 주체의 위치에 민족이라는 거대 주체를 상정한다. 이러한 입장에서 김윤식은 '서구적' 근대문학의 장르적 개념은 부정하지만, 동시에 '민족'이라는 선규정적 개념은 반성하지 않았다.

그런데 이것은 다시 이중구속적 상황을 낳는다. 왜냐하면 김윤식의 임화 비판이 성립하기 위해서는 '민족'은 선규정되어야 하는데, 민족을 실체적으로 규정하는 담론 자체가 이미 서구적 패러다임이기 때문이다. 곧 민족 담론 자체는 근대적인 것이기 때문에, 민족을 근대 외부로 설정하는 그의 논리는 스스로 모순된다. 게다가 임화가 자신의 인식조건에 대해 철저하게 비판하지 못했다는 것은, 그의 관념성에 대한 비판의 근거가 될 수는 있어도 전향의 근거는 되지 못한다는 점에서도 논리적 오류가 있다.

주체들은 '이미' 어떤 특정한 사회, 역사적 조건 속에 존재한다. 임화를 비롯한 카프 작가들은 이미 계급적 조건에 따라 구속된 의식적, 욕망적 주체이다. 따라서 이러한 주체들은 그들이 놓인 사회, 역사적 구조로부터 '구체적'으로 파악되어야 한다. 그렇지 않고 '미리' 설정된 민족이라는 인식조건으로부터 파악될 때, 주체들은 구체적 조건으로부터 사상되어 추상된다. 이로써 '물 논쟁'이 김남천의 「물」로부터 '우연히' 촉발되었다든가, '감옥살이'의 자부심의 표현이었다는 식의 비역사적인 결론이 도출된다.

이러한 한계에도 불구하고 김윤식의 테제는 임화를 비롯한 카프 연구에서 중요한 방향을 제시하고 있다. 그것은 그가 '탈-'의 가능성으로 제시한 '인식조건'에 대한 반성과 '사적유물론'이다. "그는 유물론자였던가. 그렇다면 그는 역사의 방향성을 「사적 유물론」에서 찾고 문학예술사를 오직 「사적 유물론」의 일부로서만 파악해야 마땅하다. 그는 유물론자였던가. 그렇다면 그는 역사의 방향성을 현실의 유물변증법으로만 파악해야 마땅하다. 그는 유물론자였던가. 그렇다면 그는 문학속에 있는 문학특유의 미학적 성격을 사적 유물론과 유물변증법의 하위개념 속에서만 파악해야 마땅하다."[11]

임화가 근본적인 지점에서 저항할 수 있기 위해서는, 소설이나 시와 같은 양식의 '자명함'을 의식 대상으로 삼아야 했다. 조선문학의 고유성을 찾기 위해서는 어떤 글쓰기 양식을 문학으로 규정하는 literature로서의 '문학' 자체의 자명성을 의식 대상으로 삼아서 대상화할 수 있는 위치가 필요하다. 그것은 망각된 기원을 역사화시키는 새로운 관점, 곧 새로운 주체의 위치를 정립해야 가능하다. 이것은 '인식조건' 자체에 대해 반성하는 주체의 위치를 획득하는 것을 의미한다. 그리고 이것이 사적유물론의 방법으로써 가능하다고 할 때, 사적유물론에 대한 새로운 접근이 필요하다.

김윤식의 분석은 매우 정치하고, 그가 '사상적 과제'라고 규정한 데에서도 나타나듯 카프 연구를 비롯한 탈식민 연구의 핵심을 겨냥하고 있다. 그러나 카프 연구에 한정해서 말한다면, 그가 간과한 측면은 앞서 말한 대로, 도식성과 창작방법론의 발생 과정과 그 의미였다. 창작방법론은 카프 작가들이 도식성 문제에 부딪히면서, 자신들이 어떤 특정한 안경을 쓰고 있다는 의혹을 갖게 된 이후 자신들의 '보는 눈'을 '보는 눈'을 형성하는 과정이다. 전자의 '눈'이 보편성에 매몰된 식민화된 의식이라면, 후자의 '눈'은 전자의 '눈'을 대상화하는 '눈'이라는 점에서, 탈식민화의 의식의 생성 과정이라고 할 수 있다. 그것은 식민화된 의식으로서의 서구중심주의를 의식대상으로 삼아 그 한계를 긋는, 메타적 위치의 '식민지 이성'이다.

박영희와 달리 창작방법론을 끝까지 밀고 나갔던 김남천과 임화는 '조선의' 마르크시즘을 정립하고자 했다. 그것은 카프 작가들이 수용한 마르크시즘은 '보편적'인 것이 아니라, 다만 '서구의'에 한정된 마르크시즘이었음을 깨닫는 과정이었다. 바로 이러한 의미에서 창작방법론의 전개과정은 식민지 조선의 지식인들이 '자기'를 정립해 가는 과정이자, '식민지 이성'의 전개과정으로서 규정된다.

이것이 '자기' 정립의 과정인 이유는, 도식성의 원인이 '자기 망각'에 있기 때문이다. 카프 작가들이 대중에게 가져가고자 했던 마르크시즘은 '서구의' 마르크시즘으로서, 이러한 위치에서 카프 작가들과 서구의 마르크스주의자들은 구분되지 않는다. 서구의 마르크스주의자들과 달리 카프 작가들 자신들이 발 딛고 있는 장소는 '조선'임에도, 자신들이 수용했던 마르크시즘에서 '서구의'를 간취하지 못할 때, 이들은 바로 '조선'이라는 조건에서 삶을 영위하는 존재임을 망각하게 된다. 따라서 '조선의' 마르크시즘을 정립한다는 것은 자신들의 근거인 '조선'에서의 삶을 역사화하는 것으로서 '자기' 정립으로 이어진다.

여기서 마르크시즘은 조선에서 분화된다. 곧 '복수'의 마르크시즘이 창발되는 것인데, '복수'의 의미는 단지 '여럿'의 의미를 넘어서, '메타'의 의미를 갖게 된다. 창작방법론은 마르크시즘을 조선의 현실로부터 '해석'하는 과정이다. 이것은 서구의 마르크시즘을 조선에서 동일하게 재현하는 것이 아니라, 조선에 수입된 마르크시즘에 내재된 서구중심주의에 한계를 긋는 과정이다. 그리고 이는 마르크시즘을 부정하는 것이 아니라, '서구의'가 구분된 마르크시즘과 '조선의' 대중들이 통일되는 과정이다.

이성은 종합하는 능력이다. 카프 작가들에게 경험적 대상으로서 조선의 현실과 오성적인 것으로서 마르크시즘의 이념은 불일치했고, 그것이 도식성 문제였다. 이 문제를 극복하는 과정이 창작방법론을 모색하는 과정이었던 바, 카프 작가들의 실천은 결국 현실과 이념을 종합하는 이성이 자기를 생성하고 전개하는 과정이다. 이 과정에서 식민지 이성의 전개과정으로서 '조선의' 마르크시즘은, 그것이 서구의 것을 대상화한다는 점에서 인식론적으로 상위에 놓인다.

이러한 인식론적 위치는, 카프 작가들이 마르크시즘에서 '서구의' 것을 구분해냄으로써 서구의 것을 서구에게 돌려주는 위치를 확보하는 과정으로서, 주체의 위치가 메타의 위치에 놓일 때 가능하다. 결국 창작방법론의 전개 과정은 식민지 지식인이 서구의 것을 대상화하는 메타로서의 주체의 위치를 확보하는 과정으로서 '자기' 정립의 과정이자, 새로 정립된 '자기'는 그것이 인식론적으로 상위에 놓인다는 점에서 역사의 발전으로 규정된다. 곧 메타적 의미에서 '조선의' 마르크시즘을 정립하는 것은 서구에서 발생한 마르크시즘이 보편화되는 방식이자, 변증법적 의미에서의 역사의 발전이다.

그런데 이러한 인식론적 전환은 이중구속적 상황을 극복하는 과정으로서, 부르주아 경제학의 논리적 파탄을 뛰어넘는 마르크스의 방법론을 전유하는 과정이기도 했다. 곧 도식성을 전후로 한 비전향자들의 실천과정은 마르크스가 청년 헤겔파에서 포이에르바하 비판을 계기로 '진정한' 마르크스로 변모하는 과정이라고 할 수 있다. 다시 말하면, 1925년 카프는 마르크스를 수용했지만, 진정한 마르크스주의자가 '되기'는 1930년대 이후부터라고 할 수 있다. 그러나 1930년대는 한 개인이 감당하기에는 너무나 벅찬 수많은 사건들이 세계사적으로 다가온 시기였다. 이러한 상황 속에서 많은 카프 작가들은 창작방법론을 끝까지 밀고나가지 못했다. 다시 말해 '마르크스-되기'에 실패했고, 그것은 곧 전향이었다. 그러나 김남천과 임화는 끝까지 창작방법론을 밀고 나갔다. 이 과정에서 이들이 생성한 '주체의 위치'와 이들이 확보한 '주체의 공간'에 대한 이해는 바로 마르크시즘의 가능성을 가늠하는 계기가 된다는 점에서, 이들에 대한 연구는 현재적이다. 이것이 김남천과 임화를 '새로운' 관점에서 평가하려는 이유이다. 식민지는 자본주의의 온갖 모순이 표현되는 곳이지만, 동시에 새로운 식민지 이성이 창발되는 역사적 장소이기도 하다. 역사는 나선형으로 전진한다.

논리계형 구분과 마르크스의 방법

파블로프 개의 증후와 논리계형 구분

도식성으로 표현된 이중구속적 상황에서 벗어나기 위한 방법으로써, 김윤식은 사적유물론의 테제에의 심화를 요구한다. 그러나 그의 논리에는 사적유물론의 테제를 끝까지 밀고나가는 과정에 대한 이론적 분석은 충분히 논증되지 않았다. 그것은 사적유물론의 테제와 변증법을 유기적으로 고찰하지 않았을 뿐만 아니라, 변증법의 '정반합'을 지그재그식의 도식으로 이해했기 때문으로 풀이된다. '정반합'에서 발전은 지양으로 간주되는데, 이러한 구도에서는 변증법의 '메타'적 성격은 간과된다.

이 장에서는 베이트슨이 이론화한 '논리계형의 구분'을 매개로 마르크스의 방법론을 다루기로 한다. 이것은 마르크스의 방법이 지그재그식의 '종합'적 변증법이 아니라, '비약'적인 메타적 변증법임을 밝히기 위한 것이다. 나아가 김남천과 임화가 창작방법론을 통해 전유한 마르크시즘 역시 이것임을 밝히기 위한 전제이다. 곧 도식성의 이중구속을 극복하는 과정으로서 창작방법론의 모색 과정은, 바로 부르주아 경제학자들의 이중구속을 극복하는 마르크스의 방법인데, 두 방법의 근본적 동일성은 기존의 지그재그식의 변증법이 아니라, 논리계형의 구분으로 설명되는 변증법을 통해 설명될 수 있다. 이에 먼저 논리계형의 구분을 설명하기로 한다.

베이트슨이 '논리계형 구분'으로 명명한 것은 러셀의 유형론을 인류학적, 진화론적으로 발전시킨 것이다. 베이트슨의 논리계형 구분은 매우 간단한 이론이지만, 함의는 매우 풍부하다.[12] 베이트슨은 논리계형 구분을 다양한 사례를 통해서 제시하고 있지만, 그 가운데에 파블로프의 실험을 재해석한 것을 예로 든다.[13] 이것은 논리계형 구분의 의미뿐만 아니라, 마르크스의 변증법 그리고 도식성으로 표현된 카프의 대중화운동의 모순 경험과 그 극복과정을 설명하기에 가장 적절해 보인다.

실험대상인 개는 원과 타원을 구별할 때마다 먹이를 받았다. 구별이 성공하면 더 높은 난이도 실험이 주어졌는데, 아무리 애써도 구별이 불가능한 상황에 빠질 때 개는 어떤 증후를 보였다. 개의 증후의 원인은 간단하다. 원이나 타원에 속하지 않는 원형을 원이나 타원으로만 구별하려고 했기 때문이다.

개는 대상을 원 아니면 타원으로만 구별하도록 학습되었다. 다시 말해 개의 인식방식은 대상은 원과 타원으로 구분된다는 것이었고, 개는 그것이 '자명하도록' 훈련되어 있었다. 말하자면 인식방식이 개에게는 무의식화되었다. 그런데 새롭게 주어진 그 원형은 개의 인식방식에 환원되지 않음으로써, 개는 구별을 하려고 하면 할수록, 더욱더 구별할 수 없게 됨으로써 이중구속에 빠진다.

개가 증후에 빠지지 않기 위해서는 원과 타원에 속하지 않는 원형은 나타난 그대로 '원과 타원으로 구별되지 않는 것'으로 규정하면 된다. 그런데 이때 중요한 것은 '원과 타원으로 구별되지 않는 것'은 새로운 인식방식(러셀 식으로 말하면 집합)이 전제되어야 파악된다는 점이다. 개는 '원과 타원으로 구별할 수 있는 것'(원과 타원의 집합에 속하는 원소)과 '구별할 수 없는 것'(원과 타원의 집합에 속하지 않는 원소)을 구분해야 했다. 그런데 이러한 구분은 '원과 타원으로 구별할 수 있는 것 전체'(원과 타원의 집합)와 '원과 타원으로 구별할 수 없는 것 전체'(원과 타원이 아닌 원형의 집합)의 구분을 전제로 한다. 이때 원과 타원을 '대상'(원소)으로 규정하고, 이런 대상을 유형화하는, '구별할 수 있는 것 전체'와 '구별할 수 없는 것 전체'를 '인식방식'(집합)이라고 할 때, 대상과 그 인식방식을 구분하는 것을 베이트슨은 논리계형의 구분이라고 말한다. 이 논리계형이 섞이게 되면, 곧 구분되지 않으면 정신병이 유발된다고 했다.

개의 인식방식은 분명 인식방식들 가운데 하나로서 부분적 인식방식이다. 그런데 개는 자기의 인식방식을 보지 못했기 때문에, 새로운 인식방식이 가능하다는 것도 알지 못했다. 그것은 개의 인식방식은 개가 대상을 볼 때마다 대상과 동시에 현전하지만, 그것 자체가 '반성'되지 않으면 의식되지 않기 때문이다. 이로써 부분적 의식이 대상 전체를 획일화하는, 말하자면 전체주의적이고 추상적인 인식방식이 발생한다. 하지만 구별되지 않는 원형으로서의 타자는 무의식화된 인식방식을 격충하고, 증후에 빠뜨린다. 이로써 이중구속에 빠질 뿐만 아니라, 순환오류의 회로에 갇힌다. 가령 개에게 '왜 대상은 원과 타원으로 구분되는가'라고 물었다고 하면, '대상은 원과 타원으로 구분되기 때문이다'가 답변으로 되돌아온다. 이때 다시 '왜 원과 타원으로 구분되는가'를 물으면, '원과 타원으로 구분되어야 하기 때문이다'가 답변된다.

개의 증후의 원인은 논리계형 구분을 할 수 없었다는 점이고, 그것은 궁극적으로는 자신의 인식방식을 의식대상으로 바라볼 수 있는 위치를 확보하지 못했다는 점에 있는데, 이것이 핵심이다. 계속 개를 예로 들어 설명하면, '개를 먹지 않기 때문에, 나는 문화인이다'라는 주장은 문화인이기 때문에 개를 먹지 않고, 개를 먹지 않기 때문에 문화인이라는 순환오류에 빠진다. 이러한 순환오류의 원인은 '자기가 속한' 문화를 전체 문화 양식으로 파악했기 때문이다. 이것은 자기가 속한 문화의 인식방식이 무의식화되어 있음을 의미한다.

논리계형 구분은 동시에, '구별할 수 없는 것 전체'라는 새로운 인식방식을 산출한다. 이러한 새로운 인식방식은 '구별할 수 있는 것 전체'라는 인식방식 전체를 대상화할 것이 전제된다. 곧 인식방식 자체를 의식대상으로 삼는 '메타적' 인식방식이 획득될 때, '구별할 수 있는 것 전체'와 '구별할 수 없는 것 전체'라는 인식방식이 구분되고, 원과 타원은 전자에, 구별되지 않는 원형은 후자에서 파악됨으로써 개는 증후에서 벗어날 수 있다.[14] 곧 새로운 인식방식의 획득을 통해 '해소'해야 할 문제를, 개는 원과 타원의 구별로써 '해결'하려고 했기 때문에 증후가 나타났다.

그런데 메타적 인식방식을 획득한다는 것은, 결과적으로는 더 높은 차원의 인식의 획득이지만, 그 과정은 '반성'을 매개로 함을 알 수 있다. 곧 메타적 인식을 획득하기 위해서는, 자기의 인식방식과 대상의 분리가 선재되어야 하는데, 메타적 위치에서 이전의 인식방식을 대상화한다는 점에서 '반성'이 매개된다. 이때 파블로프가 강제한 실험상황이 개의 인식방식으로 무의식화되어 있기 때문에, 개가 자기의 인식방식을 '반성'한다는 것은 자기가 놓인 상황을 객관적으로 파악하는 것과 연동된다.

증후에 시달렸던 개와 달리, 돌고래는 논리계형을 구분함으로써 먹이를 받아먹을 수 있었는데, 이를 통해서 논리계형 구분에 대한 설명을 보충하기로 한다. 돌고래는 조련사가 호각을 불었을 때, 호각을 불기 전의 행동(a)을 반복하면 먹이가 주어지는 학습이 되어 있다. 공연에서 돌고래는 학습된 대로 행동하고 먹이를 얻게 된다. 그런데 다음 공연에서 돌고래는 앞선 공연에서 한 행동(a)을 했지만 먹이가 주어지지 않았다. 조련사는 '자발적인 조건부' 방식, 곧 이채로운 공연을 하고 싶었던 것이다. 학습된 것과 다른 상황이 벌어지자 돌고래는 다른 행동(b)을 했는데, 이때 먹이가 주어졌다. 다음 공연에서 돌고래는 앞선 행동(b)를 했지만, 먹이가 주어지지 않았다. "이것을 반복해가던 중에 돌고래는 무대에 나올 때마다 무언가 다른 새로운 동작을 하면 좋다는 것을 알아차리게 된다. 마침내 돌고래는 몇 개의 컨텍스트를 연결하는 컨텍스트를 다루는 방법을 학습하게 된다."[15] 이를 두고 베이트슨은 다음과 같이 분석한다.

> 여기서 돌고래는 하나의 도약을, 논리계형간의 불연속을 뛰어넘은 것이다. 하나의 논리계형에서 그다음의 한 단계 높은 논리계형으로의 진보는 개개의 사건에 관한 정보에서 사건의 클래스에 관한 정보로, 혹은 개개의

> 클래스를 생각하는 것에서 클래스의 클래스를 생각하는 것으로의 진보인 것이다. 이것은 모든 경우에 적용된다. 돌고래의 경우 새로운 동작이 요구되는 컨텍스트를 학습하기 위해서는 성공의 경험이든 실패의 경험이든 단일한 경험에서는 불가능하다는 것을 이해할 수 있을 것이다. 컨텍스트에 대한 학습은 서로 다른 컨텍스트, 즉 자신의 행동과 그 결과가 각 시기마다 서로 다른 2개 이상의 컨텍스트를 비교함으로써 얻어지는 정보에 의해 비로소 가능해진다. 가지각색의 구성원으로 이루어진 하나의 클래스 가운데에서 비로소 그곳에 공통적인 규칙성이 이끌어내져 외관상의 모순이 극복된다. 파블로프의 개도 마찬가지였겠지만 그 경우 개는 어림짐작을 해야 할 상황이 있다는 것을 학습할 기회가 전혀 없었던 것이다.[16]

돌고래는 공연장에 나오기 전에 이미 학습을 한 상태였다. 공연1에서 돌고래는 학습에 따라 행동을 했는데, 먹이가 주어지지 않았다. '학습'과 '경험'이 일치하지 않은 것이다. 이때 돌고래는 불만을 나타내는 행동을 했는데, 먹이가 주어졌다. 그러나 이것은 우연이었다. 조련사의 의도는 돌고래가 공연2에서는 앞선 공연1에서와 다른 행동을 하는 것에 있었다. 곧 공연과 공연의 차이였다. 그런데 돌고래의 '다른 행동'이 돌고래의 불만에서 야기되었다고 해도, 조련사의 의도에 일치했기 때문에 먹이가 주어졌다. 곧 'a-호각-a-먹이'와 'b-호각-b-먹이'에서 돌고래에게 인지된 것은 a와 b의 대체였다. 곧 'x-호각-x-먹이' 자체의 학습은 변하지 않았고, x에 a, b, c……가 대체되었던 것이다. 그러나 몇 번의 반복 속에서, 곧 공연3, 공연4……를 통해서 돌고래는 드디어 공연과 공연의 차이를 인지하게 되었다. 다시 말해 상황과 상황에 속한 행위를 구분한 것이다. 'a-호각-a-먹이'와 'b-호각-b-먹이'의 차이는 행동 a와 b의 차이가 아니라, 'a-호각-a-먹이'가 그 원소로 속하는 집합으로서의 상황 A와 'b-호각-b-먹이'가 속하는 상황 B가 구별된 것이다. '어떤' 행동이 아니라, 행동의 유형(패턴) 자체를 인지한 것이다. 러셀의 말로 하면 원소와 원소가 아니라, 원소와 집합이 구분된 것이다.

이를 추상적 논리로 설명해 보기로 한다. 돌고래의 처음 학습을 '이론'이라고 할 때, 공연2에서의 '경험'은 학습된 '이론'과 달랐다. 이론과 경험의 불일치가 계속되는 가운데, 주체는 이론과 경험이 불일치하는 개개의 '어떤' 사건이 아니라, 경험을 구조화하는 방식 자체를 문제로 삼게 된다. 이 둘이 논리계형으로 구분되어야 한다면, 문제가 되는 것은 어떤 사건이 아니라, 사건이 속한 전체로서 경험의 조직 방식이 새로운 문제로 설정되는 것이다. 칸트 식으로 말하면 경험의 조직 방식은 초월론적 인식구조(오성 범주)인 셈이다. 다만 칸트는 인식구조를 선험적인 것으로 보았지만, 베이트슨은 이것이 논리계형으로 위계화되어 있고, 이것의 구분이 진화의 과정이라고 본 점에서는 차이가 있다. 곧 칸트는 공간적 관점을 취한 반면에 베이트슨은 시간적 관점을 갖고 있다고 할 수 있다.[17]

이상의 내용을 정리하면, 인식방식이 무의식화되면, 부분과 전체가 동일시됨으로써 이율배반과 순환오류가 발생한다고 할 수 있다. 이때 논리계형을 구분한다는 것은 자기의 인식방식을 메타적 위치에서의 반성을 매개로 그 한계를 긋는다는 것을 의미한다. 이러한 한계는 타자에 의해서 그어진다는 점에서 타자는 주체의 한계를 긋는 외부이다. 같은 말이지만 따라서 주체가 자신의 한계(인식방식)를 벗어나면(전체적 인식으로 간주하면) 모순이 발생한다. 그리고 이 한계는 상황과 연동되어 있기 때문에, 한계를 인지한다는 것은 곧 상황을 인지하는 것이 된다.[18]

논리계형 구분을 현해탄 콤플렉스에 적용할 수 있다. 임화가 현해탄 콤플렉스에서 벗어나기 위해서는, 어떤 서사물을 '소설'로 규정하는, '소설 양식'이라는 인식방식 자체를 반성해야 했다. 이로써 어떤 서사물을 새롭게 유형화하는 양식을 획득할 수 있다. 그런데 소설이라는 인식방식은 우연히 갖게 되거나 임화가 의지해서 획득한 것이 아니라, 임화가 조선사회에서 살면서 내면화된 것이다. 따라서 소설 양식이라는 인식방식 자체를 반성할 때, 조선사회를 객관적으로 이해할 수 있게 된다.

도식성 문제도 마찬가지이다. 카프 작가들은 마르크시즘으로써 현실을 변혁하고자 했다. 곧 '마르크시즘은 현실과 일치한다'고 생각했다. 그러나 이들이 경험한 것은 '마르크시즘은 현실과 불일치'였고, 이러한 모순을 극복할 수 없다고 판단했을 때, 전향했다. 그러나 이것은 모순이 아니다. 여기에 정작 빠져 있는 것은 무의식화되어 있는 '주체의 위치'였다. 다시 말해 마르크시즘과 현실의 불일치는 마르크시즘이나 현실의 문제가 아니라, 주체의 문제였다. 마르크시즘과 현실이 모순이 아님에도 모순으로 현상되었던 것은 '주체의 위치'를 의식대상으로 할 수 없었던 무능력 때문이었다. 식민지 원주민으로서 삶을 영위하면서도, 마치 서구인들처럼 자기를 규정하는 식민화된 의식이 반성되지 않을 때, '마르크시즘은 현실과 불일치'한다. 도식성은 주체의 위치가 무의식화됨으로써 발생한 역사적 사실이기 때문이다. 그러나 도식성 문제에 맞닥뜨렸을 때, 주체의 위치 자체를 반성하지 못한 채, 이를 마르크시즘이나 현실의 문제로 보고 해결하려고 할 때, 파블로프의 개와 같은 증후에서 벗어날 수 없다. 이것은 역으로 주체의 위치를 '구체적'으로 확보할 때, 도식성은 극복됨을 의미한다. 곧 모순은 '해결'의 문제가 아닌, '해소'의 문제로 전환된다. 이로써 조선사회 역시 객관적으로 이해될 수 있고, 마르크시즘과 현실의 불일치를 극복할 수 있는 계기가 마련된다. 도식성을 해소하는, 새로운 주체의 위치를 확보하는 과정이 바로, 창작방법론의 전개과정인 셈이다.

마르크스의 방법과 위치

마르크시즘의 이론적 근간으로 알려진 변증법의 테제, '대립물의 통일과 투쟁', '양질전환', '부정의 부정'을 역사에 적용하면, 일반적으로는 자본주의체제에서 부르주아계급과 프롤레타리아계급의 모순된 갈등이 더욱 고조되어 극한 지점에 이르게 될 때, 사회주의체제로 지양되는데, 프롤레타리아의 해방은 특정 계급만의 자유가 아니라 일반적 자유를 실현하는 것이기 때문에 발전으로 규정된다.[19]

위 단락 전체를 '이념'으로 지칭할 때, 이념은 역사적 '현실'과 불일치했다. 이때 대개는 마르크스는 지나갔거나 혹은 마르크스는 아직 도래하지 않았다고 했다. 그런데 어느 쪽이든 마르크스는 '현재' 없다. 최근 마르크스의 가능성을 모색한 고진은, 이론을 '트랜스크리티컬한 인식'으로 전유하면서, 마르크스의 위치가 '사이', '이동'에 있다고 하였다.[20]

고진은 헤겔의 절대정신의 '폐쇄성' 속에서 마르크스를 구출하면서 '총체성'도 함께 버린 것으로 보인다.

굳이 고진을 인용한 이유는, 마르크스는 '사이'를 획득한 것이 아니라 '메타'를 획득함으로써 마르크스 당대의 이념과 현실의 불일치 문제를 해결했음을 밝히기 위해서이다. 그리고 메타는 그것이 차이를 생산하는 '외부'이기 때문에, 고정된 위치를 갖지 않음으로써, 마르크스는 '현재적' 존재임이 밝혀질 수 있기 때문이다. 방법론이 다소 논란이 되거나 길어질 수 있음에도 불구하고, '논리계형 구분'을 우회하지 않을 수 없는 이유는 논리계형 구분을 통해서 마르크스의 방법이 설명될 수 있기 때문이다. 베이트슨은 논리계형 구분을 러셀의 공적으로 돌리지만, 이것은 사실 데카르트의 방법적 회의에서 출발하는 서구 근대철학의 핵심적 주제 가운데 하나이다.

칸트는 의식된 것은 '물자체'가 아니라 대상과 인식조건(초월론적인 것)이 결합된 '현상'임을 밝혔다.[21] 칸트의 철학을 '초월론적transzendental'이라고 규정할 때, 이것은 '모든 경험에 앞서면서' 동시에 '경험 인식을 가능하게 하는'의 의미이다. 경험이 가능한 것은 의식 스스로가 산출해낸 인식조건(공간·시간이라는 순수직관과 순수지성개념, 상상력의 종합 작용)이 기능하기 때문이다. 이렇게 우리에게 나타나는 대상을 칸트는 '현상'이라고 부른다. 칸트는 '물자체'와 '현상'을 구분하고, 다시 '현상'을 대상과 인간의 선험적 인식조건으로 구분했는데, 이것은 칸트의 위대한 공적이다.

여기에 칸트의 또 하나의 공적은 이율배반이 발생하는 원인에 대해서 해명했다는 것이다. 물자체와 현상의 구분을 전제로 인간이 자기

인식조건의 한계를 넘어 '초월적' 대상을 인식하려고 하면, 필연적으로 이율배반이 발생하는 것으로 보았다. 따라서 이율배반은 해결되어야 할 과제가 아니라, 인식조건의 한계가 밝혀짐에 따라 '해소'되어야 할 의사문제Pseudo-problem로 전환된다.

서양 수천 년의 형이상학적 탐구가 이로써 '해소'된다. 그것은 동시에 인식조건을 밝혀내는 것이 어려웠던 이유이기도 하다. 왜냐하면 인식조건은 '현상'에 항상 현전되지만 '자명함'으로 현전되기 때문이다. 이때 형이상학적 문제가 해결이 아니라 해소될 문제로 전환될 수 있기 위해서는 인식방식 전체가 드러나야 했다. 그것은 칸트의 위치가 인식방식 전체를 인식대상화하는 메타적 위치에 있음을 보여준다.

흔히 칸트의 철학을 비판철학이라고 하지만 그 방법론 측면에서 보면, 대상에 대한 인식체계의 확립 이전에 인식능력 자체를 반성적으로 검토한다는 의미에서 '반성'철학이라고 할 수 있다.[22] 이를 일상적 반성과 구분해서 '초월론적 반성'으로 규정한다.[23] 곧 '초월론적 반성'은 인식조건을 규명하는 실천이다. 앞서 파블로프의 개에 적용하자면, 개는 '원과 타원으로만 구분된다'는 인식방식 자체를 의식대상으로서 삼는 것이다. 이로써 본질적 문제와 의사문제가 구분되고, 의사문제는 '해소'된다.

그런데 칸트는 초월론적 반성을 통해 이율배반이 발생하는 원인은 해명했지만, 철저하지는 않았다. 왜냐하면 칸트는 이미 특정한 '인식방식'[24]을 전제로 했기 때문이다. 가령 '세계는 유한하다／무한하다'에서 칸트는 '세계' 자체를 자명하게 전제한다. 그러나 칸트가 전제한 '세계'는 이미 탈시간적으로 해석된 존재이다. 곧 세계로부터 시간성을 박탈하는 인식방식을 전제한 것인데,[25] 이를 칸트는 인지하지 못했다. 그것은 고진도 별반 다르지 않다. "초월론적 비판은 그것에 의해 발견되는 능력(작용)과 다르고 그 어디에도 위치하지 않는다. 그렇다면 비판은 어디서 오는 것일까. 이를테면 비판은 칸트가 서 있던 '장소'인 경험론과 합리론 '사이'에서 온다."[26] 고진은 칸트의 위치가 '어디에도' 없다고 했지만, 그것은 세계를 탈시간화하는 공간적 위치, 곧 뉴턴의 물리학적 공간이었고, 진화론은 충분히 전개되지 않았던 시대였다.

따라서 칸트의 논리는 순환오류에 빠진다. 칸트는 '세계'는 경험의 언어로 전화될 수 없다고 보았다. 왜냐하면 '세계'는 경험적 종합을 위한 규칙이기 때문이다.[27] 그런데 '세계는 왜 경험의 언어의 대상이 아닌가'라는 물음에 대한 답변은 '세계는 경험적 종합의 규칙이기 때문이다'가 된다. 다시 '세계는 왜 경험적 종합의 규칙인가'라는 물음에 대한 답변은 '세계는 경험적 종합의 규칙이기 때문이다'로 된다. 순환오류이다.

칸트는 물자체와 인식조건의 차이를 발견했지만, 그 차이를 고착화시켰다. 이로써 물자체는 결국 궁극의 미지로 남는다. 칸트는 인식조건이 선험적, 보편적이라고 생각했기 때문이다. 헤겔의 칸트 비판의 핵심은, 칸트가 '인식대상인 절대자를 인식능력인 이성이나 인식활동으로부터 분리된 별개의 것으로 미리 전제'했다는 점에 있다. 그러나 '현상'의 발견, 곧 대상과 인식방식을 구분한 것은 칸트의 업적임은 분명하다. 곧 칸트는 '차이'를 발견했다.

헤겔이 칸트를 넘어서는 계기는 대타존재(현상)와 즉자존재(대상)의 '불일치' 자체를 매개로 이루어진다. '불일치'가 자각된다는 것은 이미 불일치가 인지될 수 있는 의식이 전제되어 있음을 의미한다. 칸트는 인식대상인 절대자를 인식조건과 분리된 것으로 미리 전제함으로써, "인식과 진리의 구분은 의식 자신이 행한 구분일 뿐"임을 의식하지 못했던 것에 반해, 헤겔은 즉자존재와 대타존재의 모순은 의식이 의식자체 내에 스스로 경계를 짓는 것으로부터 생성됨을 간파한다. 이로써 의식은 대타존재와 즉자존재의 구분을 지양하여 다음 단계로 나아간다. 곧 "새롭게 생성되는 의식이 곧 새로운 인식방식이 되고 다시 이에 상응해서 새로운 대상이 정립되"는 변증법적 운동이 전개되는데, 이와 같은 단계가 반복됨으로써 의식이 자기본질인 절대정신과 일치하게 된다. 이러한 의식의 자기 전개에서 의식이 이전 의식을 지양하게 되는 계기 역시 '반성'이다.[28]

'반성'은 마르크스 방법에서도 근본적인 계기이지만, 마르크스는 칸트나 헤겔과 달리 인식방식을 유물론적으로 제시한다. 이로써 '의사문제'가 발생하는 역사적 근거를 제시했다. 가령 헤겔의 인식방식은 보편적 인식방식이 아니라 특정한 인식방식으로서, 헤겔이 속한 부르주아 계급의 생성, 소멸과 궤를 같이 한다는 것이다. 곧 마르크스는 인식방식의 역사적, 계급적 근거를 발견한 것인데, 이로써 인식방식은 특정 계급이라는 '위치'를 갖게 됨으로써, 그의 방법론은 헤겔을 넘어선다.

『자본』에서 마르크스가 당대 부르주아 경제학의 이율배반을 극복하는 방법 역시 '해소'하는 것이다. 부르주아 경제학의 논리가 이율배반으로 귀결된 이유는, "부르주아적 생산양식을 사회적 생산의 영원한 자연형태로 잘못 보"[29]았기 때문이다. 생산물을 상품으로 자명하게 전제함으로써 고전파 경제학자는 '가치로 표시되는 노동과 그 생산물의 사용가치로 표시되는 경우의 노동'을 구분할 수 없었고, '상품, 그리고 특히 상품가치의 분석에서 상품가치가 바로 교환가치로 되게 하는 가치형태'를 찾아내지 못했다.

생산물이 상품이 되는 경제체제는 '역사적으로 그 특성'을 부여받는다. "노동생산물은 어떠한 사회적 상태에서도 늘 사용대상이다. 그러나 이 사용대상의 생산에 지출된 노동을 그 물적 존재의 '대상적 속성(즉 그 물적 존재의 가치)으로 표시하고 따라서 노동생산물이 상품으로 전화하는 것은 오직 일정한 역사적 발전단계에서뿐이다."[30] 하지만 이들은 부르주아 생산양식을 생산양식 일반으로 오인했다.[31] 헤겔이 칸트를 비판할 때, 칸트가 특정 인식방식을 선험적 인식방식으로 오인한 것을 비판했듯이, 마르크스는 당대 부르주아 경제학자들이 특정한 경제체제를 일반적 경제체제로 간주한 것을 비판한다.

그런데 이러한 오인이 당대 부르주아 경제학자들에게는 오인으로 인지되지 않았던 것은, 이것이 당대 사회에서 '자명한' 의식이었기 때문이다. 곧 이것이 의혹되거나 반성되지 않는 이유는 "사람들은 교환을 수행하는 과정에서 먼저 각기 다른 생산물을 가치로 등가시키는데, 바로 이런 행위를 통해서 그들은 결과적으로 자신들의 서로 다른 노동을 인간노동으로 등치시키는 것이다. 그들은 그것을 의식하지 못하면서 그렇게 하"기 때문이다.[32] 당대 사람들은 생산물이 상품이 되는 것은 가치가 생산물에 내재하기 때문이라고 '자명하게' 생각했다. 곧 생산물에 내속된 가치가 원인이고 그것 때문에 상품교환이라는 결과가 발생한다고 생각했다. 이러한 생각에서는 자본주의적 교환형태가 '유일한' 교환형태가 된다.

하지만 마르크스는 교환이 원인이고, 이 때문에 생산물이 상품이 되는 결과가 발생됨을 '가치형태의 전개'를 분석함으로써 밝혀냈다. 여기에 마르크스의 변증법적 인식론이 드러난다. 이 점은 특히 본론에서 논할 창작방법론과 밀접하다.

마르크스의 리카도 비판의 내용은, 리카도가 가치를 추상적 보편자로 취급하여 그로부터 경험적 현상의 서술이 직접적으로 도출될 수 있는 것으로 보았다는 것이다. 마르크스는 이러한 리카도의 방법을 '형식적 추상작용'으로 규정하고, 마르크스 자신의 '추상에서 구체로 상승하는' 방법론을 대비시킨다.

마르크스의 인식론적 변증법은 '경험적 구체성 → 추상화 → 사유적 구체성'으로 진행된다. 경험적 구체성에서 추상화 단계로의 운동은 '직접적으로 주어진' 일상적 세계의 '독립되고 고립된 사실들'을 추상화의 도움으로 '외적인 관계'를 밝히는 과정이다. 이 과정은 개념이 극도로 추상화되는 단계로서 현실과의 불일치가 확대되는 과정이다. 그러나 동시에 구체적으로 경험되는 현실을 전체적으로 이해할 수 있는 계기가 마련되는 과정이기도 한다. 이 과정이 추상화에서 '사유적 구체성으로서의 비약이다. 이로써 처음의 경험적 사실들은 수많은 규정과 관계를 지닌 풍부한 전체, 곧 '사유적 구체성'으로 파악된다.[33]

마르크스는 그 과정에서 어떻게 노동가치론에 어긋나는 듯이 보이는 다양한 경험적 현상들이 노동가치론에서 시작해야만 설명될 수 있는가를 보여준다. 그 결과로 나오는 것은 '구체적인 내용을 갖는 사상의 총체'이다. 여기서 구체적인 것은 많은 규정들과 관계들의 통일로서, 노동가치론과 현실은 부합하게 된다. 마르크스에게 있어서 가치는

'구체적 보편자'로서, 그것이 설명하는 경험적 현상들과 유기적 총체를 이룬다.[34]

이로써 부르주아 경제학이 자명하게 전제하는 '가치'는 추상적 보편자가 아니라, 역사적 과정에서 생산된 것임이 드러난다. 곧 "부르주아 경제학자들의 비속한 눈에는 이 등가형태가 완전히 발전하여 화폐의 형태를 띠고 나서야 비로소 보이게 되"[35]지만, "사용대상의 생산에 지출된 노동을 그 물적 존재의 '대상적' 속성(즉 그 물적 존재의 가치)으로 표시하고 따라서 그 노동생산물이 상품으로 전화하는 것은 오직 일정한 역사적 발전단계에서뿐이다."[36]

부르주아 경제학의 최종적 전제인 '가치'가 역사적 생산물이기 때문에, 이에 바탕한 자본주의적 교환형태는 '유일한' 것이 아니라, '특정한' 교환형태임이 드러난다. 마르크스가 제시한 로빈슨 크루소의 상황이나 봉건경제, 가부장적 농업, 그리고 '공동의 생산수단으로 노동하면서 각자의 개별 노동력을 하나의 사회적 노동력으로 인식하며 지출하는 자유인들의 결사체' 사회에서는 생산물이 곧 상품이 되지는 않는다. 곧 '어떤' 사회에서만 생산물이 상품이 된다. 이로써 자본주의체제는 '특정한' 교환형태를 교환형태 '일반'으로 참칭하는 인식조건을 전제함이 드러난다. 이처럼 전도된 의식을 마르크스는 '물신주의'라고 불렀다. 이 물신주의 자체가 초월론적으로 반성되지 않음에 따라, 당대의 '교환방식'은 교환방식 전체로 표상되었고, 이로써 부르주아 경제학자들의 논리적 귀결은 이중구속에 빠지게 되었다.

마르크스는 부르주아 경제학을 '내적'으로 비판하지 않았다. 마르크스의 비판 방식은 부르주아 경제학의 한계를 긋는 것이다. 이때 부르주아 경제학의 한계는 부르주아 경제학자들의 인식방식의 한계였다. 마르크스는 초월론적 비판을 통해 이들의 인식방식을 물신주의로 유형화함으로써, 차이를 현전시켰다.

마르크스가 당대 부르주아 경제학의 이중구속의 원인을 밝혀냈을 뿐만 아니라, 이로부터 새로운 사회를 도출할 수 있었던 것은, 마르크스의 위치가 자본주의의 한계를 긋는 '외부'에 있음을 보여준다. "청년 헤겔파 운동 전체의 왜소성과 지방적 편협성을 보여 주기 위해서는, 특히 이 영웅들의 실제 업적들과 이 업적들에 대한 환상들 사이의 희비극적 대조를 보여주기 위해서는 일단 독일 바깥에 놓여 있는 관점에서 그 장관 전체를 조망하는 것이 필요하다"[37]에서의 '독일 바깥에 놓여 있는 관점'이다. 마르크스가 이 관점을 '독일 바깥'으로 표현하고 있다는 점에서 이것을 '외부'라고 지칭하기로 한다.

이상의 논의를 정리하기로 한다. 칸트와 마르크스의 방법론의 요점은, 이율배반은 '어떤'이 '전체'를 참칭할 때 발생한다는 것이고, 이때 주체는 이중구속에 빠지게 된다는 것이다. 이러한 이율배반의 문제를 칸트나 마르크스는 '해결'하지 않았다. 왜냐하면 이것은 그 '한계'가 밝혀질 때 '해소'되기 때문이다. 칸트나 마르크스는 '자명함'으로 자기를 드러내는 인식방식의 한계를 밝힘으로써 이율배반을 해소했다. 칸트는 그것이 인간 일반의 한계라고 생각했지만, 마르크스는 인식방식을 특정 사회, 역사적 단계로 귀속시켰다. 이때 칸트나 마르크스가 한계를 밝힐 수 있었던 것은 주체의 인식조건 자체를 드러내는 '초월론적 반성'을 매개로, '외부'의 위치를 획득했기 때문이다. 특히 마르크스의 위치는 의식과 존재를 연동시킴으로써 우연성을 넘어서 역사적 필연성을 획득했다는 점에서 칸트를 넘어섰다. 이것이 「독일 이데올로기」의 테제인 '의식은 의식된 존재'인데, 물신주의는 자본주의 경제체제의 반영이다.

이처럼 마르크스는 '어떤' 이론을 또 다른 '어떤' 이론으로 대체하지 않았다. "마르크스가 말하는 '새로운 유물론'이란 구 유물론 즉 철학적 유물론에 대한 어떤 새로운 해석을 의미하는 것은 아니다. 오히려 마르크스는 사변 철학을 비롯한 모든 철학을 거부함으로써 새로운 유물론 즉 역사적 유물론을 발견할 수 있었다."[38] 마르크스의 이론은 '어떤' 철학이 아니라, 철학 자체에 대한 이론 곧 메타적 이론이다. 철학을 실천으로 대체함으로써 새로운 가능성을 열어젖혔던 것이다.[39]

마르크스의 방법론과 그 위치를 설명함에 있어서 '논리계형의 구분'을 우회한 이유는, 이러한 초월론적 실천과 기존의 변증법적 '지양'의 개념이 갖고 있는 지그재그식의 '보존과 부정'[40]이 구분되어야 한다고 생각하기 때문이다. 기존의 변증법적 유물론은 지양의 의미를, 낡은 질이 부정되고 새로운 질로 옮겨 갈 때 낡은 질에 있던 것이 모두 부정되어 버리는 것이 아니고 그 안에 적극적인 것은 새로운 질의 내부에 보존된다는 식으로 사용한다. 그런데 이러한 개념에서는 지양의 '메타'적 의미, 새로운 '척도'의 의미가 적극적으로 도출되지 않는다.

변증법적 운동이 '새로운 인식방식과 인식대상'을 산출하는 운동임은 헤겔이나 마르크스나 동일하다. 그런데 이때 새로운 인식방식은 기존 인식방식 전체에 한계를 긋는 논리계형 구분을 통해서 생성되는 것으로 보고자 한다. 이때 새로운 대상은 자명함으로 나타나는 기존의 인식방식이 된다. 이로써 외부로서 메타적 위치가 확보되고, '새로운'

인식방식이 획득된다. 그것은 '척도'의 변화이다. 이러한 측면에서 논리계형의 구분은 메타적 외부를 통해서 차이를 생산하는 변증법적 운동을 선명하게 제시한다.

둘째 장
추상적 인식방식과 은폐된 모순

추상적 인식방식과 모순의 발생

대중화운동 당시 카프 작가들이 경험한 모순은 '조직적'으로 의식되지 않았지만, 어떤 식으로든 카프의 정체성 형성 논리에 균열을 내고 있었다. 그런데 모순의 발생과정은 유사하지만, 은폐, 억압되는 양상은 작가마다 달랐다. 임화의 경우는 다다 계열의 시와 단편서사시, 김남천의 경우는 「공장신문」과 「공우회」를 대상으로 그 양상을 분석한다. 전체를 살펴본다는 취지에 따라 임화의 초기 서정시에 대한 간단한 분석부터 시작한다.

임화가 카프에 가입하기 이전, 대중매체에 처음 발표한 작품은 「무엇찾니」로 대표될 수 있는 단형의 서정시이다.

죽은 듯한 밤은 땅과 하늘에

가만히 덮였고
음울한 대기는 갈수록 컴컴한
저 하늘 끝에서 땅 위를 헤매는데
소리 없이 자취를 감추고 나리는 가는 비는
고요히 졸고 있는 나무 잎에
구슬 같은 눈물을 지워
어둔 밤에 헤매면서 우는
두견의 슬픈 눈물같이 굴러 떨어진다
남모르게 홀로 뛰는 혼령아
이 어둔 비 오는 밤에도 쉬지 않고 날뛰며
무엇을 너는 찾느냐?

—「무엇찾니」 전문[1]

이 시에는 화자의 불안과 외로움이 묘사되어 있는데, 정작 화자는 이 불안과 외로움의 원인을 알지 못한 채, '두견'과 자신을 동일시한다. 불안과 외로움의 원인이 의식되지 않은 상태임에도 '두견'과 동일시가 가능했다는 것은, 결국 이 시에서 묘사된 것이 자신의 불안하고 외로운 내적 상태뿐이라는 것을 보여준다. 이것은 자신의 내적 상태가 반드시 '두견'을 통해서 구상화될 필요가 없다는 것으로 귀결된다. 따라서 그것은 '혼령'이거나, '관음보살'(「연주대」), '파리해진 얼굴'(「서정소시」)이어도 무관하다. 이처럼 두견, 혼령, 관음보살 등이 서로 대체될 수 있다는 것은, 화자와 '두견'의 동일시는 백일몽과 같은 몽상임을 보여준다.[2]

이러한 몽상적 동일시는 1927년 벽두에 발표한 「설」에서부터 급변하는데, 화자의 불안이나 외로움은 완전히 사라지고, 자기를 현실로부터 구체적으로 언급한다. 이 계열의 시들은 다다의 양식을 차용하고 있다는 점에서 '다다 계열의 시'로 명명한다.

다다 계열의 시들은 「혁토」, 「宣詩」 「탱크의 출발」과 같은 제목에서 볼 수 있듯이, 분명한 방향성을 갖는다는 점에서 앞의 「무엇 찾니」의 무방향성과 확연히 다른데, 이러한 방향성은 마르크시즘의 영향이다. 임화의 마르크스-레닌주의에 대한 언급은 1926년 말부터 발견된다. "마르크스나 엥겔스나 또는 무산계급의 문화를 위하여 진력한 란셀이나 또는 무서운 박해의 희생이된 립부크미트와 룩셈부르크나 또는 인류의 역사에서 가장 최고의 무산계급혁명의 지도자 레닌이나 모두가 인텔리겐짜였던 것이다."[3]

마르크시즘에서 해방의 근거를 발견한 이후, 1927년부터 발표한 다다 계열의 시에서는 이에 입각하여 역사의 방향에 대한 확고한 신념을 형상화했다. 이 시기 시인은 자신을 마르크시즘의 혁명적 주체와 동일시함으로써 비로소 자기규정에 도달한다. 이로써 그는 이전의 불안이나 외로움으로부터 벗어나, 그 자리를 역사의 방향성에 대한 확신으로 대체한다.

태양은
영원히 도망을 가고
거리에는 눈보라 —
　　폭풍 —
신의 이름이 적힌 표목은
순식간에 파묻혀져서

두 번 다시 볼 수는 없다
아 — 눈보라다
　　폭풍이다
달은 중량을 잃고
천애를 표랑하며
고요하든 나무그림자는
급격한 동요를 일으켰다
— 암흑
— 요란
— 폭풍
compass의 바늘은
方向을 손질하지 못하고
　　— 니다
이때에 —
얼어터진 연못에
얼음틈바구니에서
눈이 눈이 目……
반작한다
어류의
미래를 위협하는
눈알이 —
　　— (겨울)

— 「雪」 전문[4]

「설」에 구상화된 현실은 "compasses의 바늘은／방향을 손질하지 못하"에서 알 수 있듯이, 기존의 모든 가치와 질서가 전체적으로 의혹되고 혼돈에 휩싸이며 새롭게 변혁되는, '눈보라'와 '폭풍'의 세계이다. '태양'도, '신의 이름이 적힌 표목'도, '달'도 모두 '눈보라'와 '폭풍' 속에서 사라진다.

그러나 "얼어터진 연못"에 기생하는 '어류'만이 '눈보라'와 '폭풍'으로부터 예외적으로 존재한다. '어류'는 기생계급을 구상화한 것이다. 지상의 모든 것은 '눈보라'와 '폭풍'에 의해 "파묻혀" 있지만, 연못 속은 아직 '눈보라'와 '폭풍'이 미치지 못한 영역이라는 착상에 의거, 어류가 기생계급을 표상하는 것으로 해석된다.

그런데 화자는 자신을 '어류의／미래를 위협하는／눈알'로서 구상화함으로써, 자신이 이 '눈보라'와 '폭풍'의 세계에 속하며, '어류'의 미래를 위협하는 존재임을 확인한다. 이전 단형의 서정시들에서는 주체가 자신의 불안과 외로움의 원인을 파악하지 못했기 때문에, 내면의 상태가 투사된 '두견'이나 '혼령'과의 필연적 관계는 나타나지 않았다. 그러나 이 시에서 화자와 '눈알'의 동일시는 기생계급으로서의 '어류'에 대한 '위협'을 매개로 이루어진다는 점에서, 이전 시들의 몽상적 동일시와 뚜렷하게 구분된다. 그리고 이 '위협'이 '눈보라'와 '폭풍'이 환기하는 현실변혁에 의해 성립되고 있다는 점에서, 시인의 자기인식의 근거는 일단 현실성을 얻는다. 곧 현실을 낡은 세계와 새 세계의 변혁과정으로 규정하는 현실인식이 자신을 '눈알'로서 구상화하는 근거로 제시된다는 점에서도 이전 시들과 구분된다.

그런데 현실을 변혁의 시기로 규정하는 시인의 신념이 다다의 형식과 극적으로 결합하게 된 이유는, 대중의 일상적 의식에 강한 충격을 줄 수 있는 '경이로운' 형식이 필요했기 때문이다.

다다 계열의 시를 발표할 무렵 임화는, "우리들의 예술은 대중의 감정을 조직화하여서 적당한 시기에 폭발케 하지 않으면 안 될 것"이므로, "결정적 요소는 내용이다"라고 적는다.[5] 이러한 내용으로서 마르크시즘은 "대중의 눈을 경이케 하야 대중으로 하여금 많이 보게 해야 하"기 때문에, 임화는 대중의 관심을 획기적으로 유도할 수 있는 '강렬한 형식'이 필요하다고 보았다. "무산계급문학의 생명이라고 할 것은 이 과도기인 현대 사회에서 격렬한 발동이 속락함으로 말할 것도 없이 전투적 기분을 가지고 강렬한 형식으로 표현되지 아니치 못할 것"이기 때문에, "현재『프로』작가로 말하면 무산계급문화의 장래를 위한 준비뿐만 아니라, 사회 개혁의 과도기인 현대에서 가장 중요한 임무는 민중을 움직이는 데 있는 것이다."[6] 대중들의 마음을 움직이는 것은 단순한 정서적 차원이 아니라, '혁명적'인 의식적 변동이어야 하기 때문에 '경이'를 불러일으킬 수 있는, 파격적이고 새로운 형식인 다다에 관심을 가진 것으로 보인다.

다다의 본질은 우연성에 있다. 근대적 이성에 대한 회의와 반발로 논리와 체계를 극도로 부정한다. 그런데 임화는 다다의 해체 정신은 수용하면서도, 다다와 달리 이성 일반을 불신하지 않는다. 해체 정신은 기존의 자본주의체제를 해체하는 마르크시즘과 통용될 수 있지만, 마르크시즘 자체는 인간 이성이 다다른 철의 법칙이라고 보기 때문이다. 이에 이 시는 다다의 파격적인 형식과 논리적 구조가 혼용되어 있다. 그 대표적 작품이 「지구와 '박테리아'」이다.

기압이 저하하였다고 돌아가는 철필을
도수가 틀린 안경을 쓴 관측소원은
깃대에다 쾌청이란 백색기를 내걸었다

그러나 제 눈을 가진 급사란 놈은
이삼분이 지낸 뒤 비가 쏟아지면 바꾸어 달 붉은 기를 찾느라고 비행기
가 되어 날아다닌다

▶
아까 — 그 사무원이 페쓰트로 즉사하였다는 소식은 벌써
관측소를 새어나가
—거리로
▶우주로 뚫고
—산야로
질주한다 — 확대된다
그러나 아직도 급사란 놈은 기에다 목을 걸고 귓짝 속에서 난무한다
비 ● 바람
쏴—
그것은 여지없이 급사를 사무실로 갖다 붙였다
페쓰트 — 그것은 위대한 것인 줄 급사는 알았다
(…중략…)
일분간에 한 마리씩 잡아 삼키니
십육억분이면 — 시간 환산은 성가시다
=지구는 寒이다

=지구는 寒이다

'박테리아'는 지구를 포옹하고 홍소한다

크게 —

크게 —

(그웃음은 흑색 사변형에 배류로 증대한다) —

—「지구와 '박테리아'」 부분[7]

이 시에는 '도수가 틀린 안경을 쓴 관측소원', '사십년 동안' 관측소에서 근무하는 '제 눈을 가진 급사', 그리고 '페스트'가 등장하는데, 기상 예측과 같은 미래에의 방향과 관련된다. 관측소원은 도수 틀린 안경을 쓴 탓에 기압도 구분하지 못하고, '백색기'를 내건다. 하지만 '제 눈을 가진 급사'는 저기압을 올바르게 보고, '적색기'를 찾기에 분주하다.

여기까지만 보면 관측소원과 급사의 현실 인식의 차이 정도로 이해될 수 있지만, 시인은 '급사'까지도 부정한다. 급사는 '페스트'를 볼 정도의 안목을 갖고 있지 않기 때문이다. '페스트'는 관측소를 휩쓸고, 거리와 산야를 질주해서 우주를 뚫고 지나간다. 하지만 급사의 인식이란 관측소에 한정되어 있었기 때문에 이러한 현실의 변화를 보지 못한다. 결국 승리자는 온 인류를 새롭게 변모시키는 '페스트'이다.

페스트는 죽음의 병이다. 그럼에도 시인이 이를 긍정하는 것은 죽음을 긍정한다는 것이 아니다. 시인이 긍정하는 것은 페스트가 퍼져나가는 방식의 무정형성, 그럼에도 절대적으로 퍼져나가는 힘이다. 곧 페스트는 예측할 수 없는 방식으로 반드시 자기를 관철시킨다는 점에서 긍정된다.

임화는 다다의 본질로서의 우연성에서 '예측할 수 없음'만을 간취한다. 그리고 '예측할 수 없음'을 필연적인 것으로 다시 논리화함으로서 이 시를 완성한다. 이 논리화의 근거가 역사의 방향성에 대한 확신에 있다고 한다면, 이 시기 임화는 마르크시즘에 의거하여 혁명적 주체로서 자신을 정립하고 있음을 확인할 수 있다.

그런데 다다 계열의 시를 발표한 후 1년 정도 뒤에, 김기진으로부터 '단편서사시'로 명명된 시편들이 발표될 즈음, 혁명적 열정과는 달리 객관적 상황은 악화되어 갔다. 당시 김기진은 카프 문예의 대중화론을 제기하면서, "우리들의 문학은 사람이 보도록 알아보기 쉽게 만들어야 한다. 더구나 작금 1년 이래로 극도로 재미없는 정세에 있어서 우리들의 '연장으로서의 문학'은 그 정도를 수그려야 한다"[8]고 말한다. 그리고 그 방법으로 대중소설(통속소설)을 제안한다. 의식이 낮은 대중을 깨우치기 위해서는 이데올로기를 희석시켜야 하며, 이렇게 함으로써 검열도 통과할 수 있다는 논리였다. 이에 대해 임화는 다음과 같이 반박하는데, 여기에는 이후 임화 사유의 '원형'의 한 측면이 직접 나타나고 있기 때문에, 다소 길더라도 인용한다.

> 우리들은 이 문제화된 사실주의를 사회적 사실주의Social Realism이라고 이름 붙인다. 팔봉은 이 말을 변증적 사실주의라고 이름 하였다. (…중략…) 그러면 사회적 사실주의는 어떻게 해석할 것인가? 이것은 결코 상기한 것과 같이 문학의 형식상의 일 유파가 아니라, 철학에 있어서 부르주아적 유물(론)과도 같은 부르주아적 사실주의에서 그 객관적 태도를 섭취하여 사회적인 성질의 것을 표현하는 것이다.

그러면 무엇이 사회적 성질의 것이냐? (…중략…) 그것은 마르크스 철학의 방법이 말하는, 각 역사적 순간에 재在한 계급의 제 관계와 그 구체적 특수성의 가장 정확하고 객관적인 분석을 프롤레타리아 전위의 눈으로 보는 것이다.

그러면 어째서 이 사실을 프롤레타리아 전위의 눈으로 보아야 하는가? 그것은 리얼리즘의 객관적 태도는 동일하나 오직 현실을 그 전체성에 있어서, 그 발전 속에서 보는 것은 오직 마르크스 철학의 파지자…… 프롤레타리아의 전위만이 가능한 까닭이다.

그러므로 우리의 예술의 새로운 과제, 사회적 사실주의는 속학자배의 관념적 분석과 같은 단순한 분리된 내용과 형식, 즉 양식상의 문제가 아니라, 이것은 우리들의 예술이 발전하는 한 계단으로 예술 자신 전체의 문제인 것이다. 따라서 사회적인 사실주의를 양주동, 염상섭 등의 속학자배는 형식상 문제라는 관념적인 일반론 위에서만 원망적遠望的으로 음미할 수 있는 것이다.

그러므로 양주동의 「문예상의 내용과 형식 문제」 같은 것은 우리의 예술이 사회적 사실주의에로 구체적으로 정도된 확호한 발전을 하는 때, 한 수포水泡에 불과한 것이다.[9]

양주동 등이 프로문학은 문학의 기본적 조건인 내용과 형식의 조화조차 없다고 비판한 것에 대해, 임화는 내용과 형식의 조화는 부르주아적 관점에서나 논의될 사항이라고 간단히 처리해 버린다. 양주동이 말하는 내용은 이미 부르주아적 관점에 의해 규정된 내용이기 때문에, '투쟁의 문학'인 프로문학의 내용이 될 수 없다는 것이다. 곧 프로문학의 목적은 '문학성'에 있는 것이 아니라 '투쟁 효과'에 있기 때문에, 부르주아의 내용과 형식의 조화라는 관점은 프로문학에 적용될 수 없다는 논리이다.

그런데 여기서 주목되는 것은 임화가 논리계형을 구분하고 있다는 점이다. 임화는 문학적 요소인 '내용과 형식의 조화'를 요구하는 양주동의 주장에 대해 '조화' 자체를 문제 삼는다. 조화는 이미 분리를 전제하는 인식방식에 의해서만 성립된다. 이러한 인식방식에 귀속되는 작품은 내용과 형식이 분리된 작품, 조화를 통해서 '문학성'이 실현되기를 요구하는 작품으로 제한된다. 곧 양주동 등의 '부르주아' 인식방식의 대상은 형식이나 내용과 같은 문학의 요소이고, 그 인식방식은 '문학성'으로서의 '조화'이다.

파블로프의 개가 '구별되지 않는 원형'이 나타났을 때 증후에 시달렸듯이, 카프가 규정한 문학은 양주동의 인식방식에는 타자이기 때문에, 양주동의 인식방식으로는 파악할 수 없다. 곧 '계급이념'을 대중에게 전달함으로써 대중의 경화된 의식을 깨뜨리는 '예술 자신 전체의 문제'는 부르주아 인식방식으로는 규정할 수 없기 때문에, 새로운 인식방식으로 파악해야 한다. 이를 임화는 '프롤레타리아 전위의 눈'으로 규정한다. '전위의 눈'은 양주동의 인식방식을 대상적으로 인식하는 메타적 인식방식이다.

이에 반해 양주동은 자신의 인식방식의 한계를 파악하지 못함에 따라, 자신의 인식방식과 전체의 인식방식을 무의식적으로 동일화한다. 이로써 그에게는 문학의 기준이 '문학성'에 있다는 판단은 의심할 여지 없는 '자명한' 것이 된다. 그가 내용과 형식의 조화를 주장하면서 아리

스토텔레스 이래 "적어도 예술 일반에 대해여 (다소의) 견식을 가진 사람이라면"[10]이라고 말할 수 있었던 근거가 여기에 있다. 양주동은 인식방식 자체를 초월론적으로 반성할 수 없었기 때문에, 마치 『자본』의 부르주아 경제학자들이 생산물의 가치 실체성을 자명하게 간주했던 것처럼, 그에게는 문학의 실체로서 '문학성'은 자명했다. 곧 '조화'로서의 '문학성'이 역사적으로 생성되었다는 것은 그에게 의식되지 않았다.

이로써 순환오류는 피할 수 없다. '문학은 곧 문학성'의 동어반복을 계속할 수밖에 없다. 일반화하기는 어렵지만 이 당시 카프와 대립적 위치에 있던 문인들은 카프의 이론적 근거인 마르크시즘에 대해 피상적인 이해에 그치고 있었음을 알 수 있다. 이것은 동시에 마르크시즘에 대해 이해하고 있었던 카프 작가들이 부르주아 문인들에 대해 우월한 태도를 가질 수 있는 근거이기도 했다. 이들은 부르주아 문인들의 문학성 주장을 설명할 수 있는 메타적 위치를 점유했기 때문이다.

카프 작가들이 형상화해야 할 내용은 부르주아 문인들을 증후에 빠뜨리는, 이들 인식방식의 외부인 '전체'와 '발전'이다. 「지구와 '박테리아'」의 관측소원과 급사의 '눈'으로는 볼 수 없는 '페스트', 곧 새로운 역사의 방향성이다. 이것이 '전체'인 이유는 '관측소원'과 같은 부르주아적 사고방식에는 '페스트'가 보이지 않지만 실재하기 때문이다. 그리고 이것이 '발전'인 이유는, '관측소원'은 낡은 것으로 붕괴되어 갈 존재이지만, '페스트'는 새로운 세계이기 때문이다. 임화는 이것이 전 세계적으로 실재한다고 생각했다. 곧 '조선에도' 실재한다고 생각했다.

이러한 논리에 의거해서 임화는 당시의 수세적 상황을 일시적인 것으로 규정하고, 김기진의 대중화론을 반박한다. 곧 조선의 현실을 '전체성에 있어서 그 발전'에서 보면, 현재는 '재미없는 정세'가 아니다. 그것은 김기진의 인식방식이 '프롤레타리아 전위의 눈'이 아니기 때문에, 자본주의 최고단계로서 사회주의 혁명 전야라는 '세계혁명의 동시성'을 보지 못한 것이다. 말하자면 현실이 객관적으로 암울한 것이 아니라, 암울하게 보는 김기진 자신의 인식방식 때문에 현실이 암울한 것으로 표상된 것임에도, 김기진은 자신의 인식방식에 대한 반성이 없었기 때문에, 현실을 암울하다고 한 것이다.

임화는 김기진의 대중화론의 오류를 그 내용에서가 아니라, 계급적 '인식방식'을 매개로 비판한다. "슬로건을 내걸 때는 조직 자신이 그때의 경제적 정치적 정세에 의하여 결정하는 것이다. 그 이유는 계급의 기초는 경제 위에 섰고, 경제의 집중적 표현은 정치인 까닭에, 정치의 집중적 표현은 슬로건으로 나타나는 것이다."[11] 임화의 논리는 수미일관하고 체계적이다. 토대인 경제의 표현이 정치이고, 정치는 슬로건으로 표현된다는 체계에 입각해서, 현재 경제적 토대는 '전환기'에 있기 때문에 슬로건 역시 여기에 부합해야 한다고 주장한다. 이것이 임화가 요구한 '객관적인 태도'로 해석된다. 이에 대해 대중화론은 경제적 토대의 전환을 보지 못한 부르주아적 슬로건으로서, 현재를 객관적으로 파악한 것이 아니라 부르주아 계급적 입장의 반영으로 규정된다.

이러한 입장에서 임화는 "실천적인 세력과의 싸움" 곧, 계급투쟁이 현 정세를 돌파할 수 있는 방법임을 분명하게 한다. 마르크스가 포이에르바하를 비판하면서, '정신적 비판'이 아니라 '투쟁'만이 포이에르바하의 견해를 뒤집을 수 있다고 한 논리이다. "결코 동지 팔봉이 말한 바 재미없는 정세 즉 탄×(압)이란 예술운동에 있어 형식 문제를 문제 삼는 데서 해결되는 것은 아니다. 오직 그것은 ××(계급)적 원칙에 의한 실천적인 세력과의 싸움에서만 해결할 수 있는 문제인 것이다. (…중략…) 아무러한 더 재미없는 정세에서라도 현실을 솔직하게 파악하여 엄숙하고 정연하게 대오를 사수하는 것이 정당히 부여된 역사적 사명인 것이다. 그런 까닭으로 이러한 난국에 있어서 퇴각적 정책은 반反프롤레타리아적이며 결정적인 최대의 오류이다."[12]

분명 경험되는 현실은 김기진이나 임화나 다르지 않았다. 임화에게도 수세적 현실은 경험되었고, 그것은 자신이 수용한 마르크시즘과 일치하지 않았다. 이처럼 현실과 이념이 불일치했을 때, 김기진은 현실을 수용하는 쪽으로 선회한 반면 임화는 인식방식의 전환을 요구하며, 인식방식의 전환은 '투쟁'을 통해서 가능하다고 주장한다는 점에서 그 탁월함이 간취된다.

이러한 논리계형 구분이 가능했던 이유는 임화가 사적유물론의 테제를 이미 파악하고 있었기 때문으로 보인다. '목적의식문예론에 서론적 도입'이라는 부제를 단 글에서, 임화는 아니키즘이 마르크시즘과 결합될 수 없는 첫째 이유로서 "인간의 의식이 인간의 존재를 결정하는 것이 아니라 도리어 이거와는 반대요, 인간의 사회적 존재가 인간의 의식을 결정한다"[13]는 사적 유물론의 테제를 제시한다. 이에 아나키즘은 사회와 분리된 개인의 자유의식을 주장하기 때문에 부르주아적 이데올로기로 분류한다.

이처럼 임화는 부르주아 인식방식과 프롤레타리아 인식방식을 구분해 냄으로써, 실재를 반영할 수 있는 새로운 인식방식으로서, '전체성에 있어서 그 발전'을 보는 '프롤레타리아 전위의 눈'을 갖기를 요구하고, 양주동이나 김기진의 주장을 '해소'해 버릴 수 있었다. '문학성'은 부르주아 인식방식에서는 '해결'될 문제가 되지만, 인식방식 자체가 전환되면 그것은 곧 '해소'되는 문제이다.

단형의 서정시에서 다다 계열의 시로의 급격한 전환이 이루어질 수 있었던 것은 마르크시즘의 영향 때문이다. 임화는 마르크시즘을 통해서 불안과 외로움으로부터 혁명적 전위로서 자기를 규정하게 되고, "죽은 듯한 밤"을 혁명의 전야로 파악하는 극적인 전환을 이루었다. 이 가운데 특히 인식방식의 구분은 임화에게 큰 영향을 준 것으로 보인다. 임화는 선배인 김기진을 '김군'으로 하대하는 태도를 보이는데, 이것은 그의 혁명열뿐만 아니라, 사적유물론을 매개로 인식방식과 인식대상이 연동됨을 분명하게 이해하고 있다는 데에서 오는 자신감의 표현으로도 보인다.

특히 단형의 서정시에서 다다의 '경이로운' 형식으로의 극적인 전환은 임화가 마르크시즘을 수용할 때의 내면 상태를 보여준다. 곧 자신이 경험한 강한 인식론적 충격을 대중도 경험할 때 대중들도 자신들의 경화된 의식을 깨뜨릴 수 있다고 보고, '낯설게 하기'의 효과를 일으킬 수 있는 다다의 파격적 형식을 원용했다.

그런데 임화의 논리가 성립하기 위해서는 부르주아 인식방식의 외부, 곧 관측소원과 급사의 눈에 보이지 않았던, '전체'와 '발전'으로서의 '페스트'가 '조선에도' 실재해야 한다. 파블로프의 개를 증후에 빠뜨렸던 '구별되지 않는 원형'이 존재해야 한다. 그러나 양주동도 김기진도 증후에 빠지지 않았다. 오히려 증후에 빠진 것은 임화였다. 임화는 이율배반과 순환오류에 빠진다.

당시 세계는 공황에 돌입하게 되는데, 임화를 비롯한 사회주의자들은 레닌의 『제국주의론』을 따라 당대를 자본주의 최고단계, 곧 '전환기'로 규정했다. 이에 혁명은 '전 세계'에서 동시에 발화될 것으로 기대되었고, 따라서 카프 작가들은 문학을 매개로 전위적으로 대중들의 경화된 의식을 혁파해야 했다. 이처럼 '세계혁명의 동시성'으로써 현실을 인식하기 때문에, '연장을 수그려야' 할 것이 아니라, 오히려 전위들이 적극적 의지를 갖고 대중들의 무지를 깨우치면 혁명적 정세가 조성될 수 있다고 보았다.

하지만 '세계혁명'은 '일국사회주의' 경우가 있는 것처럼 반드시 '동시성'을 그 개념적 속성으로 갖지 않는다. 칸트 식으로 말하면 분석명제가 아니라, 종합명제로서, 그 종합의 근거가 초월론적으로 밝혀져야 하는 문제이다. 이것이 결정적인 이유는, 밝혀야 할 것을 자명하게 여김으로써 모순이 생산되기 때문이다.

'세계혁명'과 '동시성'을 결합하는 종합의 초월론적 근거는 '서구의 위치'이다. '세계'는 개념적으로는 전 세계를 포함하지만, 그것이 서구의 위치에서 발화되었을 때, '동시성'은 유럽을 중심으로 한 몇몇 국가나 특정 지역에 한정된다. 조선이나 아프리카, 혹은 동남아시아 등을 포함하는 것은 아니다. 태평양전쟁 시기까지 동남아시아인들은 '토인'이었다. 이때 '서구의 위치'에서 '세계혁명의 동시성'을 발화한 주체는 바로 서구의 마르크스주의자였다.

양주동이 자신의 인식방식을 초월론적으로 반성하지 못함에 따라, '모든 문학은 문학성을 가져야 한다'고 주장했던 것과 동일한 방식으로, 서구 마르크스주의자들이 자신들의 위치를 망각함으로써, 자신들의 의식을 전체적 의식으로 오인한다. 이로써 실제 세계'들'은 하나의 세계로 추상됨으로써, 추상적 '세계'와 구체적 현실의 차이는 사상된다. 이로써 '서구중심주의'가 발생한다.[14] 이러한 인식방식이 반성되지 않음에 따라 각 지역의 상황은 '세계혁명'의 전야로 추상된다.

'세계혁명의 동시성'의 발화자가 마르크스주의자라고 해도, 서구중심주의적 인식방식에서 자유롭지 않았다. 이들에게 서구 이외의 지역은 '식민지'로 표상되었는데, 그것은 '열등'하고 '낙후'된 것을 의미했다. 따라서 서구 이외의 지역은 타자나 외부가 아니라, 대상적 존재로 추상됨으로써 위계적 구조로 배치된다. '세계혁명'에서 차이는 '자본주의체제／사회주의체제'로 표현된다. 이러한 차이는 조선과 일본의 차이를 나타내는 것이 아니라, 조선과 일본 각각의 내적 상황을 지시하기 때문에, 조선과 일본의 차이는 사상되고, 은폐된다. 조선과 일본의 차이는 내적 차이로 환원됨으로써, 조선과 일본은 동일적으로 표상된다. 이러한 서구중심의적 인식방식이 내면화될 때, 조선의 청년들은 자신들을 서구의 마르크스주의자와 동일시하면서 식민지의 구체적인 현실적 상황을 몰각한다. 이로써 이들은 이중구속에 사로잡힌다.

카프 작가들은 서구의 위치에서 발화된 서구중심주의라는 인식방식을 초월론적으로 반성하지 못했고 따라서 그것은 무의식화되었다. 이에 식민투쟁은 서구에서와 같은 자본가계급에 대한 프롤레타리아 혁명으로 간주되었다. 이때 조선의 구체성은 사상된다. 왜냐하면 개념적 부르주아와 실제 조선의 부르주아는 다름에도, 서구중심주의가 반성되지 않을 때, 조선의 부르주아는 개념의 부르주아로 표상되기 때문이다.

서구에서는 조선이나 아프리카와 달리 노동자의 약진이 존재할 수 있다. 그러나 그것이 조선이나 아프리카의 현실은 아니었다. 그러나 카프 작가들은 서구중심주의를 초월론적으로 반성하지 못함에 따라, 이들의 의식에서 조선의 현실은 사상되었다. 논리계형 구분의 용어로 말하면, '세계혁명의 동시성'의 집합에 속하는 것은 유럽을 중심으로 한 몇몇 국가이다.

하지만 서구중심주의 자체를 의식할 수 없었던 임화는, 따라서 서구중심주의로부터의 명령된 '세계혁명의 동시성'을 수행한다. '세계혁명의 동시성'은 초기부터 임화의 사유를 지배한다. "무산계급 해방운동의 운명 최후의 열쇠를 파악하고 있는 농민운동은 도시 무산노동자의 운동 그것과 함께 계급투쟁의 이대 사태로서 지구상의 전부를 통하여 발전하고 있다."[15] 이로써 조선의 대중은 서구의 대중들과 동일시되고, 조선 역시 서구와 같은 혁명의 전야에 놓인다. 마르크시즘을 수입하면서 동시에 서구중심주의의 인식방식도 수입한 셈인데, 서구중심주의가 무의식화된 상황에서 다다 계열의 시가 생산되었다.

오직 못나고 어리석으며
말 한마디도 변변히 못 내는 白蠟 같은 입 가지고 구지레한
白布를 두른 그리운 나의 나라의
비척어리는 사람의 무리가 있을 따름이다.
오오! 그러나
비록 그렇게 못생이고 빈충맞은 친구일지라도
그것은 나의 同國人 이요 피와 고기를 나눈 赫土의 낡은 主人이며 —
나의 조선의 민중인 것이다

—「赫土」 부분[16]

사라졌던 기계는 심야 車庫 속에서
새로운 기관차를 만들고 있다
—얼굴의 노란
—얼굴의 흰
—얼굴의 검은
(…중략…)
인터내셔날의 탱크는 어느 날 차고의 문을 열고
괴물처럼
비상한 속력으로 크레믈린을 나섰다
—세기 중에 산재한 수많은 기계를 싣고

—「탱크의 출발」 부분[17]

「赫土」는 조선의 대중을, 「탱크의 출발」은 전 세계의 프롤레타리아를 형상화한 시이다. 조선의 대중은 "못생기고 빈충맞은" 존재이다. 여기에 임화의 엘리트주의도 발견할 수 있는데, 이보다 더 중요한 것은 조선의 대중은 「탱크의 출발」에서 묘사된 전 세계 노동자들과 다르지 않다는 점이다.

「혁토」의 조선의 대중은 "못생기고 빈충맞은" 존재이지만, 그것은 화자와 본질적 차이가 되지 않는다. 화자와 이들은 "신성한 숨소리"를 공유함으로써 '조선의 민중'으로 동일화된다. 그들이 "말 한마디도 변변히 못 내는" "구지레한" 존재들로서 화자와 이념이나 사상을 나눌 수 없는 처지임에도, "피와 고기를 나누"었다는 사실만으로 '조선의 민중'으로 동일화된다. 이러한 동일화는 「탱크의 출발」에서도 동일하다. 이 시에 나타난 각국의 노동자와는 피부색만 다른 것이 아니라, 언어조차도 다르다. 그러나 임화에게 이 모든 차이들은 프롤레타리아와 혁명으로 수렴된다. 「설」이나 「지구와 '박테리아'」에 구상화된 현실도 구체적인 장소가 아니라, 지상 전체나 나아가 우주 전체로 동질화되어 있다. 「설」에서는 온 세상이 눈보라에 파묻히고, 폭풍으로 기존의 가치와 질서가 허물어지는 것으로 구상화되었고, 「지구와 '박테리아'」에서는 온 우주가 '페스트'로 동일화된다.

이처럼 다다 계열의 시에 나타난 상황과 사건, 인물들의 차이는 마르크시즘과 사회주의 혁명으로서의 '새것'과 부르주아들과 구세계로서의 '낡은 것'의 구분뿐인데, 이것은 실제 대상이 아니라, 개념을 옮겼음을 보여준다. 이러한 사실들은 임화가 이 시들을 마르크시즘의 '개념'으로 썼음을 보여준다.

'경험되지 않은 것'을 쓸 수 있었던 이유는, 임화는 자신을 호명한 '세계' 자체를 경험하지는 못했지만 존재한다고 생각했기 때문이다. '세계혁명'의 소식이 들려왔을 때 발화자의 실재는 전제된다. 따라서 발화자가 있는 '세계'도 존재한다. 그러나 그것이 경험되지 않았을 때, 눈앞의 현실은 그 '세계'와 구별되지 않게 된다. 이로써 개념적 세계가 현실을 대체하게 되고, 현실은 개념의 세계로 추상된다. 이처럼 경험하지 않았지만 실재한다고 여기는 것, 이것은 서구중심주의가 근본적으로 반성되지 않았기 때문에 가능한데, 이것이 임화 사유의 중핵이다.

임화는 '눈보라'와 '폭풍', '페스트' 그리고 '인터내셔날의 탱크'가 '조선에도' 실재한다고 여겼고, 이를 근거로 양주동과 김기진을 비판하고 부정했다. 따라서 임화의 논리가 성립하기 위해서는 '페스트'와 '탱크'가 존재해야 했다. 이것의 실재를 확인하지 못할 때, 임화는 이율배반과 순환오류에 빠진다.

'페스트'와 '탱크'가 그곳에는 있지만 여기에서 경험되지 않을 때, 임화는 세계혁명의 '동시성'을 부정할 수도 없었고, 긍정할 수도 없다. '동시성'이 마르크시즘으로부터 발화되었기 때문에 부정은 마르크시즘으로부터의 이탈이었다. 그리고 긍정할 수도 없었던 것은, 김기진이 말하는 것처럼 당대 경험적 현실은 수세였기 때문이다. 순환오류에서도 벗어날 수 없다. 곧 임화는 양주동과 김기진에게 '프롤레타리아 전위의 눈'을 갖지 않았기 때문에 실재가 경험되지 않았다고 비판할 때, 왜 경험되지 않는가라는 물음에 다시 '전위의 눈'을 갖지 않았기 때문이라고 대답할 수밖에 없기 때문이다.

이것은 식민지가 프롤레타리아와 동일한 위치에 있음을 보여준다. 곧 자본주의체제가 전 지구적으로 확산되는 과정에서 식민지는 제국주의의 교환방식에 포섭됨에 따라, 자신을 제국주의적 교환방식으로 재현할 수도, 재현하지 않을 수도 없는 처지에 놓인다. 이러한 이중구속으로부터 벗어나는 것은 프롤레타리아가 자본가계급의 인식방식에 한계를 그음으로써 문제를 '해소'하는 것과 마찬가지로, 식민투쟁은 서구중심주의에 한계를 그음으로써 문제 자체를 '해소'시켜야 한다. 이것은 외부의 획득이라는 마르크스의 방법을 전유하는 것으로서, 마르크스를 '구체적'으로 해석하는 실천이 전제될 때 가능하다.

이것은 역으로 말하면 '식민지'로 표상된 서구 이외의 지역이, 파블로프의 개를 증후에 빠뜨린 '구별되지 않는 원형'과 같은 강한 타자가 되지 않았다는 것을 의미한다. 이러한 맥락에서 식민지의 독립투쟁은, 서구 마르크스주의자의 서구중심주의를 증후에 빠뜨림으로써, 마르크시즘과 서구중심주의의 분리를 가져오는 계기가 될 수 있음을 의미한다. 또한 그것은 식민지 원주민들의 투쟁이 서구중심주의와 구분되는 자신들의 새로운 인식방식을 획득하는 것을 뜻한다. 어쨌든 이 시기 임화를 비롯한 카프 작가들에게 식민투쟁의 이중적 의미는 간취되지 않았다.

임화는 서구적 위치에서 발화된, 서구중심주의의 인식방식이 내재된 마르크시즘과 조선의 현실에서 구체화되어야 할 마르크시즘을 구분할 수 없었다. 이러한 모순이 발생하지 않기 위해서는, 논리계형 구분으로 말하면, 인식방식과 대상을 구분해서 임화는 마르크시즘에서 서구적 위치, 곧 서구중심주의로서의 인식방식을 분리해야 했다. 그러나 임화는 마르크시즘을 매개로 '프롤레타리아 전위의 눈'을 획득했지만, 인식방식의 구분을 '방법'이 아니라 '내용'으로 수용하는 것에 그치고 말았다.

이념과 경험의 모순은 임화를 비롯한 카프 작가들이 '생각한' 조선과 '경험된' 조선의 차이이다. 그런데 '생각한' 조선은 조선의 실제 현실이 아니라, 서구중심주의로부터 재현된 조선이었다. 조선은 사회주의 혁명 전야라는 개념으로 파악된 개념적 존재였다. 그런데 '세계혁명의 동시성'이라는 소식과 그 발화자, 곧 주체의 위치가 구분되지 않음에 따라, '세계'는 개념적으로 파악되었고, 따라서 조선의 현실도 개념적으로 파악되었다.

이처럼 개념에 의한 현실 파악은, 마르크스가 리카도의 방법을 규정한 '형식적 추상작용'과 동일하다. 리카도는 개념의 전개를 현실 과정과 동일시했는데, 그것은 리카도가 자신의 위치로서의 인식방식과 대상을 구분하지 못했기 때문이다. 이러한 인식방식을 마르크스가 규정한 '형식적 추상작용'을 원용해서 '추상적 인식방식'으로 규정하기로 한다. 그리고 리카도와 달리 마르크스는 노동가치론을 현실 속에서 '구체화'함으로써 '총체성'을 확보했는데, 이러한 방법을 '추상적 인식방식'과 대비해서 '구체적 인식방식'으로 명명한다. '구체적 인식방식'은 창작방법론 전개과정에서 상세히 설명하기로 한다.

모순 은폐의 두 방식

임화, 부재하는 누이로부터의 '편지'

임화가 현실을 파악하는 개념은 마르크시즘이었지만, 그것은 마르크시즘에 내재된 서구의 위치가 반성되지 않은 추상적 인식방식에 따른 것이었다. 이러한 인식방식에 따라 제작된 시들이 다다 계열의 시와 단편서사시이다. 추상적 인식방식이 반성되지 않음에 따라 현실은 선규정된 개념에 의해 표상된다. 이 시들에 나타난 인물이나 사건 전개, 상황 등이 모두 마르크시즘을 구성하는 개념이 구상화되거나 명제들이 전개된 것에 불과한 것은 이 때문이다.

이들 시가 개념과 명제에 의해 제작되었다는 것은, 이 시들이 모두 '투사'의 방식을 구상화 원리로 하고 있다는 것에서 알 수 있다. '투사'는 심리학적인 용법과 정신분석적 용법으로 구분된다. '투사'의 심리학적 의미는 '신경학적이거나 심리학적인 사실이 중심에서 변두리로, 주체에서 대상으로 이동해서 거기에 위치하는 작용'으로서, 주체가 자신을 타인과 동일시하는 것이다. 정신분석적 의미는 '주체가 자기 속에 있는 자기가 모르거나 거부하는 특성, 감정, 욕망 등을 타자 속에 위치시키는 방어 작용'이다. 심리학적 투사는 '투영'과 유의어로서 동일시가 주된 기제이다. 후자는 자신을 양분해서 '거부'된 부분을 타자에게 내던진다는 점에서 전자와 구분된다.[18] 투사를 이처럼 구분하는 이유는 다다 계열의 시는 심리학적인 투영으로, 단편서사시는 정신분석학적 투사의 의미로 분석할 수 있기 때문이다.

단형의 서정시에서 내면이 '두견'이나 '혼령' 등과 대체될 수 있었던 것도, 불안이나 외로움의 내적 상태가 '두견' 등으로 투영되었기 때문이다. 사실 투영은 시 창작의 기본적 원리일 수 있다는 점에서 단형의 서정시가 투영의 방식으로 제작되었다는 것은 전혀 문제가 되지 않는다.

그러나 같은 투영의 방식에 의해 제작되었다고 해도, 마르크시즘을 전유한 다다 계열의 시들은 추상적 인식방식이 전제되었다는 점에서 보다 자세한 분석이 필요하다. 「무엇찾니」 등의 단형의 서정시와 다다 계열의 시들을 비교할 때, 후자에서는 소재들이 위계화된다는 점을 발견할 수 있다.

'두견', '혼령', '가는 비', '어둔 밤' 등의 소재들은 불안과 외로움이 투영된 대상이라는 점에서 동등한 가치를 지닌다. 곧 소재들은 '병치'된다. 그러나 다다 계열의 시의 소재들은 인식론적, 존재론적으로 '위계화'된다. 「설」에서 '눈알／어류'의 배치라든가, 「지구와 '박테리아'」의 '화자／급사／관측소원' 등이 그 예이다. 이러한 위계적 배치가 가능했던 것은 마르크시즘의 개념에 따라 구성되었기 때문이다. 이로써 '눈알／어류'와 '화자／관측소원' 그리고 '지상／연못 속'과 '관측소 밖／관측소 안'은 상호 교체가 가능하다.

'지상／연못 속'이나 '관측소 밖／관측소 안'의 공간적 배치나, 온 세상이 결국 '눈보라'와 '폭풍'으로 뒤덮이거나 '페스트'가 창궐함으로써 전변된다는 식의 사건 전개도 모두 마르크시즘의 명제가 전개된 것에 불과하다.

이처럼 추상적 인식방식이 전제된 상태에서 마르크시즘이 투영의 원점에 놓이면서, 장소적 차이도 사상된다. 「무엇찾니」에 비해 다다 계열 시의 배경은 훨씬 구체화되어 있지만, 눈보라나 폭풍, 그리고 페스트와 같은 존재에 의해 전복되는 공간은 특정한 장소가 아니라, '지상'이나 '지구', '우주'와 같은 '전체'로서, 부분으로서의 장소들의 차이는 나타나지 않는다. 혁명의 외부도 없을 뿐만 아니라, 내부적 장소의 차이도 없다. 임화에게 붕괴되는 자본주의체제는 '어떤' 국가의 붕괴가 아니라 세계 '전체'이고, 도래하는 혁명은 '어떤' 국가에서가 아니라 세계 '전체'에서 발화되는 것으로 표상된다.

그러나 김기진의 대중화론이 말하는 것처럼, 당시 조선의 상황은 '세계혁명'과 너무나 거리가 멀었다. 곧 대다수가 문맹인 조선은 '낡은 세계'에서 벗어나지 못했다. 이러한 상황 속에서 임화는 점차 분열된다. 이념과 현실의 불일치가 경험될수록, '부정적' 현실은 억압되어야 했다. 왜냐하면 임화는 부르주아의 인식방식과 '프롤레타리아 전위의 눈'으로서 인식방식을 구분하고 정당화하고 있는 것에서 알 수 있듯이, 현재를 여전히 낙관하기 때문이었다.

투영에서 투사로 전화되는 계기는 외적 상황의 악화에 따라 모순이 점증되었기 때문이다. 비교적 상황을 낙관할 수 있었을 때에는 마르크시즘은 거침없이 투영되었다. 그러나 상황이 악화됨에 따라 마르크시즘은 더 이상 투영될 수 없었다. 검열 등의 외적 상황도 한 요인이지만, 보다 근본적인 것은 추상적 인식방식에 따라 사상되었던 '차이'가 상황의 악화에 따라 표면화되었기 때문이다. 이 '차이'를 현전시킨 것은 마르크시즘의 추상적 개념으로 환원되지 않는 조선의 현실, 조선의 대중들이다. 세계는 혁명의 전야에 있지만, 조선의 현실은 그렇지 못한 것으로 경험되었을 때, 임화의 불안감과 패배감은 정신분석적 의미에서 투사되어야 했는데, 그 대상은 전위였다. 곧 세계혁명은 목전에 있는데, 전위들의 의지가 약하기 때문에 조선의 정세는 약화된 것으로 규정되었다.

단편서사시에 하나같이 강한 의지를 지닌 전위들이 등장하는 것은 이러한 현실로부터의 불안과 패배감이 투사되었기 때문이다. 따라서 단편서사시의 전위들은 극도로 추상된, 전위의 '개념' 자체로서 형상화된다. 마르크시즘에서 정의된 대로 전위는 사적인 이해나 관심은 부차적인 것으로 여기고 이로부터 과감히 단절하는 인물로 재현되고, 노동자는 무지한 존재이지만 계급이념이 주입되면 혁명적 주체로 발화될 것으로 표상된다. 그것은 경찰로 표상되는 공권력도 마찬가지이다. 여기에 현실적 상황 자체도 마르크시즘에 따라 억압과 저항의 단순한 서사적 구도로 짜였다.

먼저 인물 유형화를 보면, '배역시'로 유형화하는 연구자들의 견해대로 이 시편들에서 화자는, 순라(「젊은 순라의 편지」), 오빠(「네거리의 순이」), 누이(「우리 오빠와 화로」), 아들(「어머니」), 동무(「봄이 오는구나」, 「다 없어졌는가」, 「병감에서 죽은 녀석」), 연인(「우산 받은 요꼬하마의 부두」), 아버지(「양말 속의 편지」, 「오늘밤 아버지는 퍼렁이불을 덮고」)로서 다양하게 나타난다.

단편서사시의 화자는 특정 수신자를 호명하는 편지의 발신자로 나타난다. 따라서 수신자 역시 발신자와 관련된 형, 누이, 아버지, 친구 등으로 구체적으로 제시된다. 그런데 이들은 모두 '가족'의 범주로 묶이고 있다. 발신자와 수신자가 가족 관계가 아닌 경우도 있지만, 이들 역시 가족 관계로 환원된다는 점에서는 동일하다. 순라로 등장하는 화자는 그 수신자를 '형님'으로 부르고 있고, 동무를 호명하는 화자에게 수신자로서 친구는 "내 목숨을 주어 바꿀 수" 있는 관계에 있다. 그리고 이국의 연인을 부르는 화자에게 수신자는 '한낱 근로하는 형제'로서 나타난다. 곧 발신자와 수신자는 가족과 같은 관계로서 환원된다.

그런데 이들 시에 나타난 가족의 혈연은 일상적 의미가 아니다. "저는 용감한 이 나라 청년인 우리 오빠와 핏줄을 같이한 계집애이고／영남이도 오빠도 늘 칭찬하든 쇠 같은 거북무늬 화로를 사온 오빠의 동생이 아니에요"(「우리 오빠와 화로」)에서 보듯이, 오빠-누이-영남을 가족으로 묶어주는 것은 '용감'하고, '쇠 같은' 의지이다. 이들의 혈연적 관계는 의지적 관계로 환원되는데, 이때 혈연은 의지가 '핏줄'처럼 본질적임을 나타낸다. 곧 주체들은 가족관계로 환원되고, 이들의 '혈연'

관계는 다시 계급투쟁의 의지에 따라 전위로서 추상된다. 이것은 인물들을 구체적 현실 속에서 파악한 것이 아니라, 마르크시즘의 개념으로 현실을 보는 추상적 인식방식으로 시가 제작되었음을 나타낸다.

오오 그러면 사랑하는 항구의 계집애야
너는 그냥 나를 떠나보내는 서러움
사랑하는 사나이를 이별하는 작은 생각에 주저앉을 네가 아니다
네 사랑하는 나는 이 땅에서 쫓겨나지를 않는가
그 녀석들은 그것도 모르고 갇혀 있지를 않은가 이 생각으로 이 분한 사실로
비둘기 같은 네 가슴에 발갛게 물들어라
그리하야 하얀 네 살이 뜨거서 못 견딜 때
그것을 그대로 그 얼굴에다 그 대가리에다 마음껏 메다 쳐버리어라

그러면 그때면 지금은 가는 나도 벌써 부산, 동경을 거쳐 동무와 같이 '요꼬하마'를 왔을 때다.

—「우산 받은 요꼬하마의 부두」 부분[19]

일본으로부터 쫓겨 조선으로 돌아가는 화자는 남아 있는 연인에게 이별의 "이 분한 사실"을 매개로 "비둘기 같은 네 가슴에 발갛게 물들어라"고 당부한다. "이 분한 사실"은 일본제국주의 체제가 인정하지 않는 행동들로 인해서 수감되고 쫓기는 사실을 의미한다. 곧 역사의 전진을 가로막고 억압하려는 자들에 맞서 싸웠던 이들이 도리어 고통을

당하는 현재적 사실을 뜻한다. 화자는 억압에 쫓겨 가지만, 연인에게는 "주저앉"지 말라고, 오히려 '온몸'을 "분한 사실" 자체로 변화시키어 더욱더 강하게 투쟁할 것을 당부한다. 바로 그때 화자는 연인과 '요꼬하마'에 있을 것이라는 메시지이다. 국적이 다른 남녀가 사랑을 매개로 연인이 되고, 다시 이 사랑이 의지로써 하나로 추상되는 구도를 확인하게 된다. 이때 가족은 혈연관계를 지양하여 역사의 방향을 재촉하는 동지로서 규합된다. 단편서사시의 인물들은 대개가 노동자들이다. 그러나 다만 직업인으로서 노동자가 아니라, 전위로서의 노동자들이다. 전위로 추상화되기 위해서는 전위 주체가 이미 관계하고 있는 실제적 가족관계의 사적 성격으로서의 혈연성은 사상되어야 하고, 그 혈연성에서 숙명이라는 계기만이 추상된다.

이러한 추상적 인식방식에서는 일본과 조선의 차이는 무화되지만, 현실적으로는 조선과 일본은 차이를 지닌다. 따라서 조선에서의 실천과 일본에서의 실천은 같을 수가 없다. 또 현실의 노동자들을 견지해낼 때도 현실 노동자들의 구체적 조건이 다르기 때문에 그 실천 양상은 달라져야 한다. 그러나 현실을 개념으로 파악하는 추상적 인식방식으로는 차이가 인지되지 않기 때문에, 이념과 현실은 당연히 불일치하게 된다. 이것을 인지할 수 없었던 임화는 혁명적 정세라는 인식과 달리 현실이 악화될 때, 자신의 인식방식을 문제 삼는 것이 아니라 전위들의 의지 결여를 질타한다. 이러한 깨어짐에 대한 무기력과 그에 대한 반발이 거의 육성 그대로 나타난 시가 「양말 속의 편지」이다. "어매 아베가 다 무어냐 게집 자식이 다 무에냐／세상의 사나이 자식이 어떻게 ××이 보기 좋게 패배하는 것을 눈깔로 보느냐."[20]

그러나 기대와 달리 정세는 회복될 기미가 보이지 않았다. 그럼에도 임화는 자신의 인식방식 자체를 반성할 수 없었기 때문에, 조선도 사회주의 혁명 전야에 있어야 했고, 따라서 '프롤레타리아 전위의 눈'에만 실재하는 '전체'와 '발전'을 형상화해야 했다. 이 존재가 바로 '누이'이다.

> 천정을 향하여 기어 올라가던 외줄기 담배 연기 속에서 — 오빠의 강철 가슴 속에 박힌 위대한 결정과 성스러운 각오를 저는 분명히 보았어요.
> 그리하여 제가 영남이의 버선 하나도 채 못 기웠을 동안에
> 문지방을 때리는 쇳소리 바루르 밟는 거치른 구두소리와 함께 — 가버리지 않으셨어요.
> (…중략…)
> 화로는 깨어져도 화젓갈은 깃대처럼 남지 않었어요
> 우리 오빠는 가셨어도 귀여운 '피오닐' 영남이가 있고
> 그리고 모든 어린 '피오닐'의 따뜻한 누이 품 제 가슴이 아직도 더웁습니다
>
> —「우리 오빠와 화로」 부분[21]

경찰들의 습격으로 오빠는 끌려간다. 그리고 경찰들의 구두 발자국으로 방안은 쑥대밭이 되고, 영남이가 공장에서 힘들게 번 돈을 아껴 사온 화로는 깨졌다. 여기에 하나의 추문이 발생한다. "오빠와 또 가장 위대한 용감한 오빠 친구들의 이야기가 세상을 뒤집"는다. 누군가 끌려갔는데, 그 포박의 주체가 공권력인 경찰이기 때문에, 그 '누구'는 위험하고 불순한 인물로 표상된다. 전위는 끌려가고 삶은 파괴되고, 추

문 속에서 전열은 붕괴된다. 이 '깨어짐'이 현실이다. 이러한 '깨어짐'이 단편서사시의 주된 모티브인데, 전위로서의 청년은 죽거나(「어머니」, 「병감에서 죽은 녀석), 쫓겨난다(「우산 받은 요꼬하마의 부두」). 이러한 정황은 운동 조직 자체가 허물어진 것으로도 묘사된다. "이 사람들의 선두에서 빛나든 그 사나이가 앉었든／그 집이／인제는 간판만……"[22]

그러나 시인은 이러한 깨어짐 속에서도 깨질 수 없는 것이 있다고 말한다. 그것은 "제 가슴이 아직도 더운" 것, '깃대처럼' 남아 있는 쇠젓가락으로 형상화된 '누이'의 의지이다. 이 의지는 전위인 오빠에게서 전이된 것이다.

그런데 누이가 오빠와 같은 전위적 의지를 가질 수 있었던 근거는, 오빠의 삶을 통해서 얻은 '앎'이 의지를 형성했기 때문이다. "말 한마디 없이 담배 연기로 방속을 메워버리시는 우리 우리 용감한 오빠의 마음을 저는 잘 알았어요" 누이는 오빠의 마음을 '잘' 안다. 오빠가 무엇을 위해서 번민하고, 또 어려운 길을 택했는지를 안다.

이 '앎'을 통해서 누이는 오빠를 이해할 뿐만 아니라, "세상에 가장 위대한 청년"이라고 자랑스러워한다. 그리고 더욱 곤궁해지는 생활과 추문 속에서도, 누이는 이 '앎'을 통해서 "건강히 오늘 날마다를 싸움에서 보낼" 수 있다. 이것은 누이가 '앎'을 매개로 주체화됨을 보여준다.

이것은 동시에 이 '앎'은 대중이 주체로 설 수 있는 기제임이 암시된다. 이 '앎'이 대중에게 전달되었을 때, 사태는 역전되기 때문이다. '앎'이 누이가 전위로서 주체화되는 매개였듯이, 이 '앎'이 대중들에게 전달되면 소문과 추문만을 뒤쫓았던 무지한 대중들을 혁명적으로 조직화할 수 있기 때문이다.

따라서 대중의 혁명적 조직화의 관건은 '앎'을 통해서 주체화된 '누이'의 실재이다. 곧 누이가 '앎'을 매개로 무지한 노동자에서 전위로서 주체화되었다는 사실이 전제되었을 때, 대중의 주체화도 가능하기 때문에, '누이'의 실재가 대중의 혁명적 조직화의 조건이 된다. 이것은 역으로 말하면 '누이'가 실재하지 않으면, 이러한 혁명적 조직화는 무산된다는 것을 뜻한다.

이것은 이 시가 순환오류의 회로 속에 있음을 의미한다. '앎'이 누이의 주체화 계기가 될 수 있기 위해서는, 그러한 누이의 실재가 전제되어야 한다. 곧 주체화된 누이가 존재하지 않으면 '앎'은 현실적 근거를 상실한다. 그런데 누이의 실재는 '앎'의 효과를 전제할 때 성립한다. 누이의 실재가 '앎'의 효과를 전제하고, '앎'의 효과는 누이의 실재를 전제하는 순환오류이다.

이러한 순환오류가 지시하는 것은 '앎'의 자기모순이자, 이율배반이다. 전위가 대중에게 전달하고자 하는 '앎'은 사회주의 혁명의 필연성이다. 곧 혁명은 현실의 모순 속에 객관적으로 존재한다. 그런데 이 시의 '앎'은 혁명의 필연성으로서의 '앎'과 배리된다. 왜냐하면 혁명의 필연성이라는 '앎'에서 대중은 주체이지만, 이 시의 '앎'에서 대중은 객체이기 때문이다. 곧 대중이 그들 삶의 경험을 통해서 주체가 되는 것이 아니라, '앎'을 통해서 혁명적 존재가 되기 때문이다. 이로써 대중은 주체이면서 동시에 객체로서 이율배반적으로 표상된다.

이처럼 이 시가 순환오류와 이율배반에 빠지게 된 근본적인 원인은, 임화의 논리계형 구분 자체가 마르크시즘에 의해 이루어졌지만, 이때의 마르크시즘은 실천을 통해서 획득한 것이 아니라, 의식을 매개로

했기 때문이다. 이로써 인식방식 자체는 반성되지 않았다. '프롤레타리아 전위의 눈'은 프롤레타리아 계급과 연동되어야 했다. 곧 김윤식의 말대로 '의식은 의식된 존재'로서의 테제를 끝까지 관철시켜서, 임화는 자신이 말하는 '프롤레타리아 전위의 눈'을 현재 조선의 구체적 현실과 연동시켜야 했다.

그러나 임화가 제기한 '프롤레타리아 전위의 눈'의 토대는 조선의 구체적 현실이 아니었다. '전위의 눈'은 임화가 '세계혁명의 동시성'을 발화하는 서구의 위치에 호명되면서, 서구의 위치와 자신을 동일시할 때 발생한 추상적 인식방식이었다. '세계' 자체가 경험되지 않았을 때, 조선은 다른 지역과 구분되지 않았다. 따라서 개념과 명제의 세계는 아무런 매개도 없이 현실과 동일시되었다. 그러한 추상적 인식방식에서는 '페스트'도 '누이'도 실재한다. 그러나 그것은 이념에 존재하는 추상적 대상이지 현실에 존재하는 구체적 존재가 아니다.

그런데 이러한 추상적 인식방식은 필연적으로 관념과 현실의 모순을 이율배반적으로 생산한다. 이러한 모순에 대한 '조직적' 인식은 전술한 대로 대중화운동 당시 '도식성'이 인지되면서 시작되었기 때문에, 이 시기 임화에게는 인지되지 않았다. 그러나 이러한 모순이 채 인지되지 않았다고 해도, 모순은 발생했기 때문에 그의 논리에 균열을 내지 않을 수 없었다. 임화가 이러한 모순을 억압한 방식이 편지의 존재 '조건'이다. 누이의 '앎'은 오빠로부터 전이되는데, 편지가 매개됨으로써 어떤 본질적인 것이 '은밀한' 방식으로 전달되는 것과 같은 효과를 생산한다. 이것이 다시 편지를 매개로 독자에게 전달됨으로써, '앎'은 본질적인 것이라는 효과가 생산된다. 이로써 이들 경찰이 깨뜨린 것은

'화로'뿐만 아니라, 오히려 법을 수호하고 사회 안녕을 유지한다는 경찰의 이데올로기 자체가 된다. 이것이 폭로됨으로써 비로소 독자들은 남겨진 누이와 영남이와 공감대를 이룰 수 있는 공간을 확보한다.

그러나 이러한 사태의 역전은 '앎'의 진실성과 그 효과가 전제되어야 가능하다. 전술한 대로 '누이'의 실재가 전제되어야 한다. 이것이 단편서사시가 '편지' 형식을 취하는 근본적 이유이다. 편지 형식은 발신인과 수신인을 전제로 한다. 따라서 편지가 존재한다는 사실은 자연스럽게 발신인과 수신인이 존재한다는 것을 사실적인 것으로 만든다. 곧 발신인 없는 편지가 존재할 수 없고, 수신인 없는 편지가 존재할 수 없듯이, 편지가 존재한다는 사실은, 발신인과 수신인이 현실적으로 존재하는 것과 같은 착시를 불러일으킨다. 이로써 '누이'는 편지의 형식을 통해 허구적 인물이 아니라, 실제적 인물인 것처럼 '은밀하게' 전제된다. 편지는 그 형식을 통해서 '누이'의 실재를 가장하는 셈이다.

임화에게 '누이'는 실재했다. 그것은 그가 경험하지 못했다고 해도 아무런 문제가 되지 않는다. 왜냐하면 '누이'의 부재는 그 '실재'의 부재가 아니라, '프롤레타리아 전위의 눈'의 결여로 인한 '경험'의 부재이기 때문이다. 따라서 임화는 '프롤레타리아 전위의 눈'을 확보하는 문제를 '해결'해야 한다. 그러나 이것은 의사문제이다. 왜냐하면 이것은 '누이'의 실재를 전제로 할 때 발생하는 문제이고, '누이'는 서구의 위치와 자신을 동일시함으로써 발생하기 때문이다. 곧 자신의 인식방식 자체를 초월론적으로 발생할 때, 문제는 '해소'된다. 그리고 실천의 방법은 '현실적'으로 모색될 수 있게 된다.

하지만 '세계혁명의 동시성'에 입각한 임화에게 조선의 수세적 상황은 다만 일시적인 것이고, 전위들의 실천이 적극적으로 이루어지면 조선에서도 혁명의 기운이 일어날 수 있다고 보았다. 이런 관점에서 임화는 악화된 상황을 돌파하는 길은 전위들의 불굴의 의지에 있다고 보고, 전위들이 '앎'을 대중에게 적극적으로 가져갈 것을 요구한다.

그러나 임화는 전위들의 의지 결여를 탓하거나 대중들의 무지에 절망하기에 앞서 자신의 인식방식 자체를 반성해야 했다. 임화가 이념으로써 대상을 재단했음을 반성하는 것은 대중화운동이 전개되면서 이루어진다. "그러나 불행이도 우리는 종이 위에서 흥분하였으며 머릿속에서 노동자를 만들고 철필을 쥐고 ××의 심리를 분석하였을 뿐이다."[23] 이로서 창작방법론에 대한 모색이 시작되는데, 이 과정은 장을 바꾸어 분석하기로 하고, 이와 같은 추상적 인식방식이 김남천에게서 나타난 양상을 살펴보기로 한다.

김남천, 이념의 세계로서의 '공장신문'

김남천은 임화보다 상대적으로 늦은 1930년대 초부터 작가적 실천을 시작했다. 이 시기 그에게 현장 실천과 작가적 실천은 모두 당재건운동의 일환인데,[24] 창작방법론이 모색되기 이전 작품인 「공장신문」과 「공우회」[25]는 이러한 관점에서 검토될 수 있다.[26] 곧 이들 소설들은 김남천이 상정하고 있는 '당'의 의미를 가늠할 수 있는 계기이다. 이러한 의미에서 이 소설들에는, 단편서사시에 임화의 원형적 측면이 나타나 있는 것과 마찬가지로 김남천 사유의 '원형'이 나타나 있다.

「공장신문」의 주요 사건은 노조간부인 재창이의 타락을 폭로하고, 새로운 집행부를 세워서 노사협의를 관철하는 것이고, 「공우회」는 임금을 삭감하고, 여가공간인 운동장마저 빼앗으려는 사측에 맞서 노동자들을 결집하는 내용으로, 전위를 매개로 한 노동운동의 조직화라는 점에서 양자는 같다. 여기서 '당'은 전위와 노동자가 동일화되는 중심이자 원리라는 점에서 다른 카프 작가와 다르지 않다. 그러나 김남천에게 '당'은 정치적 결사체이면서 동시에 '윤리적' 의미를 지닌다는 점에서 차이가 난다. 이에 먼저 「공장신문」, 「공우회」와 임화의 단편서사시의 유사성을 분석한 뒤에, 대비점으로 김남천의 윤리의식을 분석한다.

단편서사시의 주요 모티브였던 '깨어짐'도 이들 소설의 주요 사건으로 제시된다. 「공장신문」에는 파업으로 인한 협상 결과가 전연 이행되지 않고, 오히려 공장 노동자들의 생활이 더욱 악화되는 상황이 제시되고, 「공우회」에는 노동자 구제라는 명목으로 운동장에 공장을 세우기 위해 친목계와 축구회 대표들을 회유함으로써 노동자 조직을 분열시키려는 회사의 책동이 나타난다.

'앎'이 수수됨으로써 이러한 '깨어짐'의 현실 극복이 가능하다는 인식도 반복된다. 「공장신문」의 노동자들은 지난여름의 파업을 통해 회사와 협약을 체결했지만, 회사는 노조간부인 재창이를 매수해서 협약을 이행하지 않을 뿐만 아니라, 노조의 힘을 약화시키고자 한다. 그런데 이러한 사정을 알지 못하는 노동자들은 무기력하게 회사에 농락당하는 처지에 놓인다. 하지만 노동자들은 공장신문을 통해 재창이의 타락을 알게 되자, 재창이를 쫓아내고 새로운 집행부를 세운다. 「공우회」에서 노동자들은 사측의 거짓 선전을 간파하고 회사에 맞선다. '앎'이 노동자들에게 본질적으로 결여된 것으로서, 노동자들이 '앎'을 전유함으로써 주체로 설 수 있다는 인식은 「화로」와 공통점이다.

또한 '앎'이 '은밀한' 방식으로 전이되고 있다는 점도 유사하다. 「화로」의 전달 방식은 편지였는데, 「공장신문」에서는 재창이의 폭로를 담은 공장신문을 몰래 노동자들의 도시락에 넣는 방식이다. 「공우회」의 전위들은 보패 어미와 길동에게 '은밀하게' 접근한다. 이것은 당대 상황의 엄혹함 정도와 동시에, 어떻게 해서든 '앎'이 전달되어야 한다는 이들의 적극적 의지를 보여준다.

이처럼 이들 소설들과 「화로」가 동일한 양상을 보이는 것은, 임화와 김남천 모두 마르크시즘에 따라 현실을 인지하고, 극복하려고 하기 때문이다. 그런데 앞서 단편서사시의 형상화원리가 추상적 인식방식에 따른 개념의 전개였던 것처럼, 이 소설들의 인물 형상화나 사건 전개도 개념의 전개라는 점에서 공통된다.

먼저 인물의 형상화를 보면, 이들 소설의 인물들도 '구체적' 인물들이 아니라, '개념적' 인물이다. 이 소설들의 자본가의 성격은 수도세를 아끼기 위해 "개굴창 같은 우물물"을 먹게 하는(「공장신문」) 등 탐욕적 이윤추구로만 나타나지, '어떤' 자본가의 구체적 모습은 나타나지 않는다. 이것은 김남천이 자본가를 형상화할 때 개개의 자본가가 아니라 마르크시즘에 따른 자본가 일반의 '개념', 곧 탐욕스러운 이윤추구의 성격만이 필요했기 때문이다.

이러한 방법은 전위의 형상화에도 그대로 재현된다. 「공장신문」의 관수나 「공우회」의 선녀와 순실을 비롯한 전위들은 희생적이고 적극적인 실천가로서, 이들의 성격과 행동은 모두 전위라는 주어에 내속한 술어, 곧 '개념'의 형상화에 불과하다. 따라서 관수는 「공장신문」의 다른 전위나 「공우회」의 선녀와 순실 등의 전위들과 개체적 차이를 갖지 못한다. 따라서 관수와 선녀는 교체될 수 있다.

노동자 형상화도 동일하다. 이들 소설의 노동자들은 모두 '무지'로 추상된다. 곧 지난여름 어렵게 얻은 노사협약이 이루어지지 않는 이유가 노조간부인 재창이의 타락 때문임을 알지 못한 채, 오히려 재창이의 농간에 빠지거나 경찰을 부른다는 협박에 굴복한다. 「공우회」의 노동자들은 심지어 마치 배경처럼 존재하다가, 보패 어미가 회사에 '공우회'가 건립되었음을 알리는 '종이' 위에 나타난다. 곧 그들은 갑자기 축구회원에서 '공우회원'이 된다.

이는 인물 배치의 원리에서도 나타난다. 이들 소설에서 인물 배치는 크게 자본가／노동자, 그리고 노동자들 사이에서의 위계적 관계로 구분된다. 자본가와 노동자의 대립적 관계는 '착취／피착취', '억압／저항'의 개념적 관계에 의거한다. 이러한 대립적 관계에 따라 소설의 전체 구도가 형성되는데, '앎'의 주체인 전위가 '앎'이 결여된 노동자를 견인함으로써, 대립적 관계가 전복될 수 있다는 '당대' 마르크시즘에 따라서 전위와 노동자는 '앎'의 능력에 따라 위계화된다.

「공장신문」에서 관수는 재창이를 폭로할 방법을 찾지 못한다. 곧 대중을 무지로부터 일깨울 방식을 알지 못한다. 이러한 관수를 견인하는 인물이 '방울 같은 눈'을 가진 사나이이다. 그런데 이 사나이를 '눈'으로 제유提喩하는 것은 김남천의 의도이다. '눈'은 신체적인 것이 아니라, 사태를 파악하고 해결해나가는 인식능력이다.

이것은 관수에게서도 동일하게 나타난다. 소설 도입은 관수가 공장 '밖'에서 공장 '안'을 내려다보는 장면이다. 공장 '안'을 내려다보면서 관수는 재창이의 타락을 폭로할 방법을 고민한다. 곧 공장 '안'의 노동자들은 재창이의 타락조차도 모르지만, 공장 '밖'의 관수는 이를 인지하고 있다는 장면을 통해서 관수가 다른 노동자들보다 상위의 인지능력을 갖고 있음을 알 수 있다.

이처럼 「공장신문」의 인물들은 인식능력에 따라, '사나이 〉 관수 〉 노동자'의 수직적 위계로 유형화되는데, 이것은 「공우회」에서도 동일하다. 순실을 비롯한 전위적 실천가가 가장 상위 단계이고, 친목계와 축구회 대표인 보패 어미와 길동이 그다음, 그리고 일반 노동자가 가장 하위 단계이다. 이는 「화로」에서도 동일하다. '방울 같은 눈'의 사나이는 「화로」의 오빠에, 관수는 누이에 상응한다. 그리고 두 작품들에서 대중들은 모두 무지로서 형상화된다.

다음으로 사건 전개를 보면, 이들 소설의 사건도 추상적으로 파악된 마르크시즘의 명제들의 전개로 이루어진다. 「화로」의 오빠의 '앎'이 누이에게로, 그리고 다시 대중에게로 분유되면서, 누이와 대중은 오빠로 환원되어야 할 '대상'적 존재로 형상화되었다. 이때 오빠는 곧 마르크시즘으로서의 '앎'이었기 때문에, 결국은 마르크시즘으로의 동일화이다.

「공장신문」이나 「공우회」도 동일성의 자기 전개라는 측면에서 동일하다. 곧 '사나이'의 '앎'은 관수에게 전이되면서 정도의 차이는 있지만 '사나이'와 관수는 동일화된다. '사나이'와 관수의 개체적 차이가 사상되는데, 이것은 '사나이'의 '앎'이 관수를 동일화함으로써 자기 전개하는 과정이다. 이러한 '앎'의 자기 전개에 따라 관수는 재창이를 폭로할 '공장신문'을 제작하게 된다. 그리고 관수의 '앎'이 '공장신문'의 제작과 배포를 통해 노동자들에게 전이됨으로써 노동자들 역시 관수와, 정도의 차이는 있지만 '앎'으로 동일화된다. 이로써 노동자들은 재창이를 몰아내고 새로운 집행부를 세우게 된다.

그런데 이러한 '앎'은 현실과 불일치한다. 임화는 이 불일치를 '편지'의 존재 형태로써 억압하고 은폐했다면, 김남천은 이를 '제거'하는 방식이다. 재창이의 타락은 '현실적'인 존재이다. 그러나 이러한 '현실적'인 것이 마르크시즘으로의 동일화에 균열을 냄으로써 전위와 노동자가 분리되었을 때, 김남천은 이념의 동일성을 유지하기 위해서 재창이를 노조간부의 자리에서 '제거'한다.

그런데 이때 임화나 김남천의 인식방식은 추상적 인식방식으로서, '앎'이 전위를 매개로 노동자에게 분유된다는 점에서 양자는 동일하지만, 김남천의 인식방식에 독특한 것은, 이 분유과정에서 정작 전달되는 것은 마르크시즘만이 아니라, 일종의 윤리의식도 함께 전달된다는 점이다.

「공장신문」에서 '사나이'로부터 비선조직을 통해 은밀하게 관수에게로 전해지는 것은, '자본가／노동자'의 대립를 극복하는 마르크시즘임은 분명하다. 관수는 이러한 입장에서 노동자들을 선동하기 때문이다. 이 과정을 통해서 관수는 더욱 투철한 전위가 되고, 노동자들은 '무지'로부터 벗어나 노조협약이 이행되지 않는 이유를 파악하게 됨으로써, 결국 노사대립이 격화된다. 결과의 측면에서는 「화로」와 동일하다.

그러나 이러한 분유과정에서 관수에게 전달되는 것은 '재창이의 타락을 폭로하는 방법'이다. 이에 따라 '공장신문의 제작, 배포'가 이루어지고, 노동자들은 결집한다. 그런데 이때 노동자들을 결집하게 하는 것은 '착취／수탈'의 자본주의체제에 대한 이해로부터가 아니라, '타락은 제거되어야 한다'는 일종의 윤리의식에의 공명이다. 말하자면 노동자들은 프롤레타리아 계급의식에 의해 조직화된 것이라기보다는, '타락한 노조간부는 사퇴해야 마땅하다'는 윤리적 의식에 따라 조직된다. 그리고 이때 '전위는 타락할 수 없다'는 인식방식은 노동자들의 것이 아니라, 김남천의 것이다. 자신의 인식방식을 노동자들에게 투영한 것이다. 만약 김남천의 윤리적 의식이 회의되면 노동자들은 분노하지도 않고 조직화되지도 않을 수 있다. 가령 '간부도 사람인데'나 '그 자리에 있으면 나라도'와 같은 인식방식이 전제되어 있다면, 노동자들은 재창이의 타락을 폭로하는 관수에게 '세상 물정 모르는군'과 같은 반응을 할 수 있는 것이다. 실제로 창작방법론을 모색하기 시작한 이후 첫 작품인 「남편 그의 동지」의 전위는 '세상 물정 모르는' 인물로 형상화되었다. 이것이 김남천의 독특함이다. 마르크시즘에 따라 노동자들은 승리한다는 것은 임화와 동일하지만, 노동자들이 조직화되는 과정에서 김남천은 계급의식보다 윤리의식을 강조한다.

그런데 재창이가 노조간부라는 것은, 지난 파업에 있어서, 수완이었든 희생적 실천이었든 어느 정도 역할을 했다는 것을 의미한다. 따라서 그는 인식론적 능력에 따르면 관수보다 위에 배치되어야 한다. 그러나 그가 노조대표의 지위를 이용해서 사익을 채울 때, 폭로되고 제거되어야 할 존재로 규정된다.

여기서 제거되는 것은 '재창'이 자체가 아니라, 노조간부의 '타락'이다. 왜냐하면 제거되는 재창이는 개체적 차이를 지닌 인물이 아니라,

의인화된 전위의 개념이기 때문이다. 곧 새로운 노조간부들 역시 재창이와 개체적으로 다른 존재들이 아니라, 전위의 개념이 의인화된 존재일 뿐이다. 달리 말하면 노조간부라는 자리에는 '타락'이 올 수 없기 때문에, 이 '타락'을 제거한다.

제거를 통해 전위로서의 개념과 대상이 일치하는 인물이 「공우회」의 보패어미이다. 순실을 비롯한 전위들과 달리 일반 노동자들의 조직은 '친목'적 성격을 벗어나지 못하고 있다. 이때, 전위들이 이들 내부로 들어가 친목을 경제적 목적 단체로 변모시킨다. 이러한 과정에서 노동자들의 변화는 대상과 개념의 동일화 과정이라고 할 수 있다. 순실은 친목계의 대표인 보패 어미를 두고, "보패 어미의 성격은 삼십이 가까워오면서 젊은 색시같이 수줍어한다는 것보다 굳은 맛이 있다고 생각"한다. 보패 어미는 수줍기도 하지만, 굳기도 하다. 그런데 그녀는 회사의 임금삭감 반대 투쟁을 하면서 '수줍음'은 사상된다. 임금삭감 등의 회사방책에 항의하는 대표로서 그녀는 회사와 맞서는 전위로 변모한다. 이때 그녀는 회사의 회유를 물리친다. 수줍음을 버리고, 회사의 회유를 거절함으로써 보패 어미는 점차 전위로 변모한다. 이것은 개념이 대상과 일치하는 과정이다.

이것은 마치 변증법 과정과 유사하지만 실제는 그 반대이다. 변증법은 이성적인 것과 감성적인 것의 모순을 근본적인 테제로 하지, 하나의 개체가 온전히 이성적이거나 감성적이라고 하지 않기 때문이다. 후자는 이성과 감성을 분리하는 이원론적 입장으로서, 유물론적 인식론은 아니다.

「화로」에서 노동자들이 프롤레타리아계급으로 되는 것은 마르크시즘의 분유로부터 이루어진다면, 「공장신문」에서는 이처럼 '전위는 타락할 수 없다'는 윤리의식으로 동일화된다. 따라서 「화로」에서 노사대립이 불발되는 것은 전위의 '의지' 결여 때문이지만, 「공장신문」에서는 전위의 '타락' 때문이다. 이것이 임화와 다른 김남천의 독특한 윤리의식이다.

이 윤리의식이 형상화된 것이 '공장신문'과 「공우회」의 '종이'이다. '공장신문'과 '종이'에는 어떤 타락도 없는, 김남천이 이상적으로 상상하는 세계이다. 전위와 노동자가 동일화된 공간이다. 그러나 이러한 동일화는 전위와 노동자의 존재가 그 개념과 일치할 때만 가능한 관념 속의 세계일뿐이다.

'전위는 타락할 수 없다'는 윤리적 의식 또한 '마땅히' 그러해야 한다는 정언적 선언일 뿐이지 현실적 근거를 갖는 것은 아니다. 관수야말로 '이상적' 인물이고 오히려 재창이가 '현실적' 인물이다. 그런데 현실을 '마땅한' 윤리로 재단하는 태도는 추상적 인식방식에 속하기 때문에, 윤리 의식의 투영은 추상적 인식방식에 의해 지배되고 있다고 할 수 있다.

이러한 윤리의식이 덧붙여 있다는 점에서 김남천의 해결 과제는 훨씬 중층화되어 있다. 앞서 임화의 이중구속적 상황은 마르크시즘의 세계혁명의 동시성을 부정할 수도 긍정할 수도 없는 것이었는데, 김남천의 이중구속적 상황은 여기에 '전위는 타락할 수 없다'는 것과 현실적으로 존재하는 '재창'이 가운데 어느 쪽도 선택할 수 없다는 것이 부가된다.

이러한 관점에서 보면, 김남천은 이중의 과제를 짊어지고 있는 셈이다. 하나는 이념과 현실의 통일, 그리고 다른 하나는 윤리와 현실의 통일이다. 이것은 이 시기 김남천에게 '당'은 정치적 결사체일 뿐만 아니라, 윤리적 공동체로 표상되고 있음을 의미한다. 그러나 '당'이 현실적으로 존재할 수 있기 위해서는 '이념'뿐만 아니라 '윤리'가 현실 속에서 '구체화'될 수 있어야 한다.

그러나 단편서사시와 「공장신문」, 「공우회」는 대중화운동을 거치면서 모두 부정된다. 임화는 이전 자신들의 작품들을 '뼈다귀 시'로서 강하게 자기비판한다. "프로시로부터 부르주아적인 요소인 낭만주의를 비판한다고, 우리들의 시로부터 시적인 것 즉 감정적 정서적인 것을 축출해버리고 말았다. 그리하여 말라빠진 목편과 같은 이른바 '뼈다귀 시'가 횡행한 것이다."[27] 이러한 비판은 비단 임화만이 아니라 카프 작가들이 공유한 것이었다. 김남천 역시 카프 작가들로부터 '도식적 작품'이라는 평가를 받고, 이를 수용한다. "「공우회」에 대한 비평은 여러 가지 있었으나 나의 가슴에 깊이 인상을 준 것은 여기에 나의 이때껏의 작품이 고정화되고 내용과 소설 구성이 유형 속에 굳어져 있다는 그것이었다. (…중략…) 공장 내의 운동은 모두 실패에 가득 찼거늘 어째서 작가의 작품 속에는 이것의 반영이 없느냐는 것이다."[28]

이들은 이제 '로도스의 섬'에 있음을 인지하게 되었다. 이에 방법론을 모색하면서 이념과 현실의 일치를 도모한다. 그러나 방법론의 양상은 달라진다. 그것은 '도식성'의 원인에 대한 해석의 차이로 인해서 야기되는데, 이러한 해석은 인식방식에 대한 반성의 철저함 여부에 달려 있다.

셋째 장

구체적 인식방식과 식민지 이성의 발아

창작방법론의 발생, 포이에르바하에서 마르크스로

회귀한 형식문제와 카프의 증후

목적의식적 방향전환 이후, 카프 작가들은 양주동 등의 부르주아 문학자들뿐만 아니라, 김화산 등의 아나키스트들과 이론투쟁을 병행하면서, 아나키스트를 '귀족적 개인주의'로 규정하고 부르주아계급에 귀속시킨다. 이에 반해 자신들을 "사회적 혁명기를 전제로 한 무산대중을 움직일 선전적 문화조직을 수행"하는 '전위'로 규정한다. '혁명기'는 조선의 무산계급운동이 지금까지의 이론경제적인 사상투쟁의 형태에서 "사회주의적 정치투쟁의 전야戰野로 방향전환을 필요"로 하는 시기를 지칭한다.[1] 곧 조선의 프롤레타리아가 부르주아계급을 전복하는 시기로서, 사회는 계급 대립이 확연해지는 시기이다.

전위로서의 카프와 대중은 이로써 양적인 차이만을 갖는다. 다소 범박하게 표현하면 전위와 대중은 마르크시즘의 계급혁명 의식을 공유한다는 점에서 동질하지만, 전위는 다소 높은 수준의 의식을 지닌데 반해 대중은 전위보다 낮은 수준의 의식에 머물러 있는 셈이다. 따라서 전위는 "프롤레타리아의 생활 의지에 봉사하는 작품" "계급해방의 최량의 무기"로서의 작품을 생산함으로써, "무산계급의 정치적 교육, 말하자면 문예는 정치적 역할"을 맡는 데서 비로소 의의를 갖는다.[2] 이로써 카프의 과제는 문학의 창작뿐만 아니라, 문학을 대중에게로 가져가는 대중화운동으로 전환된다. 박영희가 "'To Be'의 문학이 아니라 행동하게 되는 'To Do'의 문예"[3]로 간명하게 말했듯이, 이 시기 예술운동은 "정치투쟁을 위한 투쟁예술의 무기로서", "대중에게 투쟁의식을 고양"시키는 것으로 집중된다.[4]

그런데 대중화운동을 통해 카프 작가가 경험한 대중은 문맹의 '무지한' 대중이었다. 대중들은 계급해방의 의지를 갖고 있지만, 소위 '가나다'도 모르는 문맹으로 인해서 자신들의 해방 의지를 '계급의식'으로 표현할 수도 없었고, 또 작품을 통해 형상화된 '계급의식'도 읽어낼 수 없는 상황이었다. 곧 전위들이 대중에게 가져가고자 했던 '계급의식'은 바로 대중들의 자기표현인데도, 문맹에 가까운 무지 때문에 대중들은 자신들을 표현하고 있는 작품 자체를 낯선 것으로 대했다.

그런데 이 '무지'가 극복되지 않으면 대중의 혁명적 조직은 무산되기 때문에 중대한 문제였다. 이에 김기진은 대중화론을 제시하면서, 이를 '형식' 문제로 돌파하고자 했다. 그는 대중을 교양 수준으로 구분한 뒤, 낮은 수준의 대중을 위한 '쉽고, 재밌고, 익숙한' 형식의 대중용 작품의 생산을 주문했다. 그리고 다소 교양 수준이 높은 대중을 대상으로 한 작품은 이전 방식대로 해도 무관하다고 하였다.[5] 곧 카프문학 전체가 변화되어야 하는 것이 아니라, 교양 수준이 낮은 대중들을 대상으로 한 대중소설을 추가한 셈이다. 김기진의 대중소설은 카프 작가들이 전체 대중을 대상으로 하지 않았다는 것에 대한 반성으로 제기된 것이다.

그러나 도식성 문제는 대중화론의 문제제기와 질적으로 다르다. 도식성이 현안으로 제기된 계기는 대중화론과 마찬가지로 대중이었지만, 도식성의 대중은 교양 수준이 낮은 특정한 대중이 아니라, 조선 대중 전체를 계기로 한 것이었기 때문이다.

이 시기 도식성이 최대 현안으로 대두되었음은 작가들의 언급에서 확인된다. '관념적 환영적 작품', '전형적 공식적 인물'(권한)[6], '추상적 개인', '기계화된 공식화한 대×(중)'(안막),[7] '머리 속에서 책상 위에서 제조한 조제품'(박영희),[8] '기계적 고정화', '좌익적 관념의 고정주의와 문학적 주체의 일양화'(임화),[9] '현실의 '한 그림자'인 일개의 개념', '산 인간이 아닌 로보트'(송영),[10] '창작상의 고정화'(한설야),[11] '고정화, 화석화'(백철),[12] '임시 조제粗製의 표어적 작품주의와 막연한 추상적 공사工事'(안함광)[13] 등이 그것인데, 모두 도식성으로 수렴된다.

도식성 문제에 부딪힌 카프 작가들은 이에 대한 해결 방식을 모색했다. 그리고 도식성은 대중의 심리, 성격과 같은 대중의 '감성'을 획득하지 못했기 때문에 발생한 것으로 규정했다. 대중의 실제 감성을 체험하지 못함에 따라, 작품에 대중들의 감성이 나타나지 않았거나, 나타났다고 해도 작가가 관념적으로 상상한 것이었기 때문에, 현실성이 없었고, 이로써 결국 작품이 그들에게 수용되지 않았다고 판단했다. 이것이 도식성에 대한 당시 카프 작가들의 공통적인 이해방식이었다. 그런데 이러한 인식은 대중을 '계급의식이 결여된 존재'와 '대중적 감성을 소유한 존재'로 분리하고, 결여는 마르크시즘으로 충전하고, 감성은 획득할 수 있다는 생각을 전제로 한다. 이러한 인식구도에서 마르크시즘은 이들이 가져갈 문학의 내용이 되고, 대중의 감성은 형식으로 치환된다. 이로써 대중의 감성은 전위들에게 영향을 주지 않는 사물적인 것으로 표상된다.

안막은 대중의 감성을 관념적으로 파악한 전위들의 태도를 '로맨티시즘' 곧 낭만주의라고 지칭했다. "조선 프롤레타리아 예술가가 거의 다 소부르주아 인텔리겐차이었던 만큼 그리하여 필연적으로 그들이 현실을 성급히 주관으로 해결하려고 할 만큼 우리들의 과거의 작품이 ××로맨티시즘이었던 것은 필연적인 것이다." 그리고 주로 마짜의 이론을 근거로 "노동자 농민과 같은 이데올로기는 가졌을망정 노동자 농민과 같은 피시콜로기(심리)를 갖지 못하기 때문"에 "그들과 같이 알 수는 있어도 그들과 같이 감感할 수는 없었"다고 규정했다.[14]

이러한 입장에서 카프 작가들은 대중들의 감성을 획득하기 위해 두 가지 실천 방향을 지시한다. 첫째는 대중들의 감성을 파악하기 위해서는 카프 작가들이 대중들의 실제 생활공간으로 들어가서 그들의 감성을 '체험'해야 한다는 것이다. 대중들의 감성을 관념적으로 파악한 이전의 태도에 대한 반성으로서, "예술운동가는 정치운동가보다 소부르적 잔재를 많이 가지고 또 그들만큼 용감과 희생심이 적다"[15]나, "카페에서 차를 마시는 사이비 프롤레타리아 예술가는 당연히 매장되어야 할 것",[16] 그리고 "우리의 예술을 아직까지 공장으로 농촌으로 가져가지 못하였음은 동지들의 용기와 희생심의 결핍에 최대 원인이 있다"[17] 와 같은 강도 높은 비판이 이어졌다. 그리고 이러한 비판 뒤에 이어지는 실천 방향은 "우리 예술가도 될 수 있는 대로 노농대중과 같이 ××× 생활을 실제로 체험하며 또 그들 속에 들어가서 그들의 생활을 실제로 관찰"할 것 등이 제기되었다.[18] 대중들의 정서는 사회, 역사적 조건에서 형성되었기 때문에, 이를 획득하기 위해 소부르주아적 습성과 환경에서 벗어나는, '용감과 희생심' 등의 적극적 의지가 요구된 것이다.

둘째 대중들의 감성을 움직여야 계급혁명이 이루어질 수 있기 때문에, 대중들의 감성에 부합하는 작품 제작이 실천 방향으로 지시된다. 이때 대중들의 감성은 '형식' 문제로 치환된다. "마짜의 말은 진정眞正하다. 대중의 흥미를 주기 위한 작품은 이데올로기적 방면보다도 그 피시콜로기(심리)적 방면에 흥미를 주는 점이 많은 것을 알 것이며, 그럼으로 인하여 그 피시콜로기가 가장 완전한 것이 되기 위하여는 그것은 작가나 일정한 층을 대상으로 하는 데에서 비로소 가능하다는 것을 보아도 알 것이다. (…중략…) 어떻게 만들어야만이 그들 수만 대중이 흥미를 느낄 수가 있으며 사랑할 수가 있을 것인가? 여기서 기술문제 즉 형식문제가 필연적으로 문제되는 것이다."[19] 권환은 이러한 안막의 견해에 동조하면서, "순문맹 면한 빈농층에게는 우리들의 능력 소급대로 평이하게 써서 그들을 아지 프로해야 할 것이다"라고 주장한다.[20] 곧 '계급이념'을 '재미있고, 평이'한 수준으로 쓰자는 논리였다.

그런데 도식성을 극복하는 방안으로 제기된 '형식' 문제는 이전에 카프 자신들이 부정했던 김기진의 대중화론을 다시 끌어들인다는 점에서 문제로 대두되었다. 게다가 형식 문제는 비단 이번이 처음이 아니었다. 카프 초기 박영희와 김기진은 소위 내용-형식 문제로 대립했다. 석연치 않은 결과였지만, 이 문제는 김기진이 자신의 오류를 인정함으로써 일단락되었다. 그러나 형식 문제는 해결되지 않았고, 이후 김기진의 대중화론에서 다시 반복되었고, 다시 도식성 문제에 있어서 또다시 등장했다. 따라서 이에 대한 이론적 근거가 필요했다.

권한은 대상에 따라 형식도 달라져야 한다고 주장했지만,[21] 김기진의 대중화론의 논리를 그대로 반복한 것에 불과했다. 이에 반해 안막은 부르주아 문학을 내용과 형식으로 구분하고 형식만을 유산으로 계승해야 할 것을 주문했는데, 이는 지양을 부정과 보존으로 규정하는, 당대 전위들의 변증법에 대한 이해 수준을 보여준다. 사실 안막은 다른 카프 작가들보다 한 발 더 나아간 지점이 있다. 그는 다른 전위와 달리 작가의 '눈'을 문제 삼았다. "'노동자 농민', '스트라이크', '소작쟁의', '가난한 생활' — 이런 것을 묘사하는 것이 문제가 아니다. 그것을 여하한 '눈'을 가지고 즉 여하한 이데올로기를 통해서 묘사하느냐가 문제이다." 그러나 안막이 제기한 작가의 '눈'은 여전히 인식방식이 아니라 이데올로기로서의 내용의 문제에 가까웠다.[22] 안막은 형식 문제가 다시 대두된 것을 두고 "예술과의 특수적인 결부에 대한 이해가 부족"[23]했다고 시인한다. 이것은 예술의 특수성에 대한 인식의 발전으로 해석되는 측면도 있지만, 안막의 논리는 여전히 내용과 형식의 이분법적 전제 위에 놓인다는 점에는 본질에서 빗겨갔다.

이는 한설야도 다르지 않다. 한설야는 "우리는 이론과 실행의 유물변증법적 통일로써, 즉 창작이론인 프롤레타리아 리얼리즘과 창작실행인 작품행동의 변증법적 통일로써 현실 즉 작품의 대상을 파악하지 않으면 안 된다"고 주장하면서 '프롤레타리아 사실주의'를 제기한다. 그리고 내용과 형식, 이론과 현실, 전위와 대중의 불일치를 해결하기 위해서는 "작가가 조직을 통하여 대중의 속으로 들어가는" '조직적 실천'이라는 '매개'가 필요함을 제기한다.[24] 전위들의 적극적인 실천이 모순을 극복할 수 있는 계기라고 본 점에서는 다른 작가들과 동일하다.

형식 문제에 대한 이들의 논의는 결국 내용과 형식은 변증법적 관계에 있다 쪽으로 모아졌다. 그리고 이 양자를 '예술의 특수성'에 대한 인식이나 '조직적 실천' 등을 통해서 통일하고자 했다. 그런데 이 당시 전위들이 전유한 변증법은 모든 것을 말해주지만, 사실 아무것도 해결해주지 않았다. 왜냐하면 변증법은 주체의 변화를 요구하는 것이지만, 이들은 변증법을 말하면서도 변화해야 할 대상은 자신들이 아니라 대중이라고 생각했기 때문이다. 대중들의 감성을 획득함으로써 대중들을 혁명적 주체로 변화시킬 수 있다고 여겼다.

이것은 이 시기 카프 작가들은 이 형식 문제의 '회귀' 자체에 대해서 본질적으로 파악하지 못했음을 보여준다. 회귀한 표현 문제를 대중의 감성의 형식화를 통해서 해결하는 방법은, 바로 자신들이 부정했던 부르주아 작가들의 인식방식이었음을 간파할 수 없었기 때문이다. 양주동 등이 '문학성'을 요구할 때 이들이 전제한 대상은 '개별적' 작품이다. 곧 내용과 형식의 조화는 '작품' 단위에서 가능하지, 문학 '양식'의 차원에서는 어불성설이다. 따라서 부르주아 인식방식의 전제는 '문학 곧 작품'이다. 이러한 인식방식이 전제된 뒤에 작품의 내용과 형식의 조화라는 문제설정이 가능하다. 그런데 이러한 인식방식은 대중의 감성을 획득해야 한다는 카프 작가들의 생각에서도 반복된다.

카프 작가들이 프롤레타리아의 '전위'로서 자신들을 규정하는 것은, 마르크시즘은 대중들에게 의지적으로는 존재하지만 대중들이 의식하지 못하고 있음을 전제한다. 곧 전위와 대중들은 동일하지만 의식의 각성 정도에 따른 '양적' 차이만을 갖고 있다. 작품은 대중들의 본질을 형상화해서 '이것이 당신들의 본모습이야' 하고 제시하는 의식화의 계기인 셈이다. 하지만 이것이 효과를 내지 못했다고 생각할 때, 대중들의 감성을 파악해야 한다고 생각하고 그것을 형식으로 규정했다. 이때 대중들의 감성과 자신들 카프 작가들의 감성은 구분된다. 대중들의 감성을 향토적이라고 하든, 저급하다고 하든 아무 상관이 없다. 이미 대중의 감성을 형식으로 치환하고, 마르크시즘과 결합함으로써 작품의 리얼리티를 갖출 수 있다고 생각할 때, 그것은 이미 내용과 형식의 조화라는 부르주아 인식방식을 재현하고 있는 것이다.

이것이 임화가 김기진의 대중화론을 부정한 이유이기도 했다. 앞서 임화가 '프롤레타라아 전위의 눈'을 획득함으로써 양주동의 내용과 형식의 조화 요구를 의사문제로 간단히 처리하는 과정을 분석하면서 이 과정은 생략했는데, 이곳이 그 이유를 설명하기에 보다 합당한 위치로 생각된다.

김기진의 대중화론에 대해, 임화가 일제의 탄압이나 대중들의 수준 문제는 '형식'을 통해서 해결될 수 없다고 하면서, 이러한 태도는 '원칙의 치명적 무장해체적 오류'라고 규정한다. 임화가 말하는 '원칙'은 프롤레타리아문학은 "독자로서의 문화적 가치 내지 문화로서 성립한다"는 것인데, 원칙이 무너지는 순간 카프의 이론적 토대가 무너지기 때문에, 임화는 이것을 "사력을 다하여" 박멸해야 한다고 했다.[25]

전위와 대중은 의식 수준에서 양적 차이를 갖는 존재이다. 그것이

질적 차이로 드러나면 전위 규정은 모순된다. 그런데 대중의 수준에 따라 높은 수준의 내용과 쉬운 형식의 결합은 이루어질 수 없다. 왜냐하면 그것이 현재 전위와 대중의 문학적 표현이기 때문이다. 따라서 그 방법은 김기진이 말하고, 임화가 되물었던 대로 『춘향전』이나 통속소설을 쓰는 것으로 귀결된다. 물론 통속소설로 높은 수준의 이념을 표현할 수도 있다. 그러나 통속소설에서 그것을 읽어낼 정도면 이미 무지한 대중은 아니다. 통속소설을 통속소설로 읽어낼 수밖에 없는 대중에게 통속소설을 통해 이념을 표현한다는 것은 성립하지 않는다. 그렇다고 통속소설에 이념을 생경하게 표현하는 것은 기계적인 결합에 불과하기 때문에, 다시 문학의 내용과 형식 문제로 되돌아온다. 임화가 일제의 탄압이나 대중의 수준이 형식 문제가 아니라, '투쟁'을 통해서만이 해결될 수밖에 없는 문제라고 한 이유는 이 때문이다. 투쟁을 통해서 대중들의 의식은 고양될 수 있기 때문이다.

그러나 임화는 '투쟁'을 통해서 변화되어야 할 것은 대중이었지, 전위 자신들이라는 통찰에는 미처 이르지 못했다. 이러한 인식은 비단 임화뿐만 아니었다. 김기진의 대중화론이나 도식성은 일정 부분 전위의 반성을 매개로 이루어졌다. 전체 대중을 대상으로 작품을 써야 한다거나 대중의 감성을 파악하지 못했다는 것 등이 그것이다. 그러나 이 시기 주체의 반성은 주체의 인식방식 자체를 대상화한 것은 아니다. 주체가 '아직' 파악하지 못한 것이 있고, 따라서 그것을 획득함으로써 자신들의 한계가 극복되고 완성될 수 있다고 생각했다. 이것은 주체의 '결함'의 자리를 채움으로써 주체를 완성시키는 대상적 존재로서 대중을 규정하는 것을 의미한다. 따라서 실천은 주체의 확장을 의미했다. 곧 전위는 대중의 감성을 획득함으로써 완성될 존재라는 의미에서, 전위는 부정되지 않는다. 왜냐하면 전위는 곧 이념이었기 때문이다.

그러나 이념으로서의 내용과 대중의 감성으로서 형식을 구분하고 이를 '변증법적'으로 통일할 수 있다는 인식은, 내용과 형식의 조화라는 부르주아 인식방식의 새로운 판본일 뿐이다. 따라서 감성을 획득해야 한다고 규정할 때, 이러한 규정 자체가 부르주아 인식방식임을 초월론적 반성으로 간파해야 했다.

카프 작가들은 마르크시즘과 계급해방의지를 공통 기반으로 전위와 대중을 동질한 것으로 규정했지만, 대중들은 '형식'을 매개로 지속적으로 자기를 표현해 줄 것을 요구해왔다. 이로써 대중은 카프의 한계를 긋는 타자임이 드러난다. 그러나 카프 작가들은 인정할 수 없었다. 그것을 인정한다는 것은 마르크시즘의 한계를 설정하는 것처럼 인식되었기 때문이다. 그것은 마르크시즘의 '구체적' 실현을 요구하는 타자의 요구였지만, 서구중심주의의 추상적 인식방식 자체를 반성할 수 없었던 당시 전위들에게는 이것이 인지될 수 없었다. 대중들의 회귀에 따라 형식 문제를 반복하는 것은 카프가 보인 증후였다. 이것은 대중이 자기의 표현을 요구하는 타자임을 보여준다.

유물변증법적 창작방법론의 등장

대중이 대상적 존재로 환원되는 것은 카프 작가들의 인식방식이 그들이 비판하고자 했던 부르주아의 인식방식임을 반성하지 못했기 때문이다. 이것은 인식방식에 대한 초월론적 비판을 통해서 이루어질 수 밖에 없는데, 신석초는 비로소 '로도스의 섬'에서 한 걸음 떨어져 나오는 계기를 마련한다. 곧 도식성 문제는 신석초가 '유물변증법적 창작방법론'을 제기하면서 질적 전환을 하게 된다.

그런데 신석초는 그의 주장이 카프로부터 부정되자 곧 박영희와 함께 탈퇴한다. 그 내적인 이유는 보다 면밀히 검토되어야 하겠지만, 유물변증법적 창작방법론이 당대 카프 작가들에게 거부된 것도 주요한 사유로 보인다. 아니 더 정확히는 이해되지 않았다고 해야 할 것이다. 유물변증법적 창작방법은 뒤에 김남천으로 이어지는데, 김남천은 '물논쟁' 당시도, 그 이후도 자신의 말이 카프 작가들에게 이해되지 않고 있다고 말하기 때문이다. 영민했던 임화도 「사실주의의 재인식」 등을 발표한 1937년 중반에 와서야 이를 인지했다.

신석초가 제시한 유물변증법적 창작방법론은 감성의 형식화 차원이 아니라, 보다 근본적 차원에서 이루어졌다. 도식성의 원인이 인식방식에 있음을 문제 삼고, 카프 작가들의 '형이상학적 방법', 곧 추상적 인식방식을 '유물론적' 방법으로 전환할 것을 주장했기 때문이다. 곧 임화가 양주동을 비판하던 방식이었다. 그가 도식성에 대해 언급한 주요한 논설 2편 가운데, 먼저 「문학창작의 고정화에 항하여」[26]를 살펴보기로 한다.

신석초도 도식성을 "외부적 개념의 공식주의적 설명에만 그친 것"이었다고 규정한다는 점은 다른 전위들과 동일하다. 그런데 그는 이를 좀 더 강경한 어사로 "우리들은 그 정열과 자만이라는 것이 다만 자각한 인텔리겐차의 급진성에서의 관념적 산물"이라고 규정한다. 여기서 주체의 이동이 이루어지고 있는데, 필자의 방법론의 용어로 말하면 논리계형의 구분이 시작된다. 곧 신석초는 도식적 작품을 '관념적 산물'이라는 범주에 귀속시키면서, "자기 임의의 주관적 관점으로 그린다면 무엇이 되겠는가?"라고 인식방식을 문제 삼는다. 곧 도식성의 원인으로서 인식방식(신석초는 이를 '눈', '관점' 등으로 표현한다)을 지적하고, "귀족적 '시인'의 눈" 그것을 카프문학의 '치명적' 단점으로 규정한다. "'우리들을 앙양시키는 허위'의 길을 가지 않고 가장 철저적인 결정적인 용서없는 현실에서의 '일체의 모든 가면을 벗기는' 길을 가"야 한다고 할 때, 신석초가 겨냥하는 것은 바로 전위의 '전체적' 변화이다.

신석초는 직접 「공장신문」을 거론하면서, 묘사하고자 하는 대상을 "복잡한 사회적 제환경에서 사는 그리고 그 각자의 환경의 이데올로기적 표현에 의하여 감정하고 행동하는 인간"이 아니라, "어떤 형이상학적으로 해석된 두 부분(선량한 인형과 악한 인형)의 투쟁"으로 단순화했다고 비판한다. 그리고 이러한 방법은 "현실에 베일을 씌우는 것이고 동지 한설야가 자기 자신의 두뇌 가운데 노동조합을 건설하듯이 공상과 기적을 꿈꾸는 것"이라고 규정하고, 그 원인인 '인텔리겐차의 습성'을 "완전히 청산"할 것을 주문한다.

이러한 전체적 변화는, 신석초가 아무리 자기의 주장을 마르크스나 파제예프 등을 인용한다고 해도, 전위는 곧 이념이라고 생각하고 있는 당시 전위들에게는 받아들여질 수 없는 것이었다. 그럼에도 신석초가 전위 자체가 변혁되어야 한다고 말할 수 있었던 근거는 유물변증법이 마르크스의 방법임을 간파했기 때문이다. "유물변증법은 현상을 그 구체적 복잡성 다양성에서 취급하고 그 가운데에서 그 모든 현상을 인도

하는 근본적 경향을 발견하며 그리고 될 수 있는 데까지 일체의 관건과 모순을 고찰하여 부단한 실천의 기준에 의하여 그것을 확증할 것을 말하고 있다." 「공장신문」의 결함은 대중의 감성을 표현하지 못한 것에 있는 것이 아니라, 그것 자체가 "현실에 베일을 씌우는", '공상과 기적'과 같은 '관념적 산물'로서의 '꿈'이었다는 것을 통찰하는 것이다. 도식성을 내용과 형식으로 치환한 것은 '인텔리겐차적 습성'이라는 계급적 조건에서 벗어나지 못해 생산된 의사문제였기 때문이다. 따라서 도식성을 극복하기 위해서는, 카프 작가들이 '꿈'을 꾸고 있다는 것이 자각되어야 했다. 말하자면 자신들이 '현실'이라고 생각하는 것이 사실은 '인텔레겐차적 습성' 곧 소부르주아 계급에 속한 특정한 인식방식에 의해 형성된 '현상'임이 자각되어야 했다. 곧 '꿈'에서 깨어나야 했는데, 꿈속에서 꿈을 꾸고 있음을 알기는 쉽지 않다. 꿈속으로의 현실의 침입, 그것이 창작방법론의 개시인 셈이다.

두 번째 글인 「예술적 방법의 정당한 이해를 위하여」[27]는 바로 세계관과 방법을 분리를 자명하게 여김으로써 대중의 감성을 형식 문제로 전환하는, 마치 '꿈' 꾸고 있는 전위들의 인식방식을 문제 삼고 있다. "예술메쏘드의 문제에 대하여 말하며 있는 여러 사람들은 아직도 세계관과 방법을 기계론적으로 분열하는 낡은 사상에 서서 다만 슬로건을 여러 가지로 정식화할 뿐이고 그리고 그것을 비상히 비속할 뿐"이다. 곧 카프 작가들은 세계관으로서 마르크시즘을 이미 형상화할 내용으로 정해두고, 방법론을 '어떻게 표현할 것인가'의 형식 문제로 환원시킴에 따라 오히려 마르크시즘을 추상화시켰다는 비판이다. 이러한 비판의 중심에 임화가 놓였다. 신석초는 방점까지 찍어가면서 임화의

「탁류에 항하여」를 인용하면서, 그를 부르주아 유물론의 세계관에서 벗어나지 못했다고 비판한다. 그리고 이를 '세계관과 방법'의 분리라는 '기계론적 사상'이라고 규정한다.

이러한 비판을 토대로 신석초는 문학을 '인식형태'로 규정하고, 레닌을 경유해서 마르크스의 변증법적 인식론을 인용한다. "생생한 직관에서 추상적 사유로, 그리고 추상적인 사유에서 실천으로 — 라고 레닌은 말하였다. — 이것이 진리를 인식하는 변증법적 도정이고 객관적 실제의 인식에 이르는 도정인 것이다." 그리고 다시 헤겔에 대한 레닌의 비판적 해석을 토대로, 현상을 본질이 자기를 현전하는 장소로 규정한다. 따라서 본질 파악은 현상에서, 곧 경험된 현실에서 이루어질 수밖에 없다. 이에 신석초는 선규정된 이념에 따라 현실을 재단하는 것을 '형이상학적 방법'으로 규정하고 비판한다.

현상과 본질을 구분하는 인식방식이 전제될 때, 현실은 본질적인 것과 비본질적인 것으로 구분된다. 이로써 현실성은 오히려 선규정된 본질에 의해 사상된다. 이것이 마르크스가 비판한 리카도의 방법으로서 '형식적 추상작용'이다. 그러나 본질과 현상을 통일적으로 보는 인식방식을 전제할 때, 현상은 이미 실현된 본질이다. 따라서 본질적인 것과 비본질적인 것은 구분되지 않는다. 본질은 마치 금광에 금이 숨어 있듯이 감추어져 있는 것이 아니다. 변화로서의 강은 표면에 물거품을 내기도 하지만 그것은 강의 흐름과 분리된 것이 아니라 이미 흐름의 반영이듯이, 변화로서의 본질은 현상에서 자기를 전개한다. 그리고 강의 흐름은 지형조건에 따라 달라지는 것처럼 현상과 본질은 사회와 역사적 조건에 따라 다르게 나타난다. "현상뿐이 아니고 사물의 본질도 또한 과도적 가동적可動的 유동적이며 다만 조건적인 한계에 의하여 분리되어 있는데 불과하다." 진리는 항상 자기를 차이를 통해서 전개한다.

이로써 문학의 특수성으로 '형상'이 제기된다. 신석초는 파제예프를 경유하여 "개별적인 것의 지시를 통하여 보편적인 것을, 부분적인 것을 통하여 보편적인 것을 해명하고 그리고 그리함으로써 그 집적적인 소여성所與性에 있어서의 생활의 일류션 같은 것을 창성創成하여 간다"고 주장함으로써, 마르크스의 변증법적 인식론이 도달한 '사유적 구체성'으로서 '총체성'에 다가간다. 그리고 이를 획득하기 위한 방법으로써, 본질과 현상을 구분하는 '형이상학적 방법'으로서의 인식방식에서 '유물론적' 인식방식으로 전환을 주문한다. 이러한 인식방식이 전환될 때, 카프 작가가 항상 경험하는 현실은 '조선'의 역사적 본질이 드러난 장소가 된다. 따라서 카프의 작가들이 표현해야 할 주제는 이미 주어진 "한 권의 부하린의 『유물사관』, 한 권의 『정치교정』, 한 쪽의 신문보도"가 아니라, "우리들의 눈앞에 끝없이 놓여 있는 이 모든 것"이 된다.

그리고 신석초는 '주제의 강화'에 대한 자신의 입장이 한설야의 것과 다름을 강조한다. 한설야는 세계관과 방법을 분리하여, 방법을 기교 정도로 생각하는 '기계주의적' 관점인데 반해, 자신은 세계관과 방법을 분리시키지 않는다고 말한다. 이것은 현실의 다양한 현상을 그 본질로서 파악하는 유물론적 인식론을 강조한 것이다. 이로써 카프가 형상화해야 할 대상은 이념이 의인화된 '도식적, 추상적' 인물이 아니라, '산, 구체적' 인물이 된다.

신석초가 유물변증법적 창작방법에서 문학의 도식성을 극복하기 위해 제시한 것은 유물변증법에 대한 이해의 심화와 대중 속으로의 실천이다. 이것은 대중을 추상적으로 파악했던 인식방식에 대한 반성을 토대로, 대중을 구체적으로 파악하기 위한 조건이었다. 대중을 다만 계급의식이 결여된 존재로 대상화했던 주체들의 '전체적' 변화를 요구한 것이다. 이러한 변화는 관념적으로만 이루어질 수 없다. 그것은 "새로운 보다 고도로 발달한 유물변증법에 서서만 가능하다." 따라서 신석초는 카프의 전위들에게 유물론적 세계관의 심화와 동시에 작가들에게 대중 속으로 들어갈 것을 요구한다. "인간은 제현상을 보편화하고 비교하고 그것을 분석하고 종합하면서 일정한 세계관의 광휘 가운데에서 모든 자신의 실천의 과정에서 그것을 고찰하면서 현실의 객관적 변증법에 대한 정확한 구체적인 개념을 조성하기 위하여서는 본질과 그 본질의 모순의 발전을 — 논리적 사유에 의해 해명하지 않으면 안 된다"는 주장이 그것이다.

이 과정에서 신석초가 강조한 유물변증법에 대한 이해의 심화는 인식방식의 변화를 강조한 것이다. 그것은 대중의 전위로서 카프 작가들의 자기규정을 부정하는 것이다.

> 문학의 고정화는 형식과 예술적 기교의 미완성에 의하여서만 생겨난 것은 결코 아니었다. 아니 문학의 고정화가 생기어 온 것은 우리들의 작가들의 일반 사상적 문화적 수준의 비상한 저열에 불충분한 그들의 세계관, 그들의 일정한 계급적 인식의 부족 그것 가운데에 모든 근거를 두었다. 실로 우리들의 문학의 짧지 않은 동안의 역사는 모든 소부르주아적인 관념적 철학에 의하여 호도되어 있었다는 것에 있어서 특질이다. 플레하노프로부터 데보린에 이르기까지의 일련의 관념주의는 현재에 있는 우리들의 예술가

들의 뇌수의 심저까지에 침윤되어 있다.

신석초는 양보 없이 지금까지의 카프문학을 '소부르주아적인 관념'이었다고 비판한다. 이러한 비판은 자신의 인식방식 전체를 반성한 뒤에나 제기될 수 있는 것이었다. 그리고 신석초는 마르크시즘의 계급투쟁이 아니라, '우리들의 눈앞에 끝없이 놓여 있는 이 모든 것'이 형상화할 대상이라고 말한다. 여기에 더해 세계관은 현실에서 '구체화'되어야 한다고 말할 때, 당대 카프 작가들에게 이것은 일반적으로 이해되지 않았다. 가령 송영은 신석초의 견해에 동감하면서도, "무엇보다 완전한 구성은 즉 예술작품은 생생한 실생활에서 체득한 기록의 개괄이 아니면 개념적 경향에 떨어지기가 쉬운 까닭이다"라고 말하는데, 그는 '생생한 실생활에서 체득'을 반복할 뿐이다.[28] 그리고 '구체화'를 세계관의 '변화'나 '포기' 정도로 이해함에 따라, 유물변증법은 '우경화'의 계기로 인식되었다.[29] 따라서 신석초가 제기한 유물변증법적 창작방법론은 낯설거나 위험한 것으로 표상되었는데, 이러한 현실적 상황과는 별개로 창작방법론은 비로소 부르주아 인식방식으로부터 프롤레타리아 인식방식으로의 전환적 계기였다. 그리고 이러한 전환은 김남천에게 수용된다.

포이에르바하에서 마르크스로

창작방법론은 전위들이 자신들이 부르주아와 다르다고 생각했지만, 여전히 부르주아 인식방식에서 벗어나지 못했던 것을 반성하는 계기로서, 부르주아 인식방식과 프롤레타리아 인식방식의 '차이', 그리고 서구중심주의의 한계를 긋는 식민지 이성을 생산하는 과정이다. 프롤레타리아 인식방식은 부르주아의 인식방식과 달리 내용과 형식의 조화가 아니라, 이념과 현실, 본질과 현상을 '구체적 보편' 곧 형상으로 통일시킴으로써 '총체적'으로 바라보는 새로운 인식방식이다. 그리고 유물변증법적 창작방법론은 추상적 인식방식을 반성하게 됨으로써 마르크시즘을 조선 현실에서 구체화하는 계기가 되었다. 곧 '수입한' 마르크시즘에서 서구중심주의를 분리해내는 과정이자, 조선 현실을 구체적으로 파악하는 새로운 인식방식을 생산하는 과정이었다. 유물변증법적 창작방법론을 통해서 카프는 질적 도약의 계기를 마련하게 된다.

그런데 여기서 강조될 것은, 이처럼 카프의 질적 변화를 이끌어 낸 인식방식에 대한 반성은 외부로부터 주어진 것이 아니라, 대중화운동의 '실천' 가운데 이루어지고 있다는 점이다. 신석초의 유물변증법적 창작방법론이 비록 파제예프나 레닌을 매개로 이루어졌다고 해도, 이러한 반성은 대중화운동의 실천 가운데에서 이루어졌다는 점이 강조되어야 할 것이다. 왜냐하면 바로 이 과정이 마르크스가 포이에르바하를 비판하면서, 청년 헤겔파를 넘어서는 방법이었기 때문이다.

마르크스가 포이에르바하로부터 질적인 비약을 이루는 계기는 우연이 아니다. 마르크스도 도식성 이전의 카프 작가들이 그러했던 것처럼, 프롤레타리아를 "수동적 대중으로 간주할 만큼 청년 헤겔파적 경향이 강했다." 하지만 노동자를 '직접' 경험한 뒤, 마르크스의 관점은 전환되었다. "정치적 무능으로 인해 좌절감에 빠져 있었던 바우어와 자유인들은 이 엘리트주의를 극단으로까지 밀고 나가 대중들을 모든 진보에 대한 장애물, 즉 정신의 활동을 가로막는 수동적이고 반동적인 장애물이라고 비난"했지만, 마르크스는 "그들(독일 인민들)이 자신들을 해방시킬 역동적 요소를 발견할 수 있는 것은 프롤레타리아트 내부에서일 뿐"이라고 함으로써, 철학이 아니라 직조공들의 봉기를 옹호했다. "노동자계급을 혁명과정의 능동적 힘으로 간주하는 입장으로 마르크스가 이렇게 옮겨간 배후에는 1843년 10월 파리에 도착한 사실이 작용하고 있었다." 마르크스는 파리에서 대다수가 장인匠人으로 구성된 공산주의자들을 만났고, 그들을 매개로 변화한다. "이 노동으로 지친 사람들로부터 솟아오르는 순수한 신선함과 고귀함을 제대로 아시려면 프랑스 노동자들의 집회에 참석해 보셔야 할 것입니다." 마르크스의 인식론적 변화는 「포이에르바하에 관한 테제」와 「독일 이데올로기」에 와서 명백하게 되었다.[30]

「포이에르바하에 관한 테제들」[31]은 마르크스가 포이에르바하를 포함한 '낡은' 유물론과 자신의 '새로운' 유물론의 차이를 11개의 테제로 간명하게 정리한 것으로서, 유물론이 포이에르바하로부터 마르크스로 전환되는 계기적 논설이다. 여기서 마르크스는 '실천'이 논리계형의 구분을 산출하는 운동임을 보여주는데, 이를 근거로 「독일 이데올로기」에서는 새로운 인간형으로서, 실천을 통해서 차이를 생성하는 '공산주의적 인간'을 제시한다.

포이에르바하 이론의 핵심은 '종교적 세계'를 '세속적 기초'로부터 파악한 것에 있다. 이것은 종교를 인간 감성의 투영으로 보았다는 점에서 획기적인 진전이었다. 그러나 포이에르바하의 이론은 현실을 개념으로 파악하는 '전도된' 방식이라는 점에서 헤겔로부터 크게 벗어나지 않았다. 곧 포이에르바하는 헤겔과 같은 부르주아 계급의 인식방식을 전유하고 있었다.

포이에르바하는 '인간은 감성적 존재'라고 보았다. 그런데 포이에르바하가 말한 '인간'은 구체적으로 지금, 여기 있는 인간이 아니라, 추상화된 개념적 존재이다. 따라서 '감성' 역시 추상화된다. 곧 포이에르바하에게 감성은 현실적 감성이 아니라, '사랑'이나 '증오'처럼 추상적 개념으로만 존재하는 감성이다. 그런데 우리가 경험할 수 있는 것은 '어떤' 사랑이지, '사랑' 자체는 아니다. 이것은 감성의 현실성을 사상하게 됨으로써 현실적 대상을 추상적 개념으로 규정하는 전도된 결과를 가져온다. 포이에르바하는 사랑 자체와 '어떤' 사랑을 구분해야 했다. 그러나 그는 헤겔을 비판하면서 '근본적인' 지점까지 나아가지 않았다. 곧 논리계형을 구분하지 않았던 것인데, 마르크스의 비판은 여기에 놓인다.

마르크스의 포이에르바하 비판은 그의 인식방식을 그가 속한 시민계급과 연동시킴으로써 이루어진다. 포이에르바하가 파악한 '종교적 심성'은 이미 "추상적 — 고립된 — 인간 개체를 전제"한 것인데(테제 6), 인간에 대한 이러한 '추상적' 파악은 그가 속한 '시민계급'의 인식방식으로서(테제 10) '관조주의'에 해당한다. "지금까지의 모든 유물론(포이에르바하의 유물론을 포함하여)의 주요한 결함은 대상, 현실, 감성이 오직 객체의 혹은 관조의 형식 아래에서만 파악되고 있다는 것"이다(테제 1).

'관조주의'는 시민계급의 인식방식이자, 포이에르바하의 '입지점'인데, 포이에르바하는 자신의 인식방식 자체를 반성하지 못했기 때문에, '종교적 심성'을 실체화한 것이다(테제 7). 자신의 인식방식 자체를 반성하지 못하고, 오히려 그 위에서 이론을 구축했기 때문에(테제 5), 포이에르바하의 이론은 시민계급의 모순의 반영이다(테제 4).

따라서 포이에르바하는 자신의 인간관이 그 자체로 자명한 것이 아니라 '특정' 계급에 귀속된 것임을, 칸트의 용법을 빌려 말하면 초월론적으로 밝혀내야 했다. 그러나 포이에르바하는 여기서 멈추었는데, 마르크스는 이러한 초월론적 반성은 '이론'의 문제가 아니라 '실천'의 문제라고 규정한다. "대상적 진리가 인간의 사유에 들어오는가 않는가의 문제가 아니라 실천적 문제"(테제 2)이다. 따라서 '대상적 진리'를 파악하기 위해서는 주체 자신의 '혁명적 실천'이 동시에 이루어져야 한다. 곧 "환경의 변화와 교육에 관한 유물론적 교의는 환경이 인간들에 의해 변화되며 교육자 자신도 교육되어야 한다."(테제 3)

교육자 자신도 변화되어야 한다는 테제는, 자신의 인식방식에 대한 변화를 의미한다. 이처럼 인식방식 자체를 대상으로 하기 위해서는 대상을 "현실에 있어서 사회적 관계들의 앙상블ensemble"(테제 6)로 파악해야 한다고 말한다. 마르크스가 말하는 '현실적 본질'의 파악은, 1장에서 언급한 마르크스의 변증법적 인식론에 해당한다. 포이에르바하의 이론을 이론적으로만 해결하고자 하면 결코 포이에르바하에 대한 근본적 비판을 할 수가 없다. 왜냐하면 포이에르바하와 같은 입지점 위에 있기 때문이다(테제 9). 포이에르바하 이론에 대한 비판은, 포이에르바하의 이론을 그가 속한 사회적 관계 속에서 파악할 때 가능하다(테제 8).

마르크스의 포이에르바하 비판의 특징은 이처럼 포이에르바하의 이론적 내용이 아니라, 그의 인식방식을 적시함으로써 이루어진다. 이것은 헤겔이나 포이에르바하의 방법과 근본적으로 달라지는 지점이다. 포이에르바하는 헤겔의 이론을 이론 '내적'으로 비판한다. 곧 '인간의 본질이 정신인가 감성인가' 하는 것이다. 포이에르바하와 헤겔의 대립은 배중률이 적용되면 어느 한 쪽만이 진리가 된다. 따라서 포이에르바하와 헤겔의 이론은 양립할 수 없다. 그러나 마르크스는 포이에르바하와도, 헤겔과도 양립할 수 있는 동시에, 양자를 부정한다. 이 점이 마르크스의 독특함이다.

마르크스는 포이에르바하의 이론을 부정하지 않는다. 인간은 감성적 존재이다. 사랑하고 미워하지 않는 인간은 없다. 따라서 포이에르바하를 부정한다는 것은 불가능하다. 이런 관점에서 마르크스는 포이에르바하의 이론을 인정하지만, 다시 부정한다. 이것이 가능한 이유는 '조건'이 전제되기 때문이다. 포이에르바하의 유물론을 포함한 유물론은 모두 "대상, 현실, 감성이 오직 객체 혹은 관조의 형태 하에서만 파악되고 있"다는 '조건' 아래에서만 긍정이다. 곧 포이에르바하의 입지점, 곧 인식방식이 귀속한 주체의 위치가 시민 사회에 있다는 조건이 붙게 되는 경우에 한해서 마르크스는 포이에르바하를 수용하는데, 이 말은 시민계급의 외부에서는 포이에르바하의 이론이 부정됨을 의미한다.

마르크스는 포이에르바하가 자명하게 전제한 '인간' 자체를 문제로 삼는다. 포이에르바하에게 '인간'은 지금, 여기의 인간이 아니라, 추상적 관점에서 선규정된 인간이지만 이것은 자명했기 때문에 그에게 회의되지 않았다. 이것은 『자본』에서 가치의 실체를 자명하게 여긴 부르주아 경제학자들에 대한 비판과 동일한 형식이다. 마르크스는 이러한 자명함이 바로 해명되어야 할 것이라고 주장한다. 왜냐하면 이처럼 자명함으로 드러나는 관조의 인식방식은, 포이에르바하의 개인적 관점이 아니라, 포이에르바하가 귀속한 시민계급의 선규정적 무의식에 해당하기 때문이다.

마르크스가 열어젖힌 새로운 유물론은, 이론을 생산된 것으로 본다. 이론은 실천의 산물이다. 이로써 이론은 계급 구속성을 갖게 된다. 이러한 마르크스의 태도는 이론을 독립적 실체로서 규정하는 것이 아니라, 이론을 계급과 '관련짓는' 태도이다. 따라서 일반적 이론은 불가능하면서도 가능하다. 일반적 이론이 불가능한 이유는 그것이 항상 '어떤' 관점의 이론이기 때문이다. 동시에 일반적 이론이 가능한 것은, 특정 이론과 그 이론이 성립하는 관점을 '관련짓는' 태도는 보편적으로 가능하기 때문이다. 이는 마르크스의 관점이 '어떤' 특정한 계급이 아니라, "새로운 유물론의 입지점은 인간적 사회 혹은 사회적 인류"(테제 10)에 있음을 보여준다.

이처럼 근본적인 지점에서 자신의 인식방식 전체를 반성함으로써 새로운 사회를 열어젖힐 수 있다고 할 때, 이것은 '관조주의' 곧 추상적 인식방식으로는 해결될 수 없다는 것이 마르크스의 결론이다. 왜냐하면 '관조주의'는 또 다른 '관조주의'를 하나 더 양산하는 것이기 때문이다. 마지막 11번째 테제는 마르크스의 관점이 또 다른 새로운 관조주의로 환원되지 않음을 보여준다. "철학자들은 세계를 단지 다양하게 해석해 왔을 뿐이다. 그러나 중요한 것은 세계를 변화시키는 것이다." 세계는 다양하게 해석되어 왔다. 곧 '어떤' 이론들은 대립해 왔다. 그리고 자신들을 '진리'라고 간주해 왔다. 이에 반해 마르크스는 자신의 이론이 세계를 해석하는 다양한 이론들 중의 하나가 아니라고 말한다. 이것은 마르크스의 이론이 '어떤' 이론이 아니라, 이론들을 '어떤' 이론으로 제한하는 메타적 이론임을 말한다. 그것은 고정된 어떤 이론이 아니라, 이론을 그 입지점과 '관련짓는' 실천으로서의 이론이다. 여기서 이론과 실천은 역전된다. 실천은 이론이 '어떤' 이론임을 '고발하고 폭로'함으로써[32] 제한하고 부정한다. 그러나 고발하고 폭로하는 위치 자체는 부정되지 않는다. 왜냐하면 고발하고 폭로함으로써 진리(포이에르바하의 이론의 계급구속성)가 드러나기 때문이다. 이러한 측면에서 '실천'은 '모든' 관조주의를 '관조주의'로 규정하는 메타적 인식방식이다. 곧 포이에르바하를 시민계급에 귀속시킴으로써 새로운 유물론을 발생시키는, 논리계형을 구분하는 운동이다.

'실천'의 변증법적 운동은 「독일 이데올로기」에서 재차 강조된다. 마르크스는 포이에르바하의 관점을 마치 포이에르바하 자신이 행했던 것과 같이 비판적으로 '해결'하지 않고, '해소'한다. 비유적으로 말한다면, 어떤 사람이 꿈속에서 악마에게 쫓길 때, 그 악마란 실재하는 것이 아니라고 꿈속에서 말하는 것이 아니라, 꿈을 깨우는 것이다. 마르크스는 이것을 '현실적, 실천적', 곧 '혁명적'이라고 말한다. "의식의 모든 형식들 및 생산물들은 정신적 비판에 의해서, '자기의식' 속으로의 해소에 의해서, 또는 '환영', '유령', '망령' 등등으로의 변형에 의해서 해소되는 것이 아니라, 오로지 이들 관념론적 헛소리들을 발생시킨 실제의 사회적 관계들의 실천적인 전복에 의해서만 해소될 수 있다는, — 비판이 아니라 혁명이야말로 또한 종교의 역사, 철학의 역사, 기타 이론들의 역사적 추동력이라는 결론에 도달한다."[33]

그러나 마르크스의 위치가 이처럼 '관련짓는' 외부이기 때문에 고정되어 있지 않다는 것은, 역으로 마르크스 주체성은 비어 있다는 비판에 놓일 수 있다. 곧 관념론의 해소와 별개로 마르크스의 관점 자체가 현실적임을 증명해야 한다. 마르크스는 「독일 이데올로기」에서 이것을 의식의 비독립성으로 명제화한다. "의식은 결코 의식된 존재 이외의 어떤 것일 수 없으며, 인간들의 존재는 그들의 현실적 생활 과정이다."[34] 의식이 의식된 존재임이 증명되면, 꿈속의 의식은 꿈이라는 존재로부터, 또 꿈을 깬 의식은 꿈이 아닌 현실이라는 존재로부터 입증되는 것이다. 이것은 역으로 공산주의사회 이전의 의식이 여전히 꿈속의 의식, 곧 여전히 관념의 오염인지를 보여주는 것이다. 이것은 꿈속으로의 현실의 침입이다.

마르크스는 어떤 이론(마르크스가 이데올로기라고 부르는 지배계급의 세계관)은 항상 배제를 수반하게 되는데, 그 이유는 이론은 분업이라는 생산양식에 기초하기 때문이라고 주장한다. "분업은 물질적 노동과 정신적 노동의 분할이 등장하는 시점으로부터 비로소 진정으로 분업이 된다. 이 시점에서부터 의식은, 현실적인 어떤 것을 눈앞에 놓지 않고서도, 현실적으로 어떤 것을 표상한다고, 자기를 현존하는 실천의 의식과는 다른 어떤 것이라고 현실적으로 상상할 수 있다 — 이 시점부터 의식은 세계로부터 자신을 해방시킬 수 있으며, '순수한' 이론, 신학, 철학, 도덕 등등의 형성으로 나아갈 수 있다."[35]

의식주체가 자기 자신을 '현존하는 실천의 의식과는 다른 어떤 것'으로 상상할 수 있는 근거는 이처럼 분업 때문이다. 마르크스는 이 분업의 양상에 따라 역사를 구분하였다. 그런데 여기서 중요한 것은 공산주의가 필연적으로 도래한다는 헤겔식의 목적론적 역사관으로 이것이 해석될 수 없다는 것이다. 「독일 이데올로기」에서 마르크스가 일차적으로 해명하려고 하는 것은 의식의 비독립성이기 때문이다. 곧 공산주의사회 이전의 역사적 현실은 분업에 기초하고 있으며, 이 분업은 각 역사적 단계마다 고착화되어 있고, 각 역사적 단계의 지배계급의 세계관이 지배적 세계관이기 때문에, 세계관으로는 현실을 완전히 설명할 수도, 또 현실을 전화시켜 나갈 수도 없다는 점을 밝히는 것이다. 물론 마르크스는 공산주의사회의 도래를 예견한다. 그러나 그것은 프롤레타리아트의 세계적 규모로서의 형성과 그 적대가 형성될 정도로 생산력이 고도로 발전할 것을 전제로 한다. 이러한 전제가 마련되었을 때는, 비가 오면 땅이 젖는 것처럼 역사는 필연적으로 전화한다. 그러나 이러한 논리적 필연성과 실제 비가 오는지의 여부는 별개의 것이다. 논리로는 인과를 충분히 설명할 수 없다.

마르크스는 분업의 고착화로 인해 의식이 마치 독립된 실체로서 자기 역사를 갖는 것처럼 인식되는 이유를 논증함으로써, 포이에르바하를 비판하고 실천의 혁명성을 입증하고자 하였다. "현실에 있어서, 그리고 실천적 유물론자들 즉 공산주의자들에게 있어서 중요한 것은 현존 세계에 혁명을 일으키는 것, 기존의 사태를 실천적으로 공격하고 변화시키는 것이다."[36] 마르크스가 말하는 '현존 세계', '기존의 사태'는 분업이 고착됨으로써 의식의 비독립성이 은폐되는 현실이다. 이 현실 속에서 물질적 노동을 담당하는 계급의 의식은 자기표현을 얻지 못한다. 따라서 실천은 지배 이데올로기가 생산된 것임을, 그것은 독립된 실체가 아님을 폭로하는 것이다. 이것은 동시에 "정신 활동과 육체 활동, 향유와 노동, 생산과 소비가 상이한 개인들에게 귀속될 가능성 및 그 현실성까지 분업과 함께 주어져 있기 때문에 이 세 가지 계기, 즉 생산력, 사회적 상태 및 의식이 서로서로 모순에 빠질 수 있으며 모순에 빠질 뿐이라는 결론"[37]을 도출해냄으로써 그 모순을 현실 속에 작열시키는 것이다. 그리고 모순의 작열로서의 실천은 공산주의사회의 도래까지 계속되어야 한다.

마르크스가 말하는 공산주의란 "조성되어야 할 하나의 상태, 현실이 이에 의거하여 배열되는 하나의 이상이 아니다. 우리는 현재의 상태를 지양해 나가는 현실적 운동을 공산주의라고 부른다. 이 운동의 조건들은 현재 존재하고 있는 전제로부터 생겨난다."[38] 현실에 근거하지 않은 이상적 사회란 추상적인 것에 불과하다. 그것은 상상력이 있다면 입 있는 자들 모두 말할 수 있는 것에 불과하다. 그러나 진정한 공산주의는 현실을 역사적으로 파악하는 데에서 출발한다. 따라서 공산주의는 미래완료형 시점과 같은 시제를 취할 수밖에 없다. 도래한 미래인 것이다. 진정한 공산주의자는 이상대로 사는 존재가 아니다. 그러한 존재는 급진주의자나 이상주의자에 불과하다. 공산주의자로 사는 것은, 현실을 부정과 긍정으로 동시에 언급하는 것이다. 현실에 모순을 작열시킴으로써 현실은 아직 공산주의사회가 아님을 말하면서, 동시에 현실을 미래완료형으로 존재하는 공산주의사회로부터 언급함으로써 긍정하는 것이다.

마르크스가 포이에르바하에 관한 테제 가운데 11번째로 말한, 세계에 대한 해석이 아니라 세계를 변화시키는 것의 중요성을 언급한 이유도 이러한 맥락에서 재해석된다. 세계에 대한 해석은 해석 주체를 포함하지 않을 때, 해석 주체가 놓인 현실적 상황으로서의 고착화된 분업의 구조는 사상된다. 따라서 해석은 전혀 현실 변화를 겨냥할 수 없게 된다. 그리고 해석 주체가 놓인 현실적 상황을 해석 안에 두게 될 경우, 해석 자체는 상대적인 것이 됨으로써 스스로 부정된다. 따라서 해석은 세계를 변화시킬 수 없다. 세계를 변화시키기 위해서는 이러한 해석 자체가 귀속하고 있는 고착화된 분업 체계를 드러냄으로써 의식은 생산된 것임을 폭로하는 것이다. 이로써 현실은 스스로 모순임이 드러나고, 동시에 이로써 현실의 변화는 추동된다. 그런데 이것은 마르크스가 역사의 전제로서 언급한 '새로운' 욕망을 통해서 가능하다.

마르크스는 역사가 전개되기 위해서는 '새로운' 욕망이 욕망되어야 한다고 했다. 물질적 생산을 담당하는 노동계급이 갖고 있는 욕망은 지배적 이데올로기가 아니기 때문에 일정하게 부정되어 현실 속에서 자기의 표현을 얻지 못한다. 그러나 현실에 대한 해석이 분업을 토대로 한 이데올로기에 불과하다는 것이 폭로될 때, 노동계급의 욕망은 새로운 사회를 필연적으로 욕망하게 된다. 그들의 욕망은 현 사회에서 이루어질 수 없기 때문이다. 따라서 세계를 변화시키는 실천은 욕망의 대상으로서 새로운 세계를 욕망하는 것과 동시적으로 발생하게 된다. 실천만이 세계를 변화시킨다.

이러한 측면에서 『독일 이데올로기』에 나타난 마르크스의 주체성은 어떤 선규정적 내용을 갖고 있는, 마치 어떤 유토피아를 상정하고 현실을 거기에 맞추려는 관념적 내용으로부터 채워지는 것이 아님을 알 수 있다. 미리 상정된 것이 아니라, 실천 그 자체가 내용이 된다. 말하자면 실천을 통해 이론이 발생하고, 이론은 실천을 통해 검증됨으로써 다시 이론이 된다. 이로써 마르크스의 주체성은 내용을 생성하는 실천으로 규정된다. 곧 새로운 인식방식과 새로운 인식대상을 생산하는 변증법적 운동이다. 실천이 곧 주체성이지 미리 상정된 어떤 주체성을 가정하지 않는다. 이러한 주체성을 마르크스는 '공산주의적 인간'이라고 말한다. 공산주의적 인간은 '의식은 의식된 존재'임을 의식하는 존재이다. 포이에르바하가 인간을 유적존재로서 표상할 때, 이 자명함을 그 계급적 위치에서 한계지음으로써 새로운 인식방식을 도출하는 실천이 곧 공산주의적 인간인 셈이다. 이 자명함은 곧 특정한 역사적 사회구성체에 귀속하기 때문이다.

포이에르바하의 관념적 인간상을 비판하고, 새로운 인간상으로서 공산주의적 인간을 정립한 마르크스의 전환은, 대중화운동 '이전' 카프 작가들에 대한 '이후' 작가들의 비판과 비교된다. 마르크스가 포이에르바하의 추상적 관조주의를 포이에르바하의 계급적 위치로부터 비판하고 본질은 '현실' 속에서 파악될 수 있다고 규정한 것처럼, 창작방법론을 모색하기 시작한 카프 작가들은 자신들의 관조주의를 '소부르주아적 속성'으로서 비판하면서, 대중의 개념을 그 '현실'로부터 파악하기 시작한다. 이 과정에서 자신들의 추상적 인식방식 전체를 비판하기에 이른다.

포이에르바하로부터 마르크스로 전환되는 계기가 '실천'에 있었던 것처럼, 카프가 '추상적 인식방식'으로부터 '유물론적 인식방식'으로 전환되는 계기도 대중화운동의 실천을 매개로 한다. '실천'을 조직적으로 감행하기 이전에 그들에게 이념과 현실은 일치한 것으로 상정되었다. 다만 현실의 불리한 조건 때문에 이념을 대중에게 가져감이 수월하지 않다고 여겼다. 따라서 대중화운동 이전에는 '바뀌어야 할' 주체는 대중이었지 카프 작가 자신은 아니었다. 자신들은 이러한 변화를 견인해내는 주체였기 때문이었다. 그러나 대중화운동의 '실천'을 감행하면서 카프 작가들은 이념과 현실의 불일치를 경험하고, 자신들의 관념적 태도도 변화되어야 할 것임을 깨닫게 된다. 대중화운동 당시 창작방법론이 모색된 것은 이러한 '실천'이 매개되었기 때문이다.

이처럼 대중을 그 본질에서 파악하기 위해서는 전위들의 관념적 태도 역시 지양되어 유물론적 주체로 건립되어야 했다. 곧 주체 역시 변화되어야 했다. 대중의 분열을 통일할 궁극적 주체는 대중 자신들이지만, 카프는 리얼리즘문학을 완성함으로써, 곧 카프 자신들의 실천이 그 매개가 됨으로써 모순의 통일을 촉진할 수 있다고 할 때, 그 전제로서 주체의 관념적 태도가 반성되어야 한다. 곧 주체의 건립이 리얼리즘의 완성과 동시에 계기적으로 제기된다.

대중은 '결여'의 존재가 아니라, 이미 '어떤' 인식방식을 지닌 주체이다. 따라서 카프 작가가 대중에게 가지고 가고자 했던 이념은 이념 그대로 전달되는 것이 아니라, 대중들의 인식방식이 매개된 '현상'이 된다. 이것이 의식되지 않았던 것은 카프 작가들 자체가 자신들의 인식방식 자체를 의식할 수 없었기 때문이다. 카프의 작가들은 자신들을 '전위'라고 생각했다. 곧 조선의 프롤레타리아와 질적으로 동일한, 양적인 차이만을 지닌 존재라고 규정했다. 그러나 창작방법론이 명료하게 한 것은, 카프의 작가들은 소부르주아였다는 것이다. 여기서 주체는 반성적으로 분열되는데, 이러한 주체의 분열을 가져온 대중은 '타

자'로서 이미 주체적 존재였다.[39]

김남천과 임화는 대중화운동에서 직면한 모순을 해결하기 위해 치열하게 고군분투했다. 그것은 자신의 추상적 인식방식을 초월론적으로 반성하는 과정이자, 자신의 해체를 동반하는 과정이었다. 그리고 대중의 실재로부터 마르크시즘을 재전유, 재해석함으로서 마르크시즘을 '구체화'하는 과정이기도 했다. 그러므로 창작방법론은 전위 자신들의 해체과정에 한정되지 않고, 동시에 재구성과정으로 규정된다. 부르주아 인식방식으로부터 벗어나서 프롤레타리아의 인식방식을 내면화하고, 이를 명료하게 의식하는 일이기 때문이다. 이로써 '차이'가 현실적으로 발생한다. 이 과정은 마르크스의 말대로 일정한 조건이 형성되지 않으면 어려운 일이다. 그러나 이것이 필연적이고, 그 방향은 미래로부터 주어지는 것이 아니라 현실로부터 구체적으로 파악되어야 한다는 것이 마르크스의 입장이다. 마르크스를 청년 헤겔파로부터 결별시켰던 프롤레타리아는 실재하기 때문이다.

그런데 전위의 위치가 부르주아 계급에 있었음이 반성되었다는 것은, 이것을 의식대상으로 현전시키는 다른 의식 주관이 동시에 발생하고 있음을 의미한다. 이것은 1장에서 언급한 대로, 자명함으로 은폐된 기존의 인식방식을 메타적 위치에서 '초월론적으로 반성하는' 주체라고 할 수 있다. 임화나 김남천이 자신들의 문학이 '뼈다귀 시'라든가, 도식적 작품이었다고 스스로 비판할 수 있었던 것도 자신들의 추상적 인식방식을 초월론적으로 반성하는 주체를 간파했기 때문이다.

그런데 이 반성적 주체는 이전의 주체의 위치 '전체'를 의식 대상으로 한다는 점에서 '메타'적이다. 곧 메타-반성적 주체라고 할 수 있다.

그리고 반성적 주체의 위치는 그것이 메타적이라는 점에서, 외부적 위치라고 할 수는 있다. 그러나 이 외부적 위치는 주체의 추상적 인식방식을 반성할 때만 현전하지, 그 자체는 의식 대상이 아니다. 곧 반성적 주체는 반성의 운동이지 실체가 아니다.

이것은 반성되어야 할 주체는 명확해진 반면, 긍정되어야 할 주체는 불명료한 상태에 있음을 의미한다. 이로써 주체 건립의 문제가 '비로소' 발생한다. 곧 주체 재건의 문제는 카프 해산으로 인한 외적인 억압 이전에, 카프의 실천 과정에서 도식성으로 표현된 주체의 위기를 경험한 후 불거진 문제였다. 이때 '불명료'라는 것은 이들이 가고자 하는 새로운 주체의 위치가 모호하다는 것이 아니다. 그것은 말 그대로 뚜렷하지 않다는 것이다. 왜냐하면 이 외부적 위치로서 반성적 주체가 가능한 것은 이들이 '마르크스의 위치'로 가고자 했던 의지가 전제되었기 때문이다.

이것은 달리 말하면 타자로 현전된 대중들을 파악하는 새로운 인식방식을 획득하는 것을 의미한다. 양주동을 부르주아 인식방식으로 비판하면서 내세웠던 '프롤레타리아 전위의 눈'은 이제 겨우 눈 뜨기 시작한 셈이다. 이것은 마르크시즘에 대한 부정이 아니라, 전위들의 추상적, 관념적 태도를 부정하는 것이다. 이 당시 전위들는 자신들의 추상적 인식방식을 반성하고, 유물변증법적 인식방식으로 전화하기 시작한 단계이다. 말하자면 마르크스의 위치로 가는 '출발점'에 서 있는 상태이다.

김남천, 식민지 이성의 발아와 '물 논쟁'

「공장신문」과 「공우회」의 도식성이 비판된 이후, 김남천 역시 창작 방법론을 모색하던 중에 제1차 카프 검거로 인해 수감된다. 출옥 후 「물」을 발표하는데, 이 작품의 주인공은 전위적 활동을 하다가 수감되었지만, 갈증의 해갈을 욕망하는 다른 잡범들과 별반 다르지 않은 모습으로 나타났다. 이전 「공장신문」의 투철한 전위와는 확연히 달라졌다.[40] 이에 대해 임화는 우익적 일탈이라는 가혹한 비판을 내리는데, 김남천은 이를 일정 부분 수용하면서도, '비평의 위치'에 대한 문제를 제기하면서 작품의 평가기준으로 '작가의 실천'을 주장한다. 이로써 소위 '물 논쟁'이 전개되었다.

그런데 비평의 기준을 작가의 '개인적' 실천에 두면 비평 자체가 성립하기 어렵다. 이에 문단으로부터 문학의 기본조차 모른다는 조소까지 들을 정도였는데도, 김남천은 자신의 주장을 굽히지 않았다.

> 1931년 여름, 어떤 비오는 날 저녁에 모여졌던 문학부 소설연구반의 연구회 (…중략…) 나는 지금 1931년 이후 작품의 고정화라든가 유물변증법적 창작방법에 관한 조선의 평론가들의 글을 볼 때 또는 「공우회」에 대한 평을 볼 때에 그들이 문제를 외국 동지들의 논의의 이식에만 급급하고 있는 것을 느끼지 않을 수 없으며 그 글 가운데에는 하나도 생생한 맛이 없는 듯이 느껴짐을 금할 수 없었다. 창작품의 고정화로부터 구출하는 그들의 처방전을 한번이나 카프 자체의 조직과 결부시켜서 쓸려고 한 적이 있었던가?[41]

작품 평가의 기준이 '외국 이론'에만 의존하고 있다는 비판인데, 김남천이 말하는 '카프 자체의 조직'은 카프의 현재적 상황을 가리킨다. 다시 말해 카프의 비판은 전연 카프의 실천 방향을 지시하지 못하고 있다는 불만인데, 이에 근거해 김남천은 비평의 기준은 '실천'에 두어야 한다고 주장한다. 김남천이 제기한 비평의 위치와 비평의 기준으로서 실천의 의미는 창작방법론 모색 이전의 「공장신문」, 「공우회」와 이후 소설인 「물」, 「남편 그의 동지」를 비교해 봄으로써 파악할 수 있다.[42]

창작방법론 전후의 소설을 비교할 때 주목할 만한 변화는, 인물들이 평범해졌다는 점이다. 이전 소설의 전위들은 자신들의 안위보다는 노동자 전체의 이익을 위한 조직 사업에 헌신적이다. 이러한 헌신적인 모습은 노동자의 일반적인 경우는 아니기 때문에 비범하고 위대해 보인다. 그러나 이러한 비범함은 이후의 소설에 와서는 평범해진다. 「물」의 '나'는 사상범이지만, 더위와 갈증 앞에서 『법철학』 한 구절조차 읽어내지 못한 채 꾸벅꾸벅 조는 모습으로 나타난다. 이러한 모습은 다른 잡범들과 별반 다르지 않다. 그리고 「남편 그의 동지」에서 이전의 동지들은 술에 취해 여급을 희롱하는 말이나 주고받을 정도로 한심해져 있고, 여전히 신념을 고수하는 태도를 보이는 남편은 자신을 진정으로 걱정하는 아내에게 오히려 화를 내는, 세상 물정 모르는 사람으로 형상화되었다. 이에 반해 남편과 같은 지식은 없지만, 온갖 현실적 어려움을 견디며 살아가는 아내가 더 의젓해 보일 정도이기는 하지만, 그녀 역시 「공우회」의 전위인 순실이나 보패 어미와 비교할 바가 못 된다.

그런데 이들 인물들이 평범해진 이유는, 이들 역시 육체를 갖고 있다는 점에서 찾을 수 있다. 「물」에서 '나'는 다른 수감자와 마찬가지로 더위와 갈증 앞에서 고통스럽고, 밤에 냉수를 먹으면 배탈을 하는 육체를 지니고 있다. 「남편 그의 동지」의 아내는 차가운 의자에 대한 감촉을 지니고 있고, 남편이 없는 빈 방에서 출산의 두려움 등을 느끼며 남편을 위해 화장을 한다. 그러나 「공장신문」, 「공우회」의 전위들에게는 더위를 느끼는 피부와 갈증에 시달리는 감각은 사상되어 있고, 술에 취해 흐느적거리는 육체는 없다. 육체는 관수의 성격과 아무런 관련을 갖지 못한다.

창작방법론 전후로 소설의 변화는 매우 뚜렷하다. 이후의 인물들은 무엇보다 육체를 가진 감각적 존재들이다. 이것은 이전 추상적 인식방식에 의해 사상되었던 것들이 '육체'를 매개로 전경화되고 있음을 보여준다.

「물」에서 육체는 인식의 주체로 나타난다. 「물」은 감방의 '두 평 칠 합' 넓이를 "손으로 세거나 연필로 계산하는 것이 아니라 전 몸뚱이를 가지고 그것을 느끼는 것"으로 시작한다. 이처럼 현실 인식의 주체로서의 육체는 「물」 전반에 나타난다. '나'는 『법철학』을 읽다가 꾸벅꾸벅 조는데, "갑자기 머리털 밑이 따끔따끔 쏘"이는 것을 느끼고서야 자신의 수감 처지와 물을 마음껏 마실 수 없는 환경을 새삼스레 "깨닫는다." 「물」에서 감옥은 현실적이며 실제적인 공간으로서, 주체는 육체의 감각기관을 통해 자신의 현실적 상황을 인식한다. 「남편 그의 동지」도 그 예를 모두 열거하기도 어려울 정도로 육체의 인식기능이 나타난다. 가령 아내가 남편을 원망하는 계기는 차디찬 나무 걸상에서 비롯한다. "새 옷을 차입하고 헌 옷 나오기를 기다리는 동안은 몹시 지루하였다. 나는 몇 번이나 시계를 들여다보았다. 나의 마음은 침울하고 적막하였다. 차디찬 나무 판때기 걸상은 그 위에 앉은 나를 궁둥이로부터 뱃속까지 얼어들게 하였다. '나를 이렇게 만들다니.' 이런 원망에 가까운 생각과 '그러나 그는 이 겨울 내내 이런 곳에서 보내고 있지 않은가' 하는 남편을 그리는 마음이 합쳐서 이상하게도 나의 마음을 더욱 무겁게 하였다." 이뿐만 아니라, 출산한 딸을 두고 열흘도 되지 않아 내려간 친정어머니가 남긴 빈 방의 공허를 느끼고, 서러움을 쏟아내는 것도 아내의 육체이다.

인식의 주체로서의 육체는 인물의 행위에서 정신보다 우선한다. 곧 행위의 주체 역시 정신이 아니라 육체로서, 사건의 전개는 육체의 감각수용과 그 반응에 따라 이루어진다. 물 공급이 엄격하게 제한된 감옥에서 주어진 물로는 갈증을 이겨낼 수 없다. 그가 「공장신문」의 관수처럼 개념에 따른 전위라면, 강철 같은 의지로써 비인간적인 억압에 맞섰을 것이다. 그러나 「물」의 '나'를 비롯한 수감자들은 제한된 물을 한꺼번에 마셔버리면 더 큰 갈증이 오는 것을 육체로써 인식하고, '물 담당'을 두어 물의 배분을 조절한다. 이러한 물 배분은 감옥의 비인간적인 규율에 대한 의식적 저항도 아니고, 식민지의 감옥이라는 제도에 대한 개념적 비판도 아니다. 물 담당은 더 큰 갈증을 모면하고, 갈증을 균등하게 배분하고자 하는 육체의 판단이고, 교섭 담당을 둔 것도 역시 갈증을 조금 면해보려는 육체의 의지이다. 「남편 그의 동지」는 모두 4개의 장으로 구성되어 있지만, 이 장들을 일괄하는 소설 전체의 주제적 사건은 없다. 아내는 그때그때 닥친 상황을 몸으로써 인식하고 행동한다. 아내는 동지들의 타락을 감각기관으로서의 '눈'으로 본다.

자신이 본 것을 믿지 못하는 남편에 대해 그녀는 의식으로서가 아니라, 울음을 쏟는 육체로서 반응한다.

육체는 또한 상상적 기능도 한다. 「물」의 '나'가 그리고 있는 미래는 "나무숲을 거닐며 지나가는 저녁의 싸늘한 바람"과 같은 현실적인 미래이다. 「남편 그의 동지」의 아내가 그리는 미래 역시 갓난애와 남편과 함께 하는 평범한 일상이다. 미래에 대한 상상 역시 관념적이 아니라 현실적인 이유는, 그 주체가 육체이기 때문이다.

이처럼 육체는 무더위와 갈증을 느끼고, 차가운 의자를 통해 자신의 비참한 현실을 인식하면서 동시에, 해갈의 욕망과 남편의 출소에 대한 간절한 바람을 환기한다. 곧 인물들은 육체를 통해 자신들의 현실적 처지의 고통과 고통이 사라진 어느 미래를 대비적으로 인식한다. 이러한 대비는 그것이 육체를 매개로 하기 때문에 강렬하다. 갈증을 개념적으로 파악할 때, 우리는 아무런 고통을 느끼지 않는다. 그러나 그것이 육체를 매개로 할 때 고통 없이 갈증을 느끼기란 불가능하다. 또한 갈증을 개념적으로 파악할 때는 현실에 물이 있는지 없는지 중요하지 않다. 그러나 육체를 매개로 갈증을 느낄 때, 우리는 누구나 어디에 물이 있는지 현실을 둘러보게 된다. 물이 없다면 왜 없는지, 어떻게 해야 물을 마실 수 있는지 행동하게 된다.

육체를 통한 현실의 인식은 그것이 육체를 매개로 하기 때문에 개인적 범위를 넘어서기가 어렵다. 그러나 동시에 육체를 매개로 하기 때문에 현실적이다. 육체를 통해 지금, 여기의 상황이 강렬하게 육박해 오는 것이다. 「공장신문」이 개념에 의한 것이었다면, 이들 소설은 육체를 통한 현실 인식으로, '지금, 여기'의 현실성이 뚜렷이 형상화되었다. 그리고 지금, 여기의 현실이 고통스러운 만큼 육체의 욕망은 억압을 현실적으로 드러낸다. 임화가 표현했듯이 "사실 그럴 것이다. 그것은 현실이다. 이 작자가 말하는 것과 같이 괴로울 것이다"[43]와 같은 현실성을 확보하게 된다. 이것은 육체가 개체들의 경계이기도 하지만, 그것이 공감의 공통적 기반이기 때문이다.

이전 소설에서 전위와 노동자는 수직적 위계로 배치되었다면, 육체를 전경화함으로써 이 소설들에서 그것은 역전되기까지 한다. 「물」의 '나'는 다른 잡범들과 다르지 않을 뿐만 아니라, 물 교섭 능력에서도 배후적인 역할에 한정될 뿐이다. 「남편 그의 동지」에서 수감된 남편의 현실 인식력은 아내에 미치지 못한다.

김남천은 도식성에서 어느 정도 벗어나 현실성을 확보했는데, 이것은 이처럼 육체를 전경화함으로써 개체성을 획득했기 때문에 가능했다. 「공장신문」의 관수나 「공우회」의 순실은 개념이 전개된 인물들이기 때문에 대체될 수 있다. 곧 인물들은 유형화됨으로써 대체 가능한 존재로 나타났다. 그것은 대상을 개념적으로 파악함으로써 구체적인 것들이 사상되었기 때문이다.

그러나 「물」의 '나'는 전위라는 점에서는 관수와 동일하지만 '나'는 찬물을 먹으면 배탈을 하는 육체를 경계로, 대체되기 어려운 개체성을 갖는다. 「남편 그의 동지」의 아내는 더더욱 그러하다. 이처럼 육체를 통해 개체화된 것들은 『법철학』이나, 수감된 남편의 인식능력으로는 파악되지 않다. 이 개체화된 것들은 「공장신문」의 관수였다면 잘라냈어야 할 '재창이의 타락'과 같은 것들인데, 김남천은 이것들을 육체를 매개로 전경화할 뿐만 아니라, 이로써 전위들이 추락하는 것도 용인한다. 이로써 『법철학』으로 대표되는 전위의 개념체계는 한계를 갖게 된다. 곧 이 개체화된 것들은 전위의 이념의 타자이다.

타자는 육체의 감성에 자기를 현전시킴으로써 자기표현을 요구한다. 이때 감성에 현전된 타자는 동질화되고 추상된 공간에 차이를 내기 시작한다. 대상을 '연필'로 계산하는 오성의 작용에 따르면 감방의 규모는 누구에게나 동일한 결과가 산출되지만, 그것을 '전 몸뚱이'로 느낄 때 감방의 수인자라고 해도 같은 경험이 아니다. '연필'의 오성은 계절과 상관없이 같은 결과를 도출하지만, '몸뚱이'의 감성은 아침 저녁도 다르다. 오성은 대상을 개념으로 파악하기 때문에 차이는 사상되지만, 감성은 육체를 통해 현전된 차이를 지각함으로써 차이를 생산한다. 김남천이 형상화하고자 한 차이는 오성으로 포섭되지 않는 감성, 곧 도식화 문제를 해결하기 위해 카프 작가들이 확보하고자 했던 대중의 감성이다.

이것은 다른 전위들과 구분되는 지점이다. 다른 전위들에게 마르크시즘으로서의 오성과 대중의 감성은 말 그대로 '기계적'으로 결합되었다. '기계적'은 감성을 오성의 범주로 환원시킴으로써 차이를 사상시켰다는 의미이다. 이처럼 차이가 사상된 것은 종합하는 작용으로서의 이성이 서구중심주의였기 때문이었다.

이에 반해 김남천은 감성을 오성의 범주로 환원시키지 않고, 감성이 드러내는 차이를 그대로 현전시킨다. 이로써 오성의 범주들, 마르크시즘의 추상적 용어들은 감성에 현전된 차이들을 범주화하는 데에 일정한 한계를 갖게 된다. 그 결과로 전위는 '세상 물정 모르는' 사람으로 추락했고, 이것 때문에 임화로부터 '우익적 일탈'이라는 비판을 들어야 했다.

그러나 대중의 감성적인 것들이 김남천의 감성에 주어짐으로써, 전위와 대중은 육체를 매개로 통일될 공간이 확보되었다. 그리고 동시에 육체는 그 개체성과 현실성의 속성으로 인해서 차이를 현실화시킴으로써, 서구중심주의에 일정하게 균열을 가져왔다. 그것은 달리 말하면 서구중심주의 일반으로 환원되지 않는 조선이라는 타자를 새롭게 인식하는 인식방식의 출현을 의미한다. 그것은 또한 서구중심주의에 포획된 마르크시즘을 조선이라는 구체적 조건 속에서 재전유하는 과정이다. 그리고 그것이 서구중심주의에 대해 메타적 관점에 있다는 점에서, 새로운 인식방식은 변증법적인 질적 비약으로서의 발전이다.

김남천이 육체를 매개로 감성적인 것으로서의 타자와 오성으로서의 마르크시즘의 이념(개념)을 결합하고자 시도했다는 점에서 이것을 '식민지 이성'으로 부른다면, 김남천은 겨우 식민지 이성을 발아하기 시작한 셈이다. 이것은 김남천의 현실 인식 태도의 전환, 곧 추상적 인식방식에서 구체적 인식방식으로 변모하고 있음을 보여준다. 마르크스가 리카도에게 증후였던 노동가치론을 경험적 사실과 통일하면서 '총체성'을 확보하는 방법으로서의 구체적 인식방식이다. "작가는 실천 속에서 사색하여야 한다"[44]고 말하면서 이것을 마르크스주의의 원칙이라고 자신 있게 말할 수 있었던 근거는 여기에 있다.

대중의 감성은 '형식'으로 회귀되었던 타자이다. 카프 초기의 내용-형식 논쟁, 대중화논쟁, 그리고 도식성 문제에 있어서 계속 반복적으로 출현한 타자이다. 인식방식을 반성할 수 없을 때, 타자는 대상화되지만, 그것은 전위의 한계를 경계 그으면서 자기표현을 요구한다. 경계가 그어졌을 때, 그때가 인식방식이 질적으로 전환되어야 할 시기이다. 곧 논리계형 구분을 통해 새로운 인식방식을 현출해야 할 때이다. 그것은 신석초가 적시한 대로, '전위는 부르주아였다'는 자기고백과 자기해체의 과정을 요구한다. 김남천은 타자를 '정직하게' 수용한다.

김남천의 정직함이란 재창의 '타락'을 제거함으로써 전위를 개념에 일치시키려는 윤리의식이다. '타락'을 제거함으로써 조선의 구체적 현실까지 사상됨을 경험했을 때, 그는 예전의 방식대로 '안이하게' 소설을 쓸 수는 없었다. 이제 '타락'은 제거해야 할 것이 아니라 획득함으로써 조선의 구체적 현실을 파악할 수 있는 계기가 되었다. 이러한 정직함과 혁명에 대한 의지가 결합됨으로써 김남천은 문단의 조소에도 불구하고, 자신의 방법론을 견지할 수 있었다.

그의 방법론은 신석초로부터 영향을 받은 것으로 보인다. 신석초는 당시 카프의 전위들의 태도가 '추상적'인 것을 비판하고, '구체적, 산' 인물을 형상화해야 한다고 말하면서 '전위의 전체적인 자기반성'으로서 '가면박탈'을 주문했고, 그것의 근거를 마르크스의 변증법적 인식론에서 구했다.

신석초가 대중을 '추상적' 인물이 아니라 '파악해야 할' 대상이라고 규정했을 때, 그것은 기존의 인식방식에 속하지 않는 '새로운' 대상이라는 것을 의미한다. 곧 기존의 인식방식에 속하지 않는 '타자'였다. 그러나 그것은 부르주아계급／프롤레타리아계급의 사회구성체를 전제한 전위들에게 수용될 수 없었다. 왜냐하면 대중이 타자로 현전된다는 것은 전위는 더 이상 전위가 아님을 드러내는 것이기 때문이다. 곧 이율배반과 순환오류가 발생하고, 주체는 이중구속에 빠지기 때문이다.

김남천은 '실천'을 마르크스의 변증법적 인식론에 따라 추상에서 구체로의 비약으로 인식한다. 그것은 개념들로부터 현실을 전개하는 관념적 태도가 아니라, 개념들을 현실 속에서 구체화하는 과정이다. 이러한 입장에서 그는 이식론자들을 비판한다.

당시 소련에서는 사회주의 리얼리즘론이 한창이었고, 이것이 조선에까지 영향을 끼치고 있었다. 김남천은 사상의 기계적 이식에 반대한다. 외국의 사상은 이미 사상의 근거로서 자기 나라의 현실을 전제하고 있다는 점에서 역사적으로 존재하는데, 이러한 조건을 고려하지 않는다면, 사상은 그 이식성으로 말미암아 조선의 지도적 이념으로서는 제한된다는 것이다. 이에 김남천은 사회주의 리얼리즘에서 표방한 바 있는 '산 인간'에 대해 일정한 거리를 두면서 '구체적 인간'을 그릴 것을 주장한다.[45]

그런데 김남천은 외국 이론을 거부하는 것이 아니다. 그가 비판하는 것은 외국이론을 대하는 그들의 기계적 이식 '태도'이다. 이식론자들의 태도는 어떤 '유형'을 수입하면서 주체적 태도로서의 '용심'을 잃는, 비주체적 태도라는 것이다.

> 문화주의로부터 작품의 고정화와 유형화로부터 작가를 진정한 길에로 구출키 위하여 평론가는 수많은 계책을 지시하였다. (…중략…) 실로 그들의 제안이 오십보 백보의 차이는 있을망정 일체로 지적할 수 있는 엄연한 사실은 외국동지의 논의를 이식함에 가장 중요한 용심用心을 망각하고 있다는 것이다. (…중략…) 그러나 내가 읽은 한에는 그들이 창작방법의 문제를 한 번도 그 나라에 있어서의 근로대중의 당면한 과제와 분리하여 제기한 적이 없다는 그것이다. (…중략…) 그런데 조선의 논객들은 오직 '다수자 획득'이

라는 변함없는 어구만을 끌어다 기계적으로 결부시키고 있다. 다수자 획득의 방향은 세계 근로대중의 일체의 나아가고 있는 방향이다. 중요한 것은 이 방향이 조선에서는 어떻게 구체화되어 있으며 어떻게 실천되어 있는가에 대한 이해이다. 이 이해 없이 예술상에 있어 이 '다수자 획득'을 실천할 수 있을 것인가?[46]

김남천도 '다수자 획득'의 문제에서는 다른 전위들과 입장을 공유한다. 또 이를 위해서 도식성 문제가 해결되어야 하고, 따라서 창작방법론이 모색되어야 한다는 것도 인지했다. 다만 김남천이 강조하는 것은 외국의 창작방법론을 조선의 현실에 '그대로' 적용할 때, 조선 대중의 당면 과제와 분리된다는 것이다. 기계적 이식으로는 도식성이 해결될 수 없다는 판단이다.

외국 이론을 조선에 그대로 적용할 수 없다고 주장할 때, 그는 조선의 현실과 외국의 현실은 차이를 지니고 있으며, 그 차이는 간과해도 좋은 정도의 사소한 차이가 아니라고 본다. 달리 말하면 이론을 기계적으로 수용하는 태도에서 사상한 차이가 오히려 조선의 '다수자 획득'을 위해서 형상화되어야 할 대상이었다. 그것은 외국 이론을 도외시한다는 의미가 아니다. 외국 이론은 조선에서 차이가 날 수밖에 없는데, 이 차이를 도외시할 때 대중화운동은 난망하다는 것을 강조하는 것이다. 김남천은 사회주의 리얼리즘을 정당히 이해하고, 또 유물변증법적 창작방법의 과오와 새로운 창작방법을 산출하기 위해서는 "관념적 창작방법이 비판되고 실천과의 결합과 통일의 견지"가 필요하다고 하였다. "관념적 창작방법이 비판되고 실천과의 결합과 통일의 견지에서만 새로운 창작방법은 생겨날 것이기 때문"[47]인데, 그가 말한 '용심'은 이처럼 이론을 조선적 현실에서 구체화하는 '실천적 태도'를 가리킨다.

외국과 조선의 현실적 차이를 간과할 때 이식론자들은 모순적 존재로 분열된다. 왜냐하면 그들의 정신은 추상적 개념으로 현실을 인식하지만, 그 과정에서 사상된 조선의 현실을 그들은 육체로서 경험하기 때문이다. 따라서 그들의 내면은 정신과 육체, 곧 '개념적 현실'과 '경험적 현실'로서 분열되어 있다.

하지만 이 모순을 그들은 모른다. 그것을 모르기 때문에 대중을 대상화하고, 대중의 감성을 대상화할 수 있다. 임화가 「서화」에 대해 고평한 것을 두고 김남천이 항의했을 때, 그것은 자존심의 문제가 아니다. 김남천은 「서화」에 대해 "추상적 농민"[48]을 묘사하고 있다고 반박한다. 뛰어난 형상화에도 불구하고 이기영이 '도박'과 '간통'으로밖에 농민을 지시하지 못하는 것은(동시에 임화가 이를 극찬하는 것은), 아직도 여전히 농민을 개념적으로 파악하는 것에서 벗어나지 못하고 있기 때문이다. 이에 김남천은 부르스키의 위대함을 대비적으로 놓는다. 부르스키는 '콜호즈 속에서', 곧 구체적인 현실 조건 속에서 지시의 길을 얻은 데 반해, 이기영과 임화는 "추상적인 언어의 투쟁에로" 이끌고 있다는 비판이다.[49] 이것은 결국 창작을 지도하는 이론의 개념은 단지 이식이 아니라, 조선의 현실로부터 단련되어야 함을 강조한 것이라고 할 수 있다.

이처럼 당대 임화를 비롯한 이론가들은 여전히 추상적 개념의 단계에 머물러 있다는 것이 김남천의 비판이다. 이식론자들의 개념적인 언어는 소설에 대해 비판은 할 수 있지만, '조선' 소설의 발전 방향을 지시해 줄 수는 없다. 곧 소설 일반은 서구중심주의의 인식방식에서나 통할 수 있다. 그러나 식민지 조선이 외국 이론으로 환원되지 않을 때, 조선의 소설은 서구적 소설 일반으로 환원되는 것이 아니라, '식민지'라는 조건을 반영하는 새로운 인식방식에 속하는 소설이어야 한다. 이식된 이론은 외국의 현실적 조건을 토대로 형성되지만, 카프가 써야 하는 소설은 조선의 구체적 현실이고, 조선은 서구중심주의에 한계를 긋는 타자이기 때문이다. 따라서 작품과 이론이 아니라, 작품과 현실의 정합성을 분석하기 위해서는 개념적 언어로부터 구체적인 언어로의 전환이 요구된다.

조선의 현실을 현실적으로 인식하기 위해서는 '개념'적 사고로부터 벗어나야 한다. 곧 '경험적 구체성'에서 비약해서 '사유적 구체성'으로의 도약, 곧 추상적 인식방식에서 구체적 인식방식으로의 전환이 필요하다. 그런데 이의 전제는 자신의 관점이 '추상적 인식방식'이라는 것에 대한 초월론적인 자기반성이다. 이 반성은 이전의 자기 전체를 대상화한다는 점에서 일종의 도약이나 결단과 같은 실천이 필요하다. "작가의 창작을 좌우할 방법문제가 조선 프롤레타리아트의 당면한 과제와 관련을 가지고 있다면 그 과제를 작가 자신의 체험 속에 소화시키려면 작가의 결단적인 실천이 문제"[50]된다고 할 때의 그것이다.

김남천은 그 원인을 그들의 출신계급 때문으로 규정한다. '물 논쟁'에서 김남천이 주장한 주체는 보편적 주체가 아니라 출신계급에 의해 규정될 수밖에 없는 '계급적 주체'이다.[51] 이것은 도식화 논쟁이 불거진 초기, 대중의 감성을 획득하기 위해서 대중 생활로 들어가는 실천이 요구된 때부터 제기된 사안이었다.

당시 조선에서 외국 이론을 습득할 수 있는 계급은 (소)부르주아에 한정될 수밖에 없다. 김남천이 자기비판을 행하면서 자신의 출신계급과 동시에 자신의 모순을 고백한다. "나 자신이 소부르주아 출신이고 동시에 나의 세계관이 불확고하다는 것을 누구의 앞에서라도 감추고자 하지 않는다."[52] 김남천은 출신계급이 모순의 원인임을 자각하고 있었다. '소부르주아' 출신의 언어는 계급에 구속될 수밖에 없는바, 그들의 언어는 현실을 추상적으로 파악함으로써 객관적 현실과 괴리될 수밖에 없다. 소부르주아 출신의 주체가 객관적 현실을 획득하기 위해서는 먼저 주체의 언어에 대한 자기반성이 선행되어야 한다.

그런데 자기반성이 이루어지기 위해서는, 자신이 '자연적'으로, 곧 무의식적으로 의탁하고 있는 자기 언어를 비판의 대상으로 놓을 수 있어야 한다. 이것은 관념의 유희로는 이루어질 수 없다. 자신의 언어 밖으로 나가기 위해서는, 현실을 인식하는 다른 언어(타자)로의 전환이 요구된다. 그런데 이러한 전환은 육체 자체를 현실로 내던짐으로써 가능하다는 것이 김남천의 판단이다.

따라서 작가에게 요구되는 실천은, 출신계급의 한계로부터 벗어나 현실로 자신의 육체를 던지는 실천을 포함한다. 소부르주아 출신계급의 한계는 개념에 의한 현실 인식이었기 때문에, 추상적 인식방식에서 구체적 관점으로 나아가기 위해서는, 추상적 인식방식에 의해 사상되었던 조선적 현실을 육체에 의해 복권시켜야 한다. 육체에 의한 조선의 현실을 감행하지 않는다면, 이식론자에게 인식된 현실은 개념적 현실이기 때문에, 경험적 현실과 언제나 모순일 수밖에 없다.

이 모순으로부터 결국 선택이 놓인다. 자기 출신계급의 한계로부터 벗어날 것인가, 아니면 출신계급으로 귀환할 것인가. 출신계급의 한계로부터 벗어날 때 그는 육체에 의해 조선의 현실, 곧 「물」의 전위인 '나'나 「남편 그의 동지」의 아내의 육체가 놓인 혹독한 현실을 경험하게 될 것이다. 그러나 반대로 출신계급으로 귀환할 때, 전향 선언 뒤의 박영희나 「남편 그의 동지」의 동지들의 모습은 또한 그들 미래의 하나가 될 것임은 분명하다.

'물 논쟁' 당시 김남천이 제기한 '비평의 위치'는 이러한 맥락에서 이해될 수 있다. 비평가는 이론으로 곧 개념으로써 작품을 분석한다. 그러나 이론의 작업은 김남천이 비판한 추상적 인식방식에 의한 것으로서, 그 과정에서 조선의 현실은 사상된다. 따라서 비평가의 지도는 현실의 충실한 반영을 목표로 하는 리얼리즘의 발전을 이끌어낼 수 없게 된다. 비평가가 리얼리즘 작가를 지도하기 위해서는 그 역시 자신의 언어에 대한 자기반성이 요구된다. 그것은 작가가 추상적 인식방식으로부터 구체적 관점으로 이행하기 위해서 현실로 육체를 던지는 것처럼, 비평가 역시 구체적 현실에서 소설의 발전 방향을 획득해야 함을 의미한다. 이로써 비평가도 변해야 한다. "나의 주장은 결론의 이식이 아니라 결론을 얻기까지의 과정을 중요시하자는 것이다"[53]라는 주장은 이러한 맥락에서 긍정될 수 있다.

김남천은 임화에게 '반성적' 실천을 요구한다. "우리들은 지금 결단적인 전향의 앞에 도달하고 있다. 이 전향을 위하여는 정책적인 모든 문제뿐만 아니라 우리가 일찍이 범한 중요한 정치적 범오犯誤에 대한 엄격한 자기 비평도 절대로 필요한 것이다."[54] 그 요구는 김남천 자신뿐만 아니라 임화에게도 해당한다. "시인 임화가 '단순한 사유思惟'를 통하여서 과거의 모든 시를 넘어서 여기에 도달하였다고 보는 것은 하등의 정당한 관찰과도 인연 없는 피상적인 태도일 것이다. 이것은 오직 임화가 그의 실천을 통하여 그의 심장을 점차 노동자 계급의 속에 둠에 의하여서 비로소 가능하였다고 보는 것만이 절대로 정당할 것"[55] 이라고 말한다. 김남천이 '단순한' 사유로부터 '실천'을 요구하는 것은 실천을 통해서 이념을 구체화할 것을 요구하는 것이다.

이러한 맥락에서 볼 때, '물 논쟁'은 단순히 임화의 말대로 우익적 일탈을 견제하기 위해서 불거진 문제가 아니다. 임화는 유물변증법적 창작방법론을 방법으로 한 「물」에서 전위가 퇴각하는 것을 용납할 수 없었다. 임화는 「물」에 대한 비평에서 김남천과 신석초를 연결시킨다. "우리들은 이 정치와 당파성의 너무나 강한 중압에 의하여 일양화된 문학을 풍부한 예술적 다양화의 포도 위로 이끌어내야 한다고 말한다. 이 '우월한' 견해의 이론적 대표자의 '명예'는 동지 유인군에게로 돌아가야 한다. 그리하여 이것은 '공식적 계급투쟁으로부터 산 인간을……, ××적 투쟁 대신에 철학 연구를!'이라는 슬로건이 되어 우리들의 몇 사람의 시인 작가를 사로잡았다. 동지 남천 군도 불행히도 이 영예있는 창작이론의 조류 가운데에 신체의 한 부분을 맡기고 말았다. 소설 「물」이 그것이다."[56] 1933년을 정리하는 한 글에서 임화는 다시 "왕년에 우리들의 문학의 고정화를 부르짖고 다양화의 길을 지시하던 '유물변증법적 창작방법'의 실로 유해한 창작상의 실천 그것이다"라고 규정한다.[57] 여전히 유물변증법적 창작방법을 당파성의 거세로 파악하고 있음을 알 수 있다.

임화도 문학의 도식성 극복이 최대의 현안이라는 것은 인지했지만, 김남천의 「물」이 유물변증법적 창작방법에 따라 생산되었고, 오히려 거기에는 '구체적' 인간이 아니라, '추상적 인간', 곧 다만 생물학적인 인간만이 형상화된 것으로 보고, 유물변증법적 창작방법을 우경화의 계기로 인식했다. 이로써 둘의 논쟁은 불가피했다. '물 논쟁' 이후 임화는 '낭만적 정신'을 발표한다. 이것은 당파성을 견지하면서 도식성을 극복하는 임화 식의 방법론이다.

그러나 이러한 오해는 임화 탓만은 아니다. 그것은 물론 김남천 자신의 과오이자 미숙함이기도 했다. 유물변증법에 대한 이해가 깊지 못한 상태에서 제출된 「물」은 충분히 비판받을 만한 소지가 있을 정도의 작품이었다. 김남천이 작품이 아니라, 작품 외적인 문제, 곧 작가나 비평가의 태도를 문제 삼는 이유도 여기에 있다. 게다가 김남천은 자신이 말하는 '실천'의 의미를 명료하게 진술하지 못함으로써 문제를 확대시킨 점도 있다.

이상의 분석을 토대로 '물 논쟁'의 원인은 김남천의 「물」이 아니라, 대중화운동에서부터 야기된 전위와 대중의 모순, 이 모순의 본질로서 주체들의 추상적 인식방식을 극복하기 위한 과정에서 모색된 창작방법론의 대립에 있음을 확인할 수 있다. 김남천은 소설 창작의 경험을 통해서 유물변증법적 창작방법의 변증법적 인식론의 길을 걷게 되고, 임화는 새로운 방법론 모색으로 나아간다.

길은 서로 교차하면서 엇갈리지만, 그 길은 현상과 본질, 이념과 현실을 통일하는 과정으로서, 리얼리즘문학의 완성으로 이어지는 길이었다. 그 선결조건은 관념적 태도에 대한 반성인데, 관건은 그 철저함일 것이다. 김윤식이 임화를 비판했듯이 서구중심주의를 그 바닥에서까지 확인하는 것은 쉽지 않기 때문이다.

임화, '낭만적 정신'의 전도된 리얼리즘

'누이'에서 '낭만적 정신'으로

임화 역시 문학의 도식성의 본질을 명료하게 이해하고 있다. 그는 1930년 봄부터 도식성 문제가 카프 전체에게 대두된 중요한 문제로 보면서, "어째서 문학작품의 일양화와 주제의 적극성이 좌익적 일탈로서 표시되었는가? 이것이 이 문제에 대한 ××(마르크스)주의적 이해를 갖기 위한 중심적 명제에 처하는 것"이라고 말하면서, 그 원인으로 "진실한 마르크스주의적 방법인 변증법적 결점으로써 된 것이 아니라 한 개의 추상적 관념적 방법을 가지고 수행된 것"을 지목한다.[58]

> 이러한 악경향이 단시간에 우리들 시인의 거의 전체에 영향된 것은 일부 소시민적인 저널리스트들에게 죄과가 있는 동시에 우리들 시인 자체 소시민적 허약에 보다도 큰 원인을 찾아야 할 것이다.
>
> 시시로 일어나는 대중적인 ××의 사실, 성생한는 ×××××의 감정의 그 요구 등을 자기의 예술로 하는 대신, ××의 소시민적 부분 그 일화견적 표피만을 따다가 시로서 한 것이다.
>
> 이것의 절대의 조건은 우리들 시인이 직접 그 ××(전위)의 생활 속에 없는 것이 그 최대의 원인이며, 자기의 예술을 직접 프롤레타리아의 성장과 결합하지 못한 데 있는 것이다.[59]

복자를 제외한 나머지 내용을 근거로 해도, 임화는 도식성의 '악경향'의 원인이 '소시민적 허약'에 있고, 이에 '소시민적 부분 그 일화견적 표피'만으로 도식성이 생산되었으며, 이를 극복하기 위해서는 '전위의 생활'을 매개로 '프롤레타리아의 성장'을 반영해야 한다는 것임을 알 수 있다. 곧 프롤레타리아는 성장하고 있는데, 자신을 포함한 카프의 작가들은 '소시민적 허약'에 머물러 있음에 따라, 프롤레타리아의 성장을 관념적으로 형상화해냄으로써 시적 현실이 감상과 낭만으로 떨어졌다는 반성이다.

임화는 프롤레타리아의 성장을 '구체적'으로 확인하기 위해서는 전위들이 직접 프롤레타리아의 생활로 뛰어들어야 한다고 주장한다. '일보전진하자!'는 것은 "노동자 농민의 생활 감정을 자기의 생활 감정으로 하는 것"[60]이며, 이를 위해서는 대중 속으로 들어가야 한다는 것이다.

이로써 임화는 '도식성'의 원인을 프롤레타리아의 성장을 '표피적'으로 파악하는 소부르주아의 관념적 태도에서 구하고 있음을 알 수 있다. 카프 작가들이 실제 경험하지 못한 대중의 감성을 이념에 따라 관념적으로 형상화함으로써 구체성을 확보할 수 없었다는 것이다. 이것은 도식성에 대한 다른 전위들의 이해와 크게 다르지 않다. 앞서 분석한 대로, 도식성 문제가 불거졌을 때 전위들은 대중의 감성을 획득하기 위해서 대중 속으로의 실천을 주장했는데, 임화의 주장도 큰 범주 안에서는 동일하다. 그에게 구체성이란 곧 대중 속으로의 전위적 실천을 매개로 한 구체적 경험을 의미했다.

이러한 입장에서 '구체성'을 규정했던 임화로서는 「물」에 나타난 전위의 퇴각을 용납할 수 없었음은 당연한 일이었다. 임화에게 그것은 부르주아로의 퇴각이자 당파성의 포기로 간주된다. 이러한 태도는 '물 논쟁' 이후에도 반복된다.

> 우리는 전진하는 대신에 예술적으로 다분히 정체하고, 현실에 조응하는 대신에 그것으로부터 엄청나게 뒤떨어지고, 동반적 시인이나 노동자 시인의 활동적 유발 대신에 무방침대로 두 손을 맞잡고 있었었다. (…중략…)
>
> 우리의 시인, 시적 운동에서 무엇보다도 중심적인 것은 이러한 기본적인 과제의 해결에 있는 것이다. (…중략…) 첫째는 나는 프롤레타리아 시에 있어서 로맨티시즘 혹은 감상주의적 결함이라는 것에 대하여 일언하고 싶다. (…중략…)
>
> 막심 고리키가 어떤 곳에서 말한 것과 같이 이곳에서는 예술적인 값비싼 수업료가 지불된 것이다. 소위 과거의 프롤레타리아 시 가운데 있던 낭만주의와 감상주의를 비판한다는 30년대의 운동이 위선 그 고액의 월사금을 지불했다고 생각한다. 그것은 프로시로부터 부르주아적인 요소인 낭만주의를 비판한다고, 우리들의 시로부터 시적인 것 즉 감정적 정서적인 것을 축출해버리고 말았다. 그리하여 말라빠진 목편과 같은 이른바 '뼈다귀 시'가 횡행한 것이다.[61]

임화는 여기서 '낭만주의'를 비판했던 자신의 이전 태도를 비판한다. "연인과 누이를 무조건적으로 ×××를 만들어 자기의 소시민적 흥분에 공供하며, ××적 사실, 진실한 생활상이 없는 곳에서 동지만을 부르는 그 자신 훌륭한 일개의 낭만적 개념을 형성하고 만 것이다."[62] 안막 등과 같은 맥락에서 임화 역시 계급적 한계에 갇혀서 직접 경험되지 않은 '프롤레타리아의 성장'을 관념적으로 그려낸 태도를 '낭만주의'로 규정하고 이를 스스로 비판한 것이다.

그런데 '물 논쟁' 이후, 마치 목욕물 버리면서 아이까지 버렸던 태도였다고 반성하면서 '낭만주의'를 다시 전유하는데, 그 계기는 백철과 안막 등에 의해 수입된 사회주의 리얼리즘이다. 임화는 카프 가입 이후부터 사회주의의 징후로서 프롤레타리아 성장을 객관적 실재로 전제하고 있었다. 그러나 도식성 문제가 불거졌을 때 그것은 대중의 감성 문제로 치환되었던 것인데, 김남천과의 '물 논쟁' 이후 그 객관적 실재를 형상화할 방법론을 모색하던 중 사회주의 리얼리즘의 '혁명적 로맨티시즘'에서 그 계기를 발견함으로써, 과거 자신의 '낭만주의' 비판을 다시 비판한다. 임화가 다시 새롭게 복구하려고 한 '낭만주의'는 이후 '낭만적 정신'으로 개념화되는 데 그 과정에서 임화는 헤겔을 경유한다.

임화가 헤겔을 경유하는 이유는 그의 창작방법론이 사회주의 징후를 전제하기 때문이다. 사회주의 징후는 임화에게는 실재했다. 곧 「화로」의 '누이'는 실존인물로 간주되었다. 따라서 경험되어야 했고 구체적으로 형상화되어야 했다. 그러나 이것이 이루어지지 않았을 때, 임화는 전위들에게 소부르주아적 경계로부터 벗어나 '실재'로 육박하라고 주문했던 것인데, 이러한 주문이 성립하기 위해서는 '사회주의 징후'가 실재한다는 이론적 근거가 필요했다. 이때 헤겔이 원용된다.

> 예술의 형상은 인식할 수 있는 물질적 세계 내에 존재한 제물諸物 — 자연급 인간 등으로 구성되는 것이기 때문에 형상의 물질성은 형상이 예술에 있어 고유한 것이란 것과 똑같이 형상에 있어서 본질적인 것이다.

> 그런 까닭에 위대한 관념론자 헤겔이 예술미의 본질적 요소를 '가상' 혹은 '허구' 가운데에 설정하면서도 그것을 '감상적 가상'이란 데다 한정하고 (…중략…) 형상의 재현적 성질을 헤겔류의 개념으로 표현한 가상이란 첫째 감성적이어야 하며 그것이 글자 그대로의 무근거한 가공의 형상이 아니라 본질의 존재에 의하여 현상되는 것이라는 말이다. 즉 현실의 예술적으로 특수화한 방법에 의한 표현으로서 헤겔은 감성적 가상의 개념을 설정한 것이다. 형상의 물질성에 감感한 이 견해는 예술과학에 있어서의 근저를 이루는 것으로 형상의 구성적 내용의 일층 깊은 해명을 가능케 하는 것이다.[63]

임화는 헤겔을 빌려, 문학은 물질성을 지닌 형상이고, 형상은 그 근거를 본질에 두는 현상이라고 규정한다. 이로써 임화는 도식성의 난점을 해결할 수 있는 계기를 마련한다. 헤겔을 따라 형상은 이미 물질적, 감성적이기 때문에 '뼈다귀 시'의 앙상함을 넘어서 풍부한 현실감을 드러낼 수 있다. 게다가 형상은 '재현적 성질'을 지닌다. 곧 본질의 현상이기 때문에, 형상을 묘사하는 것은 사회의 본질을 묘사하게 된다.

그런데 형상은 본질의 현상이지, 본질 자체는 아니기 때문에 작가는 현상 가운데에서 본질적 형상을 찾아야 한다. 이것을 임화는 '전형'이라고 말한다. 이에 작가적 실천은 "구체적 특수적인 가운데 있어서의 전형적인 성격을 표시하는 것"[64]으로 규정된다. 작가는 사회의 현상 가운데 본질적 현상을 찾아서 이를 묘사함으로써, 사회의 본질을 드러낼 수 있다는 논리이다.

'전형'이 이론적으로 구체화된 「낭만적 정신의 현실적 구조」[65]에서는, 헤겔의 이론은 임화 식으로 해석되어서 '전형 = 맹아'의 이론적 근거로 사용된다. 곧 "역사적인 것만이 논리적이고 논리적인 것만이 역사적"이라는 헤겔의 테제가 '맹아'의 실재성의 이론적 근거로 전유된다. 사회주의 리얼리즘은 논리적인 것이고, 논리적인 것은 역사적이기 때문에, 사회주의 리얼리즘이 주장하는 '맹아'는 역사적으로 실재할 수밖에 없다는 주장이다. 이것은 마치 '편지체'의 효과로서 편지가 존재하기 때문에 발신자가 존재한다는 논리를 반복하는 것과 같다. 이러한 논리가 반복되는 것은 그가 '누이'의 실재를 의심하지 않기 때문인데, 이로써 자신의 '형상-전형'론을 부르주아 리얼리즘이나 전향자들의 논리와 구분함으로써, 당파성을 보다 뚜렷하게 내세우고자 했다. 당파성이 확보되지 않으면, 임화가 생각하기에 김남천처럼 부르주아로 퇴각할 것으로 보았기 때문이다.

임화는 이로써 도식성 문제와 주체성(당파성) 문제를 동시에 해결한다. 곧 도식성 문제는 헤겔을 통해서 형상으로 해결하고, 헤겔의 형상을 사회주의 리얼리즘의 전형으로 재전유함으로써 전위들의 실천을 주문할 수 있게 되었다. 이것은 '작가는 전형을 발견함으로써 주체성을 확립할 수 있다'로 요약될 수 있다.

이러한 논리가 나타난 「낭만적 정신의 현실적 구조」는 생략된 곳도 있고, 게다가 개념이 그다지 정치하다고도 할 수 없다. 그리고 문장마저 순일하지 못하고, 그 다의성에 대해서는 거의 언급되지 않은 객관, 주관, 현상, 본질 등과 수단한 용어들이 혼재되어 있다. 하지만 이들 용어들의 관계는, 생산력／생산관계 = 내용／형식 = 진보／질서 = 낭만적인 것／사실적인 것 = 주관／객관과 같이 대립적으로 병치되어 있기 때문에, 구조 자체는 비교적 단순하다.

임화는 사적유물론에 따라, 토대로서의 생산력과 생산관계의 대립과 통일에 따라 사회구성체를 구분한다. 그리고 각각의 사회구성체는 상부구조로서 문학이나 사회학, 법률이나 경제학 등을 지배계급의 세계관으로 정립한다. 그런데 각각의 사회구성체의 토대가 생산력／생산관계의 관계를 내장하고 있듯이, 각각의 사회구성체의 상부로서의 문학은 내용／형식, 사회학은 진보／질서의 관계를 지닌다. 하지만 사회구성체는 고정되어 있는 것이 아니라 모순에 의해 변화한다. 이때 생산력과 생산관계의 모순이 기본모순이 된다.

예를 들어 봉건제사회 안에서 생산력은 급속히 발전하게 되는데, 봉건적 생산관계에 의해 생산력이 발전을 억압당한다. 이때 생산력의 급속한 발전은 봉건적 생산관계를 해체하고, 새로운 생산관계로서 자본주의체제를 생성하는데, 이러한 역사적 운동의 담지자들이 곧 부르주아다. 부르주아의 세계관은 봉건제의 영주들의 세계관을 해체하고, 발전하는 생산력에 적합한 생산관계를 설치함으로써 다시 생산력과 생산관계는 모순적이지만, 통일된 상태로 놓이게 된다. 여기서 자본주의사회의 지배계급인 부르주아의 세계관은 이전 영주들의 세계관에 비해 '새로운 것'이다. 임화는 이처럼 기존의 낡은 세계관을 해체하는, 새로운 지배계급의 세계관을 '낭만적인 것'으로 규정한다.

이를 임화의 주된 관심인 문학과 관련하여 설명해 보기로 한다. 임화는 '낭만적인 것／사실적인 것'을 문학의 계기적 요소라고 말한다. 여기서 '낭만적인 것'은 어떤 특정한 내용이 아니라, '사실적인 것'을 통해서만 자기를 실현하는 '원리적 개념'이다. "나는 문학상에서 주관적인 것으로 현상되는 모든 것을 낭만적인 것이라고 부르고 그것이 사실적인 것의 객관성에 대하여 주관적인 것으로 현현하는 의미에서 '낭만적 정신'이라고 부르고 싶다. 따라서 이곳에서 부르는 낭만적 정신이란 개념은 어떤 특정의 시대, 특정의 문학상의 경향을 의미하는 것이 아니라 한 개의 원리적인 범주로서 칭호되는 것이다."[66] 각각의 사회구성체의 대표적인 문학 양식은 모두 '낭만적인 것'과 '사실적인 것'이 통일된 상태로 존재한다. 예를 들면, 자본제 사회의 대표적인 문학 양식은 자본가계급의 세계관이 그 형식을 구비함으로써 마련된다. 말하자면 생산력과 생산관계가 통일되어 각 사회구성체의 생산양식으로 표현되듯이, '낭만적인 것'과 '사실적인 것'은 각각 역사적 단계에서 통일된다. 그런데 전환기에 있어서 문학은 낭만적인 것과 사실적인 것의 두 계기로만 이루어졌기 때문에, 배중률이 적용되면 세계관이 낭만적인 것이므로, 사실적인 것은 그 형식이 될 수밖에 없다. 이러한 논리로부터 임화는 각 시대의 대표적인 문학 양식은 리얼리즘이라고 주장한다.

이를 좀 더 자세히 분석하면, 각 역사적 시기의 지배적 관념은 지배계급의 사상이기 때문에, 자본주의 사회의 지배적 관념은 자본가계급의 세계관이 된다. 그런데 자본가계급의 세계관은 이전 봉건제 사회의 지배적 관념을 부정하기는 하지만, 아직 자신의 새로운 형식을 갖추지 못한 상태이다. 이를 문학의 계기적 요소의 측면에서 보자면, 낭만적인 것이 현실적인 것을 압도하는 상태이다. 임화는 이것을 '낭만주의'라고 부른다. 그러나 자본가계급이 봉건제 사회의 영주들을 완전히 대체하게 된다. "전체로 고전, 낭만, 사실에, 그리고 사실로부터의 자연주의문학의 발흥하는 과정은 봉건적 중세에 대한 시민계급의 충돌과 전 사회생활에 있어서 평민계급의 지배권의 확립의 제 과정의 반영이며, 사상적으로는 시민적 세계관과 봉건적인 그것과의 사이의 세계관상의 충돌의 일부분이었던 것이다. 그러므로 고전주의에 대한 안티테제로서 낭만주의가 성립하였고, 진정한 개인주의와 실증적 세계관에선 사실주의문학의 성립과 함께 반半과거적이고 반미래적이며 현실적인 것을 관념적 외피 가운데에 쌓던 과도적 양식으로서의 낭만주의는 부정된 것이다."[67] 이것을 토대에서 보면, 생산력이 새로운 생산관계로 정착되었다는 것을 의미하며, 상부구조의 측면인 문학적 측면에서는, 자본가계급의 세계관으로서의 내용이 그 형식을 완비했음을 의미한다. 곧 낭만적인 것과 사실적인 것의 통일, 내용과 형식의 통일이다. 이를 임화는 '리얼리즘'이라고 한다.

이로써 봉건제 사회의 리얼리즘과 자본제 사회의 리얼리즘은 양적 관계에서는 동일하다. 곧 봉건제의 리얼리즘이든 자본제의 리얼리즘이든 낭만적인 것과 사실적인 것의 통일이다. 그러나 질적 관계에서는 차이를 갖는다. 봉건제사회의 리얼리즘은 영주들의 세계관이 반영된 것이다. 이것은 자본제 사회의 리얼리즘이 부르주아 리얼리즘인 이유와 동일하다.

이 논리는 낭만주의에도 그대로 적용된다. 봉건제사회의 리얼리즘인 고전주의는 생산양식의 모순이 비교적 안정된 시기의 문학양식이다. 그러나 모순이 첨예해지면 새로운 지배계급인 자본가계급의 세계관이 반영된 낭만주의가 발생하게 된다. 따라서 낭만주의는 과도적 문학 양식이 된다. '과도적 시대의 문학'은 "새로운 문학의 역사적 담당자가 아직도 물질적으로 성숙치 못하고 문화적으로 과거의 문화에 대하여 아직 자기의 문화의 독특한 형식을 획득하기 전 문학적 경향인 것이다."[68] 이것은 자본가계급에 의해 생산양식이 확립된 뒤에, 이들의 세계관이 자기 형식을 갖게 됨으로써 통일되어 부르주아 리얼리즘을 확립하게 된다.

임화 당대가 자본주의 사회이기 때문에 '낭만적' 주체는 당연히 프롤레타리아일 수밖에 없다. 따라서 '낭만적'은 '당파성'의 다른 이름임을 알 수 있다. 그런데 임화는 봉건제 사회를 해체하는 생산력의 발전이 곧바로 자본주의적 생산관계를 동시에 낳았던 것은 아니었듯이, 당대는 자본주의적 생산관계를 해체하는 생산력의 발전이 있지만, 아직 새로운 생산관계, 곧 사회주의적 생산관계가 현상되지 않았을 뿐이라고 주장한다.

그런데 문학이든 사회구성체이든, 그것들이 모두 모순으로 구성되었기 때문에, 생산력의 발전이 있는 한 아무리 희미하게나마 사회주의적 생산관계가 존재해야 한다. 과거의 리얼리즘은 그것이 특정 계급의 세계관이기 때문에 현실을 객관적으로 묘사하는 데는 한계가 있게 되지만, 새로운 사회주의 사회는 계급이 철폐된 사회이기 때문에 사회주의 사회의 리얼리즘은 결국 인간 사회의 최종의 문학적 형식이 된다. 이를 임화는 '진실한 낭만적 정신'과 '진정한 사실주의'의 통일이라고 말한다. "과거의 리얼리즘의 몰아적 객관주의로 말미암아 도달치 못한 객관적 현실의 진실한 자태를 파악할 수 있다. 고정한 표현적인 것만을 묘사하는 게 아니라, 현실을 그 발전에 있어서 본질적인 제 관계에 있어 파악하는 것이다. 그러므로 진실한 낭만적 정신 — 역사주의적 입장에서 인류사회를 광대한 미래로 인도하는 정신이 없이는 진정한 사실주의도 또한 불가능한 것이다."[69] 역사가 새로운 단계에 들어서 있다고 판단한 임화는 생산력의 발전을 전제로 하고, 비록 새로운 생산관계를 '현상적으로는 확인하지' 못했지만 자본주의를 해체하는 생산력의 발전에 따라 당파성을 갖기를 요구한다.

여기까지의 논리는 비록 기계적 유물론에서 자유롭지 못할 뿐만 아니라, 이론적으로도 매우 거친 형태라고 해도, 사적유물론과 변증법적 유물론에 따라 역사를 해석하고 당대의 혼란을 극복하고자 하는 임화의 의지는 잘 나타나 있다고 말할 수 있다. 대립물의 투쟁과 통일은 '낭만적인 것'과 '사실적인 것'이 계기적으로 문학을 구성한다는 것으로 표현되고 있고, 양질전환은 낡은 세계관을 새로운 세계관으로서 '낭만적인 것'에 의해 비약되고 있으며, 부정의 부정은 '낭만적인 것'과 '사실적인 것'으로 통일되어 있는 리얼리즘이 다시 새로운 '낭만적인 것'에 의해 부정된다는 것으로 나타나고 있다.

그러나 사회주의 리얼리즘이 전제하는 '맹아'가, 임화가 객관적 실재라고 말한 프롤레타리아의 성장으로 재전유되면서, 그의 논리는 다시 파행을 맞는다.

임화는 당대의 과제로서 "주관과 객관을 진실로 통일하고, 현실 가운데서 비본질적인 일상성의 속악한 제이의적 쇄사瑣事만에 종사하는 것이 아니라, 그것을 제거하고 혹은 그것을 뚫고 들어가 그 가운데 움직이는 본질적 성격의 제 특징을 파악하는 것"[70]을 제시한다.

여기서 주관과 객관의 통일은, 문학에서 당파성과 당파성에 합당한 사회주의 사회의 리얼리즘 형식의 마련을 의미한다. 이를 위한 조건이 바로 '일상성의 속악한 제2의적 쇄사'를 '제거하고 혹은 그것을 뚫고 들어가' '본질을 파악'하는 것이다. 이 말은 임화가 현실을 비본질적인 것

(일상성)과 본질적인 것을 구분하고 있음을 보여준다.

따라서 '본질적 성격'은 사회주의 미래의 잠재태로 해석된다. 곧 현재 경험되는 구체적 현상은 일상성으로 간주하고, 일상성 속에 내재된 사회주의의 징후, 곧 잠재태로서의 사회주의적 운동을 파악할 것을 요구하는 것이다. 굳이 말하면 사회주의적 생산관계, 비록 미약한 형태로나마 존재하는 그것을 파악할 것을 요구한다고 할 수 있다. 임화는 이것을 두고 "전형적 환경 가운데의 전형적 성격"[71]의 구상화라고 규정한다.

이를 역사적으로 보면, 봉건제 사회가 자본주의로 전화되기 위해서는 자본주의적 '맹아'의 형태가 봉건제 사회에 존재해야 한다는 것을 의미한다. 그런데 임화는 이것이 가능하다고 생각하고 있다.

> 고전주의적 문학에 있어 성격의 논리적 보편화가 지배적인 대신에 낭만주의적 문학은 극단의 개성화를 대치하는 것이다. 그들은 그때의 부르조아적 세계관 위에 서 있었던 것이다.
>
> 그러나 낭만주의문학은 근대 시민사회의 고유한 예술인 리얼리즘을 실현하기 위한 일전제로서 고전적 문학을 '부정'하고 '비판'한 대신 새것을 구체적으로 명확히 제시치 못한 것으로 역시 과도적 경향이었다.
>
> 그러나 이 낭만주의는 명확히 사회적 진화의 노선상에서 귀족, 자산가의 문화로부터 공업, 자본가의 문화로의 추이기인 사회적 전환기에 조응하는 경향이었다.
>
> 그러므로 19세기 후반의 귀족적 낭만주의가 신흥하는 사실주의(사회주의 운동 — 인용자)에 대하여 투시投矢를 시한 것에 대하여 이 시대의 낭만

주의는 역사주의적인 다시 말하면, 진보적 낭만주의라고 볼 수 있다.[72]

임화는 봉건제 사회를 부정하는 부르주아들의 세계관(낭만적인 것)이 아직 자기 형식을 갖기 전의 양식을 낭만주의라고 보고, 이것이 봉건제 사회 '안'에 있다는 입장이다. 그런데 이것은 질적 비약을 부정하는 것으로 귀결된다. 이를 귀류법으로 비판해 보기로 한다.

임화의 말을 수긍하자면, 그것이 봉건제사회의 말기이든 과도기이든 상관없이 아직 자본제체제가 확립되기 전의 봉건제사회에도 비록 양적으로는 소수이겠지만 자본제체제의 생산양식으로서의 자본가와 노동자가 존재하고, 이들의 양적 확대가 기존 체제와 양립할 수 없을 정도로 모순될 때 자본제사회로 전화되어야 한다. 그러나 이렇게 되면 사회구성체의 전화는 생산력과 생산관계의 모순이 아니라 낡은 생산관계와 새로운 생산관계의 모순이 되어버린다. 임화의 말을 빌려 표현하면 생산력과 생산관계의 모순은 '제2의적'인 것으로 밀려나게 된다. 하지만 봉건제적 생산관계와 자본제적 생산관계가 모순되지 않는 것처럼, 생산관계와 생산관계는 그 관계 자체로는 모순되지 않는다. 그것은 생산력과 상관될 때, 생산력과만 모순될 뿐이다.

게다가 '낡은 것' 안에 '새것'이 존재하게 되면 그 '새것'은 이후의 '새것'에 의해 대체되기 전까지는 자기 동일성을 갖고 있어야 한다. 말하자면 봉건제 사회에 존재하는 자본가와 노동자의 생산관계는 자본제사회가 봉건제 사회를 대체한 이후의 자본가와 노동자의 생산관계와 양적으로는 차이가 나지만 질적으로는 동일해야 한다. 이렇게 되면 봉건제 사회로부터 자본제 사회로의 전화는 질적 변화로는 설명할 수가 없게 된다. 왜냐하면 봉건제 사회와 자본제 사회는 양적으로만 차이가 나기 때문이다. 비유하자면 액체의 물이 끓기 시작해서 기화가 발생해도 질적 변화는 아니다. 왜냐하면 여전히 액체는 남아 있기 때문이다. 질적 변화는 액체가 완전히 기화되어서 단 한 방울도 남아 있지 않을 때 일어난다. 그러나 이미 거기에는 어떤 변화도 없다. 왜냐하면 이미 거기 존재하는 것은 '변화된 것' 곧 기체뿐이기 때문이다. 하지만 변화와 변화된 것은 다르다. 이로써 임화의 논리는 질적 변화를 부정하는 것으로 귀착된다.

사회주의 리얼리즘이 이처럼 질적 비약을 부정하는 것으로 귀결될 수밖에 없는 이유는, 이것이 소련이라는 상황에서 배태되었기 때문이다. 당시 사회주의국가인 소련에서 질적 비약은 부정되어야 했다. 김남천이 사회주의 리얼리즘의 수용을 주저하면서 소련과 조선의 상황이 다르다고 한 것은 이와 관련된다.

이처럼 소위 '맹아'를 실재로 인정하게 되면, 이것은 사적유물론과 변증법적 유물론의 테제들과 모순되게 된다. 이로써 임화에게 현상과 본질의 차이는, 본질적 현상(본질)과 비본질적(일상적) 현상의 차이로 전도되고, 역사적 당위와 현실적 사실이 일치하지 않게 된다. 「낭만적 정신의 현실적 구조」를 포함해서 소위 '맹아'를 실재로 전제한 임화의 글들은 근본적으로 이러한 모순을 갖게 된다. 곧 '맹아'를 인정하게 되면, 사적유물론과 변증법적 유물론은 모순된다. 이것은 그의 이론의 근본적인 난점이다.

카프가 공식적으로 해산되는 과정에서 임화는 글을 발표하지 않는다. 그러다가 약 2년 뒤에 「위대한 낭만적 정신」을 발표한다. '낭만적 정신'이 당파성을 의미한다는 것은 전술한 대로이다. 그런데 이 글에서 임화는 다시 헤겔의 테제를 '맹아'의 실재성의 근거로 제시한다.[73] 이것은 사회주의 리얼리즘의 '맹아론'이 그의 사유의 토대인 사적유물론을 포함 변증법적 유물론과 헤겔의 이론들을 접합시키는 초월적 자리에 있음을 알 수 있다. 이것이 임화의 위치였다. 그는 마르크시즘을 수용한 이래 마르크시즘의 차이와 분화를 생각하지 못했는데, 그가 전체로 생각한 마르크시즘은 서구중심주의의 인식방식에 해당하는 것이었다. 그러나 임화는 이것을 반성할 수 없었고, 따라서 그의 이론에 피할 수 없는 난점을 생산함으로써 모순은 증폭된다.

형상은 임화도 말했지만, 그것이 물질적이고 감성적인 것이기 때문에, 현상된 것이어야 한다. 간단히 말해 현상이어야 한다. 임화는 이것을 현실 속에서 확인할 수 없었지만, 당대를 전환기로 규정하는 입장이었기 때문에 이것은 존재해야만 하는 모순에 처하게 되었다. 이 모순을 해결하기 위해 임화는 형상을 다시 '일상적 현상'과 '본질이 재현된 현상'으로 구분했던 것이다. 그리고 작가들이 '일상적 현상'에 매몰되었기 때문에 '본질이 재현된 현상'을 미처 형상화하지 못한다고 보고, '현실 가운데서 비본질적인 일상성의 속악한 제2의적 쇄사瑣事'를 뚫고 들어가 그 가운데 움직이는 본질을 전형으로 파악하는 '낭만적 정신'으로서의 실천을 강조했다.

카프 내적으로는 사회주의 리얼리즘이 전향의 합리적 구실로 전용되기도 했고, 외적으로는 일제의 억압이 더욱 가속화되어가고 있었으며 파시즘의 창궐로 인해서 세계정세는 혼돈 속으로 내몰리고 있는 상황 속에서 임화가 주관과 객관의 불일치라고 표현한, 당위와 사실은 일치하지 않았다. 사실이 확인되지 않음에도 차이의 실재성을 상정하고 이를 극복해야 한다는 임화의 태도가 성립할 수 있었던 근본적인 이유는, 사회주의 리얼리즘의 '맹아'의 실재를 수용했기 때문이고, 더 본질적으로는 문학의 도식성 문제를 근본적으로 이해하지 못했기 때문이다. 임화는 도식성 문제가 마르크시즘 이해의 관건이라고 파악은 했지만, 이것을 근본적으로 반성한 것은 아니었다.

임화에게 현실적 실재는 '프롤레타리아의 성장'이다. 곧 조선의 프롤레타리아와 일본 프롤레타리아의 성장은 무차별적으로 동일시되고 있다. 이것은 임화가 '현실'로 상정하는 '프롤레타리아의 성장'이 현실로부터 파악된 것이 아니라, 마르크시즘으로부터 선규정된 것임을 보여준다. 즉 임화에게 있어서 '프롤레타리아의 성장'은 그가 실제로 경험했는가와는 상관없이 '실재'하는 객관적 사실이다. 이것이 경험되지 않은 것은 전위의 소부르주아적 근성 탓일 뿐이다. 전위의 실천 부족이 도식성의 원인이다.

그런데 '프롤레타리아의 성장'은 부르주아와의 대립의 격화라는 관점을 전제한다. 그러나 '어떤' 프롤레타리아의 성장, 가령 조선 프롤레타리아 성장은 부르주아와의 대립의 격화라는 관점 자체를 미리 상정하지 않는다. 물론 조선 프롤레타리아가 충분히 성장하게 되면 계급적 대립은 격화된다. 그것은 임화가 주장하는 것처럼 카프 작가가 아무리 소부르주아적 관념 속에 사로잡혀 있다고 해도 경험되지 않을 수 없는 것이다. 프롤레타리아의 성장은 이론적 대상이고, 조선 프롤레타리아 성장은 경험적 대상인데, 논리계형이 구분되지 않음에 따라 경험적 대상이 이론적 대상으로 추상된 것이다.

문제는 '어떤'(조선 프롤레타리아의 성장)과 '일반'(프롤레타리아의 성장)이 구분되지 않게 되면, 조선 프롤레타리아의 성장이 '부진한' 이유라는 의사문제가 제기되거나, 혹은 조선 프롤레타리아의 성장은 있지만 소부르주아적 관념 때문에 파악되지 않는다는 낭설이 제기된다는 점이다.

임화가 제기하는 문제는 해결되어야 할 문제가 아니라, 해소되어야 할 의사문제이다. 그가 전제하고 있는 '세계혁명의 동시성'은 1929년 공황을 '세계' 공황이라고 지칭한 '서구'의 위치에서 생산된 것이다. 서구의 위치에서 '세계'는 단일한 의미로서, 복수의 '세계' 자체는 사상된다. 나아가서 식민지의 메타적 위치도 사라진다. 따라서 임화가 답하고자 했던 이 물음들은 '해결'되어야 할 물음이 아니라, 서구중심주의의 인식방식을 해체함으로써 '해소'되어야 할 문제였다. 그리고 그 자리에 새로운 인식방식의 성립을 통해서 조선의 구체적 현실이 인식대상으로 놓일 때 비로소 '구체성'이 확보된다.

이처럼 임화의 오류는 서구중심주의의 인식방식이 반성되지 않음에 따라, '프롤레타리아'와 '어떤 프롤레타리아'를 구분하지 못함으로써 발생한 것이다. 곧 '세계혁명의 동시성'이라는 이념에 사로잡혀, '조선' 프롤레타리아를 프롤레타리아 일반으로 환원함으로써 '조선' 프롤레타리아의 '구체성'을 사상시킨 것이다. 이로써 '경험적' 현실은 도리어 '제2의적 쇄사'로 부정되고, 존재하지도 않는 맹아가 실재가 되는 전도가 발생한다.

따라서 임화가 아무리 주체의 실천을 주장해도, 조선의 구체적 현실이 매개되지 않은 이상 효과를 내기 어렵게 된다. '낭만적 정신'은 "자연적인 진행의 속도를 인위적 행위로 보다 빨리 이상에 접근시키는"[74]

것으로 표현된다. 곧 역사의 진행에서 주체들의 역할이란 가속장치에 불과하다. 그런데 가속은 현재 속도를 인지할 것을 전제로 한다. 현재 속도도 모르고 가속을 하는 것은 위험할 뿐만 아니라 어불성설이다.

사회주의 리얼리즘을 탈정치주의로 규정하고, 이것으로써 전향을 합리화하는 당대 카프 문인들의 몰아적 리얼리즘으로부터 혁명적 낭만주의를 적극적으로 모색하려고 하던 임화의 시도는 이해될 수 있다. 그러나 임화가 '꿈'을 '존재하지 않는 그러나 존재할 수 있고, 또 반드시 존재할 세계'로, 현실을 '이미 존재하는 것'으로 규정하고 모순관계에 있다고 말할 때, 이것은 '낭만적인 것'과 '사실적인 것'의 더욱 추상화된 판본에 불과하다. 꿈은 현실이 아니다. 이 꿈을 형상화하는 것을 임화는 리얼리즘이라고 해서는 안 되었다. 문학이 꿈을 그리는 것은 자유다. 그러나 그것을 다시 리얼리즘으로 불러야 할 것인가. "문학은 현실과 이상-꿈이 모순하고 조화하지 않는 가운데서 그것을 통일 조화시키려는 열렬한 행위적 의욕의 표현인 때문에…… 이상에의 적합을 향하여 현실을 개조하는 행위, 즉 이미 존재한 것을 가지고 존재하지 않는 그러나 존재할 수 있고, 또 반드시 존재할 세계를 창조하는 그것이 문학의 기본적 성질이다. 그러므로 문학은 꿈 없이는 존재하지 않는다."[75] 이러한 이론상의 오류가 임화의 사유에서는 통일되어 있었고, 그것이 「위대한 낭만적 정신」에서는 매우 혼잡하게 나타났다.[76]

맹아로서의 '죽음'과 기억의 서사 전략

'낭만적 정신'의 방법론에 의해 시도된 시들이 '낭만적 장형시'이다. 이 시들은 「세월」에서부터 그 형태가 감지되는데, 이 시들의 특징 가운데 가장 먼저 눈에 띄는 것은 매우 장형이라는 점이다. 「주리라 네 탐내는 모든 것을」[77]은 가장 긴 형태로서 무려 216행이나 된다. 소설의 경우 단편에 비해 장편은 여러 소주제들이 병합하면서 또 통일되는 복잡한 구조를 갖고 있다. 시를 소설과 그대로 비교할 수는 없겠지만, 시형이 이처럼 장형이 되는 데에는 이와 같은 구조를 상정해 보게 된다. 하지만 이 시편들은 오히려 그러한 기대와 달리 매우 단순한 구조로 되어 있다. 장형임에도 이분법적 대립이 반복되는 구조이기 때문이다. 곧 동일한 구조의 대립이 연속되고 반복됨으로써 시들이 장형화되고 있다. 그리고 앞의 단편서사시 계열의 시들이 마치 영화를 보는 듯한 묘사가 중심이었다면, 이 시편들에는 주관적 정서가 강하게 나타난다. 「주리라……」의 첫 연만 보더라도, '온갖 새의 임금인 독수리여!', '한 줌 흙으로 돌아가고 마는가?'와 같은 영탄적 어조가 표면화되고 있다. 이러한 특징이 이 시편들에서 분명하게 나타나기 때문에 이를 '낭만적 장형시'로 명명하고 논의를 시작한다.

이들 낭만적 장형시에 나타난 이분법적 대립은 「세월」에서 '낡은 것과 새로운 것의 불닷는 말썽'에서 직접적으로 언급된다. '낡은 것'과 '새로운 것'은 역사의 방향성과 관련된다. 역사는 과거를 지양하고 발전하는데, 과거의 '낡은 것'은 쉽게 사라지지 않음에 따라 '새로운 것'과 갈등을 일으키게 된다. 이러한 현상은, 예를 들어 가부장적 분위기와

평등주의의 대립에서처럼 현대 우리 사회에서도 곳곳에서 목격할 수 있다. 이러한 갈등이 심각하게 일어나서 사람의 목숨마저도 희생되는 경우가 있다. 이것은 사태가 급박해져 있음을 의미한다. 시인이 말하는 '불닷는 말씽'도 바로 이처럼 죽음을 가운데 둔 첨예한 대립이다. 이 시편들은 죽음을 내건 갈등으로 점철되어 있다.

「주리라……」는, "자거라!／이제는 두 번 살아 우리 앞에 나서지 못할／사랑하는 옛 벗 '××'아! 고이 자거라!"에서 보이듯이 장례식에서 추도를 위한 일종의 행사시로 보인다. 화자는 고인의 생전을 회상하는데, 특징은 고인의 죽음을 개별적인 개체의 죽음이 아니라, 화자 자신의 죽음으로 받아들이고 있다는 점이다. 고인과의 관계가 각별할수록 이러한 동일시는 보편적인 일이라고 할 수 있다. 그러나 이 시가 지닌 또 다른 특징은, "지금 살아서 죽는 우리들과 함께. 누가 감히 네가 영구히 죽었다고 말하겠는가?", "이 아래 한 길 되는 어둔 땅 속에／지금 대양의 절규 대신에 잠잠한 침묵에 내가 잠자고 있노라!"에서 보듯이, 화자 자신의 생존을 근거로 고인의 죽음을 부정하려는 의지가 강하게 나타나고 있다는 점이다.

시인이 이처럼 죽음을 부정하고자 하는 이유는, '한니발의 굳은 맹서' 때문이다. 이것은 어린 한니발이 아버지와 조국의 원수인 로마를 반드시 패망시킬 것을 신과 아버지 앞에서 맹세한 것을 가리키는 것으로 보이는데, 시대상황을 고려한다면 로마를 일제로 볼 수도 있겠지만, 여기에서는 '굳은'을 강조하기 위한 것으로 보인다. 화자는 자신이 고인과 '굳은 맹서'를 했기 때문에, 화자가 맹세를 간직하고 있는 이상 고인의 죽음은 화자에게 부정될 수 있었다고 해석된다.

그런데 이처럼 고인과의 맹세를 간직하겠다는 화자의 의지는 시 전체에서 일부분에 해당된다. 시 전체의 구도를 형성하는 것은 '결별/기억(굳은 맹세)'의 대립이 아닌, '죽음/삶'의 대립이다.

> 옛 그 날이 있는 듯 만 듯 덧없이
> 한 줌 흙으로 돌아가고 마는가?

'있는 듯 만 듯' 고인은 죽어 묻힌다. 마치 아무 일이 없었다는 듯이. 모든 사람은 죽지만, 그렇다고 생전까지 사라지는 것은 아니다. 그를 기억하는 사람들이 있는 한 그는 존재한다. 그러나 고인에게 그것은 예외이다.

한 사람이 죽어 묻힌다. 하지만 고인은 말이 없다. 또 묻음/묻힘의 사건도 아무런 말이 없다. 또 이 사건이 일어나고 있는 현장도 아무 말이 없다. '천 년의 긴 목숨을 하늘 높이 자랑하던/저 아름드리 솔 잣나무', '높은 산악'과 '굳은 암석'을 '마음대로 오르고 내리'던 '독수리' 같던 고인이 묻히고 있는 이 순간, 나무도, 돌도, 산도, 또 강도 들도, 호수도 바다도, 그리고 하늘도, 태양도 아무 말이 없다. 고인의 죽음은 소리를 내지 못함으로써 아무런 사건도 아닌 무의미로 묻힌다. 숲에 고목이 쓰러져도 소리가 없으면 존재하지 않는다는 버클리의 관념론이 승리하는 세계로 고인은 묻히고 있는 것이다.

화자가 고통스러워하는 것은 고인의 생전이 '말없음'의 세계로 무화되고 있기 때문이다. 이 시의 고인뿐만 아니라 일반인들의 죽음도 침묵으로 상징되는 경우가 있다. 가령 박목월의 「하관」에서도 죽음은 침묵으로 상징화된다. 그러나 이 시에서 침묵은 좀 더 적극적인 의미를 갖는다. 화자는 침묵 속으로 사라지는 것은 고인의 육체뿐만이 아니라고 말한다. “사랑하는 어머님 젖가슴 뜯으며 어리광부리던” 유년 시절의 아름다운 시절, “못 잊을 임 볼 밑에서 뜨거운 마음을 하소연하던” 청년 시절의 낭만적 정열, “일찍이 어떠한 두려움에도／허리를 굽히지 않았”고, “아무런 권위 앞에서도／일찍이 머리를 숙여 보지 않았던,／불타는 정열과 살아 있는 생각의 모두”, “그의 평생의 요람이었고／그의 모든 벗의 성과이었던／청년의 정열과 진리의 무대”, “이 검은 쇠로 굳게 무장한／전함 돛대 끝 높이 빛나는 우리들／‘××××’의 깃발까지도” 모두 사라진다. 어머니와의 아름다웠던 유년, 연인과 나누었던 낭만적 정열, 그리고 동무들과 함께 했던 청년의 높고 굳은 저항 모두가 고인의 삶이었고, 이제 그것이 고인과 함께 침묵과 어둠으로 사라진다. 한 시대가 가면 새로운 시대가 오는 것이 역사의 진행이다. 그러나 화자가 이처럼 절규하는 이유는, 고인을 죽음으로 내몬 시대는 새로운 시대가 아니라 바로 죽음 자체라고 보기 때문이다. 곧 죽음은 새로운 시대의 도래를 침묵과 암흑으로 억압하고 무화시키는, ‘살아 있는 모든 것의 원수’이기 때문이다.

고인과의 관계가 각별했던 만큼 그 슬픔과 고통이 표현할 수 없을 정도로 큰 화자에게, 고인의 죽음이 무의미로 묻히는 사태만큼은 견딜 수 없다. 이 시가 장형인 이유 가운데 가장 큰 것은 바로 어떤 소리를 발화하고자 하는 화자의 처절한 몸짓이 극한에서 반복적 형태로 연속되기 때문이다. 화자가 강한 어조로 고인의 죽음을 절규하는 까닭도 여기에 있다. 고인의 죽음은 육체적으로는 개체적 죽음이지만, 바로 고인의 삶이 화자의 삶이었고 또 고인의 시대는 당대 청년들의 시대였다는 점에서, 고인과 함께 한 시대가 함께 침묵과 암흑 속으로 사라진다. 이로써 죽음은 '침묵'과 '암흑'의 속성으로 묘사된다.

3연 : 오오! 말 없는 악령이여!
모든 것의 무덤인 대지여!
4연 : 끝없는 바다까지도 네 품에 안고 있는
무한한 침묵과 암흑의 군주여
만일 네 누르고 푸른 가죽이나 검고 굳은 바위처럼
아무 것도 감지할 수 없다면은
5연 : 만일 네 깊은 심장이
어둠과 침묵밖에는
아무 것도 알기를 싫어한다면
6연 : 그래도 만일
네 영원히 침묵의 제왕으로
죽음밖에 아무 것도 알지를 못한다면
7연 : 암흑의 심장이여! 죽음의 악령이여!

그런데 시인은 '죽음의 악령'에게 '모든 것'을 주겠다고 말한다. 이것은 일반적 생각과 배리되는 시인의 독특한 사유이다. 일반적으로 적에게 사로잡힘으로써 패배가 선언되고, 이로써 주인과 노예는 정해지고 고착화되기 때문이다.

주리라! 죽음의 악령이여! 네 탐내는 모든 것을……
가을의 산야가 네 위에 살아 있는 모든 것을
눈 속 깊이 내어맡기듯……

'죽음의 악령'은 마치 겨울처럼 모든 살아 있는 것을 눈으로 덮어버림으로써 얼어붙게 한다. 차가운 눈과 매서운 겨울바람은 마치 지옥의 아귀와 같이 만족할 줄을 모르는 '탐욕의 열병'이다. 고인과 함께 아름다운 기억, 낭만적 정열, 그리고 청년의 기개 모든 것을 차가운 눈으로 덮어 얼어붙게 하여, 소리를 지움으로써 존재 자체를 지운다. 그런데 화자는 기꺼이 이 '죽음의 악령'에게 모든 것을 주겠다고 말한다. '열 몇 해 오랫동안' 놓지 않았던 "'××××'의 깃발까지도" 주겠다는 것이다. 복자 처리와 '열 몇 해'라는 시구, 그리고 시인 임화를 고려할 때, 이것은 카프의 실천을 의미하는 것으로도 해석될 수 있는데, 어쨌든 화자는 이 '깃발'을 가장 나중에 배치함으로써 생명보다 소중한 것임을 나타내고 있다. 화자는 이것마저 '죽음의 악령'에 주겠다고 말한다.

그러나 시적 상황과 화자가 '주리라'라고 말하는 것은 어울리지 않는다. '죽음의 악령'은 곧 모든 살아 있는 것을 차가운 눈으로 덮어버릴 기세이기 때문이다. 그럼에도 화자는 기꺼이 자발적으로 모든 것을 내어주겠다고 당당하게 말한다. 이것은 수세적 상황일망정 끝까지 원수에게 머리 굽히지 않겠다는 자존심으로만 해석할 수 없다. 이미 화자는 '아무런 권위 앞에서도／일찍이 머리를 숙여 보지 않았'던 것까지를 내어주겠다고 말하기 때문이다. 화자가 '주리라'라고 의지적으로 말하는 이유는, '죽음의 악령'을 상대화시키기 위한 의도이다. 말하자면 모든 것을 무화시키는 죽음도 절대적인 것은 아니라는 것을 부각시키기 위한 것이다.

> 불길은 타서 숯등걸 되고
> 그것은 일어날 새 불의 어머니 되나니,
> 벗아, 저 컴컴한 골짝 속에서도
> 오히려 멀지 않아 닥쳐올 대양의 큰 파도 소리를 자랑하며,
> 묵묵히 흐르는 실낱 냇물이 속삭이는
> 옅은 콧노래 가운데,
> 오는 날의 모든 것을 들으면서
> 고이 두 손을 가슴에 얹어라!

화자가 기꺼이 모든 것을 내어주는 이유는 패배의 선언이 아니라, 그것이 '죽음의 악령'이 패퇴하는 이유이기 때문이다. 화자는 반대로 적에게 모든 것을 내던짐 자체가 적의 패배의 원인이라고 말한다. '불길은 타서 숯등걸 되고／그것은 일어날 새 불의 어머니 되나니'에서, 불길은 '죽음의 악령' 속에서 사그라져서 '숯등걸'로 검게 변한다. '숯등걸'은 불길의 패배이고, '죽음의 악령'의 승리이다. 그러나 머지않아 승리와 패배는 역전된다. 왜냐하면 '죽음의 악령' 속에 파묻힌 '숯등걸'은 '죽음의 악령'을 몰아낼 '새 불의 어머니'이기 때문이다. 불길은 죽지만, 죽은 불길은 그 죽음에서부터 다시 새 불길이 된다. 마치 한용운의 「알 수 없어요」의 한 구절, '타고 남은 재가 다시 기름이 됩니다'와 같은 시적 인식을 보여준다. 이러한 관점에서 화자가 적극적으로 '주리라'라

고 말한 것이 패배가 아니라 오히려 적의 패퇴를 가져오기 위한 적극적인 실천 의지가 표명된 것으로 해석할 수 있게 된다. 화자가 남기지 않고 모든 것을 내어주겠다고 말하는 이유도, 바로 적의 패퇴를 이끌기 위해서이다.

그런데 이러한 실천 의지와는 별개로 화자의 시적 인식의 진리성은 문제로 남는다. 화자는 '죽음의 악령'에 모든 것을 내던짐이 패배가 아니라 적의 패퇴를 이끌어내는 원인이라고 말하는데, 이것은 일반적 인식과 크게 다르기 때문에 진리성의 문제가 해결되지 않는다면, 시인의 진정한 의도는 해명되지 않기 때문이다.

> 잠자는 모든 것을 일으키고,
> 침묵한 온갖 것의 입을 열어
> 절규의 들로 불러 내이며,
> 죽어진 그 시절의 모든 목숨을
> 무덤으로부터 두 손을 잡아 일으킬,
> 저 열 길 얼음 속에서도 아직
> 산 것을 자랑하는 어린 물고기의 마음이,
> 한 줄기 빛깔도 엿볼 수 없는
> 이 어두운 땅 속에서,
> 두 주먹을 고쳐 쥐며 높이고 있는
> '한니발'의 굳은 맹서를……
> 암흑이여! 죽음의 어머니인 대지여!
> 말해보라! 꽉 그 목을 눌러

영구히 숨줄을 끊을 수 있겠는가?

어린 한니발이 아버지와 조국의 원수를 갚겠다고 맹세하듯, 화자는 '어린 물고기의 마음'은 '죽음의 악령'이 모든 것을 침묵과 어둠 속으로 묻어버리는 때에도 결코 사라지지 않는다고 말한다. 화자는 '기억의 서사'를 말하고 있다. 한니발에서 보듯이 기억은 맹세가 되고, 기억이 강렬할수록 맹세 역시 강렬해진다. 현재의 상황은 분명 주체들에게 역부족이다. 하지만 화자는 이러한 때일수록 오히려 강한 투쟁을 해야 한다고 말한다. 수세적 상황에서 일방적으로 빼앗기는 모습은 패배 의식만을 기억 속으로 유전시킨다. 그러나 오히려 적에게 모든 것을 내어던지는 적극적 투쟁은 비록 죽음으로 마감될지언정 그 죽음은 영웅적 모습으로 기억될 수 있다. 이 영웅적 모습은 바로 기억의 유전을 통해 다음 세대를 영웅적으로 호명할 수 있는 역사적 기제가 된다.

허나, 일찍이 우리가 안 몇 사람의 위대한 청년들과 같이,
진실로 용감한 영웅의 단熱한 발자국이 네 위에 끊인 적이 있었는가?
나는 이들 모든 새 세대의 얼굴을 하나도 모른다
그러나 "정말 건재하라! 그대들의 쓰린 앞길에 광영이 있으라"고
원컨대 거리여! 그들 모두에게 전하여다오!
잘 있거라! 고향의 거리여!
그리고 그들 청년들에게 은혜로우라.
지금 돌아가 내 다시 일어나지를 못한 채 죽어가도
불상한 도시! 종로 네거리여! 사랑하는 내 순이야!

나는 뉘우침도 부탁도 아무것도 유언장 위에 적지 않으리라.

—「다시 네거리에서」 부분[78]

화자는 "진실로 용감한 영웅의 단熱한 발자국" 이외에 어떤 뉘우침, 부탁도 유언장에 남기지 않겠다고 말한다. 화가가 남기는 것은 말이 아니다. "지금 돌아가 내 다시 일어나지를 못한 채 죽어가도"에서 나타나듯이, 그것은 죽음에 이르기까지의 저항뿐이다. 이들의 한 번도 끊인 적 없었던 영웅적인 모습을 기억하는 것은 '거리'이다. 영웅들의 무대였던 '거리' 위에는 이제 알 수 없는 새 세대의 얼굴들도 비친다. 그러나 화자는 그들에게 '유언장' 따위로서 영웅들의 모습을 유전시키고자 하지 않는다. 말은 이미 재현이고, 재현임에야 왜곡될 수 있다. 화자는 다만 '죽어가도' 저항할 뿐이라고 말한다. 이것은 「주리라……」에서 화자가 '죽음의 악령'에게 모든 것을 내어던지는 저항과 상통하는 기억의 서사 전략이다. 화자는 죽음을 건 저항을 실천함으로써 죽음으로 무화되고 사라진다. 그러나 이것은 완전한 무화가 아니다. 저항은 기억됨으로 유전된다. 그리고 유전된 기억은 새로운 저항으로 탈바꿈된다. 그것은 기억을 매개로 주체에서 주체로 이어지면서 또한 항상 새롭게 전개되는 저항의 역사이다. 그리하여 시인은 이렇게 말할 수 있게 된다.

미래여! 사랑하는 영원이여!

세계의 모든 것과 함께 너는 영원히 젊은 우리들의 것이다.

—「세월」 부분[79]

임화는 상황의 악화를 인정하지 않을 수 없었지만, 그러나 이것은 현상일 뿐이고, 역사의 본질은 주관적 관념이나 현상을 돌파해 나가고 있다고 생각한다. 그는 역사의 방향이 도도하게 전개되고 있는 본질로 육박해 가서 이것을 증명하고자 한다. 그것은 「주리라……」에서처럼 '숯등걸'이 되어 다시 '일어날 새 불의 어머니'가 되는 것이다. 죽음을 건 저항만이 역사의 본질을 드러낼 수 있다고 본 점에서 낭만적 장형시는 가히 영웅적인 비장미를 갖기에 충분하다.

그러나 이 시에 임화가 요구한 '형상'은 없다고 말할 수 있을 정도로 극히 부족하다. 단편서사시 계열에서 시인은 편지 형식을 매개로 은폐된 본질을 드러내고, 동시에 주체들을 역사의 방향에 대한 확신과 이에 대한 의지로 묶어내는 선명한 이미지를 보였다. 오히려 형상을 찾자면 단편서사시가 더 우월한 시였다.

그러나 이 시에서 고인의 죽음은 상징화된다. 고인이 묻힌 땅은 '죽음의 악령'으로 상징화된 이후에는 더 이상 현실적 대상으로 나타나지 않는다. 땅은 살아 있는 것을 죽음으로 무화시키는 의미로 상징화된 뒤로는, '최후의 원수', '무한한 침묵과 암흑의 군주', '침묵의 제왕' 등으로 변주되면서 소재적 측면으로만 의의를 가질 뿐, 화자와 고인의 실존적, 현실적 대상으로서의 의미는 탐구되지 않았다. 곧 땅의 현실적 의미가 고정되어 있었기 때문에, 땅의 상징화가 다양하게 전개될 수 있었다.

임화는 죽음을 기억해야 한다고 말한다. 왜냐하면 기억할 때 현실에 대한 저항과 전복의 의지가 강화되고, 이로써 적의 패퇴를 이끌어 낼 수 있기 때문이다. 따라서 고인의 죽음은 현재의 사건이 아니라, 미래가 현재 속으로 현상된 것이다. 미래는 죽음을 매개로 부정적인 방식으로 현재 속에 자신의 맹아를 현전시킨 것이다. 죽음은 현재의 사회, 역사적 조건 속에서 파악되는 것이 아니라, 미래의 현전으로 파악되기 때문에, 상징화는 피할 수 없다. 임화는 '맹아'를 죽음으로밖에 표현할 수 없었다. 그것이 당대의 현실이기 때문이다. 그러나 죽음이 단지 죽음이게 되면, 곧 전향이다. 이에 임화는 죽음에서 '일어날 새 불의 어머니'를 보려고 했다.

이처럼 임화의 과제는 '맹아'의 실재성을 증명하는 것에 있었다. 고인의 죽음은 '현실'이지만, 그러나 임화에게 그것은 '맹아'로서 인식되었다. 그런데 그것이 맹아이기 위해서는 기억의 서사 전략이 유효할 것을 전제로 한다. 이것은 '한니발의 굳은 맹서'를 실천하는 주체들이 존재할 경우에나 가능하다. 따라서 그것은 실재'하는 것'이 아니라, 실재'해야 하는 것'이다. 하지만 고인의 죽음의 미래적 의미는 '보려고 한' 것이지, '본 것'은 아니다. 이것은 '누이'의 실재를 전제하는 순환오류의 반복이다.

'낭만적 정신'의 방법론은 모순된 이론이 상충하고 있다. 곧 질적 차이를 인정하는 사적유물론과 변증법적 유물론이 한편에 있고, 다른 한편에는 이를 부정하는 사회주의 리얼리즘이 놓인다. 소련에서 '부정의 부정의 법칙'을 삭제한 것에서 알 수 있듯이, 양자는 모순된다. 그러나 이 모순은 대상의 객관적 모순이 아니라 임화의 사유 내에서의 모순이다. 따라서 그의 논리는 균열된다.

그런데 특기할 점은, 임화는 이러한 논리적 모순을 '낭만적 정신'으로 통일하고 있다는 점이다. 논리적으로는 불가능한 모순이 가능했던 것은 '실천'이다. '꿈'을 그리라고 했던 '실천'이자, 적에게 모든 것을 내어던지자고 했던 '실천'이다. 임화는 이러한 실천을 견지할 뿐만 아니라, 이 실천을 재해석함으로써 자기갱신과 재통일을 이루어간다. 서구 이성의 균질적 공간에서는 모순되는 논리가, 서구와 다른 처지에 있는 식민지 지식인의 사유 안에서 모순적으로 혼재되어 있지만, 임화는 이 모순을 부정을 매개로 지속적으로 통일해 나간다.

자기부정을 갱신하면서 통일을 형성해 이러한 구조는 이후에도 계속 반복되는데, 중요한 점은 논리적 모순에도 불구하고 임화는, 이러한 통일을 바탕으로 주체성과 리얼리즘문학의 완성을 일정부분 성취하는 효과를 생산한다는 점이다. 이것은 식민지 공간의 어떤 가능성을 보여준다. 곧 식민지 공간이 서구 이성의 균질한 공간과 달리 가능성에서 더욱 생산적이고, 가능성이 더 풍부하게 내장된 공간으로 드러난다.

넷째 장

김남천, 식민지 이성의 전개 과정

고발론, 윤리로서의 리얼리즘의 전개

가면박탈, 조선 지식인의 전형으로서 '공허'

'물 논쟁' 이후 김남천은 자신의 주장을 이론화하는 작업에 착수하는데, 그 과정은 우선 다른 카프 작가들과 자신의 입론 지점의 차이를 명확히 하는 것으로부터 시작한다. 그리고 이론적 모색과 동시에 소설을 통해서 이론의 현실성을 가늠한다. 이론과 소설 창작은 변증법적 관계에 놓여 있는 셈인데, 이처럼 창작과 이론 정립을 병행함으로써 리얼리즘문학의 완성을 추구한다.

이 장에서는 소위 '관찰문학론' 이전까지 김남천의 창작방법론 전개 과정과 그 소설적 성과를 고찰한다. 관찰문학론 이전까지의 그의 창작방법론은 가면박탈, 고발문학론, 모럴론, 로만개조론 등으로 변주되면서 발전하는데, 그 핵심은 '고발'에 있다. 관찰문학론이 이전 창작방법론과 구분되는 이유는, 관찰문학론은 이전 창작방법론의 핵심적 기제인 '고발'에 대한 '고발'이라는, 곧 메타적 성격 때문이다. 그러나 근본적으로는 김남천의 윤리의식의 표현이라는 점에서는 동일하다. 말하자면 그의 창작방법론은 '전위는 타락할 수 없다'는 「공장신문」의 윤리가 변화되는 과정, 그것이다. 따라서 이 윤리의 행방을 해명하는 것은 김남천의 창작방법론을 해명하는 데에 있어 핵심적 사안이다.

사회주의 리얼리즘의 수용 문제가 불거졌을 때, 당대 작가들은 프롤레타리아 리얼리즘과 사회주의 리얼리즘 가운데 하나를 '선택'하는 입장, 곧 덕영직德永直처럼 일본은 아직 사회주의국가가 아니기 때문에 프롤레타리아 리얼리즘이어야 한다는 식의 접근을 취했다.[1] 그런데 이러한 접근은 역사적 발전 단계와 이론의 일대일 관계를 전제하는 것으로서, 이론이 현실을 재단하는 추상적 태도이다. 이로써 조선과 일본의 차이가 사상되고, 조선과 일본의 '현실' 묘사가 결과적으로는 동일한 구조와 인물의 도식적 소설로 귀결된다.

김남천이 사회주의 리얼리즘 수용을 조직과 연계하는 이유는 이 때문이다. 곧 라프의 경우 동반자작가의 합류로 인해서 조직이 변화되었고, 따라서 리얼리즘론도 사회주의 리얼리즘으로 변화되었다. 조직의 변화는 사회의 변화와 연동된다. 이런 맥락에서 김남천은 사회주의 리얼리즘을 소련의 사회적 조건과 연동해서 이해할 때만 작가들의 실천 방향을 구체적으로 지시할 수 있다고 주장했다. "우리들이 창작방법의 방향만을 지지하고 조직을 문제로 하지 않았다면 우리들의 영향은 결국 이데올로기적 영향만에 머무를 것이다. 그러나 우리에게 있어 이데올로기적 영향이란 그것이 조직적 영향으로 되어서 비로소 그의 실천적 의의를 가지는 것이 아닐까?"[2]

김남천에게 라프나 카프의 변화는 본질 밖의 현상이 아니라, 사회의 본질이 자기를 현상한 것이다. 따라서 라프의 변화와 그 과정에서 제기된 사회주의 리얼리즘은 소련 사회와 연계해서 이해되어야 한다. 이것이 생략된 채 사회주의 리얼리즘을 문자적으로 반복하는 것은 결국 '이데올로기적 영향'으로만 한정됨으로써, 카프 작가의 실천을 구체적으로 지시할 수 없다. 곧 김남천의 주장은 조선사회의 입장에서 외국이론을 받아들이자는 것인데, 이는 그의 입론 지점이 어디에 위치하고 있는지 보여준다. 그것은 '조선의 현실'이다. 카프의 해체는 곧 조선사회의 변화 현상이다. 이러한 변화를 간과한 채 사회주의 리얼리즘을 수용할 것인가 말 것인가의 이분법적인 태도는 전연 현실의 방향을 지시할 수 없기 때문에, 덕영직德永直과 같은 태도를 비판했다.

사회주의 리얼리즘을 소련의 조건과 결부시켜 이해하는 김남천의 태도는 1장에서 언급한 변증법적 유물론과 인식론이 그의 인식방식으로 변모되고 있음을 보여준다. 현상은 본질이 아니기 때문에 본질과 대립되지만, 동시에 본질과 통일되어 있다는 측면에서, 현상과 본질은 대립물의 투쟁과 통일의 법칙의 관계에 있다. 곧 주체에게 대상은 일차적으로는 '경험적 구체'로 표상됨으로써 본질과 일치하지 않는 것으로 현상되지만, 주체가 이것을 사회적 조건과 매개하여 이해할 때, 그것은 '사유적 구체'로 파악됨으로써 본질과 통일된다. 사회주의 리얼리즘으로서의 현상은 소련이라는 사회적 조건을 매개로 파악될 때에만 그 본질이 파악될 수 있다.

김남천이 자신의 이론을 모색할 때 '창작 과정'을 중시하는 이유의 일단이 여기에 있다. '창작 과정'은 주어진 이념과 경험된 현실이 모순된 장소이다. 곧 조선사회의 현실이 자기를 드러내는 곳이 창작 과정인 셈이다. 이에 김남천은 「공장신문」이 도식적이라는 점과 또 「물」이 우경화로 빠졌다는 비판, 그리고 유물변증법적 창작방법을 매개로, 이념에 의해 경험된 현실을 사상하는 태도를 반성한다. 그리고 창작 과정 중에 경험한 현실을 전유할 수 있는 새로운 방법론을 모색한다. 고발문학론의 선형태로서 '가면박탈'도 『고향』의 창작 과정에 대한 분석에서 그 이론적 근거를 찾고 있다.

김남천은 『고향』의 인물들이 부분적으로 "적극적인 구체적 인간의 전형"[3]이 형상화된 것으로 규정한다. 그런데 김남천의 '전형'에 대한 언급에서는 임화식의 '맹아론'이 발견되지 않는다. 이것은 사회주의 리얼리즘에 대한 접근이 신중했기 때문이다. 그에게 '전형'은 전술한 '사유적 구체성'의 의미에 가깝다. 이것은 『고향』에 대한 김남천의 다음과 같은 언급에서도 직접 찾아볼 수 있다. "부자는 어떻게 하여서 생겨나고 중산계급은 어떻게 하여 몰락하여 가는가, 빈농과 소작농은 어째서 노임勞賃으로 벌어먹게 되어가는가 — 이것이 가장 풍부한 풍속과 자연 속에서 뚜렷하게 묘파되어 있다. 통틀어 적극적인 능동적인 성격적 전형은 가장 풍부한 전형적 정황의 묘사 속에서 형성되고 창조되어 있는 것이다."[4]

이러한 관점에서 김남천은 '전형'을 올바르게 형상화할 수 있는 조건으로 작가의 태도를 제시한다. 작가의 태도가 전형의 성공적 형상화에 있어서 중요한 이유는 이것이 『고향』의 '절반의' 성공과 '절반의' 실패의 원인이기 때문이다. '관념적 이상화'나 '심경적인 자기생활의 형이상학적 추구'의 태도, 또는 "자기 자신의 국한성을 넘어서 자기 격파의 방향을 취하려는 욕망에 불타"는 적극적 태도나 그 반대의 태도에 따라, 전형의 형상화가 성공할 수도 있고 실패할 수도 있다고 규정한다.[5] 그리고 "적극적인 지식계급 타입의 창조적 형상화를 성공적으로 수행하려면은 무엇보다도 그의 '원심적인 것'과 '구심적인 것'의 모순에 대하여 조금 용서 없는 가면박탈의 칼을 드는 것이 처음으로 들 수 있는 불가결의 조건"[6]이라고 규정한다.

'원심적인 것'과 '구심적인 것'의 개념은 작가의 체험 과정에서 도출한 것이다. "마음 속 깊이 자기를 속이고 싶지 않은 의지와 자기의 창작적 체험에서 얻은 정열을 억제할 수 없었다. (…중략…) 이 모순과 갈등은 나의 내심에서 아직도 종적을 감추기를 꺼리면서 말 안 듣는 억지쟁이 아해같이 바람벽을 두드리며 발버둥을 치는 것이다."[7] '마음 속 깊은 자기'는 '구심적인 것'으로서, 김희준이 여러 농촌활동을 하면서 갖게 된 농민들에 대한 불신이나 좌절, 아내에 대한 불만 등으로 인해 소부르주아로 퇴각하고자 하는 욕망이다. 그리고 '자기의 창작적 체험'은 '원심적인 것'으로서, 작품을 통해 사회 변화에 복무하겠다는 전위로서의 정열이자, 『고향』의 김희준이 동경유학을 마치고 고향에 돌아와서 품게 된 이상적인 것을 의미한다. 「공장신문」에 나타난 도식성을 기준으로 말하면, '원심적인 것'은 관수로서 표현된 이념을 뜻하고, '구심적인 것'은 재창이로 표현된 소부르주아적 욕망을 의미한다. 작가가 '관념적 이상화'의 태도를 취할 때, 곧 이념으로서의 '원심적인 것'이 욕망인 '구심적인 것'을 사상할 때, 「공장신문」과 같은 도식적 소설로 귀결된다. 반대로 '원심적인 것'에 괄호치는 '심경적인 자기생활의 형이상학적 추구'의 태도는 소위 심리주의 소설로 귀착된다.

'원심적인 것'과 '구심적인 것'은 모두 작가 개인의 창작 과정에 놓여 있는 것으로서, 김남천은 이러한 모순 가운데 '구심적인 것'을 사상시킴으로써 모순을 정면으로 대하지 못했다고 반성한다. 그리고 이처럼 모순을 회피한 원인이 '자기 자신의 국한성' 곧 계급적 위치 때문이라고 보았다. 따라서 이러한 계급적 위치를 넘어서고자 하는 '자기 격파의 방향을 취하려는 욕망에 불타'는 적극적인 태도만이 전형화를 성공적으로 형상화할 수 있는 태도라고 규정한다. 이 때문에 김남천은, "김희준 창조에 있어서도 그를 '소유욕'을 가지고 무자비하게 벌거숭이를 만들지 않았다는 것"을 『고향』의 가장 큰 결점으로 규정한다.[8] 이것은 김희준의 욕망이 김남천 자신의 것임을 인정하는 것이다. 김남천은 욕망을 김희준의 그것이라고 말함으로써, 자신 역시 재창이의 욕망을 갖고 있음을 고백한다. 이제 재창이의 타락은 제거되어야 할 것이 아니라, 소설로서 형상화되어야 할 것으로 제기된다. 욕망을 제거했을 때, 참담한 도식적 소설만이 생산되었기 때문이다.

'원심적인 것'과 '구심적인 것'의 모순적 과정을 있는 그대로 드러내는 것을 김남천은 '가면박탈'로서 규정하는데, 이것은 「공장신문」처럼 이념의 일방적 나열이나 「물」처럼 육체의 욕망의 현시만이 아니라, 이념과 욕망이 상호 충돌하는 '과정 그 자체'를 묘파하는 것이다. 이념이나 욕망 모두 조선 지식인의 성격을 규정하는 계기들이기 때문에, 어느 한쪽만을 형상화하거나 무리하게 제거하는 태도는 조선 지식인의 성격을 구체적으로 형상화할 수 없다. 『고향』의 후반부 김희준이 도식화된 것은 결국 김희준으로부터 욕망을 사상했기 때문이다. 이러한 관점에서 김남천은 이념과 욕망의 모순 자체를 '있는 그대로' 형상화함으로써 도식성이나 내향성으로부터 벗어날 수 있다고 규정한다.

욕망을 억압했던 것은 그것이 이중구속의 계기였기 때문이다. 김남천도 임화 등과 마찬가지로 욕망에 대해 다른 카프 작가들과 같이 대중 속으로의 실천을 주저하게 하는 방해물로서 극복해야 할 것으로 상정했다. 임화가 단편서사시나 낭만적 장형시에서 전위들의 적극적 실천을 주문한 것은, 소부르주아의 욕망에서 벗어날 것을 전제한다. 김남천 역시 재창이를 제거했다. 그러나 재창이를 제거함으로써 「공장신문」은 도식화되었다. 따라서 도식성을 극복하기 위해서는 욕망 자체가 현실적인 것임을 인정해야 했다. 하지만 그렇다고 욕망을 인정할 수도 없다. 욕망이 이념으로써 견지되지 않을 때, 언제든지 재창이처럼 카프의 실천을 무효로 돌릴 수 있기 때문이다.

욕망은 이처럼 카프 작가들을 이중구속에 빠뜨렸는데, 김남천은 욕망을 제거하는 태도를 반성하고, 욕망을 대하는 새로운 태도로서 가면박탈을 제시한다. 이것은 욕망을 '제거'해야 하는 것으로 표상하는 인식방식은 그것이 보편적인 것이 아니라, 이들 카프 작가들이 속해 있던 소부르주아의 인식방식에 한정된 것임을 자각한 것이다. 곧 김남천의 인식방식이 변화하고 있음을 알 수 있다. 김남천은 『고향』의 최대 결점이 농민에 의한 지식인의 성격 개조가 간과된 점에 있다고 규정하는데, 김남천의 비판은 이러한 태도의 변화를 통해 설명될 수 있다.

어쨌든 처음에는 인테리겐차의 성격이 농민 위에 신뢰를 매개로 영향된다고 하여도 오히려 지식계급의 성격적인 개조가 농민으로부터의 압력으로 오는 것이 사실이므로 이 중요한 계기와 과정을 망각하고 지식계급에 대한 농민의 환상적인 신뢰를 그대로 작가가 지지하여 이것을 토대로 형상화의 길을 진행시킨 것은 최대의 결점이라고 생각된다. 이것 때문에 사실상 『고향』의 후반은 구救할 수 없는 저-널한 안이에 빠져있는 것이다.[9]

『고향』 후반부는 김희준을 중심으로 뭉쳐진 농민들의 의식이 수해를 계기로 마름 안승학과 대립하게 되는 소작 쟁의의 과정과, 인숙과 안승학의 딸 갑숙을 중심으로 한 제사 공장의 파업 과정을 형상화했다. 그러나 그 해결은 투쟁이 아니라, 안승학이라는 개체에 귀속하는 윤리적 문제를 매개로 이루어진다. 갑숙과 권경호와의 관계를 미끼로 안승학의 항복을 받아내게 되는데, 이렇듯 마름 안승학에 대한 농민들의 승리가 윤리적인 방식으로 해결됨으로써, 도식적인 소설로 귀결되었다. 투쟁은 농민들의 의식과 의지가 극도로 고양될 것을 전제하는데, 현실의 농민들의 의식은 미처 거기에 이르지 못한 상황이었다. 그러나 대립을 패배로 마감할 수 없었던 이기영은 농민들의 승리를 이끌어내기 위해 도식적인 윤리적 타협으로 결말이 이루어졌다는 판단이다.

김남천은 이러한 윤리적인 해결로 귀결된 원인을 적극적이고 건실한 농민 청년인 인동이나 인숙에 의한 김희준의 성격 개조가 불발로 끝난 것에서 구한다. 김희준의 이념이 현실 속에서 좌절될 때, 인동이나 인숙의 영향을 받아 이를 계기로 김희준이 자기를 반성하고 새로운 주체로 정립함으로써 대중과 결합되어야 함에도, 이 과정이 생략됨으로써 도식성으로 귀결되었다는 비판이다.

김희준은 농민을 대상화하고 이를 자명하게 여김으로써 반성하지 않았다. 그러나 이 '자명함'은, 카프 작가들이 대중의 감성을 획득함으로써 리얼리즘문학을 완성할 수 있다는 관념적 방식 그것으로서, 소부르주아적 인식방식이다. "지식계급의 성격적인 개조가 농민으로부터의 압력으로 오는 것이 사실이므로 이 중요한 계기와 과정을 망각"함으로써 윤리가 투쟁을 대체한 것이다. 이러한 소부르주아적 인식방식에 의해, 김남천은 「공장신문」의 재창이를 제거했고, 이로써 소설 후반부는 도식화되었다. 곧 욕망을 제거해야 한다는 인식방식과 대중을 대상화하는 인식방식은 모두 소부르주아의 그것으로서, 도식성의 원인이었다. 곧 『고향』 후반부의 김희준은 「공장신문」의 관수인 셈이다.

따라서 도식성을 극복하기 위해서는 욕망을 제거하고, 대중을 대상화하는 인식방식이 김남천 자신의 출신인 소부르주아적 인식방식의 표현에 불과함이 반성되어야 했다. 여기서 가면박탈의 두 번째 의미로서 지식인의 자기반성이 제기된다. 『고향』 후반부의 도식성의 결점은 자기반성이 생략되었기 때문에 발생했다.

지식인 김희준은 자신의 좌절을 무지한 대중, 소극적인 대중의 탓으로 여겼다. 그에게는 인동과 인숙의 적극성이 보이지 않았는데, 이들이 적극성을 갖지 않아서가 아니라, 김희준이 자신의 인식방식에 대한 반성이 없었기 때문이다. "지식계급의 역할의 중요성과 또한 농민의 지식층에 대한 막연한 신뢰와 환상적인 기대는 사실적이라고 할지라도, 적극적인 가장 건실한 농민 청년의 티피칼한 성격 위에 김희준적 압력을 가하는 것은 단순한 미학상 문제인 성격의 대척적對蹠的 배치라는 관점으로 보아서도 이것을 결점으로 들지 않을 수 없다."[10] 곧 김희준의 추상적 인식방식은 인동과 인식의 적극성, 주체성을 사상하고 이들을 대상화했다. 이처럼 추상적 인식방식은 농민들의 현실성을 의식의 이면으로 사라지게 함으로써 농민의 현실성은 사상된다.

이에 김남천은 『고향』의 결말이 '저-널한 안이'에 빠졌다고 규정한다. 왜냐하면 농민이 소극적으로 묘사된 것은 농민이 소극적이어서가 아니라, 농민을 소극적 존재로 대상화하는 김희준, 곧 작가 이기영의 추상적 인식방식에서 비롯되었기 때문이다. 따라서 농민을 실재에서 묘사하기 위해서는 이기영 스스로 자신의 인식방식을 반성해야 한다. 이것은 임화가 양주동을 비판할 때 전유한 '의식은 의식된 존재' 테제를 김남천이 보다 적극적으로 실천하고 있음을 보여준다. 곧 농민을 소극적 존재로 대상화하는 추상적 인식방식은 그것이 카프 작가들이 터한 소부르주아 계급적 위치와 연동된다. 따라서 추상적 인식방식을 문제로 제기한다는 것은 곧 '주체의 위치'를 의식대상으로 전환시키는 것을 의미한다. 이로써 대중의 소극성이라는 문제는 의사문제로 판명된다. 범박하게 말한다면, 정말 문제가 되는 것은 주체의 위치, 곧 '나'이다.

이에 농민에 의한 김희준의 변화를 촉구하는 김남천의 태도는, 다만 농민이 아니라 카프 작가들도 변화되어야만 한다는 주장으로 이어진다. 김희준이 인동과 인숙을 매개로, 농민을 대상화했던 추상적 인식방식을 반성함으로써 인동과 인숙과 더욱 결합할 수 있었기 때문이다. 이로써 윤리가 아니라 투쟁이 발화될 수 있게 된다. 이러한 인식의 변화는 마르크스가 「포이에르바하에 관한 테제」에서 새로운 유물론으로 제시한, "환경의 변화와 인간 활동의 변화 혹은 자기 변화와의 일치는 오직 혁명적 실천으로만 파악될 수 있고 합리적으로 이해될 수 있다"고 한 3번째 테제와 거의 동일하다. 곧 "환경의 변화와 교육에 관한 유물론적 교의는 환경이 인간에 의해 변화되며 교육자 자신도 교육되어야 한다는 것을 잊고 있"는 낡은 유물론을 김남천이 극복하고 있음을 알 수 있다. 자신도 변해야 한다는 것, 이는 인식방식의 변화를 의미하는데, 김남천은 이를 '가면박탈'이라는 용어로 개념화했다. 이것은 가면박탈의 의미가 자기반성에 있다는 것을 나타낸다.

김남천이 『고향』에서 가장 아름다운 장면으로 '「달밤」 5'를 꼽는 이유는 이 때문이다. 「달밤」 5에 형상화된 김희준은 바로 김남천 자신의 모습이다. 청년회를 부흥해보려고 하지만, 별다른 진전이 보이는 것 같지도 않고 농촌 청년들은 구태를 반복한다. 술집으로 몰려가는 회원들을 뒤로 자기 집을 향하여 걸어가는 김희준의 가슴에는 '공허'가 가득하다. "이 공허-이 지극히 강렬한 공허 속에서 나는 우리의 가슴을 잡아 뜯는 육체적인 것을 느낀다. 누구인가 과연 이 공허를 안고 넓은 들을 혼자 헤매지 않는 젊은 인테리겐차를 볼 수 있었음은!"[11] 김희준은 집으로 돌아와 결국 아내와 싸움을 하고 집을 나가 들판으로 도망친다. 김희준이 내달린 들판은 '공허'의 형상화이다.

> 희준이는 넓은 들판으로 도망을 치는 것이다. 희준이가 이 교교히 밝은 달밤에 소쩍새만 "솟족! 솟족!" 우는 들판으로 나가면 과연 마음의 울분을 훌훌 털어줄 무성이 기다리고 있을 것이냐? 아니었다. 이 달뜬 하룻밤을 그는 머리를 잡아뜯고 땅을 치며 통곡하면서 새어 보냈으리라. 이 원심적인 것과 구심적인 것의 갈등. 상상上翔하려는 적극적인 의지와 자성적인 내지

은 인테리겐차의 계급적 특유물特有物과의 모순 — 이 속에서 허덕이며 통곡하는 눈물을 나는 결코 값싸게 사고 싶지는 않다.

실로 자기 자신에 대한 가면박탈의 칼이 한번 이 모순과 갈등의 속으로 내리워질 때 희준이가 적극적인 성격의 소유자이면 일수록 더욱 참혹하게 무자비하게 폭로는 감행되려고 한다. 이것 없이는 적극적인 성격은 기계로 화하고 말 것이기 때문이다. (…중략…)

다시 말하면 김희준이가 그곳에서 나고 생장하여 자라난 계급적인 토대가 주는 고유의 유전물 인테리겐차로서의 본래적인 모든 성격적 발동 — 이것과 자기계급의 고유의 것을 격파하고 위上로 높이 혹은 밖外으로 널리 뻗어져 나가려는 적극적인 것과의 갈등 — 이 모순 속에서 주인공을 부대끼게 하고 이것과 격투시키고 이것을 끝까지 추급追及하는 집요한 태도 없이는 진실로 적극적인 구체적 인간의 전형은 창조될 수 없으리라는 것이 나의 말하려 하는 주지主旨이었다.[12]

이 '공허'는 결국 '원심적인 것'과 '구심적인 것'의 모순이자, 주인공의 내면과 외적 현실의 본질이었다. '구심적인 것'은 "계급적인 토대가 주는 고유의 유전물 인테리겐차로서의 본래적인 모든 성격적 발동"이라면, '원심적인 것'은 "자기계급의 고유의 것을 격파하고 위上로 높이 혹은 밖外으로 널리 뻗어져 나가려는 적극적인 것"이다. 바로 이것이 당대 조선 지식인의 전형인바, 이를 형상화한 '공허'의 근거는 바로 식민지 조선사회이다. 곧 '원심적인 것'과 '구심적인 것'의 모순이 있는 그대로 묘파될 때, 인물과 사건은 구체성과 현실성을 갖게 된다.

변증법적 운동은 타자로서의 반反을 매개로 새로운 인식방식과 인식대상을 산출하는 운동이다. 임화의 경우 대중이라는 타자가 현전되었을 때, 그는 대중의 감성을 획득할 수 있는, 사물적인 것으로 대상화했다. 이는 임화가 속한 소부르주아적 인식방식의 표현이었다. 그것이 김남천이 비판하는 『고향』 후반부 김희준의 관념적 방식, "저-널한 안이" 그것이다.

임화는 '의식은 의식된 존재'라는 「독일 이데올로기」 테제를 따라 논리계형을 구분함으로써 김기진의 대중화론이나 양주동의 조화로서의 문학을 부정했다. 그러나 임화는 이러한 논리계형 구분을 '방법'이 아니라 의식 '내용'으로 수용했다. 곧 논리계형 구분에 의거해서 '프롤레타리아 전위의 눈'을 수용할 때, 이를 수용하는 임화 자신의 인식방식 자체는 근본적인 지점에서 반성되지 않았다. 따라서 그의 현실 파악이나 실천은 이미 소부르주아적 인식방식에 의해 이론적으로 정향된 것이었다. 이것이 도식성을 해결할 수 없었던 근본적 이유이다. 이것은 임화의 실천에 있어서, 서구중심주의는 초월적 지위에 있음을 의미한다. 곧 「독일 이데올로기」를 '읽는' 임화의 인식방식 자체는 여전히 반성되지 않음을 의미한다.

이로써 임화가 '해결'하고자 했던 문제는 의사문제임이 드러난다. 김희준의 의식이란 소부르주아적 출신의 그것으로서, 농민을 대상화시킴으로써 인동이나 인숙을 소극적 존재로서 규정한다. 이로써 소설이 도식화되었는데, 이것은 조선사회의 현실도, 조선사회 지식인의 전형도 아니다. 이것이 반성되지 않은 채, 대중의 감성을 획득함으로써 리얼리즘문학을 완성한다거나 대중을 혁명적 존재로 전환시킬 수 있다는 생각은 관념적인 것이다.

김남천은 『고향』 후반부의 실패는 지식인 김희준의 관념성 때문이라고 했다. 그것은 노동자를 다만 관념적으로 대상화하는 태도에 대한 비판이었다. 이는 도식성 문제를 해결하기 위해 카프 작가들이 대중의 감성을 형식화함으로써, 결국 대중이 다시 대상화되는 것에 대한 비판이다. 인동이나 인숙을 소극적 존재로서 규정하는 것은 카프 작가들의 추상적 인식방식이었고, 그것은 이들 작가들의 계급적 위치로 인해서 생산된 것이다.

김남천은 '의식은 의식된 존재' 테제를 사물화된 이론으로서가 아니라, 주체를 추동하는 방법으로 수용한다. 이것이 가면박탈의 가장 중요하고 적극적인 의미이다. '원심적인 것'과 '구심적인 것'이 충동할 때, 이념으로써 경험을 사상시키거나 이념을 괄호 치는 것이 아니라, 이 과정 자체를 '있는 그대로' 그리고자 했다. 김남천에게 의식 대상은 임화와 달리 '원심적인 것'과 '구심적인 것'의 모순, 그 자체였다. 그것이 가면박탈인 것인데, 김남천은 가면박탈이 충실하게 끝까지 추궁될 때 조선사회의 구체적 현실이 드러난다고 보았다. 왜냐하면 '원심적인 것'과 '구심적인 것'의 모순 자체는 아무런 근거 없이 발생하거나 또는 우연적으로 발생하는 것이 아니라, 이미 조선사회라는 특정한 사회, 역사적 구조를 그 발생의 필연적 근거로 하기 때문이다.

'원심적인 것'과 '구심적인 것'의 모순을 있는 그대로 형상화하기 위해서는 추상적 인식방식을 반성하는, 메타적인 주체의 위치가 전제되어야 한다. 마치 헤겔이 칸트의 불일치를 매개로 불일치는 파악하는 의식의 선재성을 주장하는 것과 같다. 이 모순 자체를 의식 대상으로 할 때, 김남천은 '원심적인 것'이나 '구심적인 것' 어느 한쪽에 매몰되지 않고, 이것들을 모두 대상화하는 메타적 위치에 놓이게 된다. 이것은 김남천이 도식성을 해결의 과제가 아니라, 해소의 과제로서 접근하고 있음을 보여준다. 그리고 새로운 대상으로서 '조선 현실'과, 새로운 인식방식으로 필자가 규정한 '식민지 이성'을 획득할 수 있는 계기를 마련할 수 있었다.

이로써 가면박탈은 도식성 문제와 주체 건립의 양자 모두를 해결하는 방법이 된다. 가면박탈은 이념이 경험을 우회하는 과정이기 때문에 '구체적 인간의 전형'이 창조될 수 있고, 동시에 계급적 조건으로 인해 갖는 지식인의 추상적 인식방식을 반성함으로써 새로운 주체로 건립될 수 있기 때문이다.

『고향』 분석을 통해 가면박탈의 현실성을 체험한 김남천은 이를 '고발론'으로 드디어 이론화한다. 가면박탈은 '~론'으로 규정되기 이전의 창작방법이다. 그럼에도 다소 길게 분석하지 않을 수 없었던 이유는 이후 고발론으로부터 전개되는 김남천의 창작 방법론의 기본 토대가 이곳에 있다고 보기 때문이다. "주인공의 이상화와 그에 대한 익애로부터 문학을 구원하는 길은 어느 곳으로 향하여 열려져 있는가? (…중략…) 그것은 지식계급 자신에 대한 가면박탈의 방향이다."[13]

그러나 동시에 새로운 문제가 제기되었다. 가면박탈은 '과정'이지 도달해야 할 모습을 보여주는 것은 아니기 때문이다. '공허'로서의 들판과 '공허'로서의 김희준은 조선사회 지식인의 전형을 그리고 있다고 해도, 이로부터 어떤 긍정적인 것이 도출되는 것은 아니다. 이 '공허'가 어떤 긍정적인 것으로 변화할 수 있는가는 여전히 미지의 것으로 남아 있다. '원심적인 것'과 '구심적인 것'의 모순이 형상화됨으로써 조선사회와 지식인의 현실의 형상화로서 '공허'는 확보할 수 있었지만, '공허' 자체는 아직 긍정적인 어떤 것을 보여주지는 않는다.

'공허'가 긍정적인 것으로 전화되기 위해서는 가면박탈을 갱신하는 주체의 실천이 요구된다. 그것은 김희준이나 인동, 인숙과 같은 청년들의 적극적 태도가 요구됨을 의미한다. 이것은 임화의 순환오류의 회로와 같은 구조이다. 실천적 의지가 없이는 창작방법론은 무효가 되기 때문이다. 그러나 임화의 순환회로가 폐쇄되었다면, 김남천의 그것은 열린회로이다. 왜냐하면 임화의 논리가 긍정되기 위해서는 주체 밖의 '누이'와 같은 실재가 요구되지만, 김남천에게는 바로 김남천 자신의 의지가 요구되기 때문이다.

카프 작가들은 대중으로 가야한다. 그러나 이 '감'은 그들을 대상으로 포획하는 방식이 될 수 없다. 이 '감'의 과정에서 김남천 역시 해체되고 재구성되어야 하기 때문이다. 곧 자신의 인식방식에 대한 반성으로서, 타자로서의 대중을 표현할 수 있는 새로운 인식방식의 산출로서의 논리계형의 구분이다. 이 논리계형의 구분을 완료하고 질적인 변화하기 위해서는 추상적 인식방식의 물적 근거인 소부르주아로서의 주체의 위치에 대한 반성이 요구되지만, 이를 끝까지 수행한다는 것은 지극히 어려운 일이다. "한 개의 '티피칼한 성격' — 그리고 그것을 싸고 있는 '미류' '티피칼한 전형'의 묘출描出 이것에서 만전萬全할 작가와 작품을 가지기에는 조선문학은 아직도 몇 년간이란 긴 세월을 가져야 할 것이다."[14] 김남천은 추상적 인식방식에서 벗어나는 것의 지난함을 인지했다.

그러나 이 과정이 없다면, 대상은 작가 자신의 이념에 따라 다시 추상화되는 것이 필연적 귀결이다. 김남천이 가면박탈이나 고발문학론, 관찰론을 '일체를 무자비하게 고발하는', '투철한 통찰과 용서 없는 가혹한' 등으로 수식하는 것은 이러한 이유로 보인다. 이러한 수식이 의미하는 것은, 인동이나 인숙을 통해 김희준의 관념성이 고발되고 해체되어 새로운 인식방식을 획득하는 실천의 철저함이다.

가면박탈에서 김남천은 '일체를 무자비하게 고발'하는 윤리를 장전한다. '일체'에서 김남천 자신도 예외일 수 없기 때문이다. 그러나 이러한 고발정신은 다름 아닌 김남천의 윤리의식의 발로이다. 「공장신문」의 윤리는 '전위는 타락할 수 없다'와 같은 '어떤' 규범으로서, 반성 이전의 것이었다. 그러나 가면박탈에서 윤리는 '구심적인 것'을 끝까지 적발하겠다는 김남천의 '태도'로 변화된다. 이 '구심적인 것'을 도외시할 때 도식성으로 귀결되는 것을 그는, '의식은 의식된 존재' 테제를 바탕으로 그의 창작 경험과 『고향』 분석을 통해서 전유했기 때문이다.

따라서 가면박탈의 윤리는 리얼리즘의 방법 그 자체가 된다. 왜냐하면, '원심적인 것'과 '구심적인 것'의 모순 자체의 형상화는 조선과 조선지식인의 현실적 모습을 형상화하는 것이고, 이러한 형상화는 김남천 자신이 소부르주아 계급의 인식방식인 추상적 인식방식을 넘어설 때 가능하기 때문이다. 곧 재창이를 제거했던 추상적 인식을 넘어섬으로써 리얼리즘이 확보될 수 있는데, 그것은 가면박탈의 철저함으로서 윤리이다. 그리고 이러한 인식의 전환이 마르크시즘의 방법을 토대로 한다는 점에서, 김남천의 윤리는 그 근거를 그 사상적으로 확보했다. 사상이 윤리의 토대가 되었을 때, 주체가 사상을 따르기로 선택한 이상 주체에 대한 윤리적 판단은, 어떤 규범의 준수나 위반, 신념의 배반이나 견지 따위가 아니라, 그가 사상을 '어느 정도로' 철저하게 실천했는가에 따라 이루어질 수밖에 없다.

고발론, 리얼리즘과 전형

김남천은 '가면박탈' 이후 '일체를 잔인하게 무자비하게 고발하는 정신'으로서 '고발문학론'을 주장한다. "일체를 잔인하게 무자비하게 고발하는 정신, 모든 것을 끝까지 추급追及하고 그곳에서 영위되는 가지각색의 생활을 뿌리째 파서 펼쳐 보이려는 정열-이것에 의하여 정체되고 퇴영한 프로문학은 한 개의 유파流派로서가 아니라 시민문학의 뒤를 낳는 역사적인 존재로서 자신을 추진시킬 수 있을 것이다. 이 길을 예술적으로 실천하는 곳에서 문학의 사회적 기능도 다할 수 있을 것이다."[15]

김남천은 고발문학론이 정체와 퇴영된 프로문학을 '시민문학의 뒤를 낳는 역사적인 존재'로서 자리매김할 수 있는 방법론이라고 천명한다. 이러한 자신감의 배경은, 고발문학론이 프로문학을 정립할 수 있는 방법론임을 확신할 수 있었기 때문으로 풀이된다. 곧 '일체를 잔인하게 무자비하게 고발하는 정신'은, 부르주아 리얼리즘과 구분되는 프로문학의 리얼리즘을 정립할 수 있는 김남천의 창작방법이다.

그리고 그 방법인 '고발'을 "예술적(으로) 실천"이라고 말하는데, '예술적 실천'은 이전 카프의 실천과 일정하게 대비된다. 임화를 비롯한 카프 작가들의 실천은, 소부르주아적 계급을 넘어 대중의 실제 삶 속으로 들어가 대중의 감성을 획득하는, 다분히 '전위적' 실천이었다. 이러한 희생적 실천은 대중의 감성을 획득함으로써 리얼리즘문학을 완성할 수 있는 계기적 조건이었다. 이에 반해 김남천이 말하는 '예술적 실천'은, 실천의 영역이 대중 속이 아니라 우선 작가의 창작과정이라는 점에서 변별된다.

리얼리즘문학의 완성을 위해서 창작 과정이 고발되어야 한다는 판단의 적절성은 가면박탈을 분석하는 과정에서 입증했다고 본다. 그러나 김남천이 고발의 대상으로 '일체'를 제시하고 있다는 점에서, 곧 고발의 내용에 대중의 감성을 관념화했던 카프 작가들의 태도뿐만 아니라, 카프의 이념까지도 포함되는 것으로 해석될 수 있다는 점에서 좀 더 면밀한 분석이 필요하다. 이러한 해석의 여지가 있음에도 김남천은 오히려 '고발문학론'이 사회주의 리얼리즘의 조선적 구체화를 위해 모색되었다고 주장한다. "신창작이론의 이 땅에 있어서의 구체화의 길로서 고발의 정신을 지시하고자 하는 것이다."[16] 사회주의 리얼리즘은 '현실을 있는 그대로' 묘사함으로써 현실의 발전을 형상화할 수 있다는 방법론인데, 임화는 사회주의 리얼리즘을 '누이'의 실재를 위한 이론적 근거로 수용함으로써, 이를 통해 주체의 적극적인, '전위적' 실천을 요구했다. 김남천 역시 실천을 강조하지만, 그것은 앞의 '예술적 실천'이었고, 그 실천의 방향은 대중의 생활이 아니라, '창작 과정'이라는 작가의 내면이다.

> 우리들은 리얼리스트라고 하면서 사실은 다분히 아이디얼리즘의 침범을 받아왔으며 이것은 실로 우리들이 가지고 있던 철학적 사상적 진리에

대한 지극히 공식적인 파악에 의하여 발생했던 것 (…중략…) 리얼리즘은 객관적 현실에 주관을 종속시키려는 창작태도이고 아이디얼리즘은 주관적 관념에 의하여 객관적 현실을 재단하려는 태도이다. (…중략…) 전자는 기성의 선입견에 거침없이, 그리고 그러한 선입견에 있어도 그것을 격파하고 철저하게 현실에서부터 출발하는 것이며, 후자는 기정된 모종의 관념을 가지고 현실을 그것에 맞도록 들어맞추려 한다. 그러므로 후자는 선입견에 의하여 현실을 왜곡하든가 혹은 전도된 현실을 반영한다. (…중략…) 우리는 현실을 묘사하려고 할 때에 맨 몸으로 그 속에 들어가서는 아무런 본질도 파내지 못하고 몇 개의 계급이론의 공식으로 된 추상화한 주관을 가지고 들어가서 겨우 현실을 그것에 맞추어 재단하려는 사태를 폭로하고야 말았다.[17]

작가의 태도를 아이디얼리즘과 리얼리즘으로 구분하고, 리얼리즘의 완성은 다름 아닌 아이디얼리즘을 철저하게 폭로하는 것이라고 규정할 때, '일체를 고발'하는 고발정신의 고발대상은 '아이디얼리즘의 침범'이다.

김남천은 아이디얼리즘을 과거 자신을 비롯한 카프 작가들의 경험에서 구한다. '기정의 모종의 관념'은 '몇 개의 계급이론의 공식'을 의미하는데, 그것이 다만 '몇 개'이든 전체이든, 이것은 카프 작가들이 대중에게 가져가고자 했던 이념을 가리킨다. 그러나 이념이 도식성의 원인은 아니다. 그것은 이념과 도식성의 매개로서, "계급이론의 공식으로 된 추상화한 주관"이다. 곧 "철학적 사상적 진리에 대한 지극히 공식적인 파악" 곧, '추상화한 주관'이 도식성의 원인이다. 결국 김남천이 고발하고 비판하는 것은 '몇 개의 공식' 자체가 아니라, '몇 개의 공식'으로 현실을 환원시키는, '공식적인'의 '태도'이다. 이것은 임화 등이 주장한 이념과 감성의 결합이라는 태도 자체와 대비된다. 임화 등은 이념과 감성을 결합시킨다고 할 때, 이러한 인식의 방식 전체를 반성한 것은 아니었는데, 여기서 도식성을 산출했던 카프 작가들의 추상적 인식방식 전체는 반성되지 않았다. 그것은 곧 아이디얼리즘의 침범을 카프 작가들이 인지하지 못했음을 의미하는데, 김남천은 이러한 인식방식 전체를 '공식적'인 태도로 규정하고, 근본적인 반성을 주장한다. 곧 초월론적인 반성이다.

김남천은 리얼리즘을 "선입견에 있어도 그것을 격파하고 철저하게 현실에서부터 출발하는 것", "객관적 현실에 주관을 종속시키려는 창작태도"로 규정하는데, 이것은 '아이디얼리즘의 침범'을 고발함으로써 관철되는 주체의 태도이다. 『고향』을 빌려 말하면, 김희준이 인동과 인숙을 대상화시켰을 때 그는 아이디얼리즘의 침범에 빠져 있었던 것이고, 대중의 주체성을 있는 그대로 파악함으로써 김희준의 소부르주아적 인식방식이 변화되는 과정을 형상화하는 것이 바로 리얼리즘이다. 물론 『고향』 후반부는 이러한 리얼리즘이 이루어지지 않았는데, 이는 김남천에 따르면 아이디얼리즘의 침범을 폭로, 고발하지 못했기 때문이다. 다시 말해 리얼리즘에 철저하지 못했기 때문에 도식성에 빠진 것인데, 이는 이기영이 리얼리즘을 작가의 '태도'가 아니라, 어떤 선규정된 이념을 재현하는 것으로 인식하는 인식방식을 철저하게 반성하지 못했기 때문이다.

따라서 김남천에게 '완성된' 리얼리즘문학은 선규정된 어떤 고정된 이념을 구상화하는 것에 그치지 않는다. 곧 김남천에게 '완성된' 리얼리즘에 의해 형상화된 현실은, 『고향』의 '공허'가 그려낸 조선사회의 현실에서 보듯이 비록 그것이 이념 자체와는 '먼' 거리에 있을지라도 구체적 현실이 자기를 드러낸 것이기 때문에, 이념에 의해 미리 규정된 현실은 아니다. 이것은 임화와 견주면 당파성이 약화되었다고도 파악될 수 있는 부분이지만, 임화에게 '완성된' 리얼리즘이란 구체적 현실을 매개하지 않은 추상적 이념 자체라는 점에서, 임화의 리얼리즘은 그 현실성이 떨어진다. "우리가 신 창작이론을 가져다가 고발의 문학으로 구체화하려는 것도 사회주의의 일반화된 추상에서 출발하는 것을 거부하고 우리가 살고 있는 이 땅, 이 시대의 현실 속에서 출발하려는 리얼리스트 고유의 성격에 불외不外한다."[18]

그런데 문제는 이기영이 『고향』을 창작할 때, 인동이나 인숙의 주체성을 '의도적'으로, 곧 '의식적'으로 대상화한 것은 아니라는 점이다. 이기영에게 인동이나 인숙이 대상적 존재로 현상되었을 때, 그것은 '현실'로서 인지되었다. 이것은 이기영이 속한 소부르주아 계급의 인식방식인 바, 인식방식은 의식대상과 함께 현전하지만, '자명함'으로 현전하기 때문에 인지되지 않았다. '자명함'이란 현상을 객관 현실로 오인하도록 하는 인식방식의 자기 현전의 방식이라고 할 때, 이 '자명함'을 회의하고 의구심에 부쳐서, 그 한계를 명료하게 하는 것은 의식 자체만의 힘으로는 이루어지지 않는다.

논리적으로는 분명 이러한 난점이 있음에도 김남천이 이를 주장할 수 있었던 이유는 리얼리즘과 아이디얼리즘의 구분은 의식 자체에서 이루어지는 것이 아니라, 의식 밖의 대상에 대한 경험으로부터 촉발되기 때문이다. 아이디얼리즘과 리얼리즘은 대상 경험이 있기 전에는 구분되지 않는다. 그러나 어떤 대상 경험이 발생하게 되면, 아이디얼리즘과 리얼리즘은 구분된다.

창작과정에서 이기영은 욕망과 마주친다. 이때 욕망에 대한 일반적인 태도는 김남천이 「공장신문」에서 했던 방식대로 제거하거나, 혹은 『고향』 후반부 김희준의 경우처럼 건너뛰는 것이다. 그러나 욕망이 제거되거나 건너뛰었다고 해도, 욕망은 사라지는 것이 아니라, 술집으로 몰려가는 농민들과 아내를 매개로 다시 회귀한다. 이때 회귀한 농민은 자신들의 실재를 표현해 줄 것을 요구하는 타자로서 현전이다. 그러나 이 타자를 김희준은 다만 '구심적인 것'으로서의 욕망으로써 표상한다. 곧 농민이나 아내를 대하는 태도는 소부르주아로 회귀하고자 하는 욕망으로 드러났는데, 이러한 욕망 자체가 농민과 아내를 대상적 존재로 추상화하는 소부르주아의 인식방식이다. 곧 '구심적인 것'으로서 욕망은 그 자체로 자명한 것이 아니라, 이기영이 터한 소부르주아 계급의 표현이다.

이러한 인식방식은 우선 '자명'하기 때문에, 욕망은 마땅히 제거되거나 주체의 실천에 별다른 영향을 주지 않는 것으로 '생각된다'. 그러나 재창이의 제거는 「공장신문」에서나 가능한 것이었고, 소유욕이 거세된 지식인이란 『고향』에서나 가능한 것이다. 곧 현실과 일치하지 않는 도식적 소설에서나 가능한 것이다. 욕망이 회귀할 때, 생각과 현실의 불일치, 이념과 현실의 불일치로서의 차이가 모순으로 현상된다. 따라서 모순의 원인은 농민과 아내를 욕망으로 대하는 이기영 자신의 인식방식이다.

김남천은 도식성의 원인으로 '철저한 리얼리즘'으로 일관하지 못했기 때문이라고 했다. 그것은 『고향』의 김희준의 욕망이 전연 도외시되었기 때문이다. 이때 이기영에게 욕망은 현실적인 것이 아니라, 전위가 마땅히 극복해야 할 타락으로 간주했고, 이로써 욕망과 부딪혀 고투하기보다는 건너뛰었다. 그런데 이 인식방식이 반성되지 않을 때, 김남천의 용어로 하면 '고발'되지 못할 때, 욕망은 사상됨으로써 도식성으로 귀결된다. 따라서 욕망이 제거될 때마다 사실은 이기영의 소부르주아 인식방식이 거기에 있는 셈이다. 이는 역으로 소부르주아의 인식방식에 의해 제거된 '구심적인 것'을 현실적으로 형상화할 때 인물은 전형성을 갖게 됨을 의미한다. 이것은 욕망을 '제거하려는 인식' 자체를 의식대상으로 하는 인식이 전제되어야 한다. 김남천은 전자를 아이디얼리즘으로, 후자를 리얼리즘으로 명명한 것인데, 이것은 리얼리즘의 근거가 바로 창작과정 자체에 귀속하고 있음을 보여준다.

「공장신문」의 관수가 재창이를 경험할 때, 재창이를 제거하려는 태도는 아이디얼리즘이다. 그런데 의식주체는 제거하려는 태도가 아이디얼리즘인지 자각하지 못한다. 그러나 이러한 태도는 현실정합성을 갖지 못함에 따라 이념과 현실이 불일치하는 경험을 하게 된다. 이 불일치를 계기로 재창이를 제거하려는 태도가 반성되는데, 이러한 태도가 리얼리즘이다. 이로써 김남천 자신뿐만 아니라 이기영 역시 자신의 인식방식을 반성할 수 있고, 새로운 인식방식을 생성시킬 수 있다. 곧 논리계형의 구분이 이루어지는 시기이다. 이것은 헤겔이 불일치 자체를 매개로 칸트를 넘어섰던 과정과 방불하다. 불일치가 경험되었을 때, 주체는 인식방식을 문제 삼게 되고, 이로써 새로운 인식방식의 산출이라는 변증법적 운동이 개시된다. 관념과 현실의 불일치는 이것 자체가 의식대상이 되는데, 이것이 의식대상이 된다는 것은 이것을 의식하는 의식주체가 이미 선재되어 있음을 의미한다. 이것이 변증법적 운동이 가능한 근거이다.[19]

김남천은 아이디얼리즘과 리얼리즘을 구분한 뒤, 이를 근거로 다시 '유형'과 '전형'을 구분한다. 자신의 작품 「소년행」이 현실의 적극성, 주제의 적극성이 부족하다는 평가에 대해 "소여된 성격으로서는 아무리 하여도 그렇게 될 수 없는 곳에 있어서도, 씨(김용제 — 인용자)는 작중인물이 사상가가 되기를 요구한다"[20]고 비판한다. 모든 인물이 사상가나 적극적인 실천가가 되어야 한다는 자세, 곧 아이디얼리즘으로 작품을 바라보는 태도가 바로 추상적 인식방식으로서 아이디얼리즘이고, 이것의 결과가 참담한 '유형적' 인물이라는 비판이다.

「공장신문」의 관수는 재창이를 파악할 때, '재창이는 타락했다'가 아니라 '나는 재창이를 타락했다고 인식한다'로 파악했어야 한다. 후자에서는 '나' 곧, 주체의 인식방식 자체가 의식대상이 된다. 이로써 논리계형이 구분된다. 그리고 이러한 구분 위에서 재창이에 대한 올바른 이해가 가능하다. 왜냐하면 '타락했다'는 것은 이미 주체의 '어떤' 인식방식을 전제한 것이고, '어떤' 인식방식은 특정 계급(지식인 계급)의 것이지 보편적 인식방식은 아니기 때문이다. 마르크스는 보편적 인식방식을 주장하지 않았다. '의식은 의식된 존재'로서 역사적으로만 존재하기 때문이다. 재창이를 타락으로 인식하는 것이 주관적인 것이라면 이것의 객관적인 사태는 '재창이는 변했다'이다. '변함'은 어떤 상태에서 다른 상태로의 이동이다. 따라서 이동(운동이나 변화)의 원인이 물어지게 된다. 이로써 재창이의 변화를 그 사회적 조건에서 구할 수 있게 된다. 그리고 '변했다'로 인식하게 되면, 이전의 '타락했다'로 인식한 인식방식도 동시에 의식대상이 된다. 곧 주관에서 벗어날 때, 의식대상과 의식방식 양쪽 모두 변하게 된다. 이것은 '어떤' 인식방식 자체가 의식대상이 되지 않으면, 인물은 전형이 아니라 유형으로 귀결됨을 의미한다.

리얼리즘이 "거침없이 객관적 실재의 본질을 전형으로써 묘사하는 것"[21]이 되는 것은 '전형'을 산출하기 때문이다. 아이디얼리즘은 대상을 인식방식으로 환원하는 태도로서, 환원되지 않는 타자를 사물적 존재로 대상화한다. 그러나 아이디얼리즘이 고발될 때, 대상화된 사물은 그 타자성을 확보할 수 있게 된다. 이것은 곧 현실을 '있는 그대로' 반영하는 것으로서, 리얼리즘문학이 확보될 수 있는 조건이 된다. 고발문학론이 사회주의 리얼리즘의 '구체화의 길'이 될 수 있는 이유는 이 때문이다. 아이디얼리즘을 고발함으로써 재창이의 변화를 실재의 본질에서부터 파악할 수 있다. 재창이를 '타락'으로 인식할 뿐, '타락'으로 규정하는 인식방식을 반성하지 못하면, 재창이의 타락이 타락됨으로 규정되는 것은 그 사회적 조건 속에서가 아니라, 다만 김남천의 윤리의식에 의해 타락됨으로 규정될 뿐이다. 이것은 김남천의 윤리의식이 사회적 조건 속에서 타당성, 현실성을 확보하지 못하면 재창이의 타락은 김남천'에게만' 타락으로 규정됨을 의미한다. 따라서 재창이의 제거는 '개인적' 관계로 환원된다.

이에 김남천은 인물의 성격을 사회적 조건에서 이해해야 한다고 주장한다. 그것은 재창이를 타락으로 규정하는 것을 부정하는 것이 아니라, 재창이의 타락을 자신의 윤리의식으로 선규정한 것을 반성하는 것이다. 곧 재창이의 타락을 '제거해야 하는 것'으로 규정하는 주체의 위치가 생략될 때, 재창이의 타락은 어떤 초월적인 규범에 의해 마땅히 제거되어 하는 것으로 나타난다. 따라서 재창이의 타락의 원인은 현실이 아니라, 개체에 속하는 우연적 기질에서 구하게 되는 관념론으로 빠지게 된다. 관념론과 유물론의 차이란 결국 인식된 현상에서 주체의 위치, 곧 주체의 인식방식을 현상 속에 집어넣는가에 따라 구분된다. '의식은 의식된 존재'이다.

김남천은 "전형적 성격이란 어떤 계급층과 시대적 인간의 종합적인 성격을 말함이라는 것"[22]이라고 규정한다. 조선 지식인의 전형적 성격은 지식인이라는 계급층을 묘사하는 것이다. 이것은 당연한 말로 들리지만, 이것은 김남천이 재창이의 타락을 제거하고자 했던 자신의 인식방식을 반성하고 있음을 보여준다는 점에서 창작방법론의 발전이다.

도식성이 생산된 것은 주체의 위치, 곧 김남천으로서의 '나'가 간과되었기 때문이다. 주체의 위치는 항상 '자명함'으로 나타남으로써, 주체의 위치는 항상 현상 속에 있지만 은폐되어 있다. 그러나 주체의 위치가 간과될 때 관념론으로 빠지게 된다. 이에 김남천은 자신의 인식방식을 계급과의 연관성에서 파악함으로써 전형화를 창출할 수 있다고 보는 주체의 위치를 확보하기 시작한다. 곧 욕망은 지식인 계급을 전형적으로 형상화하는 데에 계기적 요인이다. 이로써 김남천은 자기 자신을 파악하는 것이 곧 리얼리즘문학의 완성의 과정임을 인지한다. 왜냐하면 자기 자신을 전형적으로 파악할 때, 대중을 대상화하는 인식방식 역시 고발되기 때문이다. 김남천은 주체의 위치를 확보하는 과정에서 재창이의 행동과 그 행동을 '제거해야 한다'고 규정하는 인식방식을 구분하는, 논리계형의 구분을 발생시키고 있다. 이로써 문제는 재창이의 타락뿐만 아니라, '전위는 타락할 수 없다'는 자신의 인식방식 자체를 문제 삼기 시작한다.

그러나 리얼리즘 태도로 일관하는 것은, 마치 꿀 묻은 손이 만지는 곳마다 끈적거리는 것처럼 지극히 어려운 일인 셈이다. "몇 개의 단편으로 소시민 지식인의 자기 분열의 양상을 고발한 뒤에 오는 것은 항상 건잡을 수 없는 애수였다. 떨어버리려야 떨어지지 않는 애수는 육체적인 절박성을 가지고 소설의 결말을 배회한다."[23] 작가가 아무리 인물을 적극적으로 묘사하고자 해도, 그것이 본질에서 필연성을 갖지 못하게 될 경우 작가는 자신의 인식방식을 문제 삼아야 한다. 따라서 김남천은 주체의 '태도'에 따라 세계관이 변할 수 있다고 주장한다.

이상의 논의를 토대로 하면, 김남천이 말하는 아이디얼리즘과 리얼리즘의 구분은 도식성의 원인이 되었던 추상적 인식방식에 대한 비판이라고 할 수 있다. 그러나 이전 논의에서 진전된 것은 아이디얼리즘과 리얼리즘을 카프의 추상적 인식방식과 이에 대한 메타적 인식방식으로 구분하고 이를 이론화한다는 점이다. 리얼리즘은 주체의 인식방식을 의식대상으로 삼는 메타적 인식방식이기 때문이다. 김남천이 고발정신을 두고 '일체를 고발'한다고 말할 수 있었던 이유도 이것이다. 이로써 현실을 주관에 의해 재단하는 관념적 태도로부터 전회의 가능성이 발생한다. 리얼리즘은 주관을 주관이 위치하고 있는 근본적 관점에까지 추궁하는 태도로서, 현실에 대한 왜곡된 파악을 폭로하는 태도이기 때문이다. 이로써 주체 재건과 리얼리즘문학 완성이 길이 열린다. 리얼리즘에 의해 소부르주아적 인식방식이 고발되고, 동시에 리얼리즘문학이 완성되기 때문이다.

그러나 고발론은 김남천의 말대로 카프 작가들의 계급적 위치에 따른 추상적 인식방식을 고발할 수는 있지만 그렇다고 현실이 긍정적인 측면에서 묘사되는 것은 아니다. 다시 말해 '물 논쟁' 당시 김남천이 「서화」에 대해 "당연히 있어야 할 생산관계 속에 있어서의 두 개의 혼의 모순과 복잡을 그리는 대신 전혀 또 한 개의 적극적 일면을 망각한 추상적 농민을 묘사"[24]했다는 비판에서 김남천 역시 자유롭지 못하다. 곧 아이디얼리즘과 리얼리즘을 구분함으로써 유형과 전형을 구분했지만, 문제는 전형 자체에서 역사의 방향성 자체는 그 자체로 담보되지 않는다는 데 있다.

김남천은 마르크시즘으로서의 세계관을 관철하기 위해서는 아이디얼리즘으로부터 리얼리즘으로서의 태도 변화를 요청한다. 하지만 리얼리즘으로의 변화에서도 마르크시즘은 획득되어야 할, 사물화된 이론의 지위에 놓여 있다. 리얼리즘은 다만 그 획득된 것을 조선이라는 조건에서 주체화하는 태도이기 때문이다. 결국 세계관과 방법은 여전히 괴리된 상태로 잔존해 있다. 다시 말해 김남천은 조선의 구체적 현실로부터 마르크스를 전유해야 한다고 주장하면서도, 그가 전유해야 할 마르크시즘에 내재된 서구중심주의 자체를 고발하지는 못했다.

게다가 고발론에서는 김남천은 자신의 윤리의식까지도 고발해야 했다. 이것은 자신의 윤리의식의 현실성을 묻는 물음이다. 재창이의 타락이 '타락'으로 규정되기 위해서는, 그 규정의 주체가 김남천 개인이 아니라, 조선사회여야 했다. 이것은 달리 말하면 김남천 '자체'가 현실적 존재로 파악되어야 함을 의미한다. 재창이의 타락이 조선사회에서는 타락으로 규정되지 않는다면, 비현실적인 존재는 바로 김남천 자신이기 때문이다.

모럴론, 주체의 자기 원인화

고발문학론은 리얼리즘, 곧 객관적 현실에 주관을 종속시키려는 창작태도를 유지함으로써 아이디얼리즘에 따른 도식성 문제를 극복하고 리얼리즘문학을 완성시키는 창작방법론이자, 주체 재건의 방법이었다. 김남천이 규정한 대로 리얼리즘이 어떤 고정된 양식이 아니라, 방법이라고 할 때, 이미 그것은 마르크시즘을 대중의 감성에 맞게 재현하는 방식을 넘어선다. 마르크시즘 전체가 조선에서 구체화, 곧 해석되어야 하는 것이지, 마치 마르크시즘이란 약을 설탕으로 포장하는 것으로는 이루어질 수 없기 때문이다. 대중의 감성을 형식화함으로써 리얼리즘문학을 완성하고자 했던 다른 카프 작가들은 내용과 형식의 조화라는 부르주아 인식방식이었기 때문이다. 이로써 김남천은 다른 입지점에 서게 되었다. 다른 카프 작가들은 '방법' 자체를 여전히 '형식' 차원에서 봄으로써, 방법을 형식으로 보는 그들 인식방식 자체를 의식대상으로 현전시킬 수 없었다. 이로써 사회주의 리얼리즘을 이식하는 것으로써 리얼리즘을 완성할 수 있다고 보았던 것인데, 그들은 리얼리즘이 이미 주체의 태도에 따라 실현될 수 있다는 것을 인지할 수 없었다.

이것은 주체의 태도 자체가 이미 소부르주아 계급에 따른 어떤 특정한 태도임에도, 이것 자체가 이들 카프 작가들에게 전연 인지되지 않음에 따라 이념과 현실의 모순이 좀처럼 극복되지 않는다는 비판이다. 따라서 대중의 감성을 획득해야 한다는, 적극적이고 희생적 실천 이전에 먼저 주체의 위치가 파악되어야 했다. 현상 속에 항상 자기를 드러내면서도 '자명함'으로 은폐되어 있는 카프 작가들의 인식방식 자체가 먼저 의식대상으로 현전되어야 했다. 그것은 이념과 욕망이 모순된 채로 존재하고 있는 카프 작가의 존재 자체가 이미 과제로 제기되어 있음을 의미한다. 그리고 이념과 욕망의 모순을 극복할 때, 전형화뿐만 아니라 현실을 돌파할 수 있는 계기가 마련된다는 점에서 주체의 위치를 획득하는 것은 긴요한 과제로 제기된다.

김남천이 모럴론을 전개하면서 임화의 주체 재건론을 비판하는 이유 가운데 하나는 여기에 있다. "임화 씨는 주체의 재건을 기도하는 마당에서 작가의 문제를 작가 일반의 문제로 추상하여 그것을 그대로 들고 문학의 세계로 직행한다. 작가 일반이 추상화된 개념으로 파악되어 버릴 때 문제의 해결은 지극히 용이할지 모르나 주체의 재건과 완성은 해명의 뒤에서 전혀 방기되어 버릴 것이다. 왜냐하면 이 문제는 결코 기정된 리얼리스트 작가 일반의 개념으로써 해결될 만큼 통일되어 있다느니 보다는 실상은 더 혼란하게 자기분열되어 있기 때문이다."[25] 임화가 상정하고 있는 주체는 개체로서의 작가가 아니라 작가 일반이라는 점에서, 추상적인 것이라고 규정한다. 작가가 추상됨으로써 실제 작가들이 지니고 있는 '혼란하게 자기분열되어 있는' 주체 분열의 문제도 사상된다. 임화의 주체 재건론은 작가의 모순된 내면을 망각한 것이다. 그것은 결국 주체의 욕망을 사상시킴으로써 도식화될 수밖에 없다.

이때 김남천이 말하는 '전혀 방기되어 버린 것'은 생활이다. 임화처럼 세계관을 작가 개인과 분리한 채 강조하는 관점에서는, 작가들의 구체적 조건으로서 생활 자체가 사상되고, 따라서 작가가 작품을 창작할 때와 생활할 때로 구분됨으로써 이원론적인 세계관으로 빠져들게 된다. 이로써 작가가 아무리 창작할 때 리얼리즘에 입각하려고 해도, 아이디얼리즘의 생활에 의해 리얼리즘 자체가 유지되지 않는다. 그리고 이러한 태도는 결국 세계관과 방법을 분리시키는 입장으로서, 세계관 자체가 방법에 의해 제한되는 결과를 초래한다. 이것은 세계관 자체를 이념이자 사상으로 전제하면서도 스스로 부정하는 것으로 귀결됨으로써, 주체가 이중구속에 빠지게 된다. 그리고 이러한 입장에서 현실은 이념에 따라 재단하게 됨으로써, 리얼리즘이 아이디얼리즘으로 전도된다.

소유욕이 사상된 김희준이 결국 현실성을 확보하지 못함에 따라 도식화된 것에서 볼 수 있듯이, 고발문학론은 추상적 인식방식을 고발함으로써, 욕망이 주체의 현실성을 정립하기 위한 필연적 계기임을 밝혔다. 곧 재창이의 타락은 '제거'의 방식으로 처리될 수는 없음을 밝혔고, 이로써 도식성은 넘어설 수 있다. 그러나 다른 한편으로는 재창이에게서 나타난 대로, 전위의 활동을 무산시키는 욕망 문제에 대해서 고발문학론은 한계를 지닌다. 곧 김희준이 소유욕을 가진 인물로 재현되었다고 해도, 이념과 욕망의 모순 문제는 여전히 남게 된다. 모럴론이 제기된 배경은 고발문학론의 이러한 한계를 돌파하기 위해서였다. 이념과 욕망이 모순될 때, 이를 극복하기 위한 방법이 모색되지 않으면, 모순은 결국 주체를 좌절시킬 것이기 때문이다.

그런데 김남천은 이러한 모순의 해결이 '또 다른' 외국 이론을 수용하는 것으로는 이루어질 수 없다고 주장함으로써, 임화의 주체 재건론을 다시 비판한다. 임화가 망각한 것은 주체가 이미 분열되어 있고, 칸트를 넘어서는 헤겔의 방법에 따라, 이 분열이 이미 지양의 가능성을 전제한다는 점이다. 김남천은 이것을 고리끼를 빌어 애와 증이라고 말하면서, 부정적인 것으로서 '유다적인 것'과 이것을 증오하는 감정뿐만이 아니라, 이것을 넘어설 수 있는 긍정적인 것으로서 '애'는 이미 주체에 내속되어 있다고 본다. "자기 속에 깃들이고 있는 유다적인 것의 적발은 물론 그것을 끊임없이 증오하는 감정에서 출발한다. 그러나 그것은 자기 자신의 인간적 개조가 가능하다는 높은 애愛의 정서가 없는 곳에는 있을 수 없는 감정이다."[26]

김남천은 자신의 주장을 성서의 유다를 빌어 진술한다. 유다는 예수를 은 30냥에 팔았다. 그런데 유다는 예수를 팔면서, 예수가 십자가에 매달릴 것으로는 생각하지 못했다. 그러나 예수가 십자가에 매달리게 되자 자살한다. 이를 김남천은 "'유다'는 그의 '마음'을 은 삼십으로 바꾸는 것으로써 범한 유다적인 것의 승리를 민사悶死에 의하여 승화"[27] 하였다고 분석한다. 여기서 유의해야 할 것은 김남천이 따옴표까지 쓰면서 은 삼십으로 바꾼 것이 예수가 아니라, 그의 '마음'이라고 하고 있다는 점이다. 이것은 김남천이 '유다적인 것'을 두고 "그것은 소시민 지식인이 신봉하던 어떤 사상이나 주의에서 이탈하거나 배반한다는 등의 저급한 곳에 있어서 제출된 상식적인 것이 아니라, 자기 자신의 매각이라는 고도의 성찰과 더불어 제출되는 문제"[28]라고 말하는 것과 관련된다.

유다가 자살하게 되는 계기는 십자가의 예수이다. 김남천은 "유다는 예수가 십자가에까지 오르게 될 줄은 꿈에도 생각지 못하였다"[29]고 말한다. 유다가 예수를 판 것은 김남천의 말대로 그가 처했던 조건의 결과였다. "그는 제자 중에서 유일의 유대 출신이요, 금전 향기를 가장 많이 맡은 사람이었다. 그는 전날 포목전을 벌렸다가 실패하고 그 탓에 빚도 있었으려니와 술값 진 것도 상당히 많았던 모양이다. (…중략…) 예루살렘 점령을 획책할 때에 유다는 그들의 총대장격이 되고 싶어 여간 안타까워하지 않았다고 한다. 결국 성서는 유다가 그의 주를 은 30냥으로 바꾸어버린 것을 사탄의 침범으로 설명하고 있으나 그는 모든 조건에서 그렇게 될 수많은 약점을 가지고 있었다."[30] 유다가 예수를 판 것은 이와 같은 현실적 근거를 지니고 있었던 만큼, 예수가 십자가에 오른 것도 객관적으로 존재하는 조건의 결과였다.

그런데 유다는 예수가 십자가에 못 박힐 것을 미처 알 수 없었다. '알지 못했다'는 것은 그의 의식 속에는 아예 존재하지 않았던, 예상하지 못했던 실재가 눈앞에서 전개되었음을 의미한다. 곧 관념과 현실의 불일치이다. 그런데 이러한 객관적 실재의 현현 앞에서 부정되는 것은 실재가 아니라 유다의 생각, 곧 주관이어야 한다. 유다가 어리석어서 그랬든, 신학적 해석에 따라 악마가 들어서이든, 문제로 제기되어야 하는 것은 필연적으로 존재하는 객관적 현실을 알 수 없었던 유다, 그의 관념이다.

이러한 유다의 처지는 "객관세계의 모순을 극복하노라고 자기 자신을 돌보지 않았던 주체가 한번 뼈아프게 차질을 맛보는 순간 비로소 자기 속에서 분열과 모순을 발견한"[31] 카프 작가들의 처지와 상동된다. 곧 유다는 이미 분열되어 있었지만, 그가 예수의 죽음을 통해서 비로소 분열을 경험한 것처럼, 카프 작가들은 이념과 경험으로 이미 분열되어 있지만, 도식성 문제가 제기되기 전까지 이를 의식하지 못했다. 그런데 이러한 자기 분열과 모순을 배제한 채 임화의 논리대로 이론의 철저함만을 추구하게 되면 다시 동일한 결과가 산출된다는 것이 김남천의 입장이다. 분열과 모순은 이미 현실적 조건에 따라 객관적으로 존재하는 것임에도, 임화는 여전히 세계관의 철저를 강조함으로써, 결국은 현실을 도외시하는 결과를 초래하기 때문이다.

임화가 간과한 것은 도식성을 '해결'하려고 했다는 점이다. 도식성은 바로 카프 작가 자신들이 처한 주체의 위치의 표현이다. 곧 '의식은 의식된 존재'의 테제에 따라 도식성이 불거졌을 때, 그것은 조선 지식인의 '위치'의 표현이었고, 그것은 바로 조선사회라는 조건에서 생산된 것이기 때문에, 비로소 조선사회가 파악될 수 있는 기회였는데도, 다른 카프 작가들은 조선사회가 아니라 대중의 감성 획득을 문제로 삼았다. 여기에서 세계관 자체는 조선사회와 분리되었고, 세계관과 방법의 기계적인 결합은 전혀 반성되지 않았다. '해소'해야 할 문제를 '해결'하려고 했기 때문에 증후에 빠진 것이다. 따라서 다시 이론이 아니라, 도식성 곧 주체의 위치를 의식대상으로 삼는 새로운 인식방식으로서, 주체의 위치를 의식대상으로 전환시키는 메타적인 주체의 '위치'를 생성해야 했다. 곧 논리계형의 구분이다. 이 과정을 김남천은 유다에게서 보았고, 이를 '민사悶死의 의한 승화'라고 규정한다. 성서에는 유다의 '민사'의 과정을 구체적으로 묘사하고 있지 않은데, 김남천은 이 과정을 자신의 이론에 따라 보충하면서 동시에 자신의 모럴론을 전개한다.

> 기독이 배신자를 적발하는 곳과 베드로가 그의 선생을 부인하고 통곡하는 곳과 끝으로 유다가 선생을 판 것을 후회하고 스스로 제 목숨을 끊어버리는 이 세 가지 감격적인 장면에서 나는 유례없는 높은 문학정신을 파악해 보려고 한다.
>
> 생각건대 이 세 개의 인간적 감정이 한 둘의 계단을 넘어서서 가장 전형적으로 종합된 것은 물론 유다에 있었다. 그러나 은 30냥과 바꾸려는 제자를 무자비하게 적발하는 기독의 비타협성과 자신의 회의와 자저趑趄와 비겁에 가슴을 두드리며 통곡하는 베드로를 넘어서 그의 마음을 팔았던 유다가 은전을 뿌려 던지며 목을 매어서, 자기 승화를 단행하는 곳에 이르러 우리들이 결정적인 매혹을 느끼는 것은 어떤 까닭일런가?
>
> 이 세 장면이 혼연히 합하여 하나의 높은 감동을 주어 이곳에서 현대문학 정신으로 직통하는 어떤 직감적인 것을 갖게 하는 대신, 유다의 속에는 우리들 현대 소시민과 가장 육체적으로 근사한 곳이 있으며 다시 그의 민사悶死의 속에서 소시민 출신 작가가 제출하여야 할 최초의 모럴을 발견하게 되는 때문은 아닐까 하고 나는 지금 생각하고 있다.[32]

포목상 출신의 유다는 예수의 공동체 안에 들어갔다가 몸에 밴 세속적 욕망에 따라 예수를 매도한 뒤에, 자신으로서는 전혀 생각하지도 못한 일이 벌어지자, 철저한 자기반성 끝에 결국 자살이라는 형식으로 '민사에 의한 승화'를 보여주었다. 여기서 김남천은 자신이 형성하고자 하는 문학의 한 형태를 보았다. '몇 개의 공식'을 의인화하는 도식적 소설이 아니라, 유다라는 육체에 의해 이념이 실현되는 구체적인 묘사의 가능성을 유다를 통해 본 것이다.

유다가 내적으로 분열되어 있던 것에 반해 예수는 '하나' 즉 존재이다. 그런데 하나로서의 예수가 진리이면서 동시에 매도물로서 은 30냥에 팔렸다는 것은 예수가 분열되었다는 것을 의미한다. 그러나 예수는 하나이기 때문에 분열될 수 없다. 따라서 그 분열은 예수에게 있는 것이 아니라 유다에게 있어야 한다. 곧 예수는 유다'에게' 세속적 욕망의 매개이자 동시에 진리로 분열되어 현상된 것이다. 예수는 매도될 수 있는 것이 본래 아니기 때문에 매도될 수 없지만, 유다가 세속적 욕망의 위치에 있을 때 예수는 마치 매도될 수 있는 것처럼 유다에게 현상되었다.

유다는 비동일적 존재, 공동체 안의 유다와 예수를 매각한 시장에서의 유다로 분열되고 모순된 존재이다. 유다는 동일성의 주체가 아니라, 공동체 안에서는 공동체의 논리를, 시장에서는 시장의 논리를 따르는 비동일적 주체이다. 이 논리에서는 궁극적으로 타락이 성립하지 않는다. 주체가 시장 안에서 시장의 논리에 충실했을 때 타락이라고 말할 수 없다. 그것은 공동체 안에서 공동체의 논리에 따르는 것과 같기 때문이다. 타락은 시장의 질서가 공동체에, 하버마스가 말한 생활세계의 식민화가 일어날 때 발생한다. 따라서 예수를 매각한 것은 유다의 내적 속성 때문이 아니라, 공동체 안으로 침투한 시장이다. 곧 유다가 예수를 매도한 사건은, 시장 논리에 의한 공동체 논리의 부정으로, 진리에 대한 유다의 의지는, 예수를 매도함으로써 무의식적으로 자기 부정을 감행한 것이 되었다. 이에 김남천은 따옴표로서 정말 매도된 것은 유마의 '마음'이라고 강조한다.

유다는 십자가의 예수를 보고서야 자신을 반성한다. 곧 주체의 위치를 인지하기 시작했다. 유다는 예수를 은 30냥에 매도할 때 자신이 시장의 위치에 있음을 전혀 인지하지 못했다. 그는 믿는 자가 아니었지만, 그는 자신을 믿는 자로 오인했다. 유다는 시장에 있다가 공동체로 간 자이다. 그가 공동체 안에 있음으로써 자신을 예수의 제자라고 생각할 수는 있지만, 시장에서 익힌 습관은 여전히 무의식적인 것으로 남아 있었다. 몸에 밴 습관은 카프로 말하자면, 무의식화된 소부르주아의 추상적 인식방식 그것이다. 그러나 예수가 십자가에 매달렸을 때, 유다는 비로소 자신의 몸에 밴 시장의 논리를 인지한다. 바로 그 순간이 고발론으로 말하면, 아이디얼리즘을 고발하는 리얼리즘이 생성되는 순간이었다.

자신을 믿는 자로 생각했지만, 예수를 매도물로서 대상화했던 유다는, 자신의 인식방식이 시장의 것이었음을 인지하고, 이를 극복해나간다. 시장의 논리와 공동체의 논리는 서로 다른 인식방식인 셈이다. 그리고 예수는 시장 논리의 외부로서의 타자이고, 그것은 공동체의 인식방식으로만 규정되고 파악될 수 있음을 인지한다. 그 과정이 '민사에 의한 승화'인데, 이로써 유다는 자기 안의 '유다적인 것'으로서의 세속적 욕망으로부터 '자기 승화'될 수 있었다는 것이 김남천이 보충하는 유다론이다. 이 '민사'의 과정을 유다가 어떻게 이루어냈는지에 대해서는 언급되어 있지는 않지만, 그 과정을 방법론으로 정립한 것이 '모럴론'이다.

김남천은 다른 카프 작가들과 마찬가지로 자신을 마르크스주의자라고 생각했지만, 실제 작품은 도식성, 곧 관념적이었다. 이때 김남천은 어느 날 갑자기 마르크스주의자가 된 것이 아니라, 마치 시장의 유다가 공동체 안에 들어가듯이, 소시민출신에서 마르크스주의자로 이동한 것임을 인지한다. 그런데 마르크스주의자로의 위치 이동, 곧 인식방식의 전환은 완전하게 된 것이 아니다. 유다가 그렇듯이 김남천을 포함한 카프 작가들의 인식방식은 여전히 소시민의 그것이었다. 소시민의 인식방식으로써 이념을 대할 때, 마치 예수가 유다에게 그저 매도물로 표상되었던 것처럼, 이념은 다만 사물화된 세계관으로 표상되고, 대중은 사물적 대상으로 환원됨으로써, 주체의 근본적 변화를 전혀 추동하지 못한다.

십자가에 매달린 예수를 목도함으로써 유다는 비로소 자신을 근본적으로 반성하게 되었듯이, 도식성은 말하자면 예수가 못 박힌 사건이다. 김남천이 말하는 '자기 자신의 인간적 개조', 곧 주체 재건은 자신의 위치를 반성적으로 대상화하는 것에서 시작한다. 곧 자신이 공동체 안에 있다고 해서 공동체의 논리를 따르는 것은 아니기 때문에, 항상 자신의 행위를 근본적 지점에서, 곧 초월론적으로 반성해야 한다. 김남천이 당대를 두고 "자기 자신에 대한 속임 없는 신체검사의 과정이 과학적 무장의 과정이 되는 시대"[33]라고 말한 것은 이 때문이다.

유다를 통한 김남천이 전하는 메시지는 간결하다. 곧 카프 작가들은 그들의 인식방식이 소부르주아 계급에 있음을 반성하지 못했을 때, 유다가 예수를 매도했듯, 이념은 매도된다. 이로써 전향이다. 이것은 임화가 간과한 '생활'이 반성되지 않으면 진정한 리얼리즘, 이념의 구체화는 가능하지 않다는 것을 의미한다. 사상과 신념은, "작가 자신의 문제로서 호흡되어 있고 그것이 어느 정도로 그 자신의 심장을 통과하여 작품으로 제기되고 있는가 하는 문제"로서 파악되고, "작가에게 있어서는 그가 파악하고 있는 세계관이 그대로 개념으로 표명되는 것이 아니라 작가의 주체를 통과한 것"[34]이어야 한다.

사상이 '심장'을 통과하는 과정이 소설이 도식성에서 벗어나 육체를 갖는 과정이다. 곧 이념이 생활을 우회함으로써 구체화되는 과정이다. 동시에 예수가 십자가에 매달린 사건을 계기로 유다가 자신을 공동체 안의 사람으로 새롭게 태어났듯이 주체를 재건하는 과정이기도 했다. 이를 위해서 유다가 '민사'의 과정에서 몸에 밴 시장의 논리를 고발하고 폭로하고 결국 신앙으로 '육화'되듯이, 작가는 아이디얼리즘의 침범을 고발하고 폭로할 뿐만 아니라, 바로 그 과정에서 긍정적인 것을 도출해야 한다.

김남천이 생활을 강조하는 것도 이러한 맥락이다. "현대의 작가에게는 확실히 어떻게 묘사하느냐보다도 어떻게 생활할 것인가가 보다 절실한 문제가 아니었던가. 아니 묘사와 생활이 불이 일도록 서로 맞부딪치게 되는 것이 보다 큰 문제가 아니었던가."[35] 묘사는 묘사 주체로서의 작가와 묘사 대상으로서의 생활을 구성적 계기로 갖는다. 이때 묘사 주체가 묘사 대상과 분리되어 있다면, 곧 작가가 생활로부터 분리되어 있다면, 작가의 세계관이 생활을 재단하게 된다. 이것이 아이디얼리즘인 바, 이로써 도식적, 관념적 소설이 생산된다. 세계관은 생활 속에서 구체화되어야 한다. '불이 일도로 서로 맞부딪쳐야 한다.'

따라서 진정한 마르크스주의자가 된다는 것은 이론적 주체로서 완결되는 것이 아니라, 생활 속에서 이념을 육화하는 것을 의미한다. 곧 완전한 전환이다. 작가가 원고지 앞에 있을 때에도, 마치 유다가 공동체 안에 있어도 그의 몸에 시장의 질서가 배어 있듯이, 생활 자체가 완전히 마르크스주의자로 되지 않으면 언제든지 아이디얼리즘으로 추락할 수 있다. 따라서 세계관이 '그 자신의 심장을 통과하여 작품으로서 제기되'어야 한다. 이로써 모럴론은 고발론의 긍정적 연장임을 알 수 있다. "작가가 리얼리즘을 수미일관성에 있어서 관철하려고 아이디얼리즘의 침범을 사력을 다하여 방어하는 방향은 사실은 상술한 문학정신(고발론 — 인용자)의 지향과 분리되어서 제기되는 문제가 아니다."[36] 고발론에서는 추상적 인식방식을 반성하는 데에 역점이 놓였다면, 모럴론에서는 생활을 의식하게 됨으로써, 묘사 내용으로서 '생활'을 확보하게 되었다.

이러한 관점에서 김남천은 유다의 예수 매도를 개인적 타락으로 보는 관점을 비판한다. 전향 사태에 대한 김남천의 입장이 이로부터 전개된다. 김남천은 당대 카프 작가들의 유물론으로부터의 이탈 정도를, 새로운 전기가 마련되어야 할 정도로 절박하게 인식한다. 그런데 김남천은 전향을 사상으로부터 이탈이나 배반의 관점에서 다루는 것을 두고 '저급'하다고 말한다. 그 이유는 이것이 이미 실체-속성의 형이상학적 인간관, 마치 「공장신문」의 재창이의 타락을 그의 성격적 문제로 보는 것과 같은 고정된 실체를 전제로 하기 때문이다. 실체-속성의 형이상학적 인간관은 신앙／타락의 논리로 유다의 행위를 설명한다. 인간은 타락할 수 있는 속성을 지니고 있기 때문에 항상 자기 자신을 경계해야 한다는 논리이다. 구조적 문제를 개인의 차원으로 환원하는 태도를 두고 김남천이 '저급'하다고 한 이유는, 이러한 태도는 비본질적이기 때문이다.

박영희가 전향을 표명할 때, 김남천은 이것을 개인의 타락으로 보지 않는다. 거기서 발언하고 있는 것은, 유다가 그랬듯이 박영희가 속한 소부르주아계급이지 박영희가 아니기 때문이다. 이것은 놀랄만한 일도, 또 적개심을 갖고 공격할 일도 아니다. 그러나 역사적으로 생성된 속성을 본질적 실체로서 상정하는 형이상학자들에게 이것은 타락으로 비춰지게 된다. 그것은 「공장신문」의 김남천 자신이기도 했다. 적개심을 갖고 박영희와 대척점에 자신을 세움으로써 자신을 마르크스주의자로 생각이야 할 수 있겠지만, 이것이야말로 마르크스가 비판한 관념적 태도임을 김남천은 반성한다. 전향에서 부정되는 것은 마르크시즘이 아니라 전향자 자신이다. 박영희는 마르크스주의자라고 생각했지만, 유다처럼 그는 여전히 부르주아의 인식방식에서 마르크시즘을 수용했을 뿐이다.

따라서 엄격하게 말하면, 김남천에게 마르크시즘의 포기로서 전향은 성립하지 않는다. 오히려 전향은, 유다가 '민사에 의한 승화'를 통해 '진정한' 믿음 있는 자로 회개했듯이, 인식방식을 철저하게 반성함으로써 '진정한' 마르크스주의자가 되었을 때 발생한다고도 말할 수 있다. "객체로서의 생활과 세계가 알게마이네 크리제의 시대에 있어서는 구체적으로 여하한 것인가를 이론적으로 인식하는 것으로써 끝나는 것이 아니라 작가가 이 문제를 얼마나 절실하게 자기 자신의 것으로 하고 있는가, 그리고 이러한 가운데서의 자기 자신을 얼마나 사회 전반의 문제 속에서 해결하면서 있는가가 중요하였다."[37] 곧 정작 주체들에게 요구되는 것은 어떤 사상이나 이념의 강조가 아니라, 유다의 '민사'에 가까운 철저한 자기반성이다. 전향의 시대는 바로 "작가 자신이 자기의 문제를 해결하지 않고는 아무 것도 할 수 없다는 것을 절실히 깨닫게 하는 데까지 절박되어 있"[38]기 때문이다.

그런데 여기서 한 가지 강조되어야 할 점은, 유다가 자기의 모순을 극복할 수 있는 계기는 십자가 위의 예수였지만, 모순을 극복하는 주체는 유다 자신의 '민사' 때문이었다는 점이다. 이것은 자기를 '주체화의 원인'으로 정립할 수 있는 근거를 확보하게 되었음을 의미한다. 반성 이전에는 '무지'한 대중 때문에, '타락'한 전위 때문에 이념과 현실이 불일치했다고 생각했지만, 반성을 매개로 이념과 현실의 불일치는 주체의 인식방식에 있음을 인지하게 된다. 이로써 재창이를 어떻게 제거할 것인가와 같은 의사문제는 발생하지 않는다. 곧 원인을 자기에게 둠으로써 비로소 이념과 현실의 불일치, 일치의 원인을 주체의 실천에서 구할 수 있게 된 것이다. 원인은 이념도 현실도 아니라, 바로 주체이다. "자기 자신의 인간적 개조가 가능하다는 높은 애愛의 정서"가 바로 애와 증의 모순을 극복하는 '인간 개조'의 원인이다.

기계적 반영론에서는 주체는 다만 매개이다. 그러나 김남천은 주체의 생활적 실천을 매개함으로써 기계적 반영론을 넘어서서 주체를 원인화한다. 곧 이념과 현실의 불일치에서 정작 문제가 되는 것은 주체, 더 정확히는 주체의 인식방식이었다. 주체의 위치가 망각됨으로써 모순이 발생했기 때문이다. 현실을 묘사하는 정신은 유물론에 입각해 있다고 해도, 유다가 그렇듯이 항상 아이디얼리즘에 노출되어 있다. 아이디얼리즘의 근거는 생활에 있기 때문이다. 따라서 아이디얼리즘의 침범을 막기 위해서는 생활 자체까지도 리얼리즘으로 일관해야 한다. 이것은 단지 세계관을 철저하게 습득하는 의식적인 문제로서 해결될 수 없다. 의식은 이미 생활의 침범 속에서 형성되었기 때문이다.

카프 작가들은 이념과 현실이 모순으로 드러났을 때, 이념을 포기함으로써 전향하거나 현실을 포기함으로써 이상적 관념주의자로 남았다. 그러나 어느 쪽을 택하든, 그것은 자기 계급으로의 귀환이다. 이념을 포기하는 것은 말할 것도 없고, 현실을 포기하는 것은 결국 추상적 인식방식이 전환되지 않았음을 의미하기 때문이다.

예수는 존재이기 때문에, 매도될 수 없다. 그럼에도 예수가 분리되었던 것은 유다의 몸에 밴 시장 논리 때문이었고, 유다는 이를 인지할 수 없었기 때문에 예수를 매도했다. 유다는 십자가에 매달린 사건을 계기로 비로소 자신이 믿는 자가 아니라, '포목상'이었고, '총대장'이 되고 싶었던 한낱 시장 사람이었다는 것을 인지한다. 유다는 예수를 볼 때마다 그를 대상화시켰던 것인데, 예수가 십자가에 매달렸을 때, 예수는 비로소 '타자'로서 현전되었다. 십자가 예수는 유다의 인식을 격층에 빠뜨리면서 새롭게 획득되어야 할 존재로 나타난 것인데, 이것은 유다가 자신의 시장 논리를 철저하게 극복할 때 가능하다.

마르크시즘과 현실의 불일치는 이념의 문제도 현실의 문제도 아니다. 그것은 추상적 인식방식이 반성되지 않았기 때문이다. 도식성은 바로 변해야 할 것은 '바로 너'임을 알려주는 사건으로서, 말하자면 십자가에 매달린 예수였다. 이때 카프 작가는 자신 전체를 변화시켜야 한다. 그것은 소부르주아 계급의 삶이 운영되는 생활로부터 배태된 추상적 인식방식을 전화시킴으로써, 생활 자체를 변모시켜야 하는 것이다. 생활 자체를 리얼리즘에 입각해 변모시켜야 한다. 주체화 과정, 곧 "과학적 진리가 작가의 주체를 통과하는 과정-이곳에 설정된 것이 문학적으로 파악된 도덕 모럴이었다. 이것을 바꾸어 세계관과 창작방법의 관계에서 본다면 전자가 후자를 거쳐 문학적 표상에까지 구상화되는 중간 개념으로서 모럴을 설정한다는 것이다."[39] 모럴론이 주체 재건과 리얼리즘문학 완성의 방법론이 되는 이유는 이 때문이다. 이로써 "작가의 자기 개조의 방향이 창작적 실천으로 유도"[40]될 수 있게 되고, 리얼리즘문학의 완성이 가능해진다.

사상은 그 사상의 방법까지를 내재한 것이다. 그런데 방법의 근거가 사상에 있지 않으면 이미 그 사상은 내적으로 모순된 것이기 때문에 사상으로서의 가치를 잃는다. 사상은 그 방법까지를 사상으로써 정립할 수 있을 때 사상이 된다. 마르크시즘은 그 이념적인 측면뿐만 아니라 방법으로써 마르크시즘이 된다. 그러나 카프 작가들은 마르크시즘에서 방법을 간과함으로써 마르크시즘을 추상시켰다. 마르크시즘을 추상시킨 것은 바로 카프 작가들이 처한 '주체의 위치', 곧 소부르주아 계급의 생활양식이었다. 따라서 마치 유다의 '위치' 때문에 예수가 진리와 매도물로 구분되었던 것처럼, 마르크시즘은 카프 작가들의 위치에서 사상과 사물화된 이론으로 구분되었다.

어떤 사상이나 신념을 신봉한다고 해도 그 사상이나 신념이 육화되지 않는 이상, 유다처럼 주체는 항상 모순된 존재이다. 그것은 사상을 사상 자체로서 수용하는 것인데, 이 과정이 바로 인식방식에 대한 초월론적인 반성, 곧 주체의 위치에 대한 반성이고, 논리계형의 구분이다. 따라서 사상이나 신념을 의식하고 이해하는 것과 그것을 육화하는 것은 다른 차원에 놓인다. 마르크시즘을 이해한다고 모두 공산주의자는 아니다. 김남천이 사상과 모럴을 구별하는 이유는 이 때문이다. 모럴은 사상을 이해하는 의식 차원이 아니라, 사상을 육화하는 주체의 태도, 곧 사상을 리얼리즘으로 끝까지 밀고나가는 실천이다. 직설적으로 말하는 것이 허용된다면, 모럴은 단도직입적으로 이렇게 말해질 수 있을 것이다. '당신은 마르크스주의자인가? 그렇다면 그렇게 생활하고 있는가?' 진정한 공산주의자는 이념을 표 나게 드러내는 자가 아니라, 이념을 생활 속에서 구체화하는 자이다. 곧 실천하는 자이다.

「공장신문」에서 김남천의 윤리란, '전위는 타락할 수 없다'는 어떤 규범이었다. 문제는 이러한 윤리의 현실적 근거가 없을 때, 윤리는 형이상학적 관념론으로 도피하게 된다. 그러나 창작방법론을 전개하면서 김남천의 윤리의식은 변모한다. 달라진 점은 「공장신문」에서는 전위라는 개념과 그 현실적 존재가 불일치했을 때, 재창이를 제거함으로써 개념과 존재를 일치시키려고 했다면, '모럴론'에서 김남천은 바로 자신의 인식방식을 변모시킴으로써 이념과 현실의 모순을 극복하고자 한다는 점이다. 이로써 이념은 주체를 매개로 현실화된다. 왜냐하면 이념을 실현하는 주체는 바로 '역사적' 존재이기 때문이다. 그리고 현실은 주체를 통해서 변혁된다. 주체는 이념화된 역사로서의 '전위'이기 때문이다.

김남천이 말하는 모럴, 곧 윤리는 '정직'과 같은 어떤 규칙이 아니라, '너는 그곳에 가야한다'는 마땅함의 실천으로서의 윤리이다. 도식성 문제가 결국은 조선 대중의 자기표현의 요구를 대상화, 사물화한 것에 그 원인이 있다고 할 때, 조선 대중의 자기표현의 요구에 정직하게 끝까지 호응하는, 주체의 실천으로서의 윤리이다. 그것은 이념이 구체화되는 과정이자, 조선 대중의 호명에 끝까지 자기를 관철하는 태도를 가리킨다. 곧 자기표현을 요구하는 타자로서의 대중이 호명에 기꺼이 응답함으로써, 타자를 타자로서 현전시키는 태도이다. 이것은 마르크시즘을 대중에게로 가져가는 주체의 변화를 요구한다. 그것은 주체의 위치와 그 인식방식에 대한 철저한 고발을 통해서 가능하다. 이 반성이 철저할수록 마르크시즘과 대중의 통일은 더욱 가까워진다. 그 방법이 '모럴'인데, 김남천이 굳이 통상적 도덕론으로 오해될 수 있는 '모럴'을 굳이 사용하는 이유는 자신의 방법론이 모럴의 근본적 형식으로서 '반성'으로 이루어져 있기 때문으로 보인다. '전위'로서의 개념과 존재를 일치하는 방법은 바로 생활 속에서 자기를 반성하는 것이기 때문이다. 이것이 리얼리즘문학의 완성임은 누언을 필요로 하지 않는다고 본다.

결국 김남천이 유다의 예수 매각을 통해서 말하고자 하는 것은, 시장의 논리가 예수를 분리시킨 것처럼, 이념과 현실을 분리시킴으로써 결국 주체의 분열을 가져온 것은 소부르주아의 인식방식이라는 점, 그리고 진리가 몸에 밴 시장의 논리를 극복했듯이, 이념에 의해 추상적 인식방식을 전화하는 것이 가능하다는 것이다. 곧 세계관을 철저하게 이행할 때 주체의 변화가 가능하다는 주장인데, 세계관은 방법을 지도하는 일원론적 원리로 제시된다.

그러나 창작방법으로서의 모럴을 세계관과 문학적 형상화의 중간단계로 설정하는 것에서 알 수 있듯이, 김남천에게 세계관과 방법은 여전히 일치하지 않고 있다. 비록 아이디얼리즘에서 리얼리즘으로의 전환이 마르크시즘으로부터 견인된다고 해도, 마르크시즘과 리얼리즘은 계기적으로 구분되어 있다. 마르크시즘을 조선에서 구체화한다고 할 때, 이 구체화 자체가 마르크시즘이 아니라, 그가 상정하는 리얼리즘과 같은 주체의 '어떤' 태도를 매개해야 한다고 생각한다. 이것은 임화가 자신의 '고차의 리얼리즘'을 주창하면서 비판했던 부분이기도 하다. 관건은 김남천이 이를 끝까지 밀고 나갔는가 하는 점이다. 여기서 임화도 예외는 아니다.

풍속과 로만, 마르크시즘의 탈식민적 분화

풍속론, 구체로의 비약과 문학적 모럴

'풍속론'에서도 '모럴'의 개념은 전제로서 기능하는데, 이로써 풍속론이 모럴론의 전개임을 알 수 있다. 김남천은 우선 자신이 말하는 모럴을 "통속적 관념으로 화한 도덕주의"로 오인하지 말 것을 당부한다. 그리고 모럴을 상부구조의 하나로서 규정한다. "과학적 관념에 의한 도덕은 물론 상술한 도덕관을 극복하는 곳에 성립한다. 과학은 우선 도덕을 역사성에 있어서 파악하여 그것을 하부구조 위에 건설되는 상부구조로서 보려고 한다."[41]

김남천이 '의식은 의식된 존재'의 테제에 따라 모럴을 규정하고 있음을 확인할 수 있다. 여기서 모럴은 아직 적극적인 의미를 갖지는 않지만, 모럴이 '풍속'을 통해서 구체화된다고 규정할 때, 모럴은 무의식적인 것에 가까운 의미를 지니게 된다. 먼저 김남천이 규정하는 '풍속'의 개념을 보기로 한다.

> 풍속이란 사회적 습관과 밀접한 관계를 갖고 있다. 그리고 사회적 습관, 습속은 사회의 생산기구에 기基한 인간생활의 각종의 양식에 의하여 종국적으로 결정을 본다. 이리하여 이것은 일방으로 '제도'를 말하는 동시에 타방으론 '제도의 습득감習得感'을 의미한다. 풍속, 습속은 생산관계의 양식에까지 현현되는 일종의 제도(예컨대 가족제도)를 말하는 동시에 다시 그 제도 내에서 배양된 인간의 의식인 제도의 습득감(예컨대 가족의 감정, 가족적 윤리의식)까지를 지칭한다. 이렇게 성찰된 풍속이란 확실히 경제현상도 정치현상도 문화현상도 아니고 이러한 사회의 물질적 구조상의 제 계단을 일괄할 하나의 공통적인 사회현상이라고 보지 않을 수 없을 것이다. 사회기구의 본질이 풍속에 이르러서 비로소 완전히 육체화된 것을 알 수 있다.[42]

김남천이 말하는 '생산기구'의 의미는 명확하지 않지만, 그것이 가족제도와 같은 사회적 제도가 이 생산기구에 기초하고 있으며, "사회의 물질적 구조상의 제 계단을 일괄할 하나의 공통적인 사회 현상"으로 이를 지칭하고, 또 이것에 기초해서 가족 제도와 같은 제도가 만들어지고, 또 가족의 감정, 가족적 윤리의식이 형성된다는 언급을 근거로 할 때, '토대', 혹은 사회구성체의 본질 정도로 규정해도 무방할 것으로 보인다.

김남천은 풍속의 예시로서 가족을 제시한다. 개인은 일차적으로는 가족에 속하고, 또 학교나 직장과 같은 유형적 제도뿐만 아니라, 법률이나 경제와 같은 무형적 제도 속에 속한다. 그리고 개인은 그 시대의 가족 질서나 법률의 질서에 따라 생활하는데 이것은 개인이 제도의 질서를 습득함으로써 가능하다. 따라서 풍속을 제도와 제도의 습득감으로 분석한 것은 일정한 타당성을 얻는다. 이런 관점에서 보면, 개인의 생활이 이루어지는 곳은 가족과 같은 제도와 그 제도가 지닌 특정한 가치 체계 안이다. 따라서 풍속은 개인적 생활을 그 사회의 본질로부터 연결하는 매개로 파악된다. 개인은 풍속을 통해서 사회의 본질을 표현하는 셈이다.

> 도덕, '모럴'이란 완전히 주체화되어 일신상의 근육으로 감각화된 사상이나 세계관의 형상이다. 그러므로 '모럴'은 풍속 세태 속에서 나타나고 복장과 취미에까지 나타나야 할 것이다. 인정, 인륜, 도덕, 사상이 가장 감각적으로 물적으로 표현된 것이 풍속이기 때문이다.[43]

모럴이 '일신상의 근육으로 감각화된 사상이나 세계관의 형상'으로서, 복장과 취미에까지 나타나고, 이러한 사상이나 세계관이 이미 그 사회의 물적 토대의 반영이라고 전제할 때, 이미 개체는 그 사회의 풍속을 수행함으로써, 무의식적으로 그 사회를 표현하고 있는 셈이다. 이상의 논리를 근거로 할 때 김남천이 말하는 '모럴'은 일종의 '사회적 무의식'에 가깝다. 곧 유다가 예수를 매도물로 재현할 때, 그는 시장의 논리를 재현했던 것인데 이것은 그에게 무의식화되었던 것이다.

김남천은 모럴을 상부구조의 하나로서 규정하고 있다. 따라서 사회의 본질이 풍속을 통해 자기를 표현하고, 또 개체는 풍속을 수행함으로써 사회의 본질을 표현하고 있기 때문에, 모럴은 이미 그 사회의 표현이다. 그런데 김남천은 모럴을 "모든 현상을 그것 자체로서 파악하려고 하는 하나의 인식의 입장"이라고 규정한다. 모럴을 주체가 무의식적으로 수행하는 사회의 본질로서 규정하고, 다른 한편으로는 그 본질을 있는 그대로 파악하는 태도로 규정함으로써 서로 상충되는 결과가 제시된다. 따라서 사회의 표현으로서의 모럴과 그 모럴을 매개로 하여 그 사회의 본질을 파악하려고 하는 모럴은 자기가 자기를 규정하는 모순에 사로잡힌다.

하지만 이러한 모순은 이미 아이디얼리즘과 리얼리즘의 구분에서 나타났던 것이다. 김남천은 무의식의 표현으로서의 모럴을 "일신상의 근육으로 감각화된 사상이나 세계관"이라고 말하고, 이러한 모럴을 있는 그대로 전유하는 모럴을 "도덕 '모럴'의 문학적 관념"으로 구분한다. 곧 전자의 모럴은 아이디얼리즘, 후자의 모럴은 리얼리즘의 반복이다. 고발문학론에서 김남천은 리얼리즘을 아이디얼리즘을 고발하는 '메타'의 위치에 놓음으로써 이 모순을 극복했는데, 풍속론에서는 '과학적 개념'과 '문학적 표상'을 구분하는 것으로 좀 더 진전한다. 곧 '고발'로써 일괄되게 표현했던 과정이, 과학적 개념과 문학적 표상으로 좀 더 세분되고 있다.

> 무엇보다 우리들이 가지려는 바, 문학적 관념으로서의 도덕 모럴은 과학적 인식으로부터 출발한다는 것이 중요하였다.
>
> 합리적 핵심을 갖고 있는 과학적 개념이 수행한 바, 진리의 인식이 자기 일신상의 문제이까지 이를 때에 비로소 모럴이 생긴다는 것을 우리는 일순一瞬이라도 잊어서는 아니 된다. 그러므로 모럴은 사회적 인식이나 그를 가능케 하는 전인류의 실험이나 실천을 무시하는 개인주의적인 회의적 자아 탐구에서는 생각할 수 없는 일종의 행동의 시스템이다. 그것은 합리적 개

> 념의 골격을 핵심으로만 하고만 비로소 생겨날 수 있는 물건이다.
>
> 그러므로 도덕 '모럴'의 문학적 관념은 도덕률이나 도덕 감정도 아니고 또한 혹정의 습관, 습속 뿐만도 아니고, 이러한 모든 현상을 그것 자체로서 파악하려고 하는 하나의 인식의 입장을 말함이다. 과학적 개념은 이러한 도덕을 대상으로 함에 의하여 종국적으로 구체화되어 문학적 표상表象에 도달하는 것이다.[44]

모럴은 사회의 본질이 상부구조로서 나타난 것인데, 주체는 이를 무의식적으로 수행함으로써 사회의 본질은 주체를 통해서 자기를 표현한다. 따라서 어떤 사회의 본질을 획득하기 위해서는 풍속을 표현하고 있는 개체를 분석하는 것이 요구된다. 개체에게 구체화된 풍속을 통해 그 사회의 본질을 파악하려는 '과학적 태도'가 그것인데, 김남천은 이러한 과학적 태도를 넘어서는 곳에 '문학적 모럴'을 위치시킨다.

김남천은 '모럴'의 습득이 아니라, "모럴이 생긴다"고 표현한다. 그의 논리가 이해되기 이해서는 우선 과학적 개념은 사회의 본질을 파악하는 계기임이 수용되어야 한다. 그 방법으로 제기되는 것은 "실험과 실증과 실천을 거쳐서 비로소 얻을 수 있는 과학적 개념의 합리적 핵심"[45]을 지닌 과학적 개념이다. 이것은 마치 마르크시즘에 따라 사회의 본질을 파악하는 것과 같다. 그러나 도식성이 말해주듯, 마르크시즘의 개념적 체계로는 조선과 일본의 구체적 현실은 사상되었다. 이것이 김남천이 말하는 "모럴이 생긴다"라고 말할 수 있는 근거이다.

김남천이 개인과 자아를 구분하는 이유도 이와 관련된다. 개인과 자아는 개체로서의 주체에 대한 관점의 차이로 구분된다. 김남천은 개체를 개인으로 파악하는 관점은 과학적 관점으로, 이것을 '자아'나 '자기'로 파악하는 관점은 문학적 관점으로 규정한다. 과학적 관점에서, 예를 들어 '조선 대중'처럼 개체는 동일성으로 추상화되고, 이로써 '개인'은 곧 '몇 개의 공식'과 등치된다. 여기에는 '그 사람' 자체는 없다. 그러나 현상적으로 경험되는 개체들은 '성격, 성품, 취미, 교양 등등'에 있어서 모두 차이를 지니며, 한 명의 개체에는 이러한 속성들이 통일되어 구현되어 있다. 이러한 이유로, 김남천은 이러한 속성들의 통일체로서 개체는 '과학적 관점'으로는 기술할 수 없고, '문학적 관점'으로 기술되어야 한다고 주장한다.

> 과학이 인간생활의 실천을 통하여 얻은 개념이나 공식은 사회기구를 설명하고 처리하는 동시에 그 속에 사는 개인의 경우까지 특수화할 수 있는 것이다. 그러므로 논리적 범주로 보아 사회에 대해서 개인은 하나의 개성이고 특수물이다. 그러나 이 '개인'도 또한 '사회'와는 별개의 의미에서 일종의 일반성이고 보편성임을 알아야 할 것이다. (…중략…) 그러면 '자기', '자아'는 과학으로 처리될 수 있는가? '개인'을 아무리 특수화하여도 '자기'는 나오지 않았다. 이리하여 과학의 개념과 공식은 인식추구를 종료하고 도덕은 '자기'의 것으로 되어 비로소 문학의 영역으로 넘어온다. (…중략…) '자기'의 성격, 성품, 취미, 교양 등등에 기基하여 움직이는 모든 활동을 처리하는 기능은 문학의 소유물이다. 이러한 '자기'에 붙은 것을 가질 때, 다시 말하면 모든 문제를 자기의 일신상의 과제로 하여 풀어버릴 수 있는 입장에 이르러서 비로소 개념은 완전히 주체화되고 도덕, 모럴은 하나의 문학적 관념이 된다. 이 입장이 문학의 입장이다.[46]

김남천이 과학적 관점을 부정하는 것은 아니다. 다만 그것은 추상적 개념의 토톨로지이기 때문에, 생활적인 것, 자아적인 것을 사상함으로써 결과적으로는 정치를 문학으로부터 분리시키는 이원론적 태도로 이어지기 때문이다. 따라서 작가는 다만 과학적 개념을 인지하고 이를 소유하는 것에 멈추어서는 구체적 현실을 파악할 수 없게 된다. 말하자면 "모럴이 생기"는 원인은, 과학적 개념과 구체적 현실의 '차이' 때문이다. 과학의 개념으로는 '개인'은 설명할 수 있지만, '자기'의 구체성은 설명되지 않는다. 이 '개인'과 '자기'의 차이에 의해서 작가는 과학적 관점으로부터 '문학적 모럴'로 나아가지 않을 수 없다.

"모든 현상을 그것 자체로서 파악하려고 하는 하나의 인식"으로서의 '문학적 모럴'은 고발문학론에서 제기한 "일체를 잔인하게 무자비하게 고발하는 정신"의 순화된 표현을 넘어선다. 문학적 관념 역시 고발문학론의 고발정신을 잇고 있지만, 그 대상은 보다 확대되어 있다. 고발문학론에서 고발 대상은 생활을 우회하지 않는 개념의 나열로서의 아이디얼리즘이었다. 개념과 현실이 불일치할 때 그 원인으로서 주체의 위치 고발되었지만, 이때의 주체의 위치는 조선사회 전체의 관점에서 파악된 것은 아니었다. 다만 욕망을 사상시키는 추상적 인식방식이 고발되었다. 그리고 모럴론에서 '유다의 민사'와 같은 주체의 윤리적 태도가 리얼리즘으로 제기되기는 했지만, 그것 역시 개체로서의 주체에 한정된 것이었다.

그러나 풍속론에서는 개념과 현실의 불일치뿐만 아니라 그 극복 가능성의 물적 근거가 조선사회를 근거로 모색된다. 그것은 '풍속' 자체이다. 풍속은 전술한 대로, 사회의 본질이 자기를 구체화하는 장소이다. 따라서 풍속을 분석함으로써 사회의 본질을 전유할 수 있는데, 그 방법은 우선 “합리적 핵심을 갖고 있는 과학적 개념”을 통해서이다. 그러나 과학적 개념은 그것이 추상적이기 때문에 ‘개인’과 ‘자기’의 차이를 발생시킨다. 그런데 이때 이 차이는 이미 ‘자기’가 파악될 수 있음을 전제한다. 왜냐하면 자기는 이미 풍속에서 구체화되어 있기 때문이다. 곧 과학적 개념은 문학적 표상으로 전유됨으로써 극복될 수 있다. “과학적 탐구를 답대踏臺로 한 작가의 도도道道의 일신상 진리화는 풍속 속으로 들어가 개념의 표상화를 얻을 것이다.”[47] 곧 자신의 의식 속에서 과학적 개념과 일상적 생활이 차이를 발생시킬 때, 이 차이 자체는 ‘풍속’에서 ‘풍속’으로 표현될 수밖에 없기 때문에, 차이 그 자체는 풍속에 대한 묘사로서 획득될 수 있게 된다. 곧 이러한 차이는 이미 풍속 안에 존재하기 때문에, 풍속을 “그것 자체로서 파악하려고 하는” ‘모럴’로서의 문학적 모럴을 견지하는 이상, 그것은 풍속으로써, 또 동시에 풍속으로서 표현될 수 있다.

이로써 과학적 이념은 구체적인 장소에서 육체를 얻게 된다. 곧 형상화된다. “모든 문제를 자기의 일신상의 과제로 하여 풀어버릴 수 있는 입장에 이르러서 비로소 개념은 완전히 주체와 되고 도덕, 모럴은 하나의 문학적 관념이 된다. 이 입장이 문학의 입장이다.”[48] 이러한 인식방식은 1장에서 본 마르크스의 ‘구체로의 비약’으로서의 방법을 김남천이 전유하고 있음을 보여준다. 곧 ‘경험적 구체성 → 추상화 → 사유적 구체성’에서 추상화는 과학적 개념으로, 사유적 구체성은 문학적 모럴로 규정된다.

그런데 이러한 방법의 전유는 결과적으로 서구중심주의에 균열을 내게 된다는 점에서 김남천의 창작방법론의 전개이자 성과이다. 개인과 자아의 차이는 장소에 따라 다르다. 왜냐하면 개인은 그것이 과학적 관념으로 추상화되는 순간, 일본과 조선의 개인은 동일화된다. 그러나 개인은 특정 장소에 귀속하기 때문에, 곧 역사적 존재이기 때문에 개인과 자아의 차이는 일본과 조선에서 다르게 나타난다. 이 차이 자체를 형상화한다는 것은 곧 조선의 구체적 현실을 묘사하는 것이 된다. 김남천은 주체의 위치를 반성한 가면박탈 이후, 주체의 위치를 역사화시킴으로써 마르크시즘을 역사화시킬 뿐만 아니라, 이로써 마르크시즘을 마르크시즘'들'로 분기시키는 결과를 도출해낸 것이다.

문제는 차이 자체를 인식하는 인식방식 역시 조선의 현실로부터 이루어져야 한다는 것이다. 그것은 풍속을 풍속으로써 이해하는 방법일 수밖에 없다. 김남천이 모럴을 무의식적인 것과 문학적인 것으로 구분하는 근거는 여기에 있다. '차이' 자체는 풍속에서 발생했고, 그 풍속의 인식방식의 표현이다. 프롤레타리아와 조선 프롤레타리아의 '차이'는 프롤레타리아의 관점에서가 아니라, 이 차이 자체를 발생시키는 '조선'을 '조선' 자체로서 인식할 때 가능하다. 김윤식의 표현을 빌리면, 어떤 서사물을 '소설' 양식으로 규정하는 것이 아니라, 어떤 서사물을 어떤 양식으로 구분하는 새로운 인식방식 자체를 획득해야 한다. 이 새로운 인식방식은 부르주아의 추상적 인식방식일 수 없음은 당연하다. 김남천은 이 새로운 인식방식이 아직 무엇이라고 말하지 못한다. 다만 그는 이 새로운 인식방식으로 전유해야 할 인식대상이 개인과 자아의 '차이' 자체임을 주장한다.

그리고 김남천은 이 차이를 극복해야 한다고 말할 때, 그것은 일순간 곧바로 이루어질 수 있다고 말하지 않는다. 그것은 자기의식의 밑바닥까지 반성하는 과제이기 때문이다. 다만 그는 풍속론에서 그 가능성의 물적 근거를 제시했고, 이 극복의 과정이 다름 아닌 문학자의 태도라고 말하고 있을 뿐이다. "진리는 작가 자신의 '자기'의 과제로 비약되어야 한다."[49] 바로 '자기'는 진리가 진리로서 구체화되는 장소이다. 진리로서 가는 실천을 끝까지 견지하는 것, 그것이 바로 문학자의 윤리인 셈이다. 이것이 생활로부터 도피하려는 당대 카프 작가들을 경계하는 이유이기도 했다.

일제의 탄압이 가일층됨에 따라, 카프 작가들은 문학을 확보하기 위해서 문학과 생활이 분리되어야 한다고 주장했다. "생활은 높은 의미에 있어서 실천이다. 우리가 아무리 생활적 실천을 가지지 못하고 또 가질 길이 망연한 지금에 있어서는 그러면 예술문학의 갈 길은 막혀있는 것이 아니냐."[50] 그들의 논리는, 생활은 높은 수준의 문학적 실천인데, 현재 억압적 정세로 인해서 생활 자체가 불가능하다면, 실천 자체가 불가능하기 때문에 문학 자체도 포기해야 한다는 것으로 귀결되었다. 그러나 문학 자체를 포기할 수는 없기 때문에, 문학과 생활은 분리되어야 한다는 주장을 제기했다.

이에 대해 김남천은 이들의 논리도 나름 긍정적인 면이 있음을 인정한다. 그런데 이들의 논리가 문학과 생활을 이원화함으로써 결과적으로 문학과 정치를 분리하기 때문에 일원론의 입장에 있는 김남천으로서는 창작 실천과 생활을 일원론적으로 설명해야 했다. 이를 위해서 김남천은 우선 작가에게 있어서는 '창작'으로서의 실천이 본질이라고 말한다. "문학가에게 있어서의 생활적 실천이란 무엇이며 작가에게 있어서의 사회적 실천이란 무엇일 것이냐? 나는 그것을 문학적 예술적 실천이라고 말하려고 하며 또한 이것 이외에는 있을 수 없다고 단언한다. 왜냐하면 문학자는 정치가나 사회운동가가 되는 것에 의하여 그의 생활적 실천을 가지는 것이 아니라 문학적 실천, 문학가적 생활에 의하여 사회와 인류에게 봉사하는 것이기 때문이다."[51]

창작 실천은 작가의 생활과 분리되면, 모럴론에서 보았듯이 아이디얼리즘의 침범을 받아 관념으로 치닫게 됨으로써 조선의 구체적 현실을 묘사할 수 없게 된다. 관념화된 생활이란 '생산기구'가 전개된 풍속으로서의 생활이 아니라 사변적, 신변적 생활로 귀결되기 때문에 정치적 적극성을 가질 수 없게 된다. 따라서 '카프 작가에게는' 창작 실천은 생활과 분리될 수 없게 된다. "문학자는 문학적 실천을 가지고 문학적 생활을 가지고 이(세계적 운동에의 참여 — 인용자) 가운데로 간다는 것만이 유일의 진리이고 또한 예술과 생활, 문학과 정치와를 통일하는 유일의 일원一元이다."[52]

'생산기구'와 풍속, 그리고 생활과 '자아'는, 사회구성체의 토대로부터 상부구조에 이르는 단계의 절단면이다. '생산기구'가 풍속에서 자기의 육체를 얻고, 생활하는 '자아'는 풍속에서 사회화된다. 풍속 가운데에 있는 '자아'의 생활을 묘사함으로써 한 사회를 전체적으로 묘사할 수 있는 가능성이 도출된다. 이때 자기의 생활을 묘사하는 초월론적 위치가 바로 문학적 모럴이다. 그것은 김남천이 자신의 추상적 인식방식을 철저하게 확인하고, 그것을 근본적으로 고발하는 실천 과정 자체로서 의미를 갖는다. 작가가 문학적 모럴을 견지할 때, 문학과 생활은 일치한다. 김남천이 '문학자'만이 예술과 생활, 문학과 정치를 통일할 수 있는 "유일한 일원"으로 규정한 것은 이 때문이다.

또한 이러한 이유에서 김남천은 소위 세태소설 작가들을 비판할 수 있었다. 리얼리즘문학의 핵심은 세태가 아니라 '전형'의 묘사에 있다. 이 전형은 과학적 핵심을 지니고 있어야 하지만, 박태원의 「천변풍경」은 과학적 핵심을 지니고 있지 않음에 따라, '개인'과 '자기'의 차이가 가져오는 문학적 과제로부터 유리되어 있다.

> 이 작품은 처음 발표될 때에 서울 주변 일대의 생활을 널리 알리려는 박씨의 생각에 휩쓸려서 일시 리얼리즘의 커다란 수궁인 것같이 보였던 모양이나 결국 십여 회에 이르러서 씨가 가 닿은 곳은 풍속 소설이 상투로 하는 사물의 포말泡沫 기록일 따름이었다. (…중략…) 고난에 찬 현실은 그 본질이 무엇인지를 알아 낼 수 없을 만큼 뒤엉킨 생활, 이러한 가운데서 그를 둘러싸는 모든 사물에 대하여 몸소 부딪쳐 보려고 하지 않는 작가는 확실히 행복된 작가임에는 틀림없으나 이것은 또한 작가의 불감증을 초래치 않을 수 없을 것이다.[53]

문학적 모럴은 과학적 핵심을 풍속을 통해 형상화하는 주체의 실천으로서 과학적 핵심이 마르크시즘에 있을 때 주체의 실천은 문학적 실천이자 전위적 실천으로 규정된다. 그것은 '민사'하는 유다로서의 작가를 전제로 한다. 또한 문학적으로 형상화되어야 할 인물도 이러한 인물임을 보여준다. 박태원은 과학적 개념이 부재했기 때문에, 개인과 자기의 차이를 형상화해야 하는 작가의 윤리적 의무로부터도 면제되었고, 따라서 '행복된 작가'일 수는 있지만, 그의 작가적 실천은 김남천에 따르면 윤리적인 것은 아니다. 세태 묘사에는 '주체'의 세계관 자체가 투명할수록 더 효과적일 수 있지만, '전형'의 묘사에는 차이를 극복하려는 작가의 고난이 묻어 있기 때문이다.

풍속론에서 김남천이 문제로 제기한 것은 '자기'이다. 자기는 풍속이 개체화된 것이다. 따라서 자기를 이해함으로써 곧 조선사회를 이해할 수 있는 길이 열리게 된다. 달리 말하면 김남천 자신은 조선사회에서 삶을 영위해 왔다는 아주 평범한 논리이다. 김남천 자신의 '일체'가 형상화된 장소가 조선사회가 자기를 드러내는 곳이다. 여기에는 '도식성' 역시 조선사회의 표현임이 간취된다. 도식성은 해결될 과제가 아니라 해소될 문제이다. 그것은 자기를 보는 눈의 생성, 곧 논리계형의 구분을 통해서 이루어질 수밖에 없다.

김남천은 이러한 방법이 바로 마르크시즘에 의해 이루어졌다고 주장한다. 따라서 그의 방법에는 당대 카프 작가들이 공유했던 '몇 개의 공식'은 약화될 수밖에 없다. '몇 개의 공식'과 불일치하는 현실 사이에 놓인 카프 작가 자신이 바로 의식대상이기 때문이다. 따라서 김남천은 자기 자신을 보다 구체적으로, 곧 '개인'이 아니라 '자기'로서 이해해야 한다고 주장한 것이고, '자기'는 풍속에서 표현될 수밖에 없기 때문에 풍속에 대한 묘사로서 '문학적 모럴'을 요구했던 것이다. 이것은 앞서 김윤식이 말한 사상적 과제에 대한 김남천의 답변인 셈이다. 인식방식 자체를 바로 풍속에서 길어 올림으로써 조선을 그 구체성에서 표현할 수 있게 된다. 그러나 앞으로 살펴보겠지만, 김남천은 임화와 달리 이 새로운 인식방식 자체를 어떤 선규정적 이념으로 고정시키지 않는다. 그리고 이것이 바로 김남천이 임화와 달리 전향의 어떤 기미도 보이지 않는 이유이다.

그런데 조선의 구체성이 현전되는 풍속을 바로 장편에서 형상화될 수 있다. 따라서 '자기'를 형상화하는 양식으로 장편소설을 요구한 것은 당연한 논리적 수순이다. 그러나 김남천은 당대 조선의 장편소설은 이러한 요구와 배리된 방향으로 전개되었다고 보고, 로만개조론을 주장한다.

로만개조론, 서구중심의 역사와 식민지 이성

로만개조론이 그 모습을 드러낸 글은 「조선적 장편소설의 일고찰」이다. 김남천이 이 논설에서 장편소설이 "전형적 정황과 전형적 성격을 창조하는 데 거의 유일무이한 장르"이자, "시민사회의 특수적인 제 모순을 담기에 가장 적당한 표현형식"임에도, "단편, 시만이 우수한 예술문학이고 장편소설은 모두 비예술문학으로 간주되어 온" 당시 사회의 통념을 역사적으로 비판하고, 장편소설의 생산과 개조가 필요하다고 주장한다.[54]

로만이 사회의 모순을 전형으로써 묘출해내는 유일한 방법임에도 통속적으로 이해된 이유가, 서구에서는 이미 "시민사회가 새로운 신세대의 출현과 함께 진보성을 상실하고 그 반대물로 전화"하는 역사적 단계에 놓여 있지만, 조선은 "사회적 제 관계의 지지遲遲한 기형적인 발전"과 "생산관계의 시민적 모순"으로 인해서 로만의 생산은 저하되고, 로만 자체도 왜곡되었다고 분석한다. 다시 말해 "기형적으로나마 자본주의가 수입되어 이러구러 건설되면서 벌써 자기도 모르는 새에 그 속에 대립물을 배태하여 순식간에 진보성을 상실"함에 따라, 시민계급에 의한 로만의 발전은 미처 이루어지기도 전에 붕괴와 분열되었다. 곧 노동자 계급의 이익을 대표하는 사회주의 문학의 급속한 성장으로 인해서, 시민계급은 자기를 표현할 시간을 충분히 갖지 못했다. 여기에 미약한 출판 상황이 더해져서 로만은 자기 영역을 신문에서만 구할 수밖에 없었고, 신문의 상업성에 의해서 로만의 고유한 본질은 왜곡되었다. 결국 자본주의가 서구와 같이 완만하게 이루어지지 못했다는 데에서 조선 로만의 특수성이 있다는 것인데, 이것은 다름 아닌 '아시아적 정체성'의 표현이다.

김남천은 조선의 현실적 특수성을 '아시아적 영퇴성'이라고 보고 있고, 로만의 통속화도 이러한 맥락에서 고찰하는데, 이러한 입장은 이미 고발론의 인식론적 토대이기도 했다. "고발의 문학은 점차 평론하겠지마는 소셜리스틱 리얼리즘이 가지는 원리 위에 입각하여 지금의 이 땅의 특수성, 사유에 있어서는 아시아적 영퇴성嬰退性 위에 서서 창작적 태도를 시대적 운무雲霧의 충실한 왜곡 없는 모사 반영으로 관철시키려는 문학정신에 불외不外한다. 그러므로 고발문학은 수미일관한 모사의 인식론에 입각한 현대 유물론과 관련된 이 땅의 리얼리즘문학이라고 말할 수 있을 것이다."[55]

아시아적 생산양식을 특수성과 개별성, 어느 쪽으로 규정하는지에 따라 마르크시즘에 대한 이해 자체가 달라지는데, 김남천은 이를 특수성 곧, '지지한 기형적인 발전'으로 규정한다. "구라파에서와 같은 로만의 왕성을 이곳에서 보지 못한 것은 무엇으로 설명할 수 있을까. 두말할 것도 없이 이 땅에 있어서의 사회적 경제적 단계의 비참한 후퇴와 그리고 그것이 구라파에서와 같이 순서적 계단적이 못되고 질풍적疾風的이면서 또한 기형적이었다는 것과 이 사회적 토대 위에 건축되는 제 이데올로기 현상이 딴 곳에 있어서는 거의 일세기를 두고 치른 것을 불과 1, 20년 내외에 뒤범벅을 개는 통에 치르고 왔다는 모든 제 사정 속에서 구할 수 있으며 동시에 이로 인하여 장편소설 발생의 존귀한 태반이 되어야 할 문학적 유산의 태무殆無를 결과하였다는 것 등을 들어 설명하지 않을 수 없을 것이다."[56] 아시아적 정체성은 달리 말하면 조선사회가 서구에 비해 발전이 지지하고 왜곡된 것을 말한다. 역사의 자본주의적 단계가 서구에서 시작되었고, 지역적 특수성으로 인해서 자본주의가 불균등하게 발전되었는데, 그 과정에서 조선을 비롯한 동양은 제국주의의 침탈로 인해서 '지지하고 기형적'인 발전을 하게 된다. 그리고 이러한 특수성이 조선의 장편소설 발전을 왜곡하고 제한했다고 보는 입장에 있다.

아시아적 정체성의 수용의 측면에서 보면, 의식의 식민화의 입장에서 김남천의 태도는 비판받게 된다. 곧 아시아적 정체성이라는 구도 자체가 서구를 기준으로 한 것이기 때문에, 이것을 수용한다는 것은 서구/동양의 이분법의 수용이자, 발전/지지遲遲의 담론을 수용하는 것이기 때문이다.

그러나 김남천의 의도는 오히려 서구중심주의를 내파하는 것에 있다. 서구/동양의 이분법적 논리는 서구와 동양을 실체화한다. 그것은 서구에서 자본주의가 발전되었지만, 동양에서는 그렇지 못했다고 표현된다. 그리고 이러한 논리 위에 제국주의의 침략 논리가 정당화된다. 곧 아시아적 정체성에 따르면 서구의 동양 침략은 동양이 지지했기 때문이다.

그러나 김남천은 이를 역전한다. 본질은 서구가 동양을 침입했기 때문에, 서구 = 발전, 동양 = 지지의 이론이 생산된 것이다. 곧 제국주의의 침략으로 서구와 동양의 실체적 이분법이 생산된 것이지, 거꾸로 동양이 지지했기 때문에 침략이 있었던 것은 아니다. 김남천은 이것을 "산업자본의 개화는커녕 임페리얼리즘의 방문에 의하여 비로소 문호를 개방한 것이 이 땅의 특수성"이고 이러한 조건 때문에 장편소설의 발달이 지지해졌다고 말한다. 곧 장편소설이 서구와 같은 형태로 발전하지 못한 원인은 제국주의적 침략, 그리고 그로 인해 비로소 자본주의가 전개되었기 때문이다.

> 조선에 로만이 시민사회의 산물로서 겨우 자기의 시민권을 주장한 시기는 세계적으로 이미 시민사회가 점진적인 노후와 증대되는 사회적 갈등을 수반하고 임페리얼리즘에의 이행을 시작한 뒤이었다. (…중략…) 산업자본의 개화는커녕 임페리얼리즘의 방문에 의하여 비로소 문호를 개방한 것이 이 땅의 특수성이다. 이러한 동양적 후퇴성과 그 뒤의 역사적 운명은 이곳에 있어서의 장편소설 발전의 절대적 제약성이 되었다. 로만이 시민적 양식을 갖추고 이 땅에 등장할 때 그것은 벌써 인생의 광범한 기념비적 정경을 묘사한다든가 정경이 싸고도는 주요한 모순을 포착하여 그것을 광범하게 개괄한다든가 하기에는 너무도 왜곡되어 있었다.[57]

지금의 관점에서 김남천의 이러한 태도에 대해 조선의 내재적 발전을 몰각한 소치라고 비판할 수도 있지만, 이것으로만 이해하면 '서구의 침략에 의해 자본주의가 전개되었다'고 진술하는 김남천의 다른 일면은 은폐된다. 김남천이 강조하는 것은 체제의 시간적 차이가 아니라 체제의 역사적 동일성이다. 조선은 비록 타율적이고 왜곡된 형태로나마 제국주의 침략 이후 자본주의가 전개되고 있다. 자본주의적 단계에 있는 셈이다. 따라서 서구의 자본주의 = 자본주의 일반의 공식은 성립하지 않는다. 그것은 조선에서의 자본주의의 발전을 제외하는 것이기 때문이다. 또한 이것은 제국주의에 의해 자본주의적 단계에 놓여 있다는 앞선 전제를 위반하는 것이 된다. 이로써 서구의 자본주의와 함께 조선의 자본주의는 자본주의 일반의 계기로서 규정된다.

김남천은 자본주의와 자본주의의 전개로서의 역사를 구분한다. 자본주의는 분명 서구와 조선에서 다른 형태로 나타난다. 이 둘 가운데 어느 쪽이 자본주의의 본래적 양상인가, 기준이 되는가의 문제는 해결되지 않는다. 왜냐하면 양쪽 모두 내적으로는 자본제 생산 양식에 의해 운영되기 때문이다.

그러나 자본주의의 전개로서의 역사는 그렇지 못하다. 대립물의 투쟁과 통일에 따라, 서구와 조선의 자본주의는 침략/수탈로서 현상된다. 자본주의의 역사는 제국주의와 식민지의 관계로서 자기를 표현하고 있기 때문이다. 곧 자본주의의 본질은 생산양식에 있지만, 자본주의의 역사의 본질은 제국주의와 식민지의 '관계'에 있기 때문이다. 이 관계가 새로운 관계로 비약할 때, 자본주의의 역사는 변모된다. 곧 사회주의체제로 진입한다. 따라서 사회주의 단계로의 비약은 '관계'의 변화에 있다. 다만 이것은 서구와 동양의 자본주의가 부정의 부정을 거쳐 사회주의 단계로의 진입을 긍정하는 논리인 셈이다. 자본주의의 역사적 전개의 본질이 '관계'에 있기 때문에 조선의 자본주의의 발전은 서구와 분리되어서 생각될 수 없다.

따라서 김남천이 고리끼를 통해 "현대는 시민작가의 손에 의하여 로만이 붕괴되는 시대인 것을 알고 위대한 리얼리스트는 이것을 넘어서 로만이란 장르 그 자체의 변질과 개조에 노력하여야 한다"[58]라고 말하는 이유는 여기에 있다. 현대는 혁명적 시기인 것이고, 따라서 자본주의적 모순을 가장 완미하게 표현하는 장편소설이 산출되어야 한다. 조선적 장편소설이 완성되어야 비로소 세계 자본주의의 역사가 그 본질에 있어서 파악된다. 김남천 스스로도 자신의 창작방법론이 "현재와 같은 시대에서 문학이 가져야 할 근본적인 임무 — 그것을 나는 아세아적 정체성의 극복이라고 막연히 표현하려 하거니와 — 를 다해볼 길이 없을 것 같이 생각한다"[59]고 말하고 있다.

이것은 김남천이 인식방식에 대해 반성하는 위치에 놓여 있음으로써 가능한 논리이다. 곧 조선적 자본주의를 서구적 자본주의에 맞대어 놓음으로써, 자본주의를 장소적 실체로부터 자본주의의 역사의 전개로 시간화한다. 말하자면 서구의 제국주의 이론이 공간을 실체화한 것이라면, 김남천은 여기에 시간을 내재시킴으로써 실체론적 사고를 내파한다. 다시 말해 유물론의 기본적 전제라고 할 수 있는 변화의 시점을 개입시킴으로써, 자본주의가 아니라 자본주의 역사의 관점을 제기함으로써, 자본주의 일반의 본질을 서구에서 독점적으로 갖고 있다는 논리는 성립할 수가 없게 된다. 이로써 서구중심주의는 내파된다.

이런 맥락에서 김남천은 고리끼를 인용하면서 현대는 자본주의적 로만이 붕괴되고 새로운 로만이 생탄하는 과정이라고 주장하면서 로만개조의 필요성을 언급한다. 이러한 주장이 가능한 것은 조선이 자본주의적 단계에 있기 때문이다. 따라서 로만개조는 자본주의체제의 붕괴를 문학적으로 증명하는 것이다. 이러한 관점에서 김남천은 모럴론과 로만개조론을 통일적으로 관련짓는다. “나의 모럴론의 입장에 의하면 나는 풍속과 세태를 딴 의미에 있어서 인정하고 다시 내성적이라든가 심리적이라고 지칭되는 나의 작품의 경향을 다른 성격으로 추진시켜 양자의 융합을 잡아서 로만 개조의 방향을 취하여보려는 것이 당면의 방향이다.”[60] 자본주의체제의 붕괴를 문학적으로 묘사하기 위해서는 세계관을 추상적으로서가 아니라 모럴로써 풍속에서 구현해야 하고, 이것은 장편소설에 대한 재인식으로부터 시작되어야 한다.

마르크스가 ‘의식은 의식된 존재’라고 말할 때, 이것에서 마르크스도 예외는 아니다. 마르크스가 예외적 존재로서 초월적 위치에 놓일 때, 마치 식민문제에 있어서 마르크스가 이중구속에 사로잡혔던 것처럼 이율배반이 생성되기 때문이다. ‘의식은 의식된 존재’ 테제에 마르크스가 포함될 때, 마르크스는 19세기 유럽 사회에 귀속된다. 물론 마르크시즘 가운데 ‘몇 개의 공식’ 등은 부정될 수 있다. 그러나 이것은 마르크시즘이 유럽 사회에 국한되어야 한다거나 혹은 20세기에는 소멸되어야 함을 의미하지 않는다. 왜냐하면 마르크스가 이 테제로 자신의 한계를 규정할 때, 이러한 한계 규정 자체는 반복될 수 있는 보편적인 것이기 때문이다. 곧 마르크스의 방법은 한계를 긋는 메타적 위치를 생성하는 것이기 때문이다. 따라서 마르크스의 방법은 반복된다. 물론 이 반복은 차이나는 반복, 곧 조선에서 역사적으로 구체화될 반복이다. 따라서 '한계를 긋는다'는 것은 폐쇄시킨다는 것을 의미하는 것이 아니라 오히려 새로운 것을 창발할 수 있는 조건을 형성한다는 것을 뜻한다.

김남천은 '자기'의 한계를 그음으로써 리얼리즘문학을 완성시킬 수 있는 계기를 풍속론을 통해 마련했다. 곧 개인과 자기의 차이를 현전시켜야 한다고 했을 때, 자기는 역사적 장소에 귀속하고 있다는 점에서 한계를 가진 존재이다. 그리고 자기는 역사적으로 존재함에 따라 보편성을 부정하는 계기를 마련했다는 점에서 크나큰 의미를 지닌다. 이것은 재창이의 타락과 동시에 '전위는 타락할 수 없다'는 자신의 인식방식 모두 조선사회를 통해서 이해되어야 하는 문제로 제기되었음을 의미한다. 모럴론에서 유다를 통해 '유다적인 것'을 지양하는 방법 자체는 이로써 유보된다.

그러나 서구중심주의를 끝까지 확인하지 못함에 따라, 김남천은 당대를 고리끼를 따라 새로운 장편소설이 모색되어야 하는 전환기로 규정한다. '전환기'라는 서구의 호명에 따라 로만개조론을 주장했던 것이다. 이로써 '자기'는 어느 틈엔가 '개인'으로 추상된다. 이것은 김남천이 서구중심주의를 비판하면서도 완전히 서구중심주의로부터 탈각하지는 못했음을 보여준다. 그러나 장편소설이 '자기'의 한계를 긋는 양식임을 주창한 것은 매우 커다란 진척이다. 장편소설을 통해서 '자기'가 풍속으로 형상화되기 때문이다.

고발론의 작품, 풍속화된 모럴의 형상

「남매」 연작, 모럴의 연원과 부재하는 아버지

'물 논쟁' 이후 김남천이 고발론을 모색하면서 소위 「남매」 연작과 장편소설 『대하』(1939)를 발표한다. 「남매」(1937), 「소년행」(1937), 「무자리」(1938) 등이 발표된 시기는 고발론이 모럴론, 풍속론을 거쳐 김남천 스스로 '모럴의 확립'을 선언한 1938년과 시기적으로 겹치고, 김남천 스스로도 자신의 문학론을 소설을 통해 시험했다고 밝힌 바 있기 때문에, 작품과 이론적 전개를 동시에 고찰할 필요가 있다. 『대하』를 같이 포함시킨 이유는 『사랑의 수족관』과 같은 해에 출판되었지만, 시기적으로 앞서고 김남천이 고발론을 통해서 모색한 장편소설이 시험된 작품으로 간주되기 때문이다. 「남매」와 「소년행」은 고발론이 모색될 때 발표된 소설이고, 「무자리」와 『대하』는 모럴론과 풍속론과 시기를 같이 하는데, 『대하』는 로만개조론과 관련이 있기 때문에 이를 구분해서 살펴보고자 한다.

「남매」와 「소년행」의 주인공은 봉근이다. 「남매」는 주인공 봉근이가 12살 때를 배경으로 하고 있고, 「소년행」은 봉근이가 집을 나간 지 만 6년 뒤를 무대로 한다. 「남매」에서 봉근이는 누이가 기생이기 때문에 친구들로부터 놀림을 받지만, 사랑 없이 돈과 명예에 첩으로 사는 그들 누이보다, 사랑하는 사람이 생긴 뒤로 다른 남자와 관계를 갖지 않는 자신의 누이가 "깨끗하다"고 생각하면서 부끄러움을 갖지 않았다. 「소년행」의 봉근은 우연히 누이의 편지를 접하고 '사랑과 정성'이 남아 있기를 기대했지만, 누이를 만나고는 실망하게 된다. 오히려 어린 기생 연화에게서 누이에게 기대했던 '무슨 청신한 것'을 발견하고 "이 청신하고 맑고 깨끗한 정서 속에 몸과 마음과 머리를 맡기고 싶어" 한다. 이 '청신하고 깨끗한 것'을 추구하는 태도가 김남천의 모럴이다.

그런데 이런 모럴은 현실 속에서 시련을 받게 된다. 봉근의 누이 봉희(계향)는 경제적인 이유로 결국 사랑하는 사람이 아닌 돈 많은 식료품점 사장과 잠자리를 하게 된다. 이에 봉근은 집을 나가게 된다. '청신하고 깨끗한 것'이 결국 경제적인 요구에 밀려 타락하게 된 것에 대한 항의이다. 유다론에서 김남천이 말한 '유다적인 것'이 승리했을 때 가출을 통해서라도 '신성한 것'을 지키려는 의도이다. 자신의 가출을 통해서라도 '신성한 것'을 견지함으로써, '청신하고 깨끗한 것'의 실재를 증거하려는 의도이다. 이 '청신하고 깨끗한 것'이 존재하지 않는다면, 이것을 추구하는 태도 역시 근거 없기 때문이다. 「소년행」에서 봉근이가 누이의 소식을 접하고 '사랑과 정성'이 남아 있기를 기대한 것이 이를 보여준다. 말하자면 「남매」, 「소년행」은 봉근이를 통해서 모럴의 가능성을 시험한 소설이다.[61]

이 당시 김남천이 모색한 방법론은 리얼리즘과 아이디얼리즘을 구분한 고발론이다. 이것은 이 소설들의 주인공이 소년인 이유를 설명해 준다. "현대사회에서 아직도 통일성을 상실하지 않고 자기분열을 경과하지 않은 인물이 있다면 그것은 어린아이나 소년이리라고 생각해본 것"[62]이라는 작가의 언급에서도 확인되지만, 소년들은 아이디얼리즘의 침범으로부터 비교적 자유로운 상태이기 때문에 리얼리즘이 현실화될 수 있는 인물이라고 생각한 것이다. 곧 아이디얼리즘과 리얼리즘의 격투를 묘사한 대신, 리얼리즘을 지닌 소년을 현실 속에 던져 넣어 모럴의 현실성을 시험해 본 것이다.

그러나 김남천이 모럴의 조건으로서 '깨끗하고 청신한 것'은 '돈'에 오염되지 않은 것으로 설정되어 있지만, 이미 이것 자체가 '돈'에 의해 추상된 것이라는 점에서 이들 소설들은 근본적인 한계를 갖고 있다. 이 과정을 분석해 보기로 한다.

이 소설들의 공통점은 소년들이 주인공이라는 점이다. 그리고 누이들이 모두 매춘을 하고 있으며, 아버지는 부재한다. 그런데 여기서 부재하는 '아버지'는 '제도적' 아버지가 아니라 자식이 기대하는 '실제적' 아버지이다. 「남매」에서 봉근의 친부는 죽고 의붓아버지가 있지만, 의붓딸인 봉희가 사랑하는 사람과 경제적인 이유로 맺어지지 못하는 것에 대해 어떤 안타까움도 없을 뿐만 아니라, 도리어 돈 많은 식료품점 사장과 잠자리를 거부함으로써 돈을 벌지 못한다고 야단하는 인물이다. 곧 아버지에게 기대되는 자식에 대한 애틋함은 찾아볼 수 없다는 점에서 아버지의 부재이다.

아버지의 부재란 자기를 동일시할 수 있는 사회적 대타자가 존재하지 않는다는 의미이다. 따라서 소년들은 대타자로부터 호명되지 못한 이들인데, 더 정확히는 대타자로부터 부정적으로 호명된 인물들이다. 「남매」의 봉근이는 "깅호꽁, 매부 몇이든지? 한 다스? 두 다스?"로 놀림을 받고, 「소년행」의 봉근이는 자기를 찾아온 연화의 태도로부터 "나는 불과 약방의 일개 사환 아이다. 그러나 제가 잘 알고 존경하는 나이 많은 이의 어린 오빠라면 그런 건방진 태도를 취할 수 있을 것이냐"에서처럼 자기를 긍정적으로 보는 시선이 부재한다.

자신의 정체성을 긍정적으로 정립할 계기가 없을 때, 이들은 자신의 정체성을 '깨끗한 것', '청신한 것'에서 구한다. 그러나 타인의 욕망이 매개되지 않는 정체성이란 사실 사회적 의미를 갖지 못한다. '깨끗하고 청신한 것'을 욕망하는 타자가 존재하지 않는다면, 이러한 정체성은 현실적이라고 할 수 어렵다. 그렇다면 이들의 욕망의 출처가 물어져야 할 것이다. 그 출처는 '돈'이다.

누이 계향이 어쩔 수 없는 현실적 논리, 곧 돈에 의해서 식료품점 주인과 관계를 맺을 때 잘려진 것, 곧 사상된 것으로서, 계향이 병결과 붙어 한몫을 챙기려고 할 때 잘려진 것, 그것을 소년들은 '깨끗한 것'이라고 인식한다. 돈은 주체를 추상한다. 봉희는 돈에 의해 추상화되어 기생, 곧 육체로 추상되고 이로써 봉희의 '사랑'은 갈 곳이 없다. 돈은 봉근이의 가족을 모두 추상시켰다. 곧 돈으로 환원되지 않는 다른 욕망들은 모두 잘려나갔다. 봉근이의 어머니는 사랑 때문이 아니라 돈 때문에 재혼을 했다. 잘려진 타자는 '아버지'이다. 현실적으로 어쩔 수 없이 계향이가 기생으로 나섰을 때, 가슴을 치며 울어야 하는 아버지이다. 현실의 논리에 의해 상처받은 아버지가 존재해야 한다. 그것이 봉근이에게 자기 정체성의 근거가 되기 때문이다. 그러나 현실 속에서 이러한 아버지가 부재할 때, 아버지의 존재는 극도로 추상화되어 '깨끗한 것' '청신한 것'으로 표현된다. '깨끗한 것' '청신한 것'은 이름이 아니다. 이것은 가장 추상적인 어떤 상태를 표현하고 있을 뿐이다. 그러나 '깨끗한 것'은 그것이 자본주의 외부이기 때문에 장소가 없다.

이들 소년들이 기대했던 '깨끗하고 청신한 것'이 실현되지 않는 장면에서 소설이 끝난다. 소년들의 기대가 무너졌다는 것을 강조하면 이 소설은 '돈'에 지배되는 현실에 대한 작가의 비판적 의식의 형상화로 독해된다. 혹은 순진한 소년들이 비로소 성숙하는 과정을 그린 소설 등으로 읽는 것도 가능하다.

그러나 이들 소년들이 어린 아이라는 사실을 염두에 두면 해석이 달라진다. 「남매」의 봉근이는 누이가 식료품점 주인과 관계를 갖는 것을 보고 절망한다. 그러나 누이의 입장, 곧 돈 때문에 사랑하는 사람과 이어지지 못하는 슬픔이 봉근이에게는 인지되지 않는다. "아버지, 어머니, 누이. 모두가 더럽고 구려 보였다"라고 말하는 것은 12살 아이나 할 소리이다. 얼어붙은 강에서 고생해서 잡은 물고기를 모두 팔자고 하는 말에 누이도 봉근이도 기대가 어긋났지만, 봉근이의 슬픔을 위로하는 것은 누이이다. 「소년행」의 봉근이는 열여덟 살이다. 그는 약국 사환을 하면서 약간의 돈이나마 힘들게 모으는, 이미 청년에 가까운 나이이다. 돈에 대한 감각은 있지만 그것은 다만 "장가 밑천도 장사 밑천도 안 될 적은 돈에다 무슨 큰 희망을 달고 있는 듯이 매달마다 쩔쩔매면서 꾸역꾸역 저금하기에 볼장을 못 보는 자기 자신이 한없이 초라하게 보일까 두려워하"는 자의식 정도이다.

이들이 기대하는 '깨끗하고 청신한 것'은 이와 같은 아이들의 위치에서 생산된 것으로서, 아이들의 위치는 이미 돈에 의해 추상된 위치였기 때문에, 이들의 모럴은 현실성을 처음부터 갖기 어려웠다. 아이에게는 돈을 벌고 가족을 부양하는 생활이 없다.

이것은 역으로 봉근이가 지닌 모럴이 가족에 수용되지 않는 타자적인 것임을 보여준다. 봉근이의 분노는 이 타자적인 것이 가족의 한계를 그음으로써 자신의 현존을 보여줌과 동시에 자기표현을 요구하는 것이다. 봉근이의 모럴이 현실화되기 위해서는 그의 모럴을 받아 줄 '실제' 아버지가 존재해야 한다. 그러나 그런 아버지는 '없다.' 그것은 새로운 인식방식을 획득하지 못했음을 의미한다. 봉근이의 가출은 정한 곳이 없다.

「무자리」는 「남매」, 「소년행」과 비슷한 인물, 사건, 배경을 지니고 있지만, 결정적으로 달라지는 점은 소년 운봉이 가출하지 않는다는 점이다. 「남매」의 봉근이는 자신의 모럴을 받아줄 아버지, 곧 새로운 인식방식을 발견하지 못하자 가출했다. 집 밖 어딘가에 아버지가 있을 것이라는 기대는 난망하다. 청년 봉근이가 누이 대신 기생 연화에게 모럴이 수용될 것으로 기대하였지만 그 결과는 나타나 있지 않다. 이들 소년들이 간과한 것은 사회는 집의 원인이라는 점이다. 의붓아버지 학섭은 원인이 아니라 결과임에도 집 밖 어딘가로 나서는 것은 김남천의 모럴이 현실적이지 못한 것을 보여준다. 이에 대해 「무자리」의 운봉은 집을 나가지 않는다.

「무자리」의 아버지는 아편쟁이이다. 가계에 도움이 되기는커녕 아편에 취해 자식들을 기생 못 시켜서 안달난 인물이라는 점에서 「남매」의 의붓아버지 학섭보다 더한 인물이다. 운봉도 「남매」의 봉근이처럼 아버지가 부재한다. 이러한 상황에서 운봉의 욕망은 봉근이처럼 '깨끗하고 청신한 것'에 있지 않다. 운봉의 욕망은 마을 유지들의 아이들만 가능한 상급학교 진학이다. 이것은 윤봉의 욕망이 「남매」의 봉근의 욕망보다 훨씬 생활과 연관되어 있음을 보여준다.

그런데 운봉은 이것이 현실적으로 가능하다고 생각한다. 누이 담홍이가 서울로 갈 때 자신을 서울의 상급학교에 진학시켜 준다는 말을 믿고 있기 때문이다. 그러던 중 아편쟁이 아버지가 죽고, 이십 원씩이라도 매달 부쳐주던 누이가 임신을 해서 고향에 내려온다.

여기서 운봉은 자신의 욕망이 현실성이 없음을 눈으로 확인하게 된다. 그리고 학업을 전폐하고 광산 노동자의 삶을 선택한다. 이것은 현실 논리의 수용이면서 동시에 그의 윤리적 선택이다. 어쩔 수 없는 것이기는 하지만, 이것이 윤리적인 이유는 운봉이 상급학교 진학이 좌절된 것에 대해 분노하지 않는다는 점이다. 오히려 학교 대신 광산으로 나서는 길을 "상쾌하다"고 여긴다. 외적 상황에 의해 자신의 선택은 강제된 측면이 있지만, 그의 선택이 단지 외적 강제에 의한 것이었다면 그는 깊은 분노를 표출했을 것이다. 그러나 그는 선택의 주체가 됨으로써, 곧 원인을 주체화함으로써 외적 강제로부터 일정하게 주체의 영역을 마련할 수 있었다. 이것은 '모럴론'에서 언급한 주체의 원인화가 운봉을 통해서 형상화된 것으로 보인다.

「남매」의 봉근이에게 '깨끗한 것'은 주어진 것이지만, 운봉이의 '상쾌함'은 스스로 선택한 윤리이다. 이것은 「남매」의 봉근이가 청년으로 등장한 「소년행」 결말에서도 약간의 형태는 존재했다. 돌봐주어야 할 동생 같은 명식이에게 새 운동화를 사주고, 연화에게 선물을 하고, 또 사회주의 운동의 전력을 갖고 있는 병걸이에게 무안을 준 봉근이가 "자전거 위에 올라타니 벌써 마음이 시원하였다"고 느끼는 것, 이들 소년들은 아버지의 부재를 대리함으로써 자신의 정체성을 세우고자 함을 보여준다. 그것은 현실적인 논리를 수긍하지만, 그것으로 매몰되지 않는 윤리적인 것이다. 이것이 바로 김남천이 말하고자 했던 모럴의 정체였다. 운봉은 아버지의 부재를 대신해서 스스로 아버지가 됨으로써 생활을 갖게 되고, 자신의 행위를 주체적으로 결정하는 윤리는 생활과 통일될 수 있었다. 이러한 측면에서 「무자리」의 결말은 일층 진보된 것으로 이해될 수 있다.

그러나 운봉의 윤리가 비록 어느 정도는 선택적 행동에 의해 형성된 것이라고 해도, 이것은 아버지의 죽음이라는 외적 상황이 강제한 측면이 훨씬 크다. 의붓아버지라도 해도 죽어 없는 것과는 다른 상황이다. 이것은 운봉의 윤리가 선택에 의해 이루어졌다고 해도, 우연성을 넘기는 힘들다.

『대하』, 풍속화된 윤리의 가능성

「무자리」의 운봉의 윤리가 비록 현실적 근거를 갖는다고 해도, 그것은 매우 미약할 뿐만 아니라 다분히 개체적인 것에 불과한 것이었기 때문에, 김남천은 이를 장편소설을 통해 보다 사회적인 측면에서 묘사할 필요를 갖게 되었다. 이것이 모럴론에서 풍속론으로의 진전인데, 이를 대표적으로 보여주는 작품이 『대하』[63]이다.

이 소설은 개화기를 배경으로 크게 2개의 사건 축을 중심으로 전개된다. 하나는 박성권이 상술을 발휘, 거부가 됨으로써 결국 마을의 실질적 권력자가 되는 과정이고, 다른 하나는 박성권의 아들 형걸이가 박성권의 '돈'의 논리로부터 잘려진 것으로 타자적인 것을 현실화하려고 노력함으로써 자신의 윤리를 세워나가는 과정이다.

전자를 먼저 살펴보기로 한다. 박성권이 지금의 부를 획득할 수 있었던 것은 사회 격동기에 남들처럼 피난하지 않고, 그 위험한 시기를 적극적으로 활용했기 때문이다. 가족들은 피난 보낸 뒤, 그는 채권을 통해 마련한 밑천을 근거로 전장에서 장사를 시작, 약 20년 만에 고을에서 군수 다음 자리에 오르게 되는데, 이러한 배경에는 신분관계로부터 채무관계로의 단절적 이행이 놓여 있었다. 말하자면 박성권의 삶은 신분관계가 지배적이었던 전근대 사회로부터 돈을 매개로 한 근대 사회로의 이행기를 전형적으로 보여준다.

박성권은 그의 조부와 마찬가지로 '고리대'를 통해서 치부에 성공한다. 그런데 그의 치부 과정은 조부와 같지 않다. 이것은 자기 부친과 친교관계에 있던 윤 초시로부터 채무 관계를 정산할 때 자세히 묘사된다.

"제 애비와의 친교를 보더라도 존장에 대해 이럴 법이 없을 텐데, 아무리 채권자이기로니 포악스러운 언행이라고 괘씸한 생각이 들" 정도로 박성권은 윤 초시를 닦달한다. 윤 초시는 채무자이다. 따라서 법적으로만 본다면 채무를 어떤 식으로든지 이행해야 한다. 그러나 소설 속에서 윤 초시는 "제 아비 순일이처럼 양순하고 보면, 별반 채무 독촉도 안 하리라고 태평하니 생각"할 정도로, 채무 변제로 인해서 고민하는 모습은 나타나지 않는다. 게다가 박성권의 아버지 박순일과 윤 초시는 친구 사이이다. 이전 관습에 따르면, 박성권이 아무리 채권자라고 해도, 채무관계가 일차적일 수는 없다. 다시 말해 박성권이 온전히 채권자로서만 윤 초시를 상대할 수는 없다. 채무관계는 신분관계와 혼재되어 있었고, 신분관계가 채무관계보다 못하지 않았기 때문이다.

박성권은 그의 부친과 달리 채무관계와 신분관계를 철저하게 분리한다. “글쎄 이러쿵저러쿵 할 거 없이, 사 년 하구두 일곱 달 치를 육자변으로 일 년에 한 번씩 표를 된 셈치고, 회곌 놔 보구레” 하면서 “애써 그의 얼굴을 보지 않기로 하고, 무어 미리부터 생각해 온 바를 쪼루루 외어 바치듯”할 뿐이었다. “낯이 있고 의리가 있어서 차마 못할 짓”을 관철하기 위해서는 신분관계는 채무관계와 완전히 분리되고, 억압되어야 했는데, 박성권은 철저하게 채무관계로서만 윤 초시를 대한다.

그런데 윤 초시는 박성권의 채무 변제 요구를 받은 뒤에 갑자기 전신 불수가 되고 결국 죽게 된다. 여기서 윤 초시의 갑작스러운 전신 불수를 우연적 사건으로 평가해 버리면, 『대하』에 묘사된 이행기의 시대적 본질을 놓치게 된다. 윤 초시는 처음에는 박성권을 친구의 아들로서만 대했지만, 박성권은 철저하게 계약관계로서만 대응했는데, 윤 초시의 의식은 토지에 대한 신분적 소유관계가 형성되었던 전근대적 생산양식에 대응된다면, 박성권의 의식은 토지를 치부의 수단으로서 파악하는 근대적 생산양식에 대응된다고 할 수 있다. 이러한 맥락에서 윤 초시의 죽음은 새로운 생산양식의 부상에 대해 어두웠던 의식의 패배로 규정된다.

윤 초시의 불행은, ‘실재’이지만 그가 절대로 보아서는 안 되었던 것을 매개 없이 직접 대면했기 때문에 일어난 것이기 때문이다. 박성권의 일방적 통고를 받은 직후, 윤 초시는 “새하얗게 낯이 질려서 따라 일어섰으나, 입술을 파르르하니 떨고 있을 뿐”이었고, 다만 “이럴 수가 세상에 있나” 하면서 “정신이 빠져나간 것처럼 어릿어릿하여 눈을 감고 있을 뿐”이었고, 결국 죽음에 이르게 된다. 윤 초시가 보았던 것, 눈앞에서 분명하게 목도했지만 그것을 형상화할 언어를 갖지 못한 채 ‘이럴 수가'를 되뇔 수밖에 없었던 그것, 마치 죽음을 마주대할 때처럼 새하얗게 질릴 수밖에 없었던 그것은 신분관계가 매개되어 있지 않은 '자본의 맨 얼굴'이다.

윤 초시는 채무자이다. 그것은 박순일과의 관계에서나 그의 아들 박성권과의 관계에서도 변하지 않는다. 그러나 윤 초시는 박순일과의 대면에서 죽음에 이르는 공포를 체험하지 않는데, 그것은 이 둘 관계에는 채무관계 이전에 신분제적 관계가 매개되어 있었기 때문이다. 곧 신분제적 관계는 채무관계를 지연시키는 효과를 불러왔고, 따라서 윤 초시는 자본의 맨 얼굴을 직접 대면하지 않는다. 그러나 신분관계와 채무관계의 철저한 분리에 성공한 박성권은 윤 초시에게 무시무시한 자본의 맨 얼굴로서 체험되었다.

신분관계에서 채무관계로 이행되는 과정은 곧 자본주의적 주체의 탄생이다. 박성권은 신분관계를 철저하게 억압함으로써, 결국 돈을 매개로 한 계약관계로 변모시켰다. 이러한 자본주의적 주체는 박성권 개인에게만 해당되지 않는다. 이것은 이 고을 사람들 전반에서 나타나는데, 그 계급에 따라 나타나는 현상은 다르다.

박리균은 전근대적 인식에 사로잡힌 인물이지만, 시대가 변함으로써 마방을 여관으로 바꾸지 않으면 안 될 처지에 놓이게 된다. 사실 박리균의 가문이라고 해야 열녀를 배출했다는 정도인데, 내심 박성권을 신분제적 우위를 통해 얕잡아 보던 박리균 형제는 결국 박성권에게 돈을 빌리지 않을 수 없게 됨으로써 더 이상 우위를 갖지 못하게 된다. 박리균 형제가 마방업을 여관업으로 바꾸지 않을 수 없었던 것은 시대의 변화 때문이다. 도로와 철도가 개설됨에 따라 교통수단 역시 변화되고, 이에 따라 마방업은 더 이상 현실적이지 않게 된다. 잡화상 나카니시가 들여온 남포등이 등잔불을 대체하는 것도 이러한 맥락 속에서 가능했다.

박성권 역시 시대가 변화함에 따라 여관이나 잡화상 같은 것이 이윤을 남기는 주된 상업 부문이 될 것임을 인지하고 있지만, 아직은 시기상조라고도 생각하고 있다. 하지만 선점하지 않으면 부의 획득이 지연되거나 혹은 감소될 수도 있다. 이러한 역설적 상황에서 박성권이 취하는 합리적인 태도는 여관업으로 개조하기 위한 돈을 빌려주는 것이다. “여관이 잘되면 잘되는 만큼씩 변리를 물어 가느라 바쁠 것이요, 생각대로 잘 안 되면 일이 년 안짝에 집을 뺏기고 바가지쪽을 차게 될 판”이기 때문이다. 박성권은 장남 형준이가 장사를 하고 싶다는 말에도 같은 논리로 반대한다. “박 참봉은 아직도 모든 영업이나 장사를 대금貸金으로 얽어 두는 것이 가장 현명한 책이라고 생각한다. 돈변을 놓은 이상엔, 밭이거나 집이거나 장사거나 언제든지 필요한 때는 내 것이 될 수 있다고 믿는 것이다. 그러므로 칠성이의 장사는 내 장사나 같다고 생각하는 것이다. 장차 잡화까지를 널리 벌여 놓게 될는지는 모르나, 무섭게 불어 나가는 돈 이자 앞에 그의 상점이 얼마나 견뎌 나갈는지는 볼 만한 거라고 그는 지금 생각하고 있는 것이다. 이자를 실컷 뽑아 먹다가 낚아챌 수도 있는 것이요, 그대로 두면 이는 이대로 먹고 그의 은인까지 되는 것이다.”

박성권이 이율배반을 돌파할 수 있었던 것은 ‘돈’에 대한 새로운 인식방식을 획득했기 때문이다. “상품의 유통이 발전함에 따라 상품의 양도를 상품가격의 실현에서 시간적으로 분리시키는 조건들이 발전”

할 때, 화폐는 지불수단의 기능을 갖게 된다. 마르크스는 루터를 인용하면서 고리대금이 채무자가 "지불을 할 수도 없고 저기에서는 구매를 할 수 없는 이중의 곤경"에 빠지는 원인임을 언급한다.[64] 고리대금은 화폐가 지불수단으로 발전된 상황인데, 이것은 역시 사회의 발전을 조건으로 한다. 박성권은 이러한 사회의 변화에 민첩하게 대응했던 것이다. 지불수단을 통해 박성권은 이중구속에서 벗어났지만, 대중들은 이중구속에 빠졌다. 이것은 노동력이라는 상품을 통해 자본가가 잉여를 획득하는 반면, 노동자들은 이중구속에 빠지는 양상과 동일한데, 이는 7장에서 언급하기로 한다.

박리균 형제는 시대의 변화에 따라 마방업을 여관업으로 바꾸지 않을 수 없었고, 이에 박성권의 돈을 빌리게 됨으로써, 그는 돈을 매개로 한 채권／채무관계에 포섭된다. 그는 고리대를 변제하고, 또 생활을 유지하고 나아가 원금을 갚거나 축적하기 위해서는 이전보다 생업에 더욱 전력을 기울여야 한다. 만약에 생각대로 여관업이 잘되지 않으면, 그는 박성권의 말대로 '바가지쪽'을 차게 된다. 말하자면 자본의 맨얼굴은 고리대를 매개로 단지 유예될 뿐이다. 신분제 우위를 은근히 내세우던 박리균의 전근대적 사고는 시대의 변화에 따라 현실적으로 지탱할 수 없게 되고, 박성권이 강요하는 자본의 논리를 받아들이지 않을 수 없는 처지로 변모된다. 소설은 이후 박리균 형제의 삶의 결말까지는 묘사되어 있지는 않지만, 변모된 이들의 삶의 본질이 무엇인지는 이미 윤 초시를 통해서 명료하게 드러나 있다.

채무를 변제하지 못할 경우, 그것이 토지이든 집이든 박성권의 소유로 이전되게 된다. 이로써 이들은 끊임없이 이자를 생산해내야 하는 위치에 놓이게 된다. 그렇지 않으면, 윤 초시가 그랬듯 자본의 맨 얼굴을 대면해야하기 때문이다. 이 공포를 유예시키기 위해 주체는 현실의 변화를 수용하게 된다. 이 과정에서 박성권이 소유한 토지는 더욱 확대되고, 생계수단을 잃은 마을 사람들은 두칠이처럼 도로공사장 인부가 되거나 혹은 소작인으로 전락할 수밖에 없게 된다. 이에 반해 박성권은 고리대자본을 통해서 여관업의 수익을 갖거나 혹은 여관을 통째로 차지할 수 있게 되지만 그는 결코 자기 자본을 축내지는 않는다. 여기에 더해 평소 신분제적 질서로 은근히 자신을 얕보았던 박리균 형제마저 굴복시킨 쾌감에 그는 평소 안아주지도 않던 손자까지 안아가며 기쁨을 만끽한다.

일반 대중들이 자본주의적 주체로 탄생되는 과정도 윤 초시가 보여준 대로 자본이 신체를 직접 포획하는 과정으로 이루어진다. 그러나 박리균 형제와 다른 점은, 일반 대중들은 박리균 형제와 같이 돈을 빌릴 수 있는 처지자 아니기 때문에, 자본에 신체가 보다 직접적으로 노출되어 있다는 점이다. 이 과정은 신분제의 억압에 따른 '토지'로부터의 단절과 병행된다.

쌍네는 흉년과 장마, 역병으로 농토를 찾아 이주하던 가난한 농가의 딸이었으나 이주하는 중간에 박성권에게 종으로 팔린 신세이고, 두칠이 역시 거듭되는 흉작에 어쩔 수 없이 박성권의 집에 절개살이를 오게 되었다. 이처럼 구한말에 당대 사람들은 새로운 시대적 변화로부터 강제되었는데, 그 결과는 『자본』에서 묘사한 시초축적의 형태와 유사한 '토지'로부터의 쫓겨남, 단절이다. '토지'로부터의 단절은 곧 신분제적 질서의 붕괴를 의미하는데, 동시에 이들의 신체가 자본에 직접 노출되게 된 직접적 계기가 된다.

이들 신체를 직접 포획하는 고리대자본의 특징은 "화폐가 더 많은 화폐와 교환되는 형태로, 따라서 화폐의 본성과 모순되는 것은 물론 상품교환의 입장에서는 설명할 수 없는 형태로 단축되어 있"[65]다는 점이다. 고리대자본이 화폐의 본성과 모순되는 이유는, 화폐 자체는 그것이 가치척도, 유통수단, 지불수단 등의 모습으로 나타난다고 해도 그것 자체는 자본이 아니기 때문이다. 그럼에도 고리대자본이 이러한 모순을 나타낼 수 있는 것은, 곧 화폐가 더 많은 화폐를 생산하게 되는 이유는 쌍네나 두칠의 경우에서처럼 이들에게 지불된 것은 당대 사회 일반의 노동력의 가치이지만 이들의 신체 자체가 양도됨에 따라 이들의 유용노동 전체가 양도되었기 때문이다. "아무리 흉년이기로니 삼백 냥은 내라고 졸라 보았으나, 이제 겨우 아홉 살 난 것을 이백 냥"에 어쩔 수 없이 팔린 쌍네는 신체 전체가 양도된다. 두칠이의 경우는 처음 1년은 쌍네와 같은 처지로 예속됨으로써 같은 처지에 놓였다. 이들의 신체와 화폐 교환이 '상품교환의 입장에서는 설명할 수 없는 형태'인 이유는 이 때문이다. 그리고 사정은 이들보다 낫지만 박리균 형제도 고리대자본에 예속된 이상 신체 양도가 전제된 것이다. 이들 형제가 만약 채무관계를 이행할 수 없게 될 때, 박성권은 그의 속셈대로 그들의 전부에 대한 소유권 주장을 내세울 것이고, 이로써 이들은 말 그대로 신체적으로만 자유로운 존재가 될 것이기 때문이다. 그러나 이들이 생존을 영위하기 위해서는 이들의 신체 역시 양도되지 않을 수 없게 된다.

그런데 이들은 신체를 양도하면서 신체와 분리되었던 인격 역시 예속된다. 신분제로부터 계약관계로 전환할 때, 윤 초시는 다만 채무자로 표상된다. 그의 죽음은 극적인 형태이기는 하지만, 채무자로 추상되면서 잘려진 인격이 물적 근거를 갖지 못함에 따라 다시 예속될 수 밖에 없음을 보여준다. 몸종이나 절개살이 등이 그것이다. 이것은 근대사회로의 이행의 조건인 인격의 분리가 고리대자본을 매개로 다시 새로운 신분질서로 포획되었음을 의미한다.

이들이 고리대자본에 그대로 노출될 수밖에 없었던 본질적 이유는 '당장' 생계 수단이 없기 때문이다. 쌍네와 두칠이는 흉년으로 인해 당장 생계가 막막해진 경우이고, 박리균 형제의 경우는 시대의 변화에 따라 마방업을 더 이상 유지할 수 없기 때문이다. 이 당장이 의미하는 것은 이들이 생존 자체의 문제에 직접 노출되었다는 것, 곧 윤 초시가 그러했듯이 이들이 자본과 직접 대면하게 되었다는 것을 의미한다. 이처럼 고리대자본이 더욱 축적될 수 있었던 이유는 바로 신체가 직접 노출되었기 때문이다. 고리대자본이 자기의 증식을 위해서는 다만 유용노동을 제공할 수 있는 신체가 필요하다. 이처럼 고리대자본은 신체를 자양분으로 기생한다. 따라서 고리대자본이 전면화되는 사회에서 인간적 관계는 신체를 중심으로 추상된다. 신체는 전근대적 신분적 예속 관계에서 벗어나자마자 고리대자본의 포획에 사로잡히게 되었고, 전근대적 풍습이 계약관계로 추상되면서 신체는 더욱 현실의 실재, 곧 죽음의 공포에 더욱 전면적으로 노출되었다.

박성권의 치부와 사회적 지위의 획득은 『자본』의 논리대로라면, 분명 잉여가치의 획득과 재생산을 통해서 이루어진 것은 아니다. 왜냐하면 자본주의의 잉여가치 획득은 노동력의 상품화를 전제로 하기 때문인데, 박성권의 치부는 가치의 소유권 변동을 보여주는 '고리대'를 통한 것이기 때문이다. 따라서 『대하』를 통해서 볼 수 있는 것은 서구 부르주아지들은 아니다. 그보다는 "역사적으로 자본의 근대적인 기본형태보다 먼저 나타나"[66]는 고리대자본의 형태이다. 이러한 관점에서, 박성권은 서구적 의미의 부르주아지라고 보기는 어렵다. 그러나 『대하』의 서술자의 논평대로 그가 '새날'의 주인공이 될 수 있었고, 이것은 이전 시대와의 단절을 통해서 성취된 것이라고 한다면, 박성권이라는 새로운 시대적 주인공의 근거가 어디에 있었는지를 확인하는 것은, 김남천의 인식방식이 구체적인 인식방법으로 변모하고 있음을 보여주는 것이라고 할 수 있다.

이런 맥락에서 『대하』의 서사의 중심축의 하나는 신분관계가 계약관계로 변모하면서 근대적 자본의 전단계로서 고리대자본이 사회적 관계의 근거로서 전면화되는 과정에 있음을 확인하게 된다. 신분관계로부터 계약관계로의 단절적 이행은 주체들의 외부로부터 강제된 것이다. 곧 자본주의적 주체로의 변모는 시대적 변화에 따라 어쩔 수 없는 강제적 요인이 근본적이었던 것이고, 이러한 변화에 따라 주체들의 선택은 이미 제한되었던 것이다. 이러한 사회적 변화를 조건으로 사회적 관계는 돈을 매개로 한 계약관계로 변모되는데, 이러한 계약관계는 다른 형태의 인간관계를 사상시킨 극도로 추상된 인간관계를 특징으로 한다. 계약관계가 일반화될 때 지불수단으로서의 화폐의 축적에 전력을 기울이는 인간만이 거기에 남게 된다. 이자를 확보하지 못하면 윤 초시가 그러했듯이 죽음에 이르는 공포로서의 자본의 맨 얼굴을 마주하게 될 것이기 때문이다. 그들이 자본의 맨 얼굴과의 직접 대면을 유예하는 길은 이윤을 계속적으로 생산해내는 길뿐인데, 이로써 주체들의 자본주의적 주체로의 변모는 무의식적으로, 자발적으로 이루어진다. 박리균 형제의 선택은 표면상 자발적인 것으로 보이지만, 이미 그것은 이행기의 사회적 조건이 이들의 인식방식으로 내면화되었던 것이다. 『대하』는 박성권과 박리균 형제, 그리고 쌍네나 두칠이 등을 비롯한 고을 사람들의 생활을 통해 이것을 묘파해냈다.

이러한 풍속의 전개와 함께 박형걸의 존재는 '돈'에 의한 추상화의 적대자로서 성장한다. 『대하』의 1장은 박성권이 아들들에게 비로소 이름을 지어주면서 시작하는데, '큰놈'이니 '은산놈'이니 하던 이름들은 형준, 형선, 형걸, 형식 등의 항렬자로 된 이름으로 대체된다. 자식들에게 항렬이 든 이름을 지어줌으로써 박성권은 분명 일가를 이루었다는 자부심을 표현할 수 있었지만, 이것은 한편으로는 모순을 은폐하려는 수단이기도 했다. 곧 박성권의 치부과정은 인간관계를 추상화하는 과정으로, 이러한 추상화는 반드시 그 과정에서 사상되는 타자를 생산한다. 박성권은 이 타자를 억압했고 자신의 질서로 환원시키고자 대상화했다. 하지만 박형걸은 이 타자를 역사화하는 존재로서 나타난다.

형걸은 '자산'이라는 이름에 그대로 나타난 첩의 자식이라는 증표를 "남에게까지 그대로 내어 밝히는 이름 위에 있는 모욕"으로 가장 꺼려왔는데, 항렬이 든 이름을 받음으로써 이러한 모순이 은폐될 수 있었던 것처럼 느끼고 가장 반겼다. 그러나 이러한 모순은 형선이의 혼사에서 여지없이 드러나게 된다. 윤씨는 보부를 형걸의 배필로 생각했지만, 박성권은 형걸의 출신 때문에 형선이와의 결혼으로 결정한다. 이에 형걸은 "온몸을 내던져서, 죽어라고 분풀이를 해대야만 할 곳이 어디엔가 꼭 한 귀퉁이 남아 있는 것 같"은 기분에 사로잡히는데, 이때 형걸에게 쌍네의 신체가 물화된다.

꿈속에서 형걸은 자신을 뿌리치는 쌍네를 향해 "도련님이 이끄는데, '남의 아내 된 몸이라'니 어디다 대고 하는 무엄한 수작이냐" 하면서 희롱한다. 쌍네는 성욕으로 치환된 형걸의 억압된 분노의 방출로일 뿐이었고, 이때 쌍네는 다만 "아름답고 탐스러운 색시"로 물화될 뿐이다. 쌍네를 신체로 물화하는 것은 형준이도 마찬가지이다. 형준은 형걸과는 달리 아무런 생산적 활동을 하지 못하고 있는 권태를 방출하기 위해 쌍네의 육체를 대상화한다. 형걸은 억압된 분노의 대리물로, 형준은 억압된 주체화의 실패의 보충물로 모두 쌍네를 신체로서 물화시킨다. 그것은 쌍네의 남편인 두칠이도 마찬가지이다. 두칠이는 1년 계약을 마치고 돌아갈 수 있었지만, 쌍네에 대해 품은 마음 때문에 박성권의 집을 떠나지 못한다. 그에게 쌍네는 다만 자신이 취할 수 있는 신분의 여자일 뿐이었다.

전근대적 질서에서는 비복 등의 신체뿐만 아니라 인격까지도 주인에게 속해 있었지만, 근대적 체제 속에서 신체와 인격은 철저하게 분리되고 나아가 주체는 신체로서 추상된다. 곧 인격은 사상된다. 이 신체를 포획하고 그 유용노동을 마음껏 지출할 수 있는 위치가 바로 돈이다. 이것은 주체들이 신체로 추상되고, 박성권처럼 생산수단을 소유한 고리대자본가들은 인격에 대한 책임을 면제받기 때문에 가능하다. 형선의 결혼으로 인해 형걸은 깊은 분노를 갖게 되고, 이것을 쌍네에게 성적 욕망으로 분출할 때, 쌍네가 다만 인격이 아니라 신체로써 대상화될 수 있었던 이유도 신체와 인격의 분리 및 추상에 기인한다.

신체의 자본에의 포섭은 앞서 말한 대로 『대하』 전편에서 일관되게 형성된 중심축이다. 보부는 첫날밤에야 자신의 남편이 형걸이 아니라 형선임을 알게 된다. 이로써 자신의 기대가 어긋난 것에 대한 실망과 아쉬움이 남는데, 그녀는 애써 이를 극복하지만 후에 형걸이 쌍네에게 정을 품었다는 얘기를 전해 듣고는 질투를 느낀다. 보부의 신체는 당시 지배적 관습에 따라 부모의 뜻에 따라 결정되었지만, 신체는 실망과 질투의 감정으로나마 관습으로부터 빠져나온다. 하지만 보부는 실망과 질투의 감정을 적극적으로 해결하려고 모색하지 않는데, 이것은 이로부터 예상되는 결과를 보부 자신이 감당할 수 없기 때문으로 보인다.

이에 반해 쌍네나 형걸은 보다 적극적이다. 쌍네의 경우 자신의 의지와 전혀 관계없이 두칠이와 혼례를 하게 되었다는 점에서는 보부와 동일하지만, "징그럽고 구질구질한" 두칠이와 형걸은 비교할 바가 아니다. 이러한 때에 형걸이의 애무를 받은 쌍네는 자기의 미래를 새롭게 모색해 보지만, 그것은 자신의 소망에 불과했다는 것을 알게 된다. 형걸과 쌍네의 일을 전해 들은 두칠이는 다만 쌍네를 온전히 자신의 것으로 삼기 위해 도로공사 인부로 나서자, 쌍네는 형걸에게 자신을 어떻게 할 것인지 물었지만 기대한 답변은 듣지 못한다. 이에 그녀는 그길로 마을에서 자취를 감춘다.

쌍네는 매매된 뒤로는 종살이를 하는 신분에 불과했다. 소설의 인물들 중 '돈'에 의해 신체 전체가 양도된 정도가 가장 극심한 경우이다. 그런데 그녀가 주인집 도령과의 새로운 생활을 모색했다는 것, 이것이 그녀에게 현실적으로 이해되었다는 사실은 특기할 일이다. 이것이 실현 가능한 일로 몽상될 수 있었던 근거는 전근대적 질서가 해체되면서 주체들 간의 관계로서 '사랑'이 자립적으로 분리되었기 때문이다. 다시 말하면 사랑이 주체의 독립적 주체성을 확인할 수 있는 새로운 사회적 기제로 표상되어 갔다. 주체는 사랑의 감정으로써 자기를 타인과 구별하게 되고, 사랑이라는 감정에서 주체들은 서로 독립적인 주체들임을 확인하게 된다. 사랑이라는 감정은 주체들 간의 수평적 감정을 상상하게 하는 근대적 기제인 셈으로써, 자기실현은 사랑의 실현 혹은 쟁취와 등치된다. 곧 '사랑'은 '돈'의 질서로부터 도주한다. 그리고 만약 쌍네와 형걸의 사랑이 이루어진다면, 그것은 박성권의 질서에 균열을 내는 모순의 표현이다. 박성권은 항렬에 따라 형걸이가 아닌 형선이를 보부와 결혼시켰다. 그런 그에게 쌍네와 형걸의 결혼은 질서의 문란이기 때문이다. 그런데 김남천은 이런 억지스러운 구도로 모순을 강제하지는 않는다.

두칠이에 대한 연민은 갖고 있지만, "그것이 결코 사랑이 아니라는 것을 의식했을 때, 쌍네의 가슴엔 눈물이 어렸다." 두칠이와의 관계에서 잘려진 것은 사랑이라는 감정이었고, 이것과 자신을 동일시하고 이 가능성을 쌍네는 형걸이에게서 찾아보고자 했으나 이것이 불발이었을 때, 그녀는 「남매」의 봉근이처럼 도주한다.

쌍네의 사건은 형걸에게는 하나의 충격이었다. 형걸은 새로 온 기생 부용을 연모하지만 그와의 결혼생활을 이루기 위해서는 '완고한 풍습'과의 대결을 치러야 한다. 이것은 가문에서의 축출까지를 전제해야 할 정도로 그가 많은 희생을 감당해야 하는 일이다. 이러한 번민 속에서 그는 쌍네의 고백을 듣고는, "여태껏 대수롭지 않게, 문제 밖으로 밀어 놓았던 사건이 불쑥, 아닌 밤중에 솟아나서 홍두깨처럼 그의 머리를 후려갈기고 달아나"는 충격을 받게 된다.

그런데 자신이 받은 충격을 해소하고자 부용이를 찾아갔는데, 거기서 자신의 아버지를 발견하게 된다. 박성권은 부용에게 마음을 두고 있었던 것인데, 부용은 오히려 그의 아들 형걸에게 마음이 있음을 알게 되자 격분해서 돌아간다. 이때 형걸은 부용이에게서 "어떤 성스러운 표정을 발견하는 것 같"다고 느끼면서 부용이 방 불빛에서 "종교적인 정신적 분위기"를 느낀다. 부용은 기생의 신분임에도 유지인 박성권의 청이 '천륜'에 위배된다고 거절한 것이고, 그녀의 행동에 대해 형걸은 성스러움까지 느끼는 것이다. 쌍네에 대해서는 다만 자신의 잘못을 시인하는 정도로서, 곧 그녀의 사랑에 대해서는 책임 있는 행동의 필요성을 생각하지 못하던 형걸이 부용이의 태도에 대해서는 숭배자가 되고 있다.

이것은 분명 이율배반적 태도이다. 기생이 자신의 사랑을 고수하려는 것과 종이 자신의 사랑을 지키려는 것을 형걸은 다르게 판단하기 때문이다. 그럼에도 이러한 이율배반이 한 주체에서 동시에 발생할 수 있었던 것은 쌍네에게 대한 감정은 욕정이었고, 부용에게 대한 감정은 사랑이라고 생각하기 때문이다. 욕정은 일시적 실수이지만, 사랑은 고귀한 것이고, 욕정의 만족은 쾌락이지만 사랑의 성취는 신성한 것이라는 이분법적 사고가 형걸이의 의식 구조이기 때문이다. 그러나 형걸은 자신의 이분법적 사고에 대해서는 의심하지 못하고, 다만 "새로운 행방을 잡아 보자"는 결심을 하고 고을을 떠날 결심을 한다. 형걸이 고을에서가 아니라 그곳을 떠남으로써 '새로운 행방'이 가능하다는 것 역시 이분법적 사고에 기인한다. 고을 밖에 새로움이 가능하다는 생각은 고을과 고을 밖을, 마치 차안과 피안과 같이 이분법적으로 나누는 것이다. 이것이 관념적인 것은 고을의 변화의 원인이 고을 밖에 있기 때문이다.

박성권이 거부로 치부할 수 있었던 근본적 원인은 신분적 질서의 붕괴로 인해 주체들이 신체로 추상되었기 때문인데, 이러한 변화는 개화사상으로 대표되는 시대적 변화에 기인하는 것으로, 이것은 고을 밖의, 곧 외부적 원인이다. 신체와 인격의 분리와 동시에 사랑이라는 감정이 독립화되고 이것이 주체성의 표지가 되는 것도 이러한 변화와 대응된다. 형걸이 부용에게 신성함을 느끼고 있다는 것은 사랑이 절대적인 가치로서 인지되고 있다는 것, 곧 사랑이 주체화의 절대적 표지로서 수용되고 있다는 것을 의미한다. 이러한 변화의 원인은 분명 외부이다. 그런데 여기서 외부는 내부와 단절된다는 의미에서가 아니라, 오히려 기원이라고 해야 할 것이다. 근처 평양이 아무래도 주변 마을에 비해 규모가 큰 도시인만큼 평양과 이 고을의 영향 관계는 일방적인 것 같지만, 당시 조선의 관점에서는 변화의 속도에서만 차이를 가질 뿐 전체적으로는 새로운 변화의 물결 속에 놓여 있기 때문에, 이 고을 밖은 안과 본질적인 점에서는 동일하다고 할 수 있다. 그럼에도 형걸은 이 고을 밖에 어떤 새로운 방도가 가능하다고 생각한다는 점에서 아직 전체를 확보할 수 있는 시야를 갖추지 못한 미성년이라고 볼 수 있게 된다.

그러나 형걸은 그의 형들과는 분명 다른 길을 모색한다. 큰형인 형준이가 권태에 짓눌려 쌍네를 탐하려고 하거나, 이것도 여의치 않자 노름에 빠져드는 것은 박성권의 질서에 철저하게 복종하기 때문에 가능하다. 형선은 이제 막 혼인을 한 상태이고 아직 학생이기 때문에 그가 박성권의 질서에 어떻게 대응할지는 소설 속에 서술되어 있지 않지만, 형준과 형걸의 사이 어디쯤이 그의 위치가 될 것으로 짐작할 수는 있다.

형걸은 박성권의 질서에서 도주한다. 박성권의 질서는 낡은 형식과 새로운 내용으로 이중화되어 있다. 낡은 형식은 기존의 관습에 따라 자식 혼례를 포함한 가족 문제를 해결하려는 것을 의미하고, 새로운 내용은 사회적 지위와 부의 배분의 양식이 변한 것을 의미한다. 그리고 그의 질서는 사랑이라는 주체성의 원리를 통해서 이미 내적인 균열을 갖게 된다. 그러나 사랑은 이루어지지 않았다. 박성권의 질서는 관념적으로는 무너질 수 없음이 드러난다.

낡은 것과 새것이 혼재된 인간형이 박성권이라면, 형걸의 가출은 박성권의 질서에 맞지 않는 새로운 인간형의 출현을 의미한다. 그의 새로운 삶은 분명 기존 기득권을 모두 포기해야 하기 때문에 이전의 삶과는 분명 다를 것이다. 문제는 그의 새로운 행로의 고통 속에서 비로소 그가 자신의 관념성 전체를 인지할 수 있는 어떤 위치를 획득할 수 있는가의 문제이다. 그곳이 비로소 그의 새로운 주체성의 근거가 될 것이기 때문이다.

박성권의 치부는 형준이나 형선이를 통해서 이어질 것이다. 박성권의 치부의 궁극적 원인이 시대적 변화에 있다면, 새로운 생산양식에 따른 의식 체계 역시 박성권에서 형준이나 형선이를 통해서 점차 어떤 모습으로 구체화될 것이고, 그것이 사회의 지배적 의식으로 고착화될 것이다. 이러한 관점에서 본다면, 형걸의 위치는 이들에 의해 고착화되는 사회적 의식의 안과 밖의 사이에 놓이게 된다. 곧 쌍네를 육체로 물화하는 고리대자본의 의식과 기생과의 결혼을 현실화하고자 했던 의식 사이 어디에 놓이게 된다. 이러한 위치에서 가장 핵심적인 것은 근대적 주체성의 표지로 무의식화된 사랑의 실현의 방식일 것이다.

쌍네나 형걸은 둘 다 사랑을 매개로 새로운 주체성을 이루고자 했지만 모두 실패했다. 쌍네는 전래적 의식 구조에서 벗어나지 못하고 있는 것에 반해, 형걸은 기독교와 신학문의 세례를 입고 있기 때문에, 역시 형걸 쪽이 새로운 형식을 만들어낼 가능성이 높다. 이 소설은 여기까지이다. 말하자면 구한말의 시대적 배경 속에서, 평양 근처의 한 고을을 통하여 새것과 낡은 것의 모순을 형상화한 것이다.

「남매」 연작과 『대하』는 '돈'에 의해서 추상화되는 과정, 그리고 그 대립자인 인물들이 성장하는 과정을 '현실적으로' 묘파했다는 점에서 김남천의 이론과 실천이 효과적임을 알 수 있게 된다. 앞서 「무자리」의 운봉의 윤리의 근거가 다분히 개인적이었다는 것과 비교할 때, 형걸의 존재는 개화기 시대의 풍속 속에서 형상화됨으로써 보다 사회적 근거를 갖추었다고 볼 수 있다. 게다가 『대하』는 개화기 시대의 변화를 매우 현실적으로 그리면서, 동시에 『자본』과 변증법적 유물론을 토대로 함으로써 이론과 현실의 불일치 문제를 적극적으로 해소하고 있다는 것도 알 수 있다. 곧 박성권의 치부과정과 『자본』의 시초축적은 상동적이다. 또한 '새것'과 '낡은 것'을 임화식으로 '맹아'로 해석하지 않고 변증법적 유물론의 대립물의 투쟁과 통일에 따라 배치하고 있다는 점도 확인된다. 대립물로서 윤 초시와 박성권은 다시 대립물로서 박성권과 박형걸로 새롭게 배치되는데, 여기에 양질전환의 법칙이 작용하여 신분관계에서 계약관계로의 척도의 변화가 형상화되어 있다.

이러한 장점에도 불구하고 대립자 형걸의 성장은 여전히 관념적인 부분을 면치 못한다. 곧 부정의 부정의 법칙은 미약할 뿐만 아니라, 더 큰 문제는 형걸의 모순된 의식에서 보았듯이 부정이 관념적으로 이루어지고 있다는 점이다. 형걸은 서자라는 자의식에 깊이 매몰되어 있다. 이것은 박성권의 돈의 논리로부터 일정한 거리를 갖도록 한 김남천의 의도적 배치이다. 곧 서자라는 신분적 위치는 사회의 부조리에 대해 예민한 감각을 가질 수 있는 조건이었지만, 사회의 부정이 서자라는 특정한 신분적 위치로부터 발생하는 것은 현실성을 갖기 어려워 보인다. 다시 말해 형걸의 모럴은 서자라는 '주어진' 위치에서 생산된 것이지, 박성권의 치부 과정에 대한 반발로서 형성된 것은 아니다. 그것은 김남천의 윤리의식이 아직 구체화되지 못하고 있음을 의미한다. 가출 뒤 갈 곳이 정해지지 않았던 형걸의 위치는, 봉근이보다 크게 진전된 것은 없다.

이상 관찰문학론 이전의 김남천에 대한 논의를 정리하기로 한다. 김남천은 '물 논쟁' 이후 문학의 『고향』 분석을 통해서 도식성 문제와 주체 건립의 양자 모두를 해결하는 방법으로 '가면박탈'을 제시한다. 이것은 주체의 인식방식에 대한 반성의 위치를 획득하는 방법이었다. 이후 김남천은 이를 이론화하여 고발론에서 로만개조론으로 이어지는 창작방법론을 제출한다. 그의 방법론은 일제시대 거의 유일할 정도의 면모를 갖는다. 그는 자신의 방법론을 소설로 시험하고, 여기서 확인한 문제점을 해결하기 위해 방법론을 다시 개선, 발전시키는 변증법적 운동을 한다. 이 과정이 그의 방법론과 소설 창작의 과정이다.

이 과정에서 그의 마르크시즘 이해는 심화 확대되었음을 알 수 있는데, 『대하』는 김남천의 이해 수준을 가늠할 수 있는 걸작이다. 이러한 발전은 이념과 현실의 불일치 경험을 바탕으로, 자신의 인식방식을 끊임없이 반성하는 실천 때문에 가능했다. 이 책의 용어로 하면, 논리계형 구분을 통해 문학의 도식성 문제를 해결함으로써, 이념과 현실의 불일치, 전위와 대중의 모순을 해결하고자 했다. 이 과정은 소부르주아 계급의 인식방식을 철저하게 반성함으로써, 비로소 진정한 '전위'로서 주체를 재건하는 과정이다. 그리고 그 효과는 분명했는데, 이는 '물논쟁' 당시 「공장신문」이나 「물」과 비교하면 확연하다. 이러한 장점에도 불구하고 역사의 방향성을 현실적으로 제시하는 데에는 아직 미치지 못했다. 『대하』의 형걸에서 보듯이 역사의 방향성은 다분히 관념적이다. 이제 김남천의 관찰문학론과 『사랑의 수족관』 및 「경영」 연작을 분석할 차례이다. 이것은 6장에서 '차이의 유물론'으로 다루고자 한다.

다섯째 장

임화, 타자 경험과 비평의 위치

'현해탄' 위의 '남도 사투리'로서의 타자

낭만적 장형시 이후, 임화는 한 동안 새로운 시 형식을 정립하지 못한다. 시적 형상화도 섬세하지 못할 뿐만 아니라 감정도 직접적으로 토로되는 등 위태로운 모습을 보인다. 시의 내용은 여전히 낭만적 장형시의 시적 원리로서 작용했던, 역사의 방향성에 대한 신념은 유지되고 있지만, 기억의 서사 전략은 나타나지 않는다. 이것은 이들 시편들이 외로움을 주된 정조로 하고 있다는 것에서 확인된다. 기억의 서사 전략은 기억을 매개로 연대하는 주체들을 전제로 하는데, 이제 주체들은 다만 경멸의 대상으로 전락되어 있다. 침묵과 어둠 속에서도 시인이 적에게로 자신을 던질 수 있었던 이유가 바로 이 주체들과의 연대였다면, 이 연대가 한낱 자신의 기대였다는 것이 드러나게 됨에 따라, 외로움이 육박해 왔던 것으로 보인다. 이것의 연장에서 경멸 역시 쉽게 수긍된다. 시인에게 주체들은 "이상과 진리를 죽그릇과 바꾸어"버린 '비열한들'로 보였다.

오늘……
오래된 집은 허물어져 옛 동간들은 찬 마루판 위에 얽매어 있고,
비열한들은 이상과 진리를 죽그릇과 바꾸어, 가을비가 낙엽 위에 찬데
부지런한 너는 다시 그때와 같이 왔구나

—「가을 바람」 부분[1]

이 당시 시인에게는 역사의 방향성에 대한 믿음 이외에 어떤 것도 긍정될 수 없었고, 따라서 새로운 시 형태도 산출하지 못한다. 그러나 이러한 시적 정신의 저하 상태에서도 새로운 모색의 방향성은 감지된다. 「야행차 속」에서부터 비롯되는 것으로 보이는 새로운 모색은 이후 '현해탄'을 중심 소재로 하는 시편들로 계속 발전되는데, 이들 시편들의 특징은 화자의 위치에 있다.

참말 머리 위엔
별 하나이 없고,
어둔 하늘이
홍수처럼
산하를 덮어,
한자욱 발길조차
나의 고향을

밟을 수가 없다면,
아아, 꺼지려는 눈아!
네 빛이 흐리기 전에,
차라리 나는
호화로이 밤 하늘에 흩어지는
오색 불꽃에,
아름다운 운명을
배우련다.

—「최후의 염원」 부분[2]

사투리는 매우 알아듣기 어렵다.
허지만 젓가락으로 밥을 날라가는 어색한 모양은,
그 까만 얼굴과 더불어 몹시 낯익다.
(…중략…)
노하지 마라 너의 아버지는 소 같구나.
빠가! 잠결에 기대인 늙은이의 머리를 밀쳐도,
엄마도 아빠도 말이 없고 허리만 굽히니……
오오, 물소리가 들린다 넓고 긴 낙동강에……

—「야행차 속」 부분[3]

「야행차 속」의 특징은 발표 시기가 비슷한 「최후의 염원」과 비교할 때 보다 뚜렷하게 드러난다. 「최후의 염원」은 낭만적 장형시에서 장형적 요소만 생략되어 있을 뿐, 구조나 내용은 동일하다. 세상은 별 하나

없이 어둡고, 그 어둠은 지상의 모든 것을 집어 삼키어 "한자욱 발길조차" 내딛는 것을 두렵게 한다. 이러한 상황에서 화자는 어둠 속에 단지 묻혀 있고자 하지 않는다. 시인은 어둠의 한 복판에서 작열하는, "호화로이 밤 하늘에 흩어지는／오색 불꽃"처럼 자신의 존재를 증명하고자 한다. 존재하는 화자를 어둠은 무화시키려하지만, 화자는 불꽃이 되어서 어둠은 절대적인 것이 아님을 증명하고자 한다. 다만 낭만적 장형시에서와 달리 화자의 태도가 장대한 어조로 표현되지 못하는 것은 전술한 대로, 주체들에 대한 기대가 허망한 것으로 밝혀졌기 때문이다. 화자의 신념에는 외로움이 짙다. 그러나 이 시편들에서 화자는 비록 어둠 속에 포위되어 있다고는 해도, 어둠을 대타적으로 묘사하고 있다는 점에서 그의 존재는 뚜렷하다. 다시 말해 화자의 위치는 어둠 속에서 어둠과 대척하고 있다는 점에서 그 존재 영역을 쉽게 구분할 수 있다. 이것은 화자의 내면이 통일되어 있음을 보여준다. 이러한 이유 때문에 화자의 목소리는 단일하다.

그러나 「야행차 속」에서 화자의 목소리는 분열되어 있다. "젓가락으로 밥을 날라가는 어색한 모양", "빠가! 잠결에 기대인 늙은이의 머리를 밀쳐도,／엄마도 아빠도 말이 없고 허리만 굽히니"에서 화자는 관찰자의 위치에서 묘사하다가도, "그 까만 얼굴과 더불어 몹시 낯익다", "노하지 마라 너의 아버지는 소 같구나"에서 화자는 논평적 위치로 이동해 있다. 그리고 "오오, 물소리가 들린다 넓고 긴 낙동강에……"에서 화자는 낙동강과 기차를 병렬시키면서 동시에 '물소리'를 매개로 양자를 구성하는 위치로 옮겨 간다. 소설의 시점으로 말하자면 3인칭과 1인칭 시점이 혼재되어 있고, 관찰자 시점과 주관적 시점이 뒤섞여 있는 것처럼, 이 시에서 화자의 위치는 다양한 층위에 걸쳐서 나타나고, 이에 따라 목소리도 단일하지 않다.

「최후의 염원」에서 '별', '하늘', '산하', '고향' 그리고 '오색 불꽃' 등은 현실적 대상이라기보다는 상징화된 대상이다. 그러나 「야행차 속」에서 대상은 더 이상 상징화되지 않는다. 이들의 사투리는 알아듣기 어려운 말일 뿐이고, 일본인 승객에게 연신 굽실대는 부부 역시 상징화되지 않는다. 그렇다고 해서 사투리나 이들 부부들의 현실적 의미가 적극적으로 모색되고 있지도 않다. 사투리는 알아듣기 어렵다는 일상적 태도가 진술되어 있고, 굽실대는 부부가 묘사되어 있을 뿐이다. 물론 화자는 이것을 묘사하면서 동시에 내면의 정서적 반응을 표현하기도 하는데, 그것 역시 "물소리가 들린다 넓고 긴 낙동강에……"에서처럼 간접적으로만 제시되어 있다. 시에서는 "필연코 고향의 강물은 이 꼴을 보고 노했을 게다"라고 하여 화자의 반감이 표현되고는 있지만, 반감 자체도 그것이 민족적 감정 혹은 계급 적대적 감정에 기반하고 있는지, 또는 인간의 보편적인 연민에 두고 있는지 등이 적극적으로 탐색되지 않는다.

낭만적 장형시 이후 새롭게 모색된 시편들은 이처럼 화자의 위치 및 목소리가 분산되어 있으며, 상징성은 급감하면서 동시에 대상은 묘사되고 있지만 대상의 현실성은 적극적으로 탐색되지 않는 특징을 갖는다. 낭만적 장형시의 견고한 형태가 이렇게 흩뜨려지게 된 계기는 주체의 위치가 분열되어 있기 때문이다.

일찍이 저 시커먼 큰 건물들은,

제군들의 운명을 고쳤으나,
이내 제군들이 아름다운 항만의 운명을 개척할 새 심장이,
또한 저 자욱한 건물들 속에서 만들어짐은 즐거웁지 않느냐.

나의 고향은 이제야, 대륙의 명예를 이을 미더운 아들을 낳았구나.

바다에는 기폭으로 아로새긴 만국 지도,
거리엔 새 시대의 왕자 금속들의 비비대는 소리,
목도 앞뒤엔 여명이 활개를 치고 일어나는 고동 소리,
이따금 현해 바다가 멀리서
사자처럼 고함치며 달려오고……

바야흐로 신세기의 화려한 축제다

—「상륙」 부분[4]

현대의 환경문제에 관심이 있다면, 흰 모래가 시커멓게 변한 장면 앞에서 임화처럼 찬가를 부를 수는 없다. 그러나 항만에 들어선 공장에서 쏟아져 나온 기름으로 "시커멓게" 변한 모래펄 앞에서 임화는 "장엄한 발자취"를 느낀다. 그것은 '옛 노래'가 아니라 '행진곡'이기 때문이다. 자동차들의 경적 소리, 기선들의 고동 소리가 임화에게 '신세기의 화려한 축제'로 들리는 이유는 비로소 조선이 '옛 노래'에서 벗어나 '행진곡'을 부르는 대열에 합류하고 있다고 생각하기 때문이다. 이 행진곡의 대열이란, '만국 지도'가 상징하듯이 전진하는 세계, 곧 근대적 이

성의 자기 전개이다. 임화에게 자동차와 기선들은 근대적 이성의 표지였던 셈이다. 임화의 기쁨은 이러한 세계적인 변화에 일원으로서 드디어 합류하고 있다는 데에서 온다. 이것은 달리 말하면, 그가 얼마나 근대 체제의 일원으로서 인정받고 싶어 하는지를 여실히 보여준다고 할 수 있다. 그러나 근대 이성에 대한 동일시는 '현해탄' 위에서 반성되기 시작한다.

> '반사이!' '반사이!' '다이닛……'
> 이등 캐빈이 떠나갈 듯한 아우성은,
> 감격인가? 협위인가?
> 깃발이 '마스트' 높이 기어올라갈 제,
> 청년의 가슴에는 굵은 돌이 내려앉았다.
>
> 어떠한 불덩이가,
> 과연 층계를 내려가는 그의 머리보다도
> 더 뜨거웠을까?
> 어머니를 부르는, 어린애를 부르는,
> 남도 사투리,
> 오오! 왜 그것은 눈물을 자아내는가?
>
> 정말로 무서운 것이……
> 불붙는 신념보다도 무서운 것이……
> 청년! 오오, 자랑스러운 이름아!

적이 클수록 승리도 크구나.

—「해협의 로맨티시즘」 부분[5]

'반사이'가 소리 높이 올라가기 전, 화자는 「상륙」의 화자처럼 근대 이성의 표지인 '이천오백 톤의 큰 기선'의 굉장함에 대해 매혹된다. "몽롱한 연기,／희고 빛나는 은빛 날개,／우레 같은 음향,／바다의 왕자가 호랑이처럼 다가오는 그 앞을,／기웃거리며 지나는 흰 배는 정말 토끼 같다" 화자는 '이천오백 톤'의 굉장함을 작은 배들을 통해서 경험했을 때, 그의 가슴은 부푼다. "흰 난간 가에 벗어 제친 가슴,／벌건 살결에 부딪치는 바람은 얼마나 시원한가!" 작은 배와 '이천오백 톤'의 기선의 대조가 빚어낸 근대의 힘은 화자를 낭만적으로 고무시키기에 충분했다.

'이천오백 톤' 기선이란 근대 이성의 자기 전개이다. 중세 봉건적 질서를 해체하고 근대가 자기 운명을 신으로부터 분리했을 때, 운명의 지침은 이성이었고, 이성에 의한 이성의 계도가 바로 계몽이었다. 이러한 이성이 과학기술을 통해 불가능해보였던 가상을 현실화함으로써 근대 기획은 순항하는 것처럼 보였고, 그 증거가 바로 '이천오백 톤' 기선이었다. 임화가 갑판 위에서 '시원함'을 느낄 수 있었던 이유는, 이처럼 근대 기획에 대한 열렬한 지지자이기 때문에 가능했다.

그런데 '반사이'와 '남도 사투리'가 대조될 때, '이천오백 톤' 기선의 의미는 분절된다. '반사이'의 주어는 일본 제국이다. '대일본大日本'을 소리 높여 부르는 이들은 일본과 자신들을 동일시함으로써 일본인들 개체들 간의 차이성은 사라진다. 마스트 높이 올라가는 욱일승천기와 함께 일본인들의 감격은 높아진다. 그러나 그 감격은 다른 민족의 존경을 바탕으로 하는 것이 아니라, 물리적인 힘의 과시이기 때문에, 화자에게는 '협위'로 다가온다. 화자가 이를 협위로 인식하는 것은 '다이낫'의 물리적 힘이 향하는 곳이 어디인지를 분명히 알고 있기 때문이다. 그곳은 '남도 사투리'의 삼등선실이다. 그런데 여기서 임화는 분열된다.

도식성 문제가 불거졌을 때, 전위들은 이를 해결하기 위해서 대중의 감성을 획득하고자 했다. 그리고 파악된 대중의 감성에 맞게 마르크시즘을 전달할 수 있다고 믿었고, 이로써 전위와 대중의 통일이 가능하다고 생각했다. 조선의 카프 작가들과 대중은 인식능력이나 감성에 있어서 차이가 있다고 해도, 그것은 양적 차이였다. 따라서 파악될 수 있고 획득될 수 있다고 여겼다.

그런데 '현해탄' 위에서 '남도 사투리'에 대해 임화는, "오오! 그것은 왜 눈물을 자아내는가?"라고 말한다. "삼등 선실 밑／뚱그란 유리창을 내다보고 내다보고,／손가락을 입으로 깨물을 때,／깊은 바다의 검푸른 물결이 왈칵／해일처럼 그의 가슴에 넘쳤다.／오오, 해협의 낭만주의여!" 임화는 여기서 자신을 '낭만주의'자라고 고백한다. 이것은 '남도 사투리'로 나타나는 대중의 감성을 획득할 수 있다고 생각했던 전위들, 곧 자신에 대한 반성이다. 제국 본토의 땅에 도착했다는 뱃고동 소리와 갑판 위에서 '반사이' 소리가 높아갈 때, '삼등 선실'의 어둠 속에서 조선 대중들은 "어머니를 부르는, 어린애를 부르는" 두려움 속에 몰려 있다. 전위들이 획득하고자 했던 바로 그 대중의 감성이 거기에 두려움으로 현전되었다. 이때 임화는 '눈물' 이외의 반응을 할 수 없다. 획득되어야 할 것이 눈앞에 현전되었을 때, 오히려 임화는 대중의 감성이 아니라, 자신의 '낭만주의'를 반성한다.

임화는 조선 대중들의 삶을 보아왔고, 이들의 삶에 대해 연민을 갖고 있었다. 또 이들의 사투리를 경험할 때마다 이해할 수 없다고도 생각했다. 그러나 알아듣기 어렵다는 것 자체는 하등의 의심도 없었다. 사투리를 알아들을 수 없어도, 사투리이기 때문에 알아듣기 어렵다고 생각했을 뿐이다. 이것은 사투리에 대한 일반적이고 평범한 생각이다. 알아듣기 어려울수록 전위들의 실천이 더 요구될 뿐이었다.

그런데 '현해탄' 위에서 임화가 경험하는 것은 대중의 감성으로서 '남도 사투리'에 대한 다른 인식방식이다. '남도 사투리'는 '남도'에 있을 때는 그것이 '남도'라는 장소와 결부됨으로써 알아듣기는 어려워도 낯선 것은 아니었다. 하지만 '남도 사투리'가 '현해탄' 위에서 '반사이'와 대조될 때, '남도 사투리'는 다른 존재 의미를 갖는다. 그것이 무엇이냐는 그다지 중요한 것은 아니다. 그것이 열등과 배제, 혹은 낯선 것 등등이어도 본질적인 문제는 아니다.

'현해탄' 위에서 임화가 경험한 것은, '남도 사투리'에 대한 규정은 다의적이라는 것이다. 조선에 있을 때, 전위들에게 획득해야 할 '남도 사투리'는 파악되지 않았던 것, 곧 알아들을 수는 없지만 획득할 수 있는 것으로 '단일하게' 규정되었다. 그런데 '남도 사투리'가 '남도'에서 '현해탄'으로 이동할 때, 그것은 '열등한' 것으로, '빠가!'로 불려진다. '이천오백 톤의 기선'이 누구에게는 근대 이성의 자기 전개로 다가왔지만, 다른 누군가에는 '협위'였듯이, '남도 사투리' 역시 주체의 위치에 따라 달리 표상되었다. '남도 사투리'로서의 대중의 감성을 획득한다는 것은 대중의 감성의 어떤 '부분'을 획득하는 것을 의미하지 않았다. 그것은 애초부터 생각되지도 않은 것이다. 그러나 '현해탄' 위에서 경험한 것은, '남도 사투리'에 대한 전위들의 규정은 다만 '부분적' 규정에 해당할 수 있다는 것이다.

삼등선실의 '남도 사투리'에는 이중, 삼중의 억압이 중층화되어 있다. 제국 본토로 흘러들어온 가난한 자들, 이들 고유의 언어와 생활양식이 더러운 것으로 낙인찍히는 자들, 열등한 종족, 정복당한 민족. 이들이 내세울 수 있는 것은 아무 것도 없다. 자기를 확인할 수 있는 것, 가난과 민족, 그리고 언어와 문화, 어느 것이나 이것들은 이들을 표시하지만, 동시에 그것은 부정적인 것들뿐이다. 가진 것이 오히려 결여를 지시하는 종족. 검게 그을리고 야윈 얼굴들의 불안한 눈빛, 제 부모를, 제 아이를 부르는 두려움.

이때 임화는 분열한다. 그리고 임화는 '남도 사투리'에 '눈물'로 반응한다. 이 '눈물'의 의미는 다층적이다. 삼등선실의 두려움에 빠진 조선 대중에 대한 연민이자 동시에 그들을 규정할 수 없고, 따라서 획득할 수 없는 자신의 위치에 대한 자각이다. 그것은 카프의 한계이자 자신의 한계였다. '남도 사투리'는 자기표현을 요구하는 타자였다.

'남도 사투리'를 획득할 수 있다고 생각한 것은 임화가 '조선' 안에 있을 때였다. 그러나 '현해탄' 위에서 '남도 사투리'가 '반사이'와 대조될 때 그것은 임화의 인식방식 자체를 뒤흔든다. '남도'의 대중들은 임화와 같이 '이천오백 톤의 기선'에서 시원함과 굉장함을 느낄 수 없다. 그들은 타자였다. 이런 각성이 단말마처럼 뱉어진다. "오오, 해협의 낭만주의여!" 임화는 '이천오백 톤' 기선을 굉장함으로 인지했던 자신의 인식이, 조선 대중을 대상화함으로써 타자를 배제한 것이었음을 비로소 인지하고, 이로써 그 역시 분열된다.

근대 이성의 찬양자였던 임화는 근대 이성이 배제한 타자를 경험함으로써 자신의 인식에 대해 반성하게 된다. 이로써 그의 위치는 변모한다. 그 위치가 이등 캐빈과 삼등 선실 '사이', '층계'이다. 이처럼 배제되었던 타자가 현전됨으로써 시인은 비로소 자신의 위치에 대해 물음을 던지게 된다. 하지만 그 위치는 명확한 것은 아니다. 왜냐하면 근대 과학기술을 굉장함으로 인지하던 위치와 그것을 협위로 인지하는 위치 사이에는 위치의 이동이 있었던 것이지만, 화자는 이것을 충분히 설명할 수는 없다.

「야행차 속」에서 화자의 위치가 고정될 수 없었던 이유도, 이 위치의 이동이 있었기 때문이다. '빠가!'라는 말에 "말이 없고 허리만 굽히"는 조선 대중들에게서 화자는, 익숙하지만 이질적인 일본말과, 친숙하지만 알아들을 수 없는 사투리 속에서 자기 분열을 감지했지만, 이를 통일할 수 없었다. 이 때문에 낭만적 장형시와 같은 강한 어조가 아니라 사물을 묘사하는 태도가 나타났고, 목소리는 분열되었다.

이로써 식민지 지식인의 위치는 비로소 현실감을 갖게 된다. 이 현실감은 자신이 근대인이거나 혹은 식민지인이라는 분명한 규정을 획득함으로써 얻게 되는 것이 아니다. 오히려 반대로 자신을 어느 한쪽에서도 온전히 발견할 수 없다는 데에 있다.

여기서 근대적 이성은 보편적인 것이 아니라는 것이 시인에게 경험된다. 그것은 타자를 배제함으로써만 성립하는 것이었다. 식민지 원주민들은 배제되었기 때문에 비이성적인 존재로서, 곧 '빠가!'로서 규정된 것이지, 비이성적인 존재이기 때문에 배제된 것은 아니다. '삼등 선실' 식민지 원주민, 그들은 근대 이성이 배제하고, 억압한 식민지 원주민의 이성이다. 그것은 근대 이성의 위용 앞에서 두려워하고 불안해하는 근대 이성의 타자들의 얼굴들이다. 이 타자들의 얼굴이 '반사이'의 위협 앞에서 식민지 원주민으로 표상되었다.[6]

시인은 이제 '이천오백 톤' 기선을 긍정할 수만은 없다. 분명 근대과학기술은 근대 이성의 힘을 증명해나가고 있었지만, 동시에 그 힘은 누구에게는 협위였다. 여기서 근대과학기술의 가치중립성은 본질적인 논점이 되지 않는다. 본질적인 점은, 근대과학기술이 굉장함과 동시에 협위로 표상되고 있다는 점이다. 근대 이성이 '남도 사투리'라는 타자의 현전을 매개로 분절되는 자리가 '현해탄'인 셈이다.

이것은 논리계형이 구분될 수 있는 계기였다. 곧 타자의 현전으로 인해 주체의 인식방식, 곧 주체의 위치가 물어질 수 있는 계기였다. 여기서 「공장신문」의 도식성을 지적받은 이후, 타자로서의 대중을 획득하는 김남천의 방법과 임화의 차이를 확인할 수 있다.

임화의 방법은 타자를 새롭게 규정하는 새로운 인식방식의 획득이 아니라, 이것을 '청년'의 사명으로 통일한다. "청년! 오오, 자랑스러운 이름아!／적이 클수록 승리도 크구나." 여기서 적은 일본 제국주의자들을 가리킨다는 것은 쉽게 알 수 있다. 따라서 이 시를 민족주의적 감정의 발로로 읽을 수 있지만, 임화가 '이천오백 톤' 기선의 위용에 감격하고 있음을 환기할 때 이러한 해석은 중심을 빗겨간다.

임화는 타자의 존재를 매개로 근대이성 자체를 미완의 기획으로 규정한다. 이것은 근대이성의 제국주의적 독점에 대한 부정이다. 근대이성이 제국주의자들에 의해 독점될 때, 근대 이성은 위계화된다. 임화가 저항하는 것은 근대 이성을 위계화함으로써 식민지 원주민을 배제하는 제국주의이다. 따라서 제국주의는 불완전하다. 이것은 동시에 타자도 불완전하다는 것을 의미한다. 이것들은 근대 이성의 큰 틀로 지양되어야 할 '부분'들이다. 이로써 타자는 다시 대상화되고, 타자를 대상화하는 임화의 인식방식은 근본적으로 반성되지 않는다. 타자는 새로운 인식방식으로서 자기표현을 요구하는 존재가 아니라, 지양되어야 할 존재로 한정된다.

> 나라와 말과 부모의 다름은
> 그들의 우정의 한 자랑일 뿐,
> 사람들을 갈라놓는 장벽이,
> 오히려 그들의 마음을
> 얽어내듯 한데 모아,
>
> 경멸과 질투와 시기와
> 미움으로밖엔,
> 서로 대할 수 없게 만든 하늘 아래,
> 그들은 밤 바람에 항거하는
> 작고 큰 파도들이,
> 한 대양에 어울리듯
>
> —「내 청춘에 바치노라」 부분[7]

나라와 말이 달라도 이 다름이 적대의 원인이 아님을 '앎'으로써, '우정'은 정서의 차원을 넘어선 인지의 영역에 속하게 된다. 이 '앎'이 근거가 됨으로써 '우정'이 생성되고 분출된다. 따라서 조국과 민족의 차이는 본질적 차이가 될 수 없다. 오히려 '우정'의 증거일 뿐이다. 그렇다면 본질적 차이는 민족주의적 감정이 터하는 나라와 말에 있는 것이 아니라, 오히려 나라와 말의 현상적 차이를 본질적 차이로 규정하는 '어떤' 세력과 이 '앎'을 공유하는 또 다른 '어떤' 세력 사이에 있다. 그리고 두 세력 가운데 더 근본적인 '앎'의 주체가 후자라면, 전자는 다만 '힘'으로써 우위를 점하고 있을 뿐이다. 이것은 제국주의가 배타적으로 소유한 '앎'의 실체를 여실하게 보여준다. 이로써 제국주의는 근대 이성을 '힘'으로 추상하여 근대 이성의 완전한 자기 전개를 억압하는 적대로 규정된다.

단편서사시에서도 '앎'이 주체의 최종적 위치였다. 전위의 '앎'이 노동자에게로 분유됨으로써 노동자는 변화될 수 있다고 여겼고, 또 노동자는 '앎'을 매개로 전위와 동일화됨으로써 혁명이 촉발될 수 있다고 여겼다. 임화는 '현해탄'에서 타자를 체험함으로써 분열되고, 자신의 인식이 타자를 배제했던 근대적 이성과 동일화했음을 반성한다. 그러나 그는 다시 '앎'으로써 타자를 포획한다. 이 과정에서 '앎'의 외연은 넓어지고 내포는 심화되어도, '앎'이 주체의 최종적 위치라는 인식은 변하지 않는다. 이 '앎'이 형상화된 존재가 '청년'이다. 임화가 '청년'의 사명이라고 한 것은 이와 같은 근대 이성의 완성이다. 그는 '현해탄' 계열의 시들에서 자신을 포함한, 식민지 지식인들을 '청년'으로 호명하고, '청년'들의 임무를 환기한다.

한 번도 뚜렷이 불려보지 못한 채,
청년의 아름다운 이름이 땅 속에 묻힐지라도,
지금 우리가 이로부터 만들어질
새 지도의 젊은 화공의 한 사람이란 건,
얼마나 즐거운 일이냐?

삼등 선실 밑에 홀로
별들이 찬란한 천공보다 아름다운
새 지도를 멍석처럼 쫙 펼쳐 보는
한 여름 밤아, 광영이 있거라.

—「지도」 부분[8]

배제되고 억압된 삼등 선실에서 시인은 바로 이곳이 '새 지도'가 펼쳐지는 근거라고 말한다. 제국주의가 다만 '힘'으로 추상시켜 버린 근대 이성이 새롭게 지양되는 곳이다. 제국주의와 식민지의 적대를 해소함으로써, "별들이 찬란한 천공보다 아름다운" 신세계가 전개되어 나가는 곳, 그곳이 바로 '청년'이다.

그렇다면 식민지야말로 '힘'으로 추상되어버린 근대 이성이 자기 부정을 지양함으로써 비약할 수 있는 근거가 된다. 따라서 당대 식민지 지식인들이 감내해야 하는 임무는 다만 민족적인 것으로 한정되지 않는다. 그것은 역사의 전개를 완결시켜야 한다는 세계사적 임무의 자각이다. 다시 말해 제국주의자들에 의해 독점된 근대 이성이 부분적인 것임을 드러내고, 또한 제국주의와의 적대관계를 지양함으로써 근대 이성의 자기 전개를 완결해야 한다. 근대의 이성은 아직 완성되지 않았다. 오히려 식민지 원주민에 의해 완성되어야 할 것이 된다.

임화가 '삼등 선실'에서 식민지 원주민들에게서 본 것은, 비루하고 남루한 식민지의 얼굴이 아니라 완성되어야 할 근대의 또 다른 얼굴, 바로 '식민지 이성'의 자기 완결의 요구였다. 바로 이것이 '청년'들의 사명이었던 바, 그래서 "적이 클수록 승리도 크"게 된다. 임화가 '현해탄 계열'의 시편들을 통해서 '청년'들을 '현해탄'에서 호명하는 이유도 여기에 있다. '현해탄'은 역사의 대립이 전개되는 그곳, "바다보다도 모진／대륙의 삭풍 가운데／한결같이 사내다웁던／모든 청년들의 명예와 더불어"[9] 역사적 운명이 펼쳐지는 곳이기 때문이다. "어머니를 부르는, 어린애를 부르는,／남도 사투리"가 다만 '울음'이 아니라 '언어'가 되는 곳이다. 세계의 일원으로서 목소리로 인정되는 곳이다.

이로써 임화는 '낭만적 장형시'의 관념적 요소를 반성한다. 그런데 타자의 현전을 통해 인식방식을 반성하게 되었다고 해도, 김남천은 타자로서의 대중을 전유하는 방법으로 어떤 선규정된 초월적 자리를 두지 않았다. 마르크시즘을 이념적으로는 보편적이라고 여겼지만, 그것은 현실에서 구체적으로 전개될 것으로 보았다. 이것은 복수의 마르크시즘을 생산하는 과정이었고, 식민지 이성의 전개 과정이었다. 이로써 그는 타자를 새롭게 규정할 수 있는 새로운 인식방식을 모색했다.

그러나 임화가 존재와 의식의 모순을 '청년'으로 통일하는 과정은 구체적인 것이 아니라, 선규정된 '앎'에 따라 이루어진다. 임화는 타자의 현전을 통해 존재와 의식의 모순을 경험하고, 이로써 인식방식에 대한 반성의 계기를 갖게 되었지만, 임화에게 반성의 과정은 '앎'으로의 지양이라는 구도로 이루어진다. '현해탄'의 '청년'은 이등 캐빈과 삼등 선실의 투쟁이 지양된 새로운 질적 단계를 형상화하고 있는데, '청년'으로 통일화되는 현실적 과정과 근거가 구체적으로 제시되어 있지 않다.

존재와 의식의 모순이 '청년'으로 비약적으로 통일된 이유는, 이 모순의 극복이 이미 '청년'의 '앎'으로 '주어져' 있기 때문이다. 말하자면 존재와 의식의 모순은 이미 선험적 '앎'에 의해 봉합되어 있고, 주체는 다만 강한 실천력으로 선험적 '앎'을 현실화하는 사명만을 갖게 된다. 임화는 타자 경험을 통해 자신의 인식방식에 대해 회의를 갖기는 했지만, 타자는 임화의 '앎' 안에 있었던 것이고, 이로써 타자는 '앎' 안에서 사물로, 대상화되었다. 선험적 '앎' 속에서 타자의 타자성이 사물화될 때, 대상을 사물화하는 자신의 인식방식 자체를 회의하지는 못했다.

이로써 그는 전체적 인식은 획득할 수 있었지만, '삼등 선실' 식민지 원주민들이 요구하는 '식민지 이성'은 보편적 '근대적 이성'으로 환원된다. '청년'의 여정이 생략되고, '청년'의 이미지에서 현실성을 찾기가 어려운 이유는 이 때문이다. 그가 '낭만적 장형시'의 관념성을 반성했지만, 여전히 관념의 틀에서 벗어나지 못하는 것은, 임화 사유의 초월적 위치에 해당하는 서구중심주의를 인지할 수 없었기 때문이다. 방법론의 용어로 말하면 '프롤레타리아'와 '어떤' 프롤레타리아를 구분하지 못했다.

예술적 실천과 무의식의 발견

'현해탄'에서 '남도 사투리'는 '청년'으로 종합적으로 통일되었지만, 타자 체험은 임화에게 반성의 계기가 되었다. '남도 사투리'는 대상적 존재가 아니라, 카프의 실천 과정 내내 회귀했던, 자기표현을 요구하는 타자였다. 그것은 선규정된 '앎'의 대상으로 한정되지 않는다. 이로써 임화는 점차 자신의 인식방식을 반성하는 것으로 보인다. 왜냐하면 이후 그의 이론이 '낭만적 정신'과 확연하게 달라지기 때문이다. '남도 사투리'는 점차 임화로부터 자기표현을 얻고 있는데, 그것은 '잉여'로 집중된다. 그러나 이것을 이론화하는 과정에서, 임화 논리의 증후의 원인은 그대로 남아 있다. 곧 임화가 양주동을 부정할 수 있었던 근거로서, 서구중심주의가 전제됨으로써 존재하는 프롤레타리아의 성장(이하 '맹아')의 실재성은 임화 논리의 초월적 위치에서 그의 논리를 내적으로 균열시킨다. 이로써 다시 '잉여'는 '비평의 위치'에서 봉합된다. 이 과정을 분석한다.

'낭만적 정신'의 난점은 '맹아'에 대한 이론적 파악과 경험적 파악이 일치하지 않았다는 점이다. 임화는 그 원인을 전위들의 의지와 실천의 부족으로 돌렸다. 이 시기 전위들에게 요구한 실천은 대중 속으로 들어가 그들의 감성을 획득하는 '경험적'인 측면이 강했다. 그런데 '현해탄'의 타자 경험을 통해 자신의 관념성을 반성한 뒤, 임화는 실천을 '예술적' 실천으로 규정하면서 실천에 대한 새로운 인식을 보여준다.

이에 대한 이론적 모색은 「작가의 '눈'과 문학의 세계」로부터 포착된다. 임화는 이 글에서 김남천의 「남매」 총평으로 "가족 내부를 상당히 현실적으로 그리고 형상화하기에 성공한 반면 가족과 외계와를 연결하는 사건 묘사에 있어서나 인물의 형상화에 있어서나 모두 덜 현실적이었고 성공치 못하였다"[10]고 말한다. 작품의 후반부가 전반부와 달리 '인위적 조작', 곧 도식적으로 이루어졌다는 비판이다. 이는 김남천이 『고향』을 비판하던 방식과 유사한데, 임화는 작가의 실천 부족을 그 원인으로 규정한다.

그런데 임화는 작가의 세계관으로서의 '눈'을 렌즈에 비유하는데, 이것은 심상한 일이 아니다. 왜냐하면 '눈'이나 '렌즈'는 '보는 방식' 곧, 방법론을 의미하기 때문이다. 그리고 방법론을 비판한다는 것은 인식방식을 반성하는 것이기 때문에, 곧 논리계형이 구분되는 계기가 된다는 점에서 중요한 진전이다.

피사체를 사진으로 찍어 현상했을 때, 렌즈가 아무런 이상이 없다면 피사체를 그대로 반영할 것이다. 그런데 사진으로서 「남매」에는 또렷하게 현상되지 않은 부분이 있다. 또렷하지 않은 이유는 피사체의 문제가 아니라 렌즈의 문제이다. 곧 주인공 봉근이의 불행의 최종적 원인인 빈궁의 '사회적' 원인이 도식화된 것은 김남천의 세계관의 문제이다. 임화의 비유를 인용하자면, 현상이 또렷하게 되지 않는 문제는 렌즈 표면을 균질하게 세공해야 해결된다. 그런데 문제는 렌즈는 작가의 '눈'이기 때문에, 현상이 또렷하지 않아도 작가는 이를 인지할 수 없다는 점이다. 임화가 제기하는 문제는 자기 눈을 자기가 보는 문제이다.

이러한 임화의 논리는 두 가지 점에서 의식의 변화를 보여준다. 첫째, 임화가 인식방식을 문제 삼기 시작했다는 것이다. 이것은 현해탄의 타자 경험과 관련된다. 둘째, 임화는 자기 눈을 보는 방법으로 작가의 실천을 주문한다는 점이다.

> 인위적 인물과 사건이 역할을 연演하는 하반下半에 와서 작자의 붓은 현실을 좇느니보다 더 많이 정신을 따른 것이 아닐까? 작자와 더불어 기억하고 싶은 것은, 고차高次의 리얼리즘이 현실과 대립하고 그것과 격투한다는 것은 우리들의 주관적 정신에서가 아니라 현실 그것을 가지고 대립하고 격투한다는 것을 이해하라는 것이다.
>
> 우리들의 정신이 고차의 현실을 창조함은 그것이 현실의 집중된 반영인 때문이며 현실의 내적 진행력 그것으로 의지화意志化된 때문이다.
>
> 그러므로 우리의 정신은 현실로 말리암아서만 의지화된다면, 우리의 의지는 영원히 정확한 현실을 요구한다.[11]

소시민성 문제는 이전에도 제기되었다. 곧 대중의 감성을 획득하기 위해 전위는 '희생적' 실천을 통해 소시민성 안에 머물지 말고, 현실에 대한 적극적인 실천, '현실과 대립하고 격투'할 것을 주문했다. 그러나 '낭만적 정신'과 결정적으로 달라지는 지점이 있다. '낭만적 정신'을 주장할 때 임화는 현상을 '비본질적 현상'과 '본질적 현상 = 본질'로 구분했고, 이러한 관점에서 전위들에게 당파성의 강화를 요구했다. 곧 '맹아'를 경험적으로 확인할 수 없다고 해도 그것은 전위의 실천 부족이었기 때문에, 당파성을 견지하는 것 자체가 이미 실천이었다. 하지만 당파성의 견지는 타당성과 사실성의 분리라는 문제를 가져왔고, 문학의 도식성 문제를 해결하지 못했다.

그런데 「남매」 분석에서 '비본질적 현상／본질적 현상'과 같은 관념적 구분은 사라진다. 「남매」 전반부의 현실성은 김남천이 '본질적 현상'을 획득했기 때문이 아니라, 경험된 것이었기 때문이다. 경험된 현상으로 '가족 내부'를 현실적으로 형상화함으로써 전반부의 성공이 가능했다. 따라서 후반부의 성공은 '가족 외부'에 대한 경험이 전제되어야 한다.

임화가 강조하는 것은 경험되지 않은 것을 관념으로 구상하지 말라거나, 혹은 경험된 것만을 쓰라는 단순 이분법적 논리는 아니다. 임화가 강조하는 것은 앞서 양주동을 비판했을 때와 같은 논리이다. "우리들의 정신이 고차의 현실을 창조함은 그것이 현실의 집중된 반영"이기 때문에, "우리의 정신은 현실로 말미암아서만 의지화된다면, 우리의 의지는 영원히 정확한 현실을 요구한다"는 것이다. 임화의 의도는, '어떤' 의식은 전체에 대한 의식이 아니라 부분적 의식임에도, 주체의 위치가 망각됨으로써, 전체에 대한 의식으로 전도된다는 것이다. 이것은 주체가 자신의 인식이 '부분적' 인식임을 자각할 것을 전제하는 것이고, 역으로 주체에게 자신의 인식은 무의식화되어 있음을 의미한다.

작가의 의식은 마치 렌즈와 같아서 피사체가 렌즈를 통해서 현상되는 것처럼, 현실세계는 작가의 '눈'을 통해서 문학적 형상으로 나타난다. 따라서 현실세계가 전체적으로 드러나기 위해서 작가의 '눈'은 당연한 말이지만, 현실세계로 나가 있어야 한다. 언뜻 보면 당연해 보이지만, 이것은 임화가 '무의식'을 발견하고 있음을 보여준다.

「남매」 후반부는 임화의 말대로라면 도식화되었다. 그리고 그 원인은 경험되지 않은 것을 구상했기 때문이다. 무의식이 놓이는 자리가 여기이다. 임화는 김남천은 경험하지 않은 것을 '의도적으로' 관념화했다고 말하지 않는다. 김남천은 알고 있다고 '생각한' 것이다. 경험하지 않았지만, 알고 있다고 여길 때, 작가의 의식은 부분적 의식임에도, 현실 전체에 대한 의식인 것처럼 '착각'된다. 이 차이가 무의식화된다. 이전까지 임화가 극복해야 할 차이는 존재와 의식의 차이였고, 이러한 차이는 '청년'과 같은 초월적 위치에서 통일되었다면, 「남매」 분석에서 차이는, 존재와 '무의식적' 주관의 차이로서 진전되었다.

도식성 문제가 불거진 1930년대 초반부터 대중의 감성 획득이 실천적 과제로 주어졌을 때, 대중의 감성이 파악되지 않았던 이유로 작가들의 계급적 환경에 따른 소극적 의지가 지목되었다. 여기서 계급적 위치는 전연 무의식적인 것이 아니다. 당시 전위들은 소부르주아적 위치로부터 대중 속으로 들어가야 한다고 누구나 주장했다. 카프 작가들이 도식성을 통해서 경험한 것은 자신들의 인식이 소부르주아의 위치에 있다는 것이었고, 이들은 이것을 '알고 있다'고 생각했다. 그런데 이때 '알고 있음' 자체가 가능한 주체의 위치는 여전히 망각된 상태였다. 양주동이 문학은 내용과 형식의 조화라고 '당연히' 생각할 때, 이 '당연히'가 가능했던 것은 양주동의 계급적 위치가 의식되지 않았기 때문이었다. 곧 무의식화되었기 때문이다. '의식은 의식된 존재' 테제에 따라 양주동을 비판했는데, 정작 자신들이 소부르주아 위치에 있다는 것을 '알고 있음' 자체 역시 자신들 소부르주아 위치에 귀속된다는 것을 반성할 수는 없었다. 따라서 이들은 주체의 변화가 아니라, 대중의 감성을 획득하는 방법을 내세웠던 것이다.

작가들은 자기들의 계급적 조건에 한정됨으로써 자신에게 현상된 본질을 전체의 본질로서 오인한다. 이 오인은 '속임'과 같은 의식적 과정이 아니라, 무의식적 과정이다. 사적유물론에 따라 의식은 의식된 존재에 불과하기 때문에, 주체들의 의식은 계급적 조건에 따라 한정된다. 그런데 주체들에게 이러한 위치는 무의식화되기 때문에 주체 자신의 인식방식은 의식되지 않는다. 곧 계급적 조건은 주체가 '어떤' 인식을 인식 일반으로 추상하는 근본적 원인이 된다. 방법론에서 마르크스가 비판했던 고전파 경제학자들이나 포이에르바하가 이러한 오인 속에 있었다. 자신의 인식방식 자체가 반성되지 않은 상태에서, 곧 자기의 계급적 조건, 곧 주체의 위치가 맹점으로 은폐된 상태에서, 작가는 자신의 경험적 한계 '밖'의 현실을 자신의 인식방식으로 재단함으로써, 작품이 도식화된다. 이러한 관점에서 임화는 「남매」의 후반부는 도식화되었다고 비판한다.

임화가 말하는 '고차의 리얼리즘'은 '현실과의 격투' 속에서 자신이 '당연히' 안다고 생각하는 의식 자체를 부정하는 것을 전제로 한다. 의식의 가능조건으로서 무의식화된 주체의 위치를 의식하지 못하면, 「남매」의 후반부와 같은 도식적, 관념적인 것이 현실적인 것으로 둔갑하게 된다. 곧 전도가 발생한다. 따라서 소설은 현실적 경험의 정도 여하에 따라서, 곧 '현실과의 격투' 정도에 따라서 리얼리티와 총체성을 확보하게 된다. 그러나 이때 현실과의 격투는 타자와의 격투를 의미한다. 자신의 인식이 부분적인 것임을 알려주는 타자와의 격투이다. 가족 내부와 외부, 곧 주체와 타자를 나누는 것은 주체의 위치이기 때문에, 주체의 위치에 대한 자각과 이것의 확장을 위한 현실과의 고투 정도에 따라 작품의 성공 여부가 가려진다.

「남매」의 '실제' 봉근의 삶은 김남천의 소시민성으로 파악될 수 있는 것이 아니다. 임화는 여기서 실천을 강조한다. 그가 말하는 실천은 일차적으로는 자신의 관점이 부분적 관점임을 자각하는 계기이다. 이것은 자신의 관점 '밖'의 실재를 인정하는 것을 의미한다. 그리고 자신의 관점 밖의 실재를 파악하기 위해서는, 자신의 소시민성을 반성하고, 곧 소시민적 자기를 해체하는 실천을 해야 한다. 바로 이 실천을 통해서 김남천은 가족 외부를 현실적으로 형상화할 수 있게 된다. 따라서 자기 해체의 실천이 곧 리얼리즘이다.

이러한 실천을 통해서 작가는 자기의 계급적 조건에 한정된 의식을 '부분적' 의식으로 파악하고 '전체적' 의식으로 나아갈 수 있다. 이에 임화는 외부적 실재로서의 타자를 통해서 자기 인식을 확장하는 실천을 주문한다. 김남천이 자신의 계급적 구속성에서 벗어나 봉근이의 현실적 삶을 인식하게 될수록, 김남천은 자신의 의식이 부분적인 것임을 자각하게 된다. 그리고 이러한 자각이 '격투'를 통하여 반복적으로 확장됨으로써 김남천의 의식과 봉근이의 존재는 통일된다. 곧 이념과 현실의 통일이다.

임화가 이처럼 리얼리티와 총체성의 가능 근거로서 무의식화된 주체의 위치를 제시할 수 있었던 것은 '현해탄'의 타자 경험 때문으로 풀이된다. 타자 경험은 자신의 낭만성을 부정하는 계기도 되었지만, 이것은 동시에 비로소 자신의 인식방식을 반성함으로써 새로운 이론적 모색의 출발점이기도 했다.

주체의 위치에 대한 반성을 전제하는 실천은 「사실주의의 재인식」에서부터 이론화된다. 이 글에서 임화는 카프가 해산된 뒤에 사회주의 리얼리즘이 전향의 '이론적 구실'이 되는가 하면, 과거 도식성에 대해 비판하고 자기 경험에 근거해서 현실성을 확보하려는 노력이 다시 도식성으로 환원되고 있다고 판단한다.[12] 그 양상을 '관조주의'와 '주관주의'로 구분하고, 그 원인이 "본질적으론 경향문학의 소시민성에의 굴복", 곧 실천의 결여에 있다고 보았다.[13]

> 요컨대 주관주의적 일탈이란 파행적 리얼리즘과는 다른, 그러나 본질적으론 동일한 고차의 리얼리즘으로부터 유리하는 노선의 한 분파라는 것은 객관적 현실 그것과 예술적, 생활적으로 교섭함으로 상실된 자기를 찾고 소시민으로서의 자기를 재교육하는 것이 아니라 긍정될 자기를 현실 가운데서 애써 유지하려고 노력함으로써 어느 때까지나 이론과 실천, 이상과 현실의 비극에 관한 비가를 읊조리게 된다.[14]

임화는 리얼리즘을 '고차의 리얼리즘'과 '비고차적 리얼리즘'으로 양분하고, 구분의 근거로서 "긍정될 자기를 현실 가운데서 애써 유지하려고 노력"하는 것의 여부를 제시한다. '비고차적 리얼리즘'은 필자의 용어이다. 임화는 '고차의 리얼리즘'을 주관을 매개한 모든 리얼리즘과 구분하는데, 후자에 대한 용어는 사용하지 않는다. 이에 논의의 편의를 위해 이 용어를 사용한다. 임화에 따르면, 비고차적 리얼리즘은 주관적 일탈, 파행적 리얼리즘으로 양분된다. '긍정될 자기'를 유지하려고 하면 각종의 리얼리즘, 예를 들면 '인민의 문학'이나 '고발의 문학' 심지어 심리주의가 '리얼리즘의 심화'로 둔갑하는 등, 리얼리즘 자체가 파행된다. "만일 여사한 어떤 종류의 중간물로 리얼리즘에의 계기를 삼는다면 그것은 일찍이 낭만주의론이 빠졌던 계기론의 과오를 반복할 것이다."[15]

임화의 주장에는 두 가지 근거가 밝혀져야 한다. '긍정될 자기'를 고수하는 것이 왜 파행적, 도식적으로 귀결되는지가 첫째이고, 다음은 '고차의 리얼리즘'이 리얼리즘 본류에 해당하는 근거이다.

임화는 첫째에 대해서 "경향성 자신이 철저한 리얼리즘 그것의 고유한 것"이고, "작가에 의해 부가되는 어떤 것"이 아니기 때문이라고 말한다.[16] 곧 리얼리즘 자체가 '현실의 철저한 인식과 생활적 과제의 실천'인데, 여기에 작가가 자기 주관에 따라 리얼리즘을 한정함으로써 리얼리즘이 파행되거나 주관주의로 흘러 도식화되었다는 주장이다.

이것은 두 번째 조건과 관련된다. 임화가 말하는 '고차의 리얼리즘'은 말하자면 리얼리즘 자체, 곧 대문자 리얼리즘이고, 각종의 리얼리즘은 주관을 매개한 소문자 리얼리즘들이다. 관건은 고차의 리얼리즘이 리얼리즘의 본류가 되는 이유이다. 여기서 '고차의'는 단지 '위계적'으로 높다는 사전적 의미로 사용되었기 때문이다. 이에 대해 임화는 "우리들이 객관적 현실의 반영으로서의 리얼리즘 가운데 표현할 주체성은 일 개인의 국한된 주관이 아니라 현실의 묘사로서의 의식"이기 때문에, "이러한 주체성만이 비로소 리얼리즘과 모순하지 않는 것"이라고 답한다.[17] 주관이 '어떤' 주관일 때, 현실은 그 자체로 현전되지 않고 '어떤' 주관을 굴절한다. 따라서 현실은 왜곡된다. 하지만 주관이 '어떤' 주관이 아니게 되면 현실은 현실로서 드러난다. 곧 객관 현실과 주관은 작품에서 통일된다. 앞서 작가의 '눈'을 렌즈에 비유한 광학적 모델이 여기에 적용되고 있다.

그런데 임화의 논리가 긍정되기 위해서는 주관이 '어떤' 주관이 아님을 주관 내에서 어떻게 구별할 수 있는가 하는 점이다. 곧 "그러면 이러한 주체성, 작자의 의식이 어떻게 현실의 반영인지 아닌지를 아는가?" 이에 대해 임화는 "예술적 생활인 실천을 통해서"라고 답한다. 그리고 그 근거로 「포이에르바하에 관한 테제들」을 인용한다. "실천으로부터 유리된 사유가 현실적이냐 비현실적이냐는 논쟁은 한 개 스콜라 철학적 문제이고 실천만이 차안성을 증명"한다.[18] 곧 주관이 '어떤' 주관인지, '현실의 묘사로서의 의식'인지를 어떻게 구분할 수 있는가라는 문제는 실천을 하지 않는 책상머리의 문제일 뿐이고, 실천을 통해서 의사문제로 판명된다는 것이다.

이러한 임화의 리얼리즘론은 김남천의 고발론과 흡사하다. 주관을 매개하지 않은 고차의 리얼리즘은 고발론의 리얼리즘의 구분과 유사하다. 그리고 김남천이 아이디얼리즘과 리얼리즘의 구분 근거를 사유 밖의 경험에서 구했던 것과 임화가 실천을 강조하는 것도 유사하다. 이러한 유사성은 임화가 '현해탄'의 타자 경험을 매개로 김남천과 같이 인식방식을 반성하고, 다시 사적유물론의 테제로 돌아왔기 때문이다. 임화가 이 글에서 '작가의 재교육'이라든가, '관조주의로부터 고차적 리얼리즘으로 발전' 등의 용어를 쓰는 것은, 그가 직접 인용한 「포이에르바하에 관한 테제들」과 「독일 이데올로기」의 영향으로 보인다.

임화는 사적유물론의 '의식은 의식된 존재' 테제를 다시 전유함으로써, 새로운 리얼리즘론을 정립한다. 임화가 비판하는 소문자 리얼리즘들은 자기의식을 초월론적으로 반성하지 못함에 따라 '긍정될 자기'를 현실 속에서 유지하려는 태도이고, '고차의(대문자)' 리얼리즘은 자기의식을 초월론적으로 반성함으로써 자기 한계를 초월해가는 주체의 실천이 전제된 리얼리즘이라고 할 수 있다.

> 그러므로 리얼리즘이란 결코 주관주의자의 무고誣告처럼 사화死化한 객관주의가 아니라 객관적 인식에서 비롯하여 실천에 있어 자기를 증명하고 다시 객관적 현실 그것을 개변해 가는 주체화의 대규모적 방법을 완성하는 문학적 경향이다.[19]

작가가 리얼리즘 태도를 견지한다는 것은 작가의 주관과 현실의 차이를 실천으로 좁혀가는 것이다. 소시민 작가가 자기 생활의 한계, 곧 의식의 한계를 인지하지 못하면, 그가 아무리 빈궁계층을 묘사한다고 해도 그것은 체험적 한계를 갖기 마련이다. 따라서 작품은 도식성으로 도피한다. 그러나 작가가 리얼리즘 태도를 견지한다면, 곧 소시민성이라는 자기 계급의 한계를 인지하고 '실천'으로써 돌파한다면, 빈궁계층에 대한 자신의 인식과 현실의 차이를 인지하게 될 것이고 이를 통해서 다시 인식이 수정하게 되는 과정이 반복되면서 결국 현실의 본질에 도달한다.

따라서 임화의 주장이 성립하기 위해서는 주관과 현실의 차이가 주관에게 알려져야 한다. 이때 차이를 현전시킴으로써 주관의 한계를 긋는 것은 타자이다. 타자는 주관에게 자기표현을 요구하는데, 타자가 경험되었을 때 주관은 이전의 '긍정할 자기'를 해체하고 타자를 표현함으로써 현실을 보다 객관적으로 묘사함으로써, 현실과 주관 그리고 작품이 일치하게 된다.

이러한 모든 논리의 최종적 전제는 실천이다. 고차의 리얼리즘을 완성하기 위해서는 주관은 이미 '어떤' 주관임을 반성해야 하고, 이러한 반성이 이루어지기 위해서는 타자와의 조우가 있어야 하며, 결국 '실천'해야 하기 때문이다.

그러나 다시 난제는, 자기표현을 요구하는 타자를 어떻게 표현할 것인가 하는 점이다. 그것이 타자인 이유는 주관의 언어에 균열을 일으키기 때문에 주관의 언어로는 타자를 표현하는 데에는 한계가 있다. 그리고 주관의 해체는 마르크시즘의 해체까지도 포함하는 것인가의 문제도 제기된다.

「주체의 재건과 문학의 세계」는 이러한 물음에 대한 답변과 관련된다. 이 글에서 임화는 「사실주의의 재인식」과는 사뭇 다르게 '주체의 재건'을 주장한다. "우리는 여하한 악천후에도 위협되지 않는 확고한 자기 주체를 재건하지 않으면 안 된다. 그러나 주체의 재건이란 어떤 세계관을 다시 한번 이론적으로 재인식하는 정도에 그치는 것은 아니다."[20] 그런데 이것은 「사실주의의 재인식」을 부정하는 것이 아니라 발전시킨 것이다. 임화가 말하는 '주체의 재건'은 '고차의 리얼리즘'의 완성의 다른 이름일 뿐이다. 왜냐하면 이때 주체는 '어떤' 주체가 아니라 '현실 묘사로서의 의식'을 실천하는 주체이기 때문이다. 이에 임화는 이론이 아니라 실천을 강조하는데, 작가라는 특수성에 따라 실천을 '일상적 실천'과 '예술적 실천'으로 구분하고, 양자 가운데 '예술적 실천'을 우위에 둔다.

작가의 일상적 실천은 그의 계급적 한계에 따라 운위될 수밖에 없다. 그러나 예술적 실천은, 그가 대문자 리얼리즘 태도를 견지하는 한 자기 계급적 한계 밖으로 나갈 수밖에 없다. 이때 작가는 차이를 경험하게 되는데, 예술적 실천은 이때 일상적 실천의 주체를 반성하는 계기가 됨으로써, 현실에 대한 인식을 넓혀가는 계기가 된다. 따라서 예술적 실천은 일상적 실천의 주체가 지니고 있는 세계관을 부정하고 지양하는 하나의 사상으로까지 격상된다.

> 그러면 예술을 통한 현실 인식, 다시 말하면 리얼리즘을 통한 예술 창조상의 결과는 과연 하나의 사상이라 볼 수가 없을까?
>
> 신념, 희망으로서는 왕당, 귀족의 승리를 바랐음에도 불구하고 그가 작품을 통하여 표시한 귀족의 몰락과 시민의 승리의 필연성이란 확고한 사상이 아니고 무엇일까?
>
> 리얼리즘의 승리! 그것은 사상에 대한 예술의 승리에 그치는 것이 아니라 그릇된 사상에 대한 옳은 사상의 승리다. 리얼리즘은 그릇된 생활 실천에 의하여 주체화된 작가의 사상을 현실의 객관적 파악에 의한 과학적 사상을 가지고 격충擊衝한 것이다.
>
> 그러므로 과학적 문예학은 리얼리즘을 현대유물론에 의하여 승인되는 유일의 정당한 문학적 방법이라고 선언한 것이다.[21]

자기 계급의 세계관에 구속된 '예비된 선입견'으로서 문학을 창작하는 것은 부적절한 것이다. 그것은 "객관적으로 실재한 인간을 보편화"[22]하는 것이 아니기 때문이다. 임화는 특정 계급의 생활이 조선사회 일반의 생활을 대표할 수 없다고 보고 있다. 작가가 자기의 계급적 조건에 구속된 생활의 한계를 넘어서서 보다 객관적으로 존재하는 현실로 발을 디딜 때, 주체는 그곳에서 낯선 경험을 하게 되지만, 이것을 극복하려는 리얼리즘 태도를 견지하지 않을 때, 자신의 계급적 조건에 따른 인식으로서 현실을 투사하려는 자연스러운 태도를 갖게 된다. 그러나 이것은 현실에 대한 왜곡이다.

그렇다고 임화가 주관의 완전한 해체를 요구하는 것은 아니다. 곧 세계관 자체를 부정하는 것은 아니다. 세계관과 경험된 현실이 불일치할 때, 불일치의 원인은 세계관이 아니라 작가이기 때문이다. 임화가 과학을 강조하는 이유도 이 때문이다.

과학은 자기 한계를 벗어난 주체에게, 마치 나침반과 같은 역할을 한다. "그러므로 작가가 과학을 학습한다는 것은 자기 재건의 길인 동시에 예술적 완성에의 유력한 보장이다. 이렇게 현실에 침잠하여 그것을 추구하는 정열은 급기야 현실의 오처奧處에 이르러 사회적 대립의 장렬한 본질과 조우할 것이며, 암담한 현실이란 심각한 내적 갈등의 일一 포말에 불과함을 최종적으로 인식할 것이다."[23]

'낭만적 정신'에서처럼 본질적 현상과 비본질적 현상의 구분은 사라졌지만, 현상과 본질을 구별해야 한다는 주장은 다시 제기된다. 자기 계급적 조건에 갇힌 작가에게는 현실이 다만 암담하게 현상된다. 그리고 암담한 현실을 현실의 본질로서 이해한다. 그러나 임화는 이것이 전도된 생각임을 분명히 한다. 현실의 본질이 암담한 것이 아니라, 주체의 계급적 의식에 암담하게 보일 뿐인 것이다. 그것은 자기 계급의 한계 때문이다. 그가 리얼리즘적 태도를 견지한다면, 사회의 모순으로 운동하는 본질에 맞닥뜨릴 것이고, 여기서 그는 다시 주체를 재건할 필연성을 확보하게 된다. 따라서 리얼리즘은 계급적 조건에 따른 '예비적 선입견'의 그릇된 생각을 올바른 생각으로 변화시키는 근본적 계기가 된다.

이상의 주장을 입증하는 방법은 김기진이 '연장을 수그리자'라고 했을 때, 그를 비판하던 것이다. 그때와 달라진 점은 '어떤' 리얼리즘을 주장하지 않는다는 점이다. 이것은 주체의 위치에 대한 반성을 통해서 그 '한계'를 수용했기 때문에 가능하다. 이러한 한계는 타자의 현전 때문이다. 이제 임화는 타자를 사물적인 것으로 대상화하지 않는다. 그리고 타자와 주체의 경계를 넘어설 수 없는 것으로 규정하지도 않는다. 주체는 타자가 현전했을 때, 비로소 자기의 한계를 넘어설 수 있는 계기가 된다. 이로써 주체의 변화가 가능하고 타자와 통일된 주체는 더욱 객관적 현실에 가깝게 된다.

이 과정의 끝은 결국 헤겔이 말한 즉자대자적 존재로서, 주체와 객체의 완전한 통일이다. 헤겔은 이러한 변증법적 운동이 정신의 자기 전개라고 했다면, 임화는 이러한 변증법적 운동은 '예술적' 실천을 통해 이루어질 수 있다고 보았다.

임화는 현해탄을 계기로 타자의 자기표현 요구를 경험했고, 이로써 무의식화되었던 자기 인식을 비로소 '발견'했다. 그리고 이를 예술적 실천을 통해 넘어섬으로써, 리얼리즘을 완성할 수 있는 이론적 기반을 마련했다. 실천이 바로 리얼리즘의 방법이자 세계관의 계기임을 확인한 것인데, 이로써 임화는 세계관과 방법을 분리하지 않는다. 이 글의 방법론으로 말하면 실천이 논리계형을 구분하는 근거임을 다시 확인한 것이다. 그러나 그는 끝내 초월론적 반성을 하는 데에는 실패한다.

잉여와 비평의 위치

「작가와 문학의 잉여의 세계」는 임화의 새로운 리얼리즘 이론이 문학적으로 적용된 글이다. 여기에서 임화는 작가가 자기의 무의식적 주관을 넘어서는 현실 속에서 생길 수밖에 없는 격차를 현상학적으로 설명함과 동시에, 이를 극복하기 위한 계기로서 '비평의 위치'를 정립한다.

무의식적 주관과 현실의 차이를 임화는 '잉여'라고 말하는데, 잉여가 생성되는 의식의 조건은 감성과 지성의 차이이다. 이러한 인식론적 구조의 이론적 출처에 대해서 임화는 언급하고 있지 않는데, 이 글은 이것을 헤겔과 마르크스의 영향이 혼재되어 있음으로 보고 그 근거를 설명해 보고자 한다.

> 예술가의 의도에 반하여……라는 말은 물론 의도하지 않았던 결과가 작품 위에 나타난다는 의미다. 수학적 도식을 빌면 작품에서 작가의 의도를 減하고, 아직 한 뭉치의 잉여물을 발견할 수 있는 상태다. (…중략…)
>
> 만일 의도를 창작 과정 가운데 작용하는 작가의 지성적 한계내의 것이라 하면 지성이 끝나는 대로부터 전개되는 감성계 직관의 세계란 것을 또한 생각하지 않을 수가 없다. 문학이란 감성적 형식을 빌지 않으면 안 되는 지적 활동의 영역일 뿐 아니라, 오히려 감성적 세계 가운데 지성은 자기를 용해함으로써만 형성되는 세계다.
>
> 그러므로 의도하지 않았던 여분의 요소가 작품 가운데 들어오는 통로는 지성이 감성의 渦中을 통과할 때 생김을 상상할 수가 있다.

다시 말하면 작가의 지성과 감성의 차이가 잉여물이 생기는 계기라 할 수 있으며 작가의 지성이 채 지배해 버리지 못한 감성계의 여백이 곧 잉여물이 들어나는 영역이라 할 수 있다.[24]

주체의 주관이 과학으로 정립되지 못한 이상, 주관과 현실은 차이를 지닐 수밖에 없다. 곧 자기계급의 관점에서 현실은 현상되기 때문이다. 이로써 임화는 작가의 리얼리즘적 실천, 곧 주관과 객관 현실의 부단한 지양을 강조했다. 그런데 이 글에서 임화는 현상학적인 측면에서 이러한 격차가 생기는 이유를 감성과 지성의 차이로 보고 있다.

임화는 주관을 감성계와 지성계로 양분한다. 감성계는 주관 밖의 현실적 존재가 즉자적으로 현상되는 곳이다. 따라서 감성계와 현실의 본질은 일치한다. 그러나 지성계는 감성계에 주어진 존재를 의식 대상으로 삼는 대타적 의식이다. 곧 현실적 존재는 그것이 지성계에 의해 파악되면서 대타적 존재와 즉자적 존재로 양분된다. 임화는 이 간극을 '잉여'라고 말하는데, 이러한 분리는 존재의 진리가 아니다. 존재는 즉자대자적으로 파악될 때 진리이다. 따라서 잉여는 지양되어야 한다. 이로써 진리인식이 가능하다. 그러나 그 과정에서 주도적인 역할은 현실적 존재에 있다.

임화는 유물론에 따라 물질의 변화 발전을 수용한다. 그리고 반영론에 기초해, 의식은 다만 객관의 반영이라고 규정한다. 이러한 전제에서 지성계는 실체적 존재가 아니라 의식 밖의 객관 존재에 의해 주어진 것이 된다. 곧 현실적 존재가 자기를 의식으로 전화시킨 것이기 때문에 본질에 있어서는 동일하다. 그런데 현실적 존재는 변화를 본질로

하기 때문에, 의식은 감성계와 지성계로 분열된다. 현실적 존재는 의식과 독립되어 변화 발전하면서 의식에 자기를 '시간적'으로 현상시키기 때문이다. 곧 시간적으로 앞서 의식에 현상된 현실적 존재가 의식의 구조를 형성함으로써 의식의 구조는 고정적 속성을 갖는데, 현실적 존재는 이미 변화 발전하고 있기 때문에 시간적으로 뒤에 주어지는 현실적 존재는 이미 앞서 형성된 의식 구조에 의해 즉자와 대타로서 양분되고 즉자는 감성계에 대타는 지성계에 현상되는 것이다. 그런데 의식은 존재에 구속되기 때문에 시간적으로 뒤에 의식으로 주어지는 현실적 존재는, 이미 이전의 지성계를 낡은 것으로 규정하고 자기를 관철시킴으로써, 지성계는 변화하게 된다. 이러한 과정은 반복되면서 낡은 것은 새것으로 지양되어 간다.

임화가 지성과 감성을 구분하고, 이로부터 연유되는 잉여의 지양에 대한 현상학적 논리를 도입하는 이유는, 비평가의 위치를 정립함으로써 지성의 역할을 강조하고자 함이다. 작가는 그 특성상 현실적 존재를 소재로 해서, 자기의 의도로서의 주제를 표현하게 된다. 그런데 작가의 의도는 현실적 존재를 그 존재에서부터 파악하는 것이 아니라, 자기의 주관에 의해 파악한다. 이로써 작가의 의도와 무관하게 작품 속에는 미처 파악되지 못한 현실적 존재가 은폐되어 있게 된다. 따라서 작품에는 '낡은 것'으로서 작가의 지성과 '새것'으로서의 현실적 존재가 탈은폐／은폐의 관계로 공속하게 된다.

그러나 작가는 자기의 지성의 한계로 인해서 은폐된 것을 파악할 수가 없다. 임화는 이러한 잉여를 파악하는 역할이 비평의 임무라고 주장한다. "훌륭한 비평이란 언제나 훌륭한 작품과 같이 새 세계를 발견하고 새 영역을 창조하는 것이다.” 한 명의 주체에게는 항상 지성과 감성의 잉여가 생산되지만, 지성과 감성의 통일은 ‘비평의 위치’에서 통일된다.

‘비평의 위치’는, 작품 속의 잉여적인 부분을 발견하고 그것을 현실과 통일시키는 존재이다. 여기서 이념과 현실은 통일된다. “잉여의 세계란 작품 가운데 든 작가의 직관작용이 초래한 현실이 스스로 만들어낸 질서 자체”이기 때문에, “비평은 비로소 제 독자의 가치 있는 세계를 형성할 수 있는 것이다.” 따라서 “비평은 적어도 잉여의 세계를 사상의 수준으로 앙양함으로서 작품의 의도와 결과와의 대립을 격성激成하고, 잉여의 세계란 작가의 주체를 와해로 밀치면서까지 제 존재를 위협적으로 시인해 달라는 새 세계의 현실적 힘임을 인식해야 할 것이다.”[25]

그러나 임화가 ‘낡은 것／새것’의 격차를 ‘잉여’라는 어휘로 표현하고 있으며, ‘잉여’의 생산 과정이 『자본』에서 기술된 ‘잉여가치’와 동일한 양상을 보이고 있다는 점이 다시 논증되어야 할 것이다. 이 과정이 빠지게 되면 임화의 의도를 전체적으로 이해할 수 없다고 본다.

『자본』에서 마르크스가 자본주의 경제체제의 질적 규정으로 제시한 것은 ‘잉여가치법칙’이다. 잉여가치는 생산과정에서 사용된 노동력가치와 생산된 노동가치의 차이이다. 자본주의 체제에서는 노동자가 자기의 노동력을 상품화하지 않으면 생계를 유지할 수 없기 때문에, 자기의 노동력을 임금과 교환하게 되는데, 이때 임금은 사회적 평균으로 주어진다. 이것을 마르크스는 ‘죽은 노동’이라고 한다. 그런데 이미 임금이 사회적 평균으로 주어져 있기 때문에, 자본가는 임금 이상 노동시킴으로써 노동자에게 지불한 임금 이상의 가치를 생산하게 할 수 있다.

그런데 노동자의 입장에서는 사회적 평균의 임금만을 받으면 된다고 생각하기 때문에, 아니 더 정확히는 그럴 수밖에 없는 조건에 처하기 때문에, 8시간이든, 12시간이든 일을 하게 된다. 이것을 '산 노동'이라고 말한다. 이때 사회적 평균이 8시간이라면 4시간의 초과 가치가 생산되는데, 자본가가 취하는 것이 바로 이 잉여가치이다. 그러나 시장에 상품으로 나온 생산물에는 이미 잉여가치를 포함하고 있음에도, 현상적으로는 잉여가치가 구분되지 않는다. 그런데 상품이 화폐와 교환되어 잉여가치가 실현되었을 때, 이미 노동에 대한 임금은 지불된 상태이기 때문에, 잉여가치는 자본가의 차지가 된다. 이것을 '착취'라고 한다. 『자본』 이전에는 이 잉여가치를 해명할 수 없었고, 따라서 자본가가 자본을 축적하게 되는 계기도 생산과정에서 설명할 수 없었다.

『자본』의 잉여가치 생산과정과 임화가 말하는 '잉여'의 생산과정은 동일한 양상이다. 곧 작품(상품)에는 작가(노동자)의 세계관(노동력)이 표현되어 있다. 그런데 작품에는 작가가 의도한 자신의 세계관(임금과 교환되는 노동은 죽은 노동)과 달리 잉여(산 노동과 죽은 노동의 차이)가 은폐되어 있다. 그러나 잉여가치가 자본주의 체제의 본질이듯이, 작품에 은폐된 잉여가 오히려 세계의 본질이다. 이러한 잉여가치를 파악할 수 있었던 것은 마르크스였듯이, 비평가는 작품에 은폐된 잉여를 파악함으로써 세계의 본질을 탈은폐해야 한다. 여기서 '죽은 노동／산 노동'이 임화에 의해 '낡은 것／새것'으로 전취되어 있음을 확인할 수 있다.

이러한 논리를 바탕으로 임화는 격변하는 현실 속에서 지성의 패배를 자인하는 작가들에게 패배하는 것은 지성이 아니라, 낡은 지성임을 환기시키면서 주체성을 확보하려는 노력을 계속한다. 「현대 문학의 정신적 기축」에서 임화는 이렇게 말한다.

> 그들은 정당하고 새 지성의 힘으로 새 세계를 파악하려 하였음에도 불구하고 불의에 패배에 떨었다. (…중략…) 과연 새 지성은 낡은 지성과 같이 그것이 지성이었으므로 패배하였는가? (…중략…) 새 지성은 결코 그것이 지성적이기 때문에 패배한 것이 아니다. (…중략…) 낡은 의지는 온전히 자기의 힘으로 세계를 시험하려 하였으나, 새 의지는 세계를 앎으로써 세계를 움직이고 자기를 굳세게 하려 하였었다.
>
> 그러므로 새 의지의 비극은 새 세계를 아직도 충분히 알아내지 못한 채 있었다고밖에 할 수 없다. 다시 말하면 새 지성의 체계 가운데로 제 의지를 충분히 일반화시키지 못한 것이다. 그러므로 이 비극을 통하여 지성과 의지의 괴리가 나타난 것이다. 바꿔 말하면 일종의 자기 분열.[26]

격변의 시기에 주체들은 서양 지성인들을 따라 지성의 패배를 자인했다. 임화가 고발문학론이 보들레르의 아류라고 규정하는 것이 그 예이다. 임화는 김남천의 고발문학론이 "분열된 자기에 의한 자기 분열에의 항쟁 그것은 한 개의 순환논리"[27]라고 비판한다. 말하자면 낡은 지성으로 낡은 지성을 고발하는 것에 불과하다. 그것은 '비평의 위치'에 의해서만이 극복될 수 있다는 논리다.

> 그러므로 우리는 베이컨과 같이 '아는 것이 힘'이란 명제를 다시 한번 강조해야 한다. 현실을 안다는 것은 결코 모르는 자기를 고발함으로서가 아니라 현실 속에서 행위하므로 알게 되는 것이다. 행위는 또한 단순한 관찰

> 이 아니다. 현실을 지배하느냐? 현실에게 지배되느냐?를 결정하는 실천, 이 실천의 과정을 통하여 사람은 현실에 적합한 견해를 살리고 배치되는 견해를 죽이어 또한 현실에 배치되는 견해를 대신하여 아직 모르는 현실의 적합한 견해가 새로 형성되는 것이다.
>
> 이것이 실천을 통한 현실과 인간과의 상호관계다. 그러므로 미완의 주체에 있어서 현실은 항상 그릇된 의식이 패배하며 옳은 의식은 살아, 차차로 현실을 지배할 완전한 의식(적합한 의식만이 현실을 지배한다 — 필연 = 자유)을 형성해 가는 시련의 장소다.[28]

임화는 사적유물론의 테제에 따라 의식은 의식된 존재로서, 작가의 의식은 소시민성에 갇혀 있게 됨으로써 현실의 본질을 파악하지 못한다고 주장하고, 자기의 소시민성의 한계를 초월하는 '실천'을 강조한다. 특히 당파성을 일방적으로 강조하던 의식 편향의 태도에서 벗어나 실천의 개념을 적극적으로 전개한 부분은 그의 이론적 고투를 보여주기에 부족함이 없을 것으로 보인다.

이러한 실천의 철학적 배경은 「독일 이데올로기」의 '의식은 의식된 존재'라는 의식의 존재 구속성 테제이다. 임화는 카프 초기의 도식성의 원인의 철학적 근거를 여기에서 구한다. 주체에게 현상된 현상은 더 이상 '낭만적 정신'에서처럼 '비본질적 현상／본질적 현상(= 본질)' 따위의 형이상학적 관념으로 재단되지 않는다. 현상은 본질이다. 현상이 본질이 아니라면 본질은 자기를 도대체 드러낼 장소를 갖지 못하기 때문이다. 그러나 동시에 현상은 본질이 아니다. 현상이 본질과 동일하다면 과학은 애초부터 필요 없기 때문이다.

이러한 모순을 임화는 사적유물론의 테제에 따라 의식의 존재 구속성으로 돌파한다. 현상이 본질인 것은 다만 주체가 놓여 있는 계급적 조건에 의해 한정된다. 따라서 본질은 부분적 본질이 된다. 말하자면 부르주아 이데올로기와 같은 부분적 진실이다. 따라서 현상은 전체로서의 현실의 본질이 아니다.

여기에 임화의 탈식민성이 고찰된다. 의식의 존재 구속성 테제에 따르면 서구인들에게 표상된 동양인, 혹은 흑인은 다만 그들의 의식의 표현일 뿐이지, 실체가 아니다. 그러나 침략과 식민경영에서 그들은 타자의 낯선 것에 늘 노출된다. 이 낯선 것은 서구인들이 제국주의자가 될 때, 억압되고 동일화의 폭력에 놓이게 된다. 일제의 식민정책 가운데 의식의 식민화도 이러한 과정이다. 임화는 이러한 억압과 폭력의 기원을 의식의 존재 구속성 테제에 따라 부정하고 무화하고자 한다. 식민화 이데올로기는 닫힌 체계로서 운동과 변화를 부정하는 고착화된 논리이다. 여기에 임화는 완결성의 폭력적 논리를 그 안에서 내파한다. 식민화의 이데올로기에 의해 억압된 것은 반드시 회귀한다. 이 과정에서 제국주의자나 탈식민주의자의 격투는 예정된 것이다. 이것은 필연이다.

그러나 이러한 탈식민성이 전개되기 위해서는 서구중심주의가 초월론적으로 반성되어야 한다. 그러나 이상의 논리에서 서구중심주의에 대한 반성은 존재하지 않는다. 오히려 '맹아'가 임화의 논리를 다시 균열시키고 있음을 보게 된다.

「사실주의의 재인식」에서 임화는 인식방식, 곧 방법론을 비판하면서 현상과 본질을 통일적인 관점에서 보았다. 다만 현상과 본질이 완전히 일치하지 않고 부분적으로만 일치한 것은 작가의 계급적 조건에 따른 인식방식의 한계 때문이었고, 임화는 이를 예술적 실천으로 돌파하고자 했다.

전술한 대로 이 시기 임화의 사유는 김남천과 매우 흡사하다. 예술적 실천이 일상적 실천을 '고발'하는 셈이고, 비평의 위치는 작품에서 작가와 그 외부로서 타자를 구분하기 때문이다. 이러한 까닭에 임화는 김남천의 논리와 자신의 논리를 비교하기 시작하는데, 「주체의 재건과 문학의 세계」에서는 구체적으로 김남천의 오류를 분석한다.

임화가 제기하는 김남천의 고발론의 오류는 첫째, '고발하는 정신' 자체가 일종의 주관이기 때문에, 그의 리얼리즘은 말하자면 소문자 리얼리즘이라는 것이고, 둘째는, 임화가 '일체의 주관적 활동'으로 표현한 주관을 버리는 것은 세계관의 의의를 무시하는 중대한 오류라는 것이다.[29] 첫째는 위에 언급한 대로 임화의 예술적 실천은 김남천의 리얼리즘에 흡사하다는 점에서 해결된다. 둘째에 대해서 보면, 김남천은 세계관의 의의를 무시한 것이 아니라, 추상적 인식방식을 문제로 삼았다.

임화의 결정적 비판은 "분열된 자기에 의한 자기 분열에의 항쟁 그것은 한 개의 순환 논리"[30]라는 점이다. 이 글은 임화와 달리 김남천의 논리는 논리계형의 구분에 있기 때문에 순환오류에 빠지지 않는다는 것을 앞에서 분석했다. 순환오류에 빠진 것은 오히려 임화이다. 임화는 일체의 선입견을 배제해야 하지만, 과학으로서 세계관은 예외라고 했다. 과학으로서의 세계관은 비평의 위치이고, 이러한 예외적 초월적 위치가 존재할 때, 순환오류가 발생하기 때문이다.

양주동을 비판할 때 임화의 논리가 순환오류에 빠졌던 것도 '프롤레타리아 전위의 눈'은 '의식은 의식된 존재'에서 예외였다. 이때 '전위의 눈'은 양주동을 효과적으로 비판할 수 있었지만, 임화가 말한 '전위의 눈'에서 양주동은, '조선의' 부르주아 지식인이 아니라, '개념적' 부르주아 지식인이었다. 곧 마르크시즘으로 양주동을 비판할 때, 마르크시즘과 그 인식방식으로서의 서구중심주의를 구분하지 못함으로써, 양주동은 부르주아 지식인 일반으로 표상되었던 것이다. '낭만적 정신'의 위치도 '청년'의 위치도, 그리고 '비평가의 위치'도 모두 어떤 특수한 장소에 귀속하는 것이 아니라, 초월적 위치에 놓이는 것들이었다.

임화는 마르크시즘을 '절대'라고 생각했는데, 그의 사유에는 마르크시즘'들'은 존재할 수 없었다. 다만 '고차의' 리얼리즘만이 존재했다. 그가 실천을 말해도, '고차의' 리얼리즘은 획득해야 할 대상이다. 다시 말해 '고차의' 리얼리즘은 세계관 자체이자 주체가 실천을 통해서 도달해야 할 곳이었다. 임화의 실천이 도달할 곳은 타자가 아니라, 여전히 초월적 위치에 있음을 알 수 있다.

임화가 서구중심주의를 끝내 반성하지 못함에 따라, 마르크스의 『자본』의 잉여가치가 작품의 잉여라는 형태로 생산된다. 마르크스는 '산 노동／죽은 노동'의 차이로서 잉여가 자본주의 체제의 본질이며, 이러한 잉여가 착취되는 체제를 부정하고자 했던 것이지, 이것을 사회주의의 잠재태라고 하지 않았다. 그런데 임화가 마르크시즘과 서구중심주의를 논리계형으로 구분할 수 없었기 때문에, 사회주의 징후는 여전히 요청되었다. 이로써 '잉여'는 사회주의의 징후로, 곧 미래적 잠재태로 변모된다.

그러나 작품 안에 있는 '잉여'는 낭설이다. '차이' 생산의 측면에서 문학의 가치는 자기지시의 여부에 있다. 말하자면 문학은 근대적 제도로서 근대적 체제의 공고화와 고착화를 무의식적으로 생산한다. 이를 해체하기 위해서는 문학은 마치 '낯설게 하기'처럼 자기를 제도 밖의 것으로 지시해야 한다. 곧 제도적인 것과 비제도적인 것의 차이를 생산할 때, 문학은 근대적 제도를 해체할 수 있다. 이러한 것은 작가의 의식적 노력에 따른 것이지, 임화의 주장처럼 작가가 의식하지도 않았는데 생기는 것은 아니다.

작품의 도식성 문제도 여전히 미완으로 남게 된다. 리얼리즘문학을 완성하기 위해서는 현상을 그 본질에서 파악해야 했는데, 사회주의 징후로서의 잉여가 전제됨으로써 묘사해야 할 현상 자체가 증발되기 때문이다. 따라서 임화의 방법론이 창작적 효과를 생산하는 것은 한계를 지닌다.

서구중심주의에 대해 임화가 끝내 반성할 수 없었기 때문에, 헤겔의 변증법은 타자 '지양'으로 수용되었다. 이 당시 임화에게 헤겔의 변증법은 정반합의 트리아데[31] 구조였는데, 트리아데의 해석에 대해서는 결론이 나지 않겠지만, 분명한 것은 '합'의 위치에 어떤 실체가 선규정적으로 존재할 때, 반드시 이율배반과 순환오류가 발생한다는 것이다. 임화는 그곳에 '전위의 눈', '낭만적 정신', '청년', '비평의 위치' 등을 두었다. 이로써 마르크시즘은 보편적인 것으로 고정된다. 그리고 마르크시즘'들'의 역사성은 봉쇄된다. '세계' 자체를 선규정할 때 칸트도 이율배반을 피할 수 없었다. 마르크시즘이 초월적 위치에서 탈시간화됨으로써 실체화될 때, 마르크시즘은 거꾸로 현실을 재단하는 수단이 된다. 헤겔을 거꾸로 세운 마르크스를 다시 거꾸로 세운 셈이다.

임화가 김남천의 고발문학론을 부정하는 이유는, 고발문학론이 작가의 실천을 견지하는 과학마저도 주관으로서 배제하는 입장으로 여기기 때문이다. 고발문학론을 그 입지점에서부터 현실의 본질인 역사적 전환으로부터 눈을 돌리게 하는, 이미 하나의 주관적 입장으로 파악한 것이다. 그러나 이는 임화의 오류이다. 왜냐하면 임화가 주장한 '고차의 리얼리즘'에 도달하기 위해서는 아직 거기에 도달하지 못한 리얼리즘은 고발되어야 할 것이고, 이는 의식 주체로서의 주관을 전제하기 때문이다. 김남천의 모럴은 이 과정의 철저함을 말했던 것인데, 임화는 이를 건너뛴다. 그것은 임화는 '비평의 위치'를 고수하고자 했기 때문이다. 곧 작가들을 지도하고 견인하기 위해서는 작가들이 도달해야 할 자리를 열어젖히는 것이 중요하다고 보았기 때문이다. 작품은 작가라는 '어떤' 주관을 갖고 있기 때문에 한계라는 임화 논리의 필연적 귀결은, 비평가는 '현실 묘사로서의 의식'으로서 '세계관'(과학) 자체여야 한다는 것이다. '비평의 위치'와 같은 초월적 위치를 상정하는 한 다시 순환오류는 피할 수 없다.

임화는 차이를 차이로서 생산하는 것이 아니라, 초월적 위치에서 '지양'하여 보편화함으로써 동일성을 확대하고자 했다. 임화가 합의 위치에 도달한다고 해도, 임화가 도달하고자 한 동일성은 '중심'과 '주변'의 위계화라는 난점으로 남게 된다. 이로써 타자성은 거세된다.

이에 반해 김남천은 타자를 새로운 인식방식으로 규정하고자 했다는 점에서 임화와 구분된다. 곧 김남천은 차이를 메타적으로 생산함으로써 새로운 차원을 전개하고자 했다고 할 수 있다. 메타적 차이 생산은 또 다른 메타적 차이 생산의 계기가 된다는 점에서 중심과 주변의 문제는 해소되는데, 이 점에서도 임화와 변별된다.

이러한 난점에도 임화가 '실천'의 의미를 도식성 문제해결과 주체성 극복의 일원론적 원리로 논리화한 것, 그리고 이를 통해 현재의 의식을 부정할 수밖에 없는 근거를 제시했다는 점에서 진일보한 발전임에는 틀림없다. 그리고 서구중심주의를 반성하지 못한 상태에서도 마르크시즘을 비롯해서 헤겔의 사유를 매개로 그는 주체의 공간을 생산했다는 점에서, 실천의 적극성은 능히 짐작할 수 있다.

하지만 파블로프의 실험의 경우처럼, 기존의 인식방식에 속하지 않는 타자가 현존할 때 인식방식이 초월론적으로 반성되지 않으면 증후가 발생한다. 베이트슨이 말한 이중구속적 증후이다. '조선'은 임화에게 자기표현을 강제함에 따라 임화의 사유는 더욱 복잡해져가고, 그의 논리는 점차 증후적 양상을 띤다.

여섯째 장

차이의 유물론과 혼재성

외부의 위치와 차이의 유물론

관찰문학론과 차이의 유물론

가면박탈에서 풍속론에 이르는 과정의 핵심적 태도는 '고발'이다. 고발은 자신의 인식방식을 초월론적으로 반성하는 과정으로서, 메타적 인식방식을 산출하는 생성의 실천이었다. 그 방법이 마르크시즘이었는데, 이 과정에서 마르크시즘은 서구중심주의의 '추상적' 마르크시즘에서, 조선의 조건을 매개로 '구체적' 마르크시즘으로 현실화되어 갔다. 그것은 『자본』의 명제들을 되풀이하는 것이 아니라, 마르크스의 방법을 전유하는 과정이었고, 조선의 현실에서 명제들을 현실화하는 과정이었다.

임화의 '낭만적 정신'에 나타난 대로, 카프 작가들은 부르주아 리얼리즘과 프롤레타리아 리얼리즘을 부정의 부정의 관계로 이해했다. 부르주아 리얼리즘의 내용과 형식 가운데 부르주아의 세계관으로서 내용은 폐기하고, 형식은 보존된다고 간주했다. 그리고 내용으로서 프롤레타리아의 세계관을 형상화했는데, 그것이 도식적으로 판명된 이후에는 프롤레타리아의 성장이 '객관적'으로 확인되어야 했다. 도식성 문제는 프롤레타리아 리얼리즘의 성패가 달린 문제였다. 아무리 부르주아 리얼리즘을 부정하려고 해도, 프롤레타리아의 성장을 확인할 수 없다면, 이념과 경험이 모순되는 상황은 극복될 수 없었기 때문이었다.

임화 논리의 근본적 난점은 이념과 경험이 모순될 때, 이것을 '해결'하려고 했다는 점에 있다. 양주동이 내용과 형식의 조화를 요구했을 때, 이 문제를 의사문제로 해소했지만, 정작 자신의 문제였던 이념과 경험의 모순은 마치 실재의 대상적 문제인 것처럼 여겼다는 점이다. 그러나 이러한 모순은 그가 서구중심주의의 인식방식을 전제했고, 전제된 인식방식을 초월론적으로 반성하지 못함에 따라서 발생한 의사문제였다.

김남천의 독특한 점은 이념과 현실이 모순될 때, 이념을 추상적이고 고정된 것이 아니라, 현실에서 자기를 전개함으로써 구체화될 것으로 여겼다는 점이다. 이것은 마치 이념을 부정하거나 수정하는 것처럼 비춰질 수 있기 때문에 쉬운 일은 아니었다. 게다가 프롤레타리아의 성장을 형상화하지 못한다면 부르주아 리얼리즘과 구분되지 않기 때문에 사상과 의지의 퇴각이라는 불명예를 감수해야 하는 결단이었다. 그 결단의 과정이 가면박탈 이후 고발론의 역정이었다.

김남천이 획득한 고발로서의 리얼리즘은, 주체의 위치를 반성하는 새로운 인식방식의 생성 과정으로, 역사적으로 존재하는 '자기'를 구체적으로 파악함으로써 서구중심주의로 환원되지 않는 조선의 구체성을 형상화함으로써 차이를 생산하고, 그 차이를 현실적인 것으로 전유하는 주체의 태도이다. 하지만 『대하』에서 보듯이 도식성은 상당히 제거됐음에도, 여전히 관념적인 부분은 잔존했다. 이것은 임화가 「남매」 분석에서도 제기한 문제였다. 특히 모럴의 근거이자 모순의 계기적 조건이었던 '새것'의 가능성을 구체적으로 확인하기는 어려웠다. 곧 리얼리즘으로써 추상적 인식방식을 반성함으로써 현실성을 확보했지만, 그 방향성은 다분히 관념적이었다.

그런데 김남천은 자신의 고발론이 '체험적'이었다고 비판하고, 고발론의 '대립 혹은 지양'으로서의 관찰문학론을 제기한다. "묘사론의 전개로서 필자(김남천 — 인용자)는 관찰 문학을 상정하고 있는데 이것은 대체에 있어서 고발 문학이나 이와 동류의 문학이 일종의 체험적인 문학이었다는 것을 반성하여 그의 대립된 내지는 양기될 새로운 계단을 표시하기 위하여서다."[1] 관찰문학론을 제기할 수밖에 없었던 이유로 제시한 '체험적'의 의미를 명확히 규명하는 것이, 관찰문학론의 핵심이라고 할 수 있는 '몰아성'을 이해하는 전제가 될 것으로 보인다.

김남천은 관찰문학론의 이론적 근거가 발자크에게 있다고 말한다. 그가 발자크를 통해서 발견한 것은 고발 자체가 '체험적인 것'이었다는 통찰이다. 결론적으로 말하면, 임화는 「남매」의 관념성이 후반에 있다고 했는데, 김남천은 후반의 관념성 문제는 전반의 사실성과 구분될 수 없다고 반박한 셈이다. 이는 김남천이 『고향』을 분석하면서 후반부의 도식성과 달리 전반부는 전형성을 갖추고 있다고 한 자신의 판단 전체를 번복하는 셈이고, 『대하』의 관념성은 형걸에게 귀속하는 것이 아니라 이미 박성권이 원인이었다는 자인이다. 이로써 관찰문학론은 고발론의 '대립된 내지는 야기될 새로운 계단'으로서 규정된다. 고발론의 관념성을 고발하는 형태이기 때문이다.

어떤 대상을 경험할 때 그 경험은 이미 자기의 인식습관에 따라 판단하고 규정된다. 그러나 이러한 대상 규정은 주관에 의한 대상 규정이기 때문에, 대상의 내부적 차이는 주관의 대상 규정과 일치하지 않는다. 이 지점이 간과되면, 대상 규정은 결국 주관에 대한 예를 확인하는 것과 같은 말이 된다. 가령 의붓딸을 기생 못 시켜서 안달하는 학섭이나, 존장에게 부채변제를 요구하고 거짓말로 그 딸을 취하는 박성권은 '유다적인 것'의 화신으로 형상화되었는데, 이때 김남천이 규정한 '유다적인 것' 자체의 사회적, 역사적 근거는 맹점으로 남아 있다. 곧 이들은 김남천이 규정한 '유다적인 것'의 예시적 인물들이다. 김남천이 말하는 '체험적인 것'은 바로 학섭이나 존장을 김남천 자신이 선규정한 '유다적인 것'의 '예시'로 형상화했으면서도 현실성을 확보했다고 생각한 생각 자체이다.

이를 좀 더 논리적으로 말하면, '유다적인 것'으로서의 학섭의 성격은 각각 주어와 술어로 표현될 수 있다. 주어는 '유다적인 것', 술어는 '의붓딸을 기생 못 시켜 안달하는 학섭의 성격이다'가 된다. 이때 술어는 주어의 개념분석으로는 자명하게 도출되지 않는, 다시 칸트의 용법을 빌리면 분석판단이 아니라 종합판단이다. 곧 학섭의 성격이 '유다적인 것'의 속성으로 제기되는 것은 어떤 주체의 위치가 전제되었을 때이지, 자명하게 실체적인 규정이 아니다. 가령 비슷한 시기에 이기영의 장편소설 『신개지』에는 만주로 팔려가는 딸이 집에 부친 백 원을 부러워하는 장면이 사실적으로 형상화되어 있다.[2] 학섭이나 박성권, 혹은 『신개지』 대중들의 태도는 분명 부정적인 것인데, 문제는 이러한 부정적인 것을 김남천의 윤리의식에 따라 선규정했다는 것이다. 이것은 이들의 행동을 윤리적으로 판단할 수 없다는 상대주의를 의미하지 않는다.

김남천이 말하는 '체험적인 것'의 의미는, 가면박탈 이후 도식성의 원인이 주체의 위치에 대한 망각 때문이라고 보고, 욕망을 매개로 이를 인식대상으로서 확보하려고 했을 때, 이미 욕망은 이러저러한 것으로서 선규정했음을 뜻한다. 학섭이 의붓딸 못 시켜서 안달하는 성격이나, 또 박성권이 윤 초시를 죽음에 이르게 해 놓고서는 거짓말을 해서 오히려 그의 딸을 아내로 삼는 등의 부정적인 면모들의 원인을 이들 인물들의 개체적 기질에 두었던 것이다. 따라서 학섭이나 박성권 등 '유다적' 인물들의 원인은 다분히 개체적인 것으로 나타났다.

그러나 이러한 '유다적인 것' 등이 그 사회적 조건 속에서 파악되지 않았을 때, '유다적인 것'과 모순하는 '모럴' 역시 관념적으로 이루어질 수밖에 없다. 『대하』가 이전 소설들에 비해 상당할 정도로 현실성을 갖추었지만, 형걸이가 모순의 대립자로서 박성권의 돈의 논리로부터 도주할 때, 돈의 논리는 박성권의 성격과 구분되지 않았다. 곧 돈의 논리는 박성권의 파렴치함으로 치환되었던 것인데, 이는 학섭 역시 마찬가지이다. 이때 파렴치함은 돈의 논리로부터 분석될 수 있는 것이 아니다. 그러나 돈의 논리가 무매개적으로 파렴치함으로 치환될 때, 돈의 논리는 사회적 조건으로부터 파악되는 것이 아니라, 박성권이나 학섭의 개체적 기질에서 구하게 된다. 이에 따라 형걸의 대립자로서의 성격 역시 관념적으로 귀결된다. 김남천이 '체험적인 것'이었다고 반성하는 부분이 이것이다. 돈의 논리와 파렴치함을 구분하고, 돈의 논리와 파렴치함을 그 사회적 조건을 매개로써 파악하는 것이다. 이로써 파렴치함의 원인을 개체의 기질에 두었던 관념성이 고발되고, 파렴치함을 사회, 역사적으로 설명할 수 있게 된다. 곧 사회적 조건에 따라 돈의 논리와 파렴치함이 한 개체에 귀속할 수 있게 된다.

> 여기서 나는 전형적 성격 창조에 있어서의 리얼리스트의 최대의 교훈을 다음과 같이 정식화하련다. 자본주의 사회의 화폐의 위력과 그의 법칙을 폭로하는 데 소설가는 청빈주의淸貧主義와 빈궁문학貧窮文學을 택하지는 않았다고! 황금을 기피하고 그것을 경멸하는 샌님을 그려서 시민사회가, 그리고 그 사회에서의 화폐의 죄악이 묘파描破된 것이 아니라, 실로 그란데 씨와 같은 황금익애자黃金溺愛者와 늬칭겐 씨와 같은 은행적 악당을 그려서 그것이 비로소 가능하였다는 것을 나는 이곳에서 강조하려고 생각한다. (이것은 속물세계의 속물성을 묘파描破한다고, 속물을 비웃고 경멸하는 신경질적인 고고한 결벽성만을 따라다니는 우리 문단의 작금의 소설가와, 그것을 시대사상의 반영이라고 극구 찬양하고 있는 비평의 유행에 대하여도 커다란 교훈이 도리 것이라고 생각한다. 발자크 수법에 의하면 작가는 속물성을 비웃는 인간이 아니라, 속물 그 자체를 강렬성에서 구현하고 있는 인물을 창조하는 것이 리얼리즘의 정칙定則이었다) (…중략…)
>
> 발자크의 태도는 기실其實, 다분히 이포리트・테느의 저 유명한 '미류'설과 상통하는 것이 아닐까? 만약 발자크를 향하여 우리가 다음과 같은 질문을 던질 때에, 그의 대답은 지극히 명백할 것이기 때문이다. 이러한 악당을

> 만들어낸 장본인은 누구이며 이러한 편집광을 배양한 자는 대체 누구이냐?
> 이러한 물음에 발자크는 주저없이 대답한다. "그것은 파리다!"라고. 다시 말하면 그것은 사회적 환경, 즉 테느의 소위 '미류'라고.[3]

길게 인용했지만, 김남천이 말하고자 하는 요점은 명료하다. '늦칭겡'이 속물이 되는 것은 '파리'에서이다. 돈의 죄악이 묘사될 수 있는 것은 "속물을 비웃고 경멸하는 신경질적인 고고한 결벽성"으로는 할 수 없다. 이 반성은 문단에 대한 것이 아니라, 바로 김남천 자신에게 대한 것이다. 박성권이 돈의 논리의 화신으로서, 파렴치한이 되는 것은 그가 조선사회의 어떤 역사적 단계에 위치해 있기 때문이지, 마치 김남천이 유다를 묘사할 때처럼, '원래' 돈을 숭배하고 총대장이 되고 싶어 했던 그의 성격적 기질 때문이 아니었다. 곧 돈을 좋아하는 기질 때문에 그가 '유다적인 것'의 화신이 된 것이 아니라, 그러한 사회적 조건 속에서 유다는 '유다적인 것'의 화신이 되었던 것이다. '늦칭겡'을 만든 장본인은 '파리'다.

그런데 돈의 논리와 파렴치함이 종합명제가 되는 초월론적 근거로서의 '조선사회'가 간과되었을 때, 돈의 논리는 마치 어떤 개인을 '제거'하면 붕괴할 것처럼 인식된다. 김남천이 관찰문학론을 통해 고발문학론을 고발하는 근거는 여기에 있다. 학섭이나 박성권의 행동이 '유다적인 것'이 되는 것은 김남천 주관에 의해서가 아니라, 조선사회의 구체적 현실에 있을 때, 비로소 형결 역시 현실적으로 형상화될 수 있다. 말하자면 김남천이 『고향』에 대해 후반부와 달리 전반부는 '전형성'을 갖추고 있다고 비판한 것 자체가 이미 본질에서 빗겨나갔다는 반성이다. 이것은 「남매」 분석에서 임화가 전반부와 달리 후반부가 관념적으로 도식화되었다는 비판에 대한 김남천의 대응으로도 읽힌다.

마르크시즘에 따라 김남천은 세계를 '낡은 것／새것'의 변환 과정으로 보았는데, 그것은 문학적으로 '유다(적인 것)／모럴(의 근거)[4]'로서 표현되었다. 이때 로만개조론에서 나타났듯이 김남천은 '낡은 것'을 자본주의로 규정한다. 그리고 자본주의적 인간의 '탐욕'은 자본주의로부터 형성된 것이 아니라, 개체적인 기질로 귀속되어 '유다적인 것'으로 형상화되었다. 말하자면 도식성을 극복하기 위해 전유해야 한다고 생각한 욕망을 사회적 조건 속에서 형상화하지 못한 채, 욕망을 그저 '유다적인 것'으로 치환한 것이다. 이로써 욕망의 기원이 은폐되었고, 봉근이나 형걸 역시 관념적인 부분을 면하기 어려웠다.

김남천이 관찰문학을 제기하면서 주로 참조한 것은 발자크의 이론과 소설이다. 발자크의 위대함에 대해 부륀티에르는, 발자크가 이전 소설에서 발견되지 않았던 '신분'의 제요소를 묘사함으로써 비로소 인물들 사이의 차이를 형상화했다는 것에서 찾는다.

> 신분의 다양성이라고 말해도 오늘날의 우리들은 하등何等의 신기한 느낌을 받지 않는다. 그러나 그와 동시대인同時代人의 문학을 생각하면 이것이 기여한 바 산문문학의 혁신은 획기적이었다. (…중략…) 그들은, 그런 것까지도 만약 '신분'이라고 부를 수 있다면, 단지 소설의 주인공이라는 외에 하등何等의 신분도 갖지 않았었다. '문학적 생애'로 그들을 끌어들이기 전에, 아니 끌어들이기 위하여, 작자는 그들을 실생활로부터 '분리하였다'고 하여도 과언이 아니다. (…중략…) 소설은 발자크 이전에는 단순한 연애담

이었고, 예술은 그들에게 '신분'이나 '위치'를 주어야 할 일체一切의 요소를 고의로 박탈하였다.[5]

'신분의 다양성'은 다른 작가들과는 다른 발자크의 특정한 인식방식을 전제한다. 곧 주체의 인식방식의 변화를 전제로 한다. 발자크 이전 작가들이 주인들을 다만 연애담의 주인공으로 형상화할 때, 주인공들의 생활, 곧 "신분이나 위치를 주어야 할 일체의 요소"는 사상되었다. 이것은 이들 작가들의 인식방식이 구체적이지 못했음을 보여준다. 그러나 발자크는 이들을 그들의 생활 조건으로부터 구체화시킴으로써 신분의 다양성을 현실적으로 형상화했다. 이러한 형상화가 가능했던 것은 발자크 그의 방법이 다른 작가들과 달랐기 때문이었고, 이러한 방법은 '획기적'이었다.

발자크 이전 소설에서 인물들은 다만 '주인공'들에 불과했는데, 발자크는 이들 인물들이 '무엇으로 생활을 영위'하는지 등, 인간의 일상생활의 제요소를 구체적으로 묘사함으로써 비로소 다양한 인간군의 『인간희곡』을 창작할 수 있었다고 보았다. 이것은 예를 들면 서구인들에게 처음에는 조선인들이 그 내적 차이에서가 아니라 전체 조선인들로 현상되는 것과 같다. 서구인들이 조선의 생활양식에 대한 이해가 깊어질수록 조선인들의 다양성이 비로소 획득되는데, 발자크 이론에서 김남천이 획득한 것도 바로 이 차이에 대한 이해이다. 관찰문학론의 핵심이 되는 부분을 인용해 보기로 한다.

> 관찰은 외부적인 상세한 점을 재빠르게 포착하는 동시에 즉좌卽座에서

곧 그 외부적인 것 이상에 달할 수 있는 정도였다. 관찰은 나에게, 관찰을 받는 개인 개인의 생활을 할 수 있는 능력을 주었다. (…중략…) 나는 이 두 사람의 이야기를 들으면서 그들의 생활 속에 참여할 수가 있었고, 나의 잔등에 나는 그들의 남루를 지니었고 나의 두 발은 구멍이 뚫어진 그들의 구두를 신고 있는 듯한 느낌을 가지고 걸을 수 있었다. 그들의 희망도 요구도 모두 나의 혼 속에 옮아와서, 나의 혼이 그대로 흠빡 그들의 혼 속에 묻혀버리고 말았다. (…중략…) 자기의 습관을 떠나는 것, 정신적 능력의 명정酩酊으로 해서 자기로부터 다른 사람이 되는 것, 마음대로 이러한 장난에 취할 수 있는 것, 이것이 나의 즐거움이었다. (…중략…) 나는 이때로부터 민중이라고 불리우는 이질적인 덩어리의 요소를 분해할 수가 있었다. (…중략…) 그러한 일체一切의 것을 모두 포함한 이 구역이, 반항의 양성소라고도 할 만한 이 지역이, 대체 무슨 역할을 하는가를 비로소 깨달았다.[6]

발자크가 민중을 어떤 추상적인 개념으로써가 아니라, 민중을 그대로 그릴 수 있었던 것은, 대중을 그 내적인 관점에서 인지함으로써 가능했다. 『대하』에서 쌍네가 형걸에게 사랑을 고백했을 때, 형걸은 미처 쌍네가 사랑이라는 감정을 갖고 있을 것으로 예상하지 못했기 때문에 충격에 빠졌다. 쌍네를 육체로 물화한 형걸의 인식방식에서는, 자신이 쌍네의 사랑의 대상이 될 것으로는 예상할 수 없었다. 그는 쌍네를 개체로서가 아니라, '하인'이라는 자기와는 다른 "이질적인 덩어리"로서 추상적으로 파악했기 때문이다. 쌍네의 인식방식이 파악되지 않으면, 쌍네는 다만 육체로 물화된다. 그러나 육체로 물화된 쌍네는 형걸의 인식방식에 의해 구성된 것이지, 쌍네의 내적 모습은 아니다. 그러나 쌍네의 인식방식에서 형걸은 사랑의 대상이었다. 이러한 쌍네의 내적 관점은 쌍네의 생활 조건에서 파악되어야 한다.

쌍네를 물화하는 관점 자체를 반성하게 되는 계기는, 발자크론의 핵심 구절, "나는 이때로부터 민중이라고 불리는 이질적인 덩어리의 요소를 분해할 수 있었다"에 있다. "그들의 생활 속에 참여" 전에 그들에게서 볼 수 있는 것은 "구멍 뚫린 구두"와 같은 것들이다. 이것은 사물 자체이다. 그것은 화가에게는 민중의 심성으로 표상될 수 있고, 어떤 철학자에게는 존재의 현전일 수 있다. 그리고 카프 작가들에게는 억압과 착취의 증거가 될 수도 있다. 그러나 그것의 의미는 민중들의 내부에서 온 것은 아니다. 이것은 어느 것이 옳거나 틀린 문제가 아니라, 단순히 민중들의 감성에서 파악된 것은 아니라는 것이다.

카프 작가들이 획득하고자 한 대중의 감성은 이미 전위들의 인식방식에 의해 선규정되었고, 이것은 대중들의 내적 차이와 일치하지 않았다. '현해탄' 위의 임화가 경험하고 다만 '울음'으로밖에 표현할 수 없었던 것은, 자신의 낭만적 태도였고, 낭만적 태도로는 파악할 수 없는 대중들의 '안'쪽 모습이었다. 쌍네의 반응은 형걸이가 일괄해서 하인으로 추상화한 인식방식으로는 의외였다.

대중의 감성을 획득해야 한다고 했을 때, 그것은 그들의 감성적인 어떤 내용이 아니라, 감성을 구조화하는 그들 내부의 방식이다. 이것을 획득하기 위해서는 "그들의 구두를 신고 있는 듯한 느낌"을 갖을 수 있어야 하고, "그들의 혼 속에 묻혀"야 한다.

그런데 이 과정은 "자기의 습관을 떠나는 과정", 곧 자기해체가 반드시 요구된다. 다시 말해 관찰 대상은 관찰 주체와 동일하다는 것을 깨닫는 것이다. "구멍 뚫린 구두"에 대한 전위들의 판단 자체가 해체되지 않으면 대중들의 감성 구조를 획득할 수 없다. 이것은 역으로 말하면 계급적 조건에 따라 인식방식과 감성의 구조가 다름을 말한다. 어떤 사람이 속물인 것은 속물이라는 실체적 본질을 그가 선험적으로 내재해서가 아니라, 어떤 행동을 속물로 규정하는 인식방식이 전제되어 있기 때문이다. 이러한 인식방식 자체가 반성되지 않은 상태에서는 재창이는 '원래' 속물인 인간으로 현상된다. 따라서 그의 속물성은 사회적 조건으로부터 분리되고, 속물성을 극복하기 위한 방법은 '제거'와 같은 관념적 방식으로 이루어진다. 「공장신문」의 재창이의 타락은 김남천에게 타락이었지만, 그것이 공장 노동자들에게 타락인지는 분명하지 않다. 이때 재창이의 현실성을 획득하기 위해서는, 곧 재창이가 삶을 영위하는 구체적인 현실 조건으로부터 재창이를 파악하기 위해서는, 재창이를 타락으로 규정하는 김남천 자신의 인식방식 자체가 대상(재창이)과 구분되어야 한다.

관건은, 어떤 원형과 그 원형을 원과 타원으로 구별하는 인식방식이 논리계형을 달리하듯이, '어떤' 유다적인 인물과 '유다／모럴'의 구분은 논리계형을 달리한다는 것이다. '유다／모럴'의 구분은 사회적 조건의 결과로서 실재성을 갖지만, '어떤' 유다적인 인물은 그 실재성을 '유다／모럴'의 구분에서만 갖게 된다. '어떤' 사람을 유다로 고발하는 것은 '유다／모럴'의 구분이 전제됨으로써 가능하다. 그러나 '유다／모럴'의 구분 자체의 근거 이 구분으로부터 도출될 수 없다.

그런데 '유다／모럴'의 구분 '자체'는 그것이 실체적인 것이 아니라, 역사적으로 생성된 것이기 때문에 진정한 리얼리즘문학의 대상이다.

왜냐하면 임화가 양주동을 비판하듯이, 프롤레타리아의 세계관과 리얼리즘의 세계관은 어떤 내용적인 차이 이전에 대상에 대한 인식방식의 차이이기 때문이다. 파블로프의 개가 실제로 구분했어야 할 것은 원과 타원이 아니라, 인식방식과 인식방식의 차이이다. 광인/정상의 구분은 사회에 따라, 역사에 따라 다르다. 이런 맥락에서 정말로 사회적 실재인 것은 이 구분 자체이다. 곧 광인과 정상을 구분 짓는, 김남천이 '차이의식'이라고 부른 '/'의 역사성이 곧 리얼리즘의 대상이다.

따라서 김남천이 정말 고발해야 했던 것은 '어떤' 유다적인 인물이 아니라, '유다/모럴'의 구분의 구체성, 현실성이다. '유다/모럴'의 구분 자체가 조선에서 확인되지 않은 채 전제되었을 때, 김남천이 '당신은 유다이다'라고 말할 때마다 그는 추상된다. 왜냐하면 '유다/모럴'의 구분 자체를 자명한 것으로 여겼기 때문이다. 이 구분 자체의 필연성이 사회의 물적 토대로부터 확보되지 않는다면, 우연적인 것이 된다. 그런데 김남천은 논리계형의 구분에 도달한다. 곧 '유다/모럴'의 구분 자체의 역사적 근거를 파악한다.

발자크의 작품에는 보편적 개념으로서의 속물이 아니라, '자본주의 사회의 화폐의 위력과 법칙'의 조건 속에서 존재하는 '속물'이 묘사되었다. 이로써 '어떤' 자가 속물이 되는 근본적 이유가 밝혀졌다. 그것은 '파리'이다. 발자크 작품의 발화주체는 '파리'이다.

김남천은 발자크 작품을 발화주체로서의 파리가 발화내용을 통해서 자기를 지시하게 하는 독특한, 그러나 모범적인 소설이라고 보고 있다. "리얼리스트라고 자신하는 사람이 주관적 자기성찰에서 점차로 리얼리즘 본래의 입장으로 변모하는 것, 이것은 내가 가장 자아중심의 문학 세계에 허덕이고 있던 자기고발의 맹렬한 제창자이었을 때에도 무한히 갈망하여 오히려 가능치 못한 바이었다."[7] '몇 개의 공식'으로서의 세계관을 의인화하는 도식적 소설이 아니라, 발화주체로서의 작가의 세계관은 소설에 나타나지 않으면서도, 소설 자체가 작가의 세계관을 지시하는 소설이다. "우리는 엥겔스가 경향소설에 대해서 말한 바 예술작품 가운데는 작가의 의도나 사상이 명백하게 나타나지 않으면 않을수록 더욱 아름답다는 의미의 말을 연상할 필요가 있다. (…중략…) 이론적 모럴과 풍속이 완전히 융합되기를 희망한 것뿐이다."[8]

보편의 앙상한 개념 나열은, 발화주체가 소설 전면에 등장해서 세계관을 늘어놓는 참담한 도식적 소설이다. 그렇다고 발화주체를 아예 무화시켜 버린 채, 발화내용만을 무질서하게 나열한 세태소설은 발화내용의 필연적 연관관계가 제거됨으로써 우연성으로 전락된다. 이 양자를 지양하기 위해서는 발화주체로서의 파리는 소설에 등장하지 않지만, 발화내용이 바로 파리를 가리킴으로써 발화내용이 현실성과 필연성을 갖는 소설이어야 한다.

이러한 소설을 창작하기 위해서 김남천이 제시하는 조건은 '작자의 몰아성沒我性과 객관성의 보지保持'이다. "여하如何한 계급이나 신분의 인물도 성격도 창조할 수 있는 문학, 어떠한 사회와 인간의 생활과 마음의 세계에도 자유자재로 들어가고 나오고 할 수 있는 문학, 그것은 작자의 몰아성沒我性과 객관성의 보지保持가 없이는 전연 불가능한 일이다."[9] '객관성의 보지'는 유물론의 전제와 동일하다. 그런데 '몰아성'에 와서는 그동안 여러 연구자들에 의해 많은 논란이 된 바 있다. '몰아성'을 그 개념에 따라 주관의 포기라고 이해하고, 이것은 원리상 불가능하다는 식의 접근도 있었고, 또 보편성으로 해석하는 경우도 있었다. 그러나 '몰아성'의 의미는 맥락적으로 이해될 필요가 있다.

김남천이 사용하는 어휘의 개념은 현대와 같지 않다는 점이 유의되면, '몰아성'과 '몰주체성'은 구분될 필요가 있다. "몰아성沒我性은 끝까지 자기과신을 경계한다. 후안무치厚顔無恥한 자기주관과 개인취미를 경계한다. 관찰자(작자의 주관)의 관찰의 대상(현실세계)에 대한 종속— 그러나 이러한 명제 가운데에서 작자의 사상이나 세계관이 몰각沒却되었다고 생각하는 자는 우매한 이해력이다"[10] 그의 이론에는 '대상에 대한 주관의 종속'과 '사상(세계관)에 대한 주관의 종속'이 양립하고 있다. 이것이 통일되는 '주체의 위치'가 '몰아성'이다.

> 확실히 우리는 20세기에 살고 있다. 그러나 20세기가 산출한 모든 정신적 고질痼疾을 아무런 차별감이나 차이의식 없이 공동으로 나누고 입을 같이 하여 지껄이고 가슴을 함께 하여 공감할 필요는 있지 아니한다. 20세기에 살고 있는 것은 틀림없는 일이나 구라파에 살고 있지 않는 것도 또한 사실이기 때문이다.[11]

자본주의 단계에 있다는 사실에서는 조선과 파리는 동일하다. 그러나 이렇게 되고 나면 파리와 조선의 차이는 사상된다. 여기에 '몰아성'의 의미가 놓인다. 조선과 파리의 차이에 대한 감각을 그는 '차이의식'(차별감)이라고 말한다. 이 차이의식은 주관에 있을 수가 없다. 그렇게 되면 객관의 독립이라는 유물론 테제를 위반하는 것이기 때문이다. 따라서 이 차이는, 파리와 조선에 있어야 한다. 발자크의 소설의 주체가 파리였듯이, 조선의 장편소설의 주체는 조선이어야 한다.

따라서 '소설을 쓴다'고 할 때, '쓰는' 주체는 현상적으로는 작가이지만, 본질에는 조선의 현실이 있는 셈이다. 이것이 가능한 이유는 '어떤' 속물을 쓰는 것이 아니라, '차이의식'으로서 속물／교양의 차이 자체가 묘사 대상이기 때문이다. 곧 차이의식은 그것이 역사적으로 생성되기 때문에, 파리와 조선에서 차이를 갖는다. 그런데 조선 사람, 예컨대 김남천은 조선에서 이미 살아왔기 때문에 차이의식이 내면화된 상태이다. 그리고 조선이라고 해도 계급에 따라 인식방식이 차이를 지니기 때문에, 김남천이 지닌 속물／교양의 차이의식은 반성되고 고발되어야 한다.

그런데 이러한 차이의식을 의식하지 못한 상태에서 속물에 해당하는 어떤 사람들을 묘사할 때, 속물／교양의 구분 자체, 곧 '／'는 의식 대상이 되지 않았다. 그러나 속물에 해당하는 어떤 사람이 아니라, 속물／교양의 차이의식 자체를 형상화할 때, 그것은 조선의 구체적 현실을 묘사하게 된다. 왜냐하면 조선과 파리가 생산한 차이의식은 추상성에서(20세기)에서는 동일하지만, 이 차이의식 자체는 다르기 때문이다. 말하자면 어떤 사람이 속물이 되는 것은 조선에서, 파리에서 다르다. 따라서 어떤 사람을 속물로 규정하는 것은 주관일 수 없고, 그것은 조선 혹은 파리여야 한다. 따라서 조선을 파악할 때, 파리의 차이의식을 무전제로 수입하는 것은 조선의 현실을 왜곡하는 것이다. 이것은 형걸이가 쌍네를 자기계급의 차이의식으로 파악하는 것과 동일한 추상적 방식이다.

따라서 정말로 고발해야 할 것은, 속물／교양의 추상적 인식방식을 전제로 해서 그에 해당하는 인물들을 형상화하려고 했던 태도이다. 이로써 고발론이 관찰문학론에 의해 고발된다.

관찰문학론에서 김남천이 발자크를 따라 '시대의 비서'가 되겠다고 한 진의는 여기에 있다. 곧 조선을 받아쓰는 위치이다. '시대의 비서'가 되기 위해서는 자신의 주관에 따라 조선을 재단하는 것은 전도된 방식이다. 말하자면 형걸이 쌍네를 물화할 때, 물화하는 인식방식과 물화된 쌍네는 구분해야 한다. 그리고 물화하는 인식방식 자체가 의식대상이 되어야 한다.

이때 물화하는 인식방식은 그 존재와 연동되어서 파악되어야 한다. 이때 조선의 구체적인 모습이 파악된다. 그러나 이것이 전체는 아니다. 형걸의 인식방식은 쌍네와 다르다. 곧 자신의 인식방식 자체를 밝혀내는 것은 의식을 존재와 연동시킴으로써 부분적인 것으로 제한하는 것이다. 이것은 동시에 쌍네의 인식방식을 선규정된 주관의 차이의식으로 추상화하는 것을 억제하게 한다. 말하자면 쌍네의 인식방식 역시 그의 존재로부터 규정할 수 있는 계기가 된다. 이처럼 의식과 존재를 연동시켜서 파악하는 태도는, 파리의 차이의식은 파리에 속하고, 조선의 차이의식은 조선에 속함을 의미한다. "우리가 구라파에 살고 있지 않은 것도 또한 사실이다."

발자크가 시대의 비서가 될 수 있었던 것도, 자기의 습관을 버림으로써 객관 대상이 자기를 현현시키는 대로 묘사할 수 있었기 때문이다. 주관의 인식체계에 의한 차이로서 대상을 재단하는 것은 환원주의, 곧 프로쿠루테스의 침대이다. 그러나 유물론에 따라 차이는 대상에 속해 있다고 한다면, 주관은 객관에 속해 있는 차이 실재에 자신의 차이의식을 도리어 맞추어야 한다. 객관에 주관을 종속시켜야 하는 것인데, 이것이 바로 '몰아성'의 의미이다.

이것은 앞서 김남천이 규정한 리얼리즘과 유사하다. 그러나 고발론에서와 차이점은, 논리계형을 구분함으로써, '차이의식'을 의식대상으로 분명히 했을 뿐만 아니라, 차이의식을 조건에 따라 역사화시킴으로써 리얼리즘문학의 진정한 대상을 명료히 했다는 점이다. 다시 말해 모럴의 근거였던, 봉근이가 찾아 헤맸던 '청신한 것'은 더 이상 추상적으로 자명하게 전제되지 않는다. 왜냐하면 관찰문학론은 더 이상 '청신한 것'을 전제하지 않을 뿐만 아니라, 이러한 '청신한 것' 자체가 귀속하는 '유다／모럴'의 인식방식의 역사성을 의식대상으로 하기 때문이다. 바로 그러한 때, "자기를 허허虛虛히 가지고 대상에 몰입하여 투철한 통찰과 용서 없는 가혹한 관찰로써 사회의 전체를, 그 모순과 갈등과 길항拮抗과 기만欺瞞의 상모相貌를 띠끌 하나 놓치지 않고 묘사"[12]할 수 있게 된다. 관찰문학론이 고발문학론과 질적으로 달라지는 지점이 여기이다. 김남천은 이제 모럴과 유다적인 것의 차이 자체를 고발함으로써, 소부르주아로서의 자신의 한계를 명료히 한다. 그리고 한계를 명료히 한다는 것은 곧 논리계형의 구분에 도달함으로써 새로운 인식방식이 창발되고 있음을 의미한다.

이러한 측면에서 관찰문학론은 고발론의 발전의 측면도 있지만, 그보다는 비약이다. "이렇게 보아올 때에는 체험과 관찰을 대립되는 개념으로 보기보다는, 체험의 양기揚棄된 것으로 관찰을 상정想定하는 것이 오히려 정당할는지도 알 수 없다."[13] 고발문학론은 주관 내부의 '유다적인 것'과 모럴을 소설을 매개로 조선사회에 던져서 그 현실성과 가능성을 파악하고자 했던 방법이었다. 이때 조선의 현실은 김남천이 자기를 고발하는 정도에 따라서 객관적으로 묘사된다. 관찰문학론처럼 차이의식 자체를 대상으로 한 것은 아니었기 때문에 근본적인 것은 아니지만, 조선사회에 대한 객관적 묘사의 방법이었다는 측면에서 '양기'로 이해될 수 있다. 그러나 관찰문학론은 사물이 사물이 되기 위한 최종적 전제인 차이의식을 고발 대상으로 한다는 점에서 고발론의 비약이다.

임화가 혼란에 빠졌던 이유는 '새것'으로서 프롤레타리아의 성장을 경험적으로 확인할 수 없었기 때문이었다. 이로써 이념과 현실의 순환고리를 벗어날 수 없었다. 그러나 김남천은 관찰문학론에 와서 '유다／모럴'의 '차이의식' 자체를 의식대상으로 하게 된다. 이것은 '낡은 것／새것' 자체가 아니라, '／'의 역사성을 의식대상으로 하기 때문에, 소설 속에서는 '낡은 것'이나 '새것' 자체는 선명하게 드러나지 않는다. 따라서 이것은 마르크시즘으로부터의 퇴각으로 보인다. 그러나 그것은 파리와 조선의 차이를 사상하는 인식방식에서 가능한 비판이다. 20세기라는 추상적 인식방식에서는 조선에서도, 인도에서도 아프리카에서도 혁명이 일어나야 하지만, 그것은 서구중심주의의 시각일 뿐이다.

김남천은 의식과 존재를 연동시킨다. '낡은 것／새것'의 구분에서 '낡은 것'이나 '새것'의 속성은 '／'에 따라 달라진다. 곧 서구의 조건과 조선의 조건에서 '／'은 각기 다른 양상으로 나타난다. 김윤식의 논리를 빌리면, 어떤 서사물이 '소설'이 될 수도 있고, 그것은 '전傳'이 될 수도 있다. 바로 어떤 서사물을 소설이나 전으로 구분하는 것은 서구와 조선의 양식의 차이 때문이다. 따라서 서구의 '낡은 것／새것'의 의식에는 서구의 현실적 조건이 반영된 것인데, 이것 자체가 의식되지 않을 때, 쌍네의 '안'쪽이나 발자크가 형상화한 민중의 '안'쪽은 도저히 파악할 수가 없게 된다. 이처럼 의식 자체를 존재와 연동해서 파악할 때, 어떤 부분적 의식이 전체를 참칭할 수 없게 된다. 김남천이 도달한 자리는 이처럼 의식과 존재를 연동시키는 위치, 곧 '관계 짓는' 메타적, 외부적 위치이다. 김남천은 어떤 차이가 아니고, 차이 자체를 존재의 조건 속에서 파악함으로써, 실재성을 획득할 수 있는 주체의 위치에 도달했다.

2차 대전으로 세계의 정세가 극도로 혼돈에 빠졌을 때, 김남천은 미국 소설이 새로운 리얼리즘의 모범이 될 것이라든지, 새로운 문화가 생탄할 것이라든지 등의 몇 가지 시대적 예언을 한다. 하지만 이에 대해 충분한 분석을 했다고는 보이지 않는다. 다만 이것은 그만큼 정세가 혼돈 상태였음을 보여주는 것이라고 생각된다.

그러나 이 혼돈 속에서도 김남천은 인류의 실천은 변증법적으로 전개될 것이라는 믿음을 견지하고 있었다는 것만은 부기되어야 할 것으로 보인다. 김남천은 "지금 우리는 인간이 자신의 유한성을 매개로 하여 인간 자신의 혁신과 연결시켜서 사회의 유한성을 초극시킬 수 있다는 확신을 가져야 할 것이다"라고 말하면서, 칼 뢰비트의 말을 인용한다. "인간은 사회에 의하여 만들어진 물건임에 불구하고, 사회를 만드는 물건이다. 혹은 사회에 의하여 만들어졌기 때문에 사회를 만드는 물건으로 움직일 수가 있는 것이다."[14] '개체'로서의 작가는 '몰아성'으로 객관 세계를 묘사해야 하지만, '인류'로서 인간은 '새로운 지성'에 의해 역사를 발전시킬 것이라는 믿음은 그가 여전히 마르크스주의자였음을 보여준다. 그가 리얼리즘을, 몰아성을 견지할 수 있었던 것은 그가 마르크스의 위치에로 가는 실천을 끊임없이 견지했음을 보여준다.

해방 전 마지막 평론으로 추정되는 「두 의사의 소설」에서 김남천은 "형식이 사상을 결정"[15]한다고 자기의 이론을 간단히 명제화했다. 이 말은 의식은 의식된 존재일 따름이라는 사적유물론의 기본 테제를 김남천이 문학적 관점에서 전유한 것이다. 형식은 태도로써 결정되기 때문에, 결국 어떤 태도로써 현실을 묘사하느냐에 따라 소설의 성패가 결정된다는 의미이다. 그는 리얼리즘, 몰아성을 견지함으로써 리얼리즘문학의 완성을 이루고자 했지만, 시대는 최소한의 글쓰기조차 허락하지 않았다고 보는 편이 합당한 평가라고 보인다. 임화와 달리 친일의 어떤 근거도 보이지 않았던 이유는 이로써 해명될 수 있다고 생각된다. 그는 말하자면 마르크스가 말한, 한계를 지으면서 새롭게 창발하는 '공산주의적 인간'이었다.

『사랑의 수족관』, 윤리의 조건으로서 외부

이 절에서는 관찰문학론의 소설적 성과로서 『사랑의 수족관』과 「경영」 연작을 논리계형을 구분하는 '주체의 위치'와 관련해서 살펴보기로 한다. 고발론과 그 소설적 시도로서 「남매」 연작 및 『대하』의 난점은 임화가 말한 대로 다시 소설 결말에 있었다. 그 문제는 단지 구성의 문제가 아니라 리얼리즘의 성패가 갈리는 중요한 지점이다. 김남천은 다시 자신의 한계를 넘어서고자 '관찰문학론'을 제출하면서 소설을 통해 이론을 검증한다. 관찰문학론의 소설적 양상으로 『사랑의 수족관』과 「경영」 연작을 검토해 보고자 한다.

『대하』 분석에서 사랑이 새로운 주체 형성의 계기가 됨은 앞서 살펴보았다. 쌍네는 박성권에게 신체적으로 예속되어 있을 뿐만 아니라 경제적 조건도 취약했기 때문에, 어쩔 수 없이 두칠이와 결혼했다. 그것은 당대 사회의 요구였고 쌍네는 어쩔 수 없이 순응했지만, 형걸과의 사랑을 통해 사회의 요구로부터 도주하고자 했다. 형걸도 박성권으로 대표되는 사회의 요구에 따라 보부와의 결혼이 무산되었는데, 기생 부용과의 결혼을 통해 사회의 질서로부터 자기의 주체적 공간을 확보하고자 했다. 이것들은 모두 사랑을 매개로 시도되었던 것인데, 사랑은 기존의 질서에 대한 부정이자 새로운 주체 형성의 계기에 해당한다. 따라서 사랑의 성공 여부는 부정의 현실성, 가능성의 척도가 된다. 『사랑의 수족관』과 「경영」 연작이 사랑을 테마로 하는 이유는 여기에 있다.

『사랑의 수족관』에 대해서는 이미 발표한 바가 있기 때문에,[16] 여기에서는 핵심만을 간단히 정리하고 「경영」 연작과 연관성만 살펴보도록 한다.

제2차 대전의 발발과 동시에, 사상을 매개로 세계와 대결했던, '세계사적 개인'의 면모를 갖춘 인물인 사회주의자 김광준이 죽는다. 그의 죽음은 당대가 사상이 부재한 시대임을 드러내는 작가의 의도로 해석된다. 사상이 부재한 시대에 조선의 경성인들은 제2차 대전을 불안이 아니라 '불편'으로 경험한다. 이를 김남천은 제2차 대전과 연애를 병치시키는 구조를 통해 묘파해낸다.

제2차 대전은 당시 경성의 하늘 위에서도 재현되고 있다. '가상한 적군의 폭격기의 폭음'과 '자극적이고 충격적인 호의'는 경성이 유럽의 전장인 듯한 효과를 생산한다. 그런데 경성의 조선인들이 경험하는 것은 말 그대로, 현실이 아닌 현실'감'이다. 제2차 대전은 엄연히 존재하는 '현실'이지만, 그것이 '감'으로 경험될 때, 그들이 경험하는 현실은 '현실적 환상'이 된다.

적기의 공습을 가정하고 이에 대비한 훈련은, 근본적으로는 제2차 대전의 '표현'이다. 따라서 가상한 적기의 출현은 "공연한 소리처럼 들리던 공습의 위험"을 실제처럼 재현함으로써 '불안'을 생산한다. 그러나 가상의 적기가 생산하는 본질적 효과는 오히려 '불안의 망각'과 '불편'이다. 소설 속 경성 시민들은 제2차 대전을 불편으로 경험한다. 소설 속 인물들이 경험하는 제2차 대전의 양상은 다음 상황에서 뚜렷하게 드러난다. 양덕 공사장으로 귀임하는 김광호를 배웅하러 역으로 나온 어머니에게 자동차가 이내 왔냐고 묻는다. 이에 어머니는 "오는 게 뭐냐. 모두 휘발유가 없어서 못 온다구 해서 걸어 나와서 버스 타고 전차 타고 그랬었다"라고 대답한다. 이에 김광호는 "아 그럼 짐이 무거우셔서 어떻게 했어요?"라고 어머니의 불편함을 걱정하고, 어머니는 자신을 걱정해주는 아들을 흐뭇해 한다. 이들에게 제2차 대전은 일상의 '불편함'을 가져오는, 경성 '밖'의 사건으로 경험되고 있는 것이다. 그 결과 소설 속 경성인들은 제2차 대전의 표현으로서의 등화관제나 커피나 가솔린 등의 제한을, 생활을 불편하게 하는 '어둠'이나 '불편'으로 경험하고 있는 것으로 묘사된다. 이것은 이데올로기 효과 때문이다.

제2차 대전이 적기로 '표상'됨으로써 제2차 대전은 실재함이 표현된다. 그러나 그 적기가 '가상'이라는 관념은, 경성에는 아직 적군의 폭격기가 내습하지 않았다는 것을 나타냄으로써, 자연스럽게 경성은 전장의 '밖'이라는 관념을 생산하게 된다. 곧 제2차 대전은 실재하지만, 가상의 적기라는 이데올로기적 기제는 조선을 전장의 '밖'에 존재하는 것으로 표상한다. 조선 자체가 일본의 후방인 바에야 전장의 '밖'이라는 관념은 사실이 아님에도, 가상의 적기는 이와 같은 전도된 관념을 생산한다. 따라서 가상한 적기가 생산하는 불안은 조선인들을 흔들지 못한다. 방공훈련이 야기하는 등화관제를 비롯한 일련의 사태에 대해, 소설 속 경성인들은 불안이 아니라, 불편을 경험하는 것으로 묘사된다.

그런데 소설 속 인물들은 이 불편을 당연한 것으로 수용한다. 이것 역시 이데올로기적 효과라고 할 수 있는데, 이것은 '재현자'가 은폐되기 때문이다. 여기서는 이 재현자를 범박하게 일제라고 한다. 문제가 되는 것은 그것이 누구냐가 아니라, 그것이 어떻게 은폐되고 있으며, 그것을 어떻게 적발할 수 있는가 하는 것이기 때문이다. 곧 가상한 적기라는 표상을 생산하는 실체는 재현자임에도 불구하고, 유럽의 전장이 가상한 적기라는 기호로서 독점적으로 표상됨으로써, 가상한 적기를 재현하는 재현자는 자연스럽게 유럽의 전장으로 전이된다. 곧 가상한 적기를 띄우는 것은 재현자이자만, 재현과정이 독점됨으로써 마치 유럽의 전쟁이 재현자가 되는 전도가 발생한다. 이 과정에서 실제 재현자는 자연스럽게 은폐된다.

따라서 불편함은 제2차 대전이 유발하는 '어쩔 수 없는' 것이 되고, 경성의 조선인들은 물자의 공출은 불편하지만, 어찌할 수 없는, 병참기지의 주민으로서 호출된 주체성을 내면화하게 된다. 곧 경성의 조선인들은 자신들을 재현자의 이데올로기적 효과에 따라 병참기지의 식민지인과 무의식적으로 동일화하는 것이다. 이 과정에서 경성의 조선인들의 주체화는 미끄러지게 된다.

이처럼 은폐된 재현자가 생산하는 가상의 적기라는 기호는 제2차대전을 실재하지만 경성 '밖'의 것으로 표상한다. 김광호 역시 예외는 아니다. 그는 방공연습이 있는 날에 이경희를 방문하기를 꺼린다. 그런데 그 이유는 등화관제로 인한 어둠 속에서 처녀의 집을 방문하는 것은 교양 있는 현대 청년이 취할 수 있는 행동이 아니라고 생각하기 때문이다. 김광호에게 전쟁과 연애는 실재하지만, 별개의 영역에서 전개되는 두 사건들로 경험한다. 이때 과거 사회주의자 김광준으로 대표되는 지식인은 은폐된 재현자를 적발해내는 사상을 지닌 인물로 나타난다. 그런데 소설의 시작과 동시에 그는 죽게 되는데, 그의 죽음은 은폐된 재현자를 일상인들이 인지할 수 없는 시대임을 표현한다.

결국 이 소설의 핵심은 김광준이 부재한 시대에, 일상을 영위하는 경성 사람들이 '가상의 적기'에 은폐된 실제 재현자를 적발함으로써, 동일화로부터 차이를 생산할 수 있는가를 묻는 것이다. 일상인들의 의식은 이경희가 은주부인과 송현도의 음모에 빠져 김광호와의 결혼이 무산될 뻔했던 사건을 통해 형상화된다. 그녀가 김광호와의 결혼을 성취하는 과정은 가상한 적기가 생산한 이데올로기로부터 벗어나서, 주체적인 인식방식과 생활의 공간을 마련하는 과정이다.

이경희가 미국 유학을 포기하고 탁아소 경영을 하게 된 계기는, 자신이 누리는 모든 것이 노동자의 착취로부터 기반하고 있음을 목격하고 탁아소 경영을 통해 이러한 모순된 사회와 싸워 나가겠다고 결심한 것으로부터 비롯된다.

이경희는 김광호와 신분적 차이가 있지만 그와의 결혼을 결정한다. 이러한 결정은 아버지 이신국이 내정한 송현도를 거부하는 것이기 때문에, 아버지 질서로부터 독립하는 것을 의미한다. 이것은 김광호와의 결혼 사유 가운데 그의 교양이 중요한 조건이었다는 것과 관련된다.

이신국은 탁아소 운영에 필요한 돈을 내어주지만, 경영권은 자신이 배우자로 정한 송현도에게 위임한다. 그녀가 아버지의 뜻에 따라 결혼한다면, 송현도의 '아내'가 된다. 아내가 된다는 것, 그것은 그의 올케와 은주부인의 생활에서 이미 현실화된 '부속물'로서의 삶이다. "이경희는 제 방으로 나와서 옷을 갈아입고 결혼조건 같은 것을 생각해 보았다. (…중략…) 이런 것을 제쳐놓고 보면 고려해 볼 아무 것도 남지는 않았다. 가정생활에 있어서의 아내의 자유 같은 것? 이런 것도 공연한 수작이고, 그밖에 사나이의 행동을 제한하고 견제하는 것 같은 그런 맹랑한 소린 철부지 기독교 여학생이나 생각할 일이고……그러자니 아무리 생각해보아도 결혼 조건이라고 내세울 만한 것은 아무것도 없었다. (그저 완전한 희생!)"

그녀가 탁아소 경영을 끝내 욕망하는 이유가 드러난다. 그것은 주체화의 욕망이다. 이를 실현하기 위해서는 남편의 승인 역시 필요한데, 송현도에서 기대하기 어려운 그것을, 김광호에게서 발견한다. 김광호를 배우자로 결정하는 과정에서 가장 중요한 요소는 김광호의 교양이었다. 이러한 교양을 가진 사람과 결혼했을 때, 가정이라는 울타리에서 한 명의 주체로서 사회생활을 하는 것이 가능하다고 생각한 것이다.

그러나 이신국의 새 부인인 은주는 이경희가 김광호와 결혼하게 되면 이신국의 재산을 빼돌리려고 했던 자신의 계획이 좌절되기 때문에 음모를 꾸민다. 그녀는 송현도와 짜고 김광호를 파렴치한으로 만든다. 송현도는 이경희의 결혼 상대자로 내정되어 있음에도, 은주부인과 내연의 관계를 갖는 인물로서, 이신국의 재산이 최종적 목적인 인물이다. 음모에 휘말리면서 김광호는 순간 부도덕한 인물로 소문이 나고, 이에 이경희는 그의 교양에 회의를 갖게 된다. 이로써 김광호와의 결혼이 무산되는 위기가 조성된다.

이러한 음모가 밝혀지고 이경희가 김광호와 결혼하게 되는 계기는 강현순으로부터 시작된다. 강현순은 재단사로서 직업여성이다. 이경희는 그녀를 설득해 함께 탁아소를 운영하기로 하고, 강현순과 함께 '지상의 천국'과 같은 탁아소를 구상한다. 강현순은 이경희가 마련해 주는 고급 아파트로 이사하고, 재단사도 그만 두면서 자신의 미래를 장밋빛으로 채워가게 된다. 이경희는 자신이 상상하는 탁아소의 정경을 스스로 "지상천국"이라고 묘사한다. 이에 강현순도 "십팔세기의 룻소와 페스탈로찌가 동양의 일우에 아름답게 재생함!"이라며 호응한다. 강현순은 탁아소에서의 자신의 미래를 '이상적'으로 상상했다.

그런데 강현순 역시 김광호를 사랑하고 있었고, 내심으로는 김광호와의 미래를 꿈꾸기도 했다. 하지만 이경희가 사랑하는 사람이 김광호인 줄은 모르고 지낸다. 그러던 중 이경희가 사랑하는 사람을 소개시켜 준다고 한 자리에 나가서 그가 김광호임을 알게 된다. 이것은 강현순에게 강한 충격이었다. 김광호의 옆에 있는 사람이 이경희라는 사실은, 또 이경희일 수밖에 없다는 현실은 비로소 강현순 자신은 이경희가 아니라는 자각을 일깨운다. 이로써 강현순은 자신의 욕망이 환상임을 보게 된다. 이경희가 마련해 준 고급 아파트로 돌아와 이경희가 마련해 준 침대에 누워 상상한 자신의 미래는 결국 이신국의 '돈'으로 마련된 것이다. 그것의 주인은 자신이 아니라 이경희였던 것인바, 자신을 마치 이경희와 동일한 사람인 것처럼 생각했던 환상은, 김광호의 옆에 자신이 아닌 이경희가 서 있는 장면을 목도하는 순간 산산이 깨졌다. 이로써 그녀는 다시 예전의 직업에서부터 주체화의 길을 모색하고, 언니와 함께 만주 이주를 결심한다. 그런데 이경희가 김광호에 대해 품은 오해가 근거가 없다는 것을 알고 있는 강현순은 만주로 떠나기 전에 이를 이경희에게 알려준다.

강현순의 말에 반신반의하던 이경희는 만주로 김광호를 찾아 떠난다. 김광호는 은주부인 등의 음모로 만주로 전근을 가 있었기 때문이다. 만주에서 이경희는 자신의 관념적 태도를 비로소 반성한다.

> 남자에 대해서 가졌던 이해가 얼마나 천박하였던 것인지, 그것이 지금 눈앞에 낱낱이 폭로되려고 한다. 세상이란 게 얼마나 험하고 거칠고 복잡한 것이었든지 자기는 그것을 아노라고 자처하였고, 그러므로 자기는 편협하게 되지 않으면서 누구보다도 앞서서 사회와 싸워 나갈 수 있다는 자긍을 품어 본적도 있었으나, 기실은 아무것도 알고 있지 못하였다는 것이 지금 여지 없이 폭로되려고 한다.
>
> (나 같은 철부지가 무슨 사회사업을 한다고 우쭐대어 보았던 것일까!)
>
> 그는 비로소 넓디넓은 대륙의 한 중복판에 혼자 외로히 누워서 뼈아프게 저의 실력을 검토하고 있는 것이다.

'세상'에 대해 알았다고 자부했지만 결국 아는 것이 없었음을 토로하는 이 장면은, 음모로 인한 사건이 해결되고 있으며, 작품의 주제 의식이 형상화되고 있는 전환적인 장면이다. 이 장면에서 이경희는 분열되는 동시에 비로소 '세상'이 객관적으로 드러난다.

이경희는 세상을 안다고 생각했다. 이것은 자명했는데, 만주에서 그녀가 경험한 것은 자신이 무지했다는 것이다. 만주 이전에는 앎의 대상이 '세상'이었지만, 만주에서 그녀의 앎의 대상은 '안다는 생각의 자명함'으로 전환된다. 그리고 이 자명함이 반성되면서 이 모름 자체가 은폐되었던 이유가 이제는 앎의 대상이 된다. 곧 논리계형의 구분이 이루어지고 있다. 그 결과 그녀는 자신의 세계 이해의 근거가 자신이 처한 계급적 조건에 기인했다는 것을 깨닫게 된다. 주체의 위치로서 계급적 조건이 은폐됨에 따라, 이경희의 부분적 앎이 전체의 앎으로 전환되었고, 이 차이가 무의식화되었다.

> 김광호 씨가 말씀하시는 대로 저는 불행했습니다. 그러나 그 불행은 한 달 동안에 지나지 않았어요. 그동안 김광호 씨에 대해서 쓸데없는 오해를 품었던 것은 불행 중에서도 가장 큰 불행이었습니다. 그러나 그 불행한 한 달 동안 온실 속에서 자라나서 외풍을 쏘이지 못하였던 저는 새로운 경험과 귀중한 체험을 겪을 수 있었습니다. 그동안의 저의 취한 행동에 대해서는 널리 용서해 주시기 바랍니다.

이경희는 자신이 '온실 속의 화초'에 불과했다는 사실을 깨닫는다. 곧 자신은 '온실'로서 은유된 '계급적 조건'에 한정된 존재였으며, 탁아소를 경영해서 노동자의 삶을 개선할 수 있다는 생각도 역시 자신이 속한 계급적 표현이었음을 이해한다. 만주 이전 그녀의 생활, 곧 유학을 하고, 아버지 사업장을 시찰하고, 또 최신 유행의 고급 옷을 비롯한 상품의 소비 등의 행동은 그녀에게 자연스러운 것이었다. 자신의 세계 이해와 그녀가 경험하는 세계는 괴리되지 않았다. 이것은 김광호의 언어를 빌리자면, 그녀가 탁아소 '안'에 있었기 때문이다.

이로써 이경희는 만주 이전의 자신을 바라보는 만주 이후의 이경희로 분열되고, 만주 이전의 자신을 보다 객관적으로 인지할 수 있는 자리를 획득하게 된다. 곧 자신이 '온실 속의 화초'에 불과하다는 것을 바라보는 자리를 획득한 것이다. 이처럼 그녀가 자신을 보다 객관화할 수 있었던 것은 온실 밖의 시선, 곧 '외부'를 획득함으로써 가능했다. 이 글의 용어로 하면 자신의 인식방식 전체를 이해하는 논리계형을 구분하는 메타적 위치를 확보했다.

'외부'는 자신의 인식방식을 전체적으로 드러내는, 김남천이 수다한 방법론의 갱신을 통해서 도달하고자 했던 위치이다. 이로써 그녀는 분열하지만, 그녀의 이상과 주체화의 욕망은 부르주아의 계급적 한계를 뛰어넘을 수 있는 계기를 마련하게 된다. 계급적 조건을 뛰어넘어 자신의 세계 이해를 현실과 일치시키기 위한, 리얼리즘의 조건으로서 '외부'를 획득함으로써, 그녀는 현실에 보다 가깝게 다가설 수 있는 주체화의 길을 발견하게 된다. 이로써 이경희는 김광호와 결혼을 이루지만, 정작 이 소설은 여기에서 끝난다. 외부는 발견했지만, 그 외부의 인식방식은 결혼 생활을 통해서 형성될 수밖에 없다. 따라서 김남천은 여전히 새로운 인식방식을 형성하는 데에는 이르지 못한다.

「경영」 연작, 주체화로서의 타자-됨의 윤리

「경영」과 「맥」의 서사는 간단하게 정리될 수 있다. 사상운동과 관련해서 2년 동안 수감되어 있던 오시형은, 그의 연인인 최무경의 헌신적 지원으로 보석으로 풀려난다. 그러나 오시형은 최무경이 아니라 그와 적대 관계에 있던 아버지에게로 돌아간다. 이러한 줄거리에서 독특한 점은, 최무경은 오시형에 대해 적극적으로 자신의 사랑을, 또는 헌신을 강요하지도 환기시키지도 않는다는 점이다. 매달리거나 혹은 원한의 행동도 하지 않는다.

통속적으로는 최무경의 행동은 이해되지 않는다. 사랑하던 남자가 떠났을 때 이별은, 결국 받아들일 수밖에 없는 것이다. 그러나 이별을 받아들이는 것은 남자의 떠남을 받아들이는 것이지, 자신의 사랑까지 없어지는 것은 아니다. 매달리거나 원한의 행동을 하는 것도 결국, 자신에게 '남겨진 사랑' 때문이다. 물론 최무경도 "산다는 것의 의미와 생존의 목표를 어디서 찾아볼 수 있을까 하여 그는 잠시 동안 멍청하니 공허해진 제 가슴을 처치해볼 길이 없"는 상황에 놓이기도 한다. 그러나 그는 곧 '능동적 체관'이라는 '천품' 때문인지, "자기 자신을 그들의 입장 위에 세워보리라" 생각하고는 오시형이 돌아가게 된 계기라고 말한 철학 공부를 시작한다. 오시형이 왜 전향하게 되었는지를 그의 입장에서 보기로 한 것이다.

그런데 비록 오시형의 전향 과정을 알게 된다고 해도, 그것이 '남겨진 사랑'을 처리하는 것과 등식일 수는 없다. '남겨진 사랑'에 대해 별다른 언급이 없기로는 오시형도 마찬가지이다. 몇 번의 건조한 편지에는 전향의 이유만 밝혀놓았을 뿐이다. 오시형의 변명은 그만두고라도, 적어도 최무경은 '당신의 사상이 변한 것과 사랑이 도대체 무슨 관계입니까?'라고 한번은 물어야 되는 것은 아닌가? 그러나 최무경은 오시형에게 묻지 않는다. 그녀는 자신이 직접 오시형을 이해하기로 한다. 이로써 그녀에게는 두 가지 과제가 주어진다. 전향과 사랑이 양립할 수 없는 이유의 해명, 그리고 자신에게 '남겨진 사랑'을 처리하는 것이다.[17]

최무경에게 남겨진 두 번째 과제는 그동안 연구에서 소홀하게 다루어졌다. 그러나 통속적으로라도 이별을 당하였을 때, '왜?'라고 물으면서 동시에 '그럼 나는?'이라고 하는 것이 아닌가? 따라서 후자를 간과하거나 소홀하게 여기게 되면, 이 소설의 사랑은 관념의 진술을 위한 소설적 의장이나 장치쯤으로 축소된다. 그러나 이 문제는 정면으로 다루어야 한다. 김남천은 소위 '드라마'를 썼던 것은 아니기 때문이다.

오시형이 돌아간 이유는 표면상으로는 간단하다. '나는 내가 아니었다'는 자각이다. 그는 '나는 서양인이 아니지만, 서양인의 눈으로 세상을 보아왔다'는 자각에 도달한다. 그리고 바로 그는 '나는 동양인이다'라고 자기를 규정한다. 이것은 자신을 동양인으로 호명하는 대타자로의 환원이다.

그런데 어찌 보면 이것은 동어반복일 뿐이다. 곧 '나는 동양인이기 때문에, 나는 동양인이다'는 논리이기 때문이다. 그러나 이 논리는 자체로 타당하지는 않다. 전절은 후절의 조건에 해당하고, 따라서 증명되어야 한다. 곧 '동양'이 내포한 '동양적'의 본질적 속성이 밝혀져야 한다. 이관형의 비관주의는 동양은 서양과 같은 중세적 통일의 역사가 없기 때문에 동양인으로서의 자기규정이 성립하기는 어렵다는 것에 기반하고 있는 것과 비교하면, 오시형이 자신의 논리를 증명하는 것은 쉬운 문제는 아니다.

공판장에서 판사가 제2차 대전의 의미와 사상 전향과의 관계를 묻자, 오시형은 "과거의 사상을 청산하고 새로운 질서 건설에 의기를 느낀"다고 대답한다. '과거의 사상'은 자신의 사회주의 경력의 근거였던 마르크시즘을 포함한 서구의 사상을 의미한다. 그것은 낡은 것이었고, 따라서 소멸해갈 것이다. 이에 대해 새것으로서 생성하는 것은 '동양학'으로 대표되는 '새로운 질서'이다.

일본은 서구 식민지는 아니었지만, 불평등조약을 매개로 경제적으로 종속된 상태에서 서구를 위협하는 존재로 전환되었다. 곧 서구중심주의에 도전하는 강력한 타자로 변모하였고, 서구중심주의의 인식방식으로는 자기의 타자성을 표현할 수 없기 때문에 새로운 인식방식을 생성하는데, 그것이 '동양학'으로 표상된다. 오시형이 전향한 곳이 '동양학'이다.

'동양학'은 세계는 위기에 있고 이것을 극복하기 위해서는 새로운 문명으로서 '동양적'인 것이 발견되어야 한다는 논리이다. 오시형이 '나는 동양인이다'라고 말할 수 있는 근거가 여기에 있다. 곧 '동양적'은 지리적인 위치를 넘어서, 서구중심의 문명을 부정하고 새로운 문명을 표상하는 새로운 담론의 질서이자 인식방식이다. 이것을 수용할 때, '동양인'이 된다. '동양'은 담론의 경계를 생산하는 새로운 인식방식이다. 오시형이 말하는 '나는 동양인이다'는 것은 결국 이러한 새로운 인식방식을 체득했음을 의미한다. '동양'은 지리적 위치가 아니라 인식 주체의 위치이다. 그것은 공간적 구별이 아니기 때문에 오시형은 파시즘과도 동류 관계를 갖을 수 있는 이유이기도 하다. 또한 이전의 대립자였던 아버지와 결합될 수 있는 위치이기도 하다. 그가 아버지에게로 돌아간 결정적인 원인은, "오시형이의 가슴에 아버지까지를 포함시켜 그가 여태껏 상대해오던 일체의 '대립물'을 받아들일 만한 준비가 되어 있었다는 점" 때문이다. 일체의 대립물이 그 적대적 성격을 상실할 수 있었던 공간이 바로 '동양학'이다. 이 공간에서 아버지라는 대립물은 그 적대성을 상실하게 된다. 이제 그 대립물은 낡은 질서와 새로운 질서이다. 새로운 질서의 역사적 필연적 도래를 인지한 위치에 오시형이 있다.

이로써 수긍하는 것과는 별개로 오시형의 전향은 설명되지만, 그의 전향과 사랑의 양립불가능성은 다시 설명되어야 한다. 사랑은 오시형이 받아들일 준비가 된 '일체의 대립물'에 속하지 않는다. 말하자면 사랑은, 오시형의 전향 논리에 환원되지 않는, 일체의 대립물과 일체로 대립되는 타자적인 것이다. 대립물이 투쟁과 통일로서 동시에 계기적으로 존재한다고 할 때, 오시형의 동양학과 사랑은 대립물인 셈이다. 전향과 사랑은 양립할 수 없지만, 전향과 결혼(오시형은 아버지의 뜻에 따라 결혼한다)은 양립된다. 사랑이 전향과 양립되지 못하는 이유는, 사랑은 '혼자 결정할 수 있는 문제', 곧 사랑은 아버지의 질서로부터 새로운 주체성을 형성하는 계기이기 때문이다.

현실적 아버지가 부정될 때, 가치 판단의 기준은 전적으로 개인에게 귀속된다. 이것이 「남매」 연작의 소년들이었다. 이들에게 가치 판단은 상상된 가족에 존재한다. 곧 아버지를 부정함으로써, 자신들이 주체가 되어 꾸리게 될 어떤 가족이 가치 판단의 귀속처이다. 그리고 김남천은 당대의 가족의 개념에 따라 가족인 이상 아버지가 있어야 하고, 아버지가 가치의 기준이 되어야 한다고 생각했다. 김남천은 거기에로 가고자 했고, 이것은 당대 카프 작가들에게 공통된 것이었다. 이때 상상적 아버지는 실재하지 않기 때문에 추상적일 수밖에 없고, 이 추상성을 내용으로 갖고 있는 것은 대체된 아버지, 곧 이식된 아버지였다. 김남천이 고발문학론으로부터 모럴론, 풍속론에서 줄곧 말하고자 하는 바는 이것이었다. 아버지의 위치로 가야하지만, 아버지의 위치는 추상성 속에 있는 것이 아니라 현실 속에 실재해야 한다는 것, 그렇게 되기 위해서 아버지는 현실성을 갖추어야 한다는 것이다. 그러나 소년들은 생활을 가지지 못했다. 「소년행」의 봉근이라고 해야 겨우 자기 생계를 근근히 이어나가는 정도이지 가족을 꾸릴 정도는 아니다.

그런데 상상의 가족이 현실이 되기 위해서는 여자가, 혹은 남자가 필요하다. 곧 사랑이 전제되어야 하는데, 아버지가 부재하기 때문에 사랑은 혼자 결정해야 한다. 이로써 사랑이 존재하고 가능하다. 하지만 오시형이 전향을 하게 된 뒤에 결혼이 전제될 때 그것은 '혼자 결정할 수 없는 문제'가 된다. 이것이 본질적인 문제이다.

전향의 사상적 내용은, 사물이나 현상의 의미는 '혼자 결정할 수 없다'는 자각이다. 이것은 의미 결정의 단독자를 부정하는 논리이다. 곧 서양은 더 이상 의미의 준거가 아니다. 동양은 서양의 호명으로써 의미를 갖는 것이 아니라 이미 동양은 자기 내적인 의미를 완결하는 타자이다. 이것이 오시형의 다원사관의 의미이다. 오시형이 경제학에서 철학으로 넘어가면서 비로소 다원사관을 수용했다고 말할 때, 철학은 의미의 문제를 다루는 것이었고 그가 읽은 하이데거의 철학이란 결국 게르만민족을 분리하는 논리였듯이, 동양은 서구중심의 역사서술에서 분리되었다. 오시형의 전향이 관념적인 것이 아니라는 것은 최무경을 통해서 언급된다.

최무경의 어머니가 재혼 의사를 비쳤을 때, 최무경은 "스물에 홀몸이 되셔서 나 하나만을 위하여 청춘을 불사르고 화려한 꿈을 짓밟아버린 어머니"의 실재, "캄캄한 암흑 속에 떠오르는 것은, 여자로서의 살의 냄새를 잃지 않은 군살贅肉이 목과, 배와, 허벅다리에 알맞추 오르기 시작하는, 어머니의 육체"를 보게 된다. 최무경의 눈에 어머니는 다만 추상적으로만 존재했던 것이었지만, 어머니의 육체를 보았을 때 어머니의 실재를 인정하지 않을 수 없었다. 이에 최무경은 자신의 이전 태도를 반성하고 어머니의 재혼을 수긍하게 된다.

오시형이 경험한 육체로서의 실재감은 바로 독일 파시즘이나 일제의 군국주의의 힘이다. "독일이 파란, 노르웨이, 덴마크를 무찌르고 화란, 백이의를 정복하고 불란서를 항복시켰다는 건 결코 작은 사실이 아니니까. 이러한 세계사의 변동에 제휴해서 동양인도 동양인다운 자각이 있어야 할 거야." 오시형이 세계사의 변동에서 실제 경험한 것은 의미 결정의 단독자로서 서구가 분열되고 있으며, 독일로 대표되는 새로운 질서로 재편되어가는 당시 현실이었다. 최무경이 어머니의 육체를 인정하지 않을 수 없었듯이, 오시형은 독일 파시즘이나 일본 군국주의의 힘을 인정한다.

그런데 여기서 오시형과 최무경은 갈라진다. 오시형은 돌아가야 했는데, 그곳은 최무경이 아니다. 최무경의 남편으로서의 자리는, 아버지를 부정하고 스스로 아버지가 되고자 했던 자리였는데, 아버지를 부정했던 자신의 관점이 결국 서구의 것임을 알고 난 뒤, 오시형 자신이 찾고자 했던 '새로운' 가족이란 의식의 식민성의 반영일 뿐임이 드러났기 때문이다. 따라서 '그'에게는 전향과 사랑은 양립 불가능하게 된다. 그리고 그가 돌아갈 곳은 아버지의 아들의 자리이다. 아버지를 부정했던 서구의 관점을 걷어버렸을 때, 그곳에는 '새롭게' 발견되어야 하는 아버지가 놓인다. 그가 경제학에서 철학으로 옮겨갈 때, 철학은 "현재의 주위의 상황으로부터 새로운 문제를 집어올리"는 학문이다. 곧 의식의 주체화를 의미한다.

그러나 오시형의 위치가 맹목인 것은 이관형을 통해서 폭로된다. "동양이 가지고 있는 고유의 학문 방법으로 동양을 연구하여야 할 터인데 내가 영국문학을 한 사람이라 그런지 사회과학이나 자연과학이나 철학이나 심리학이나 구라파적 학문 방법을 떠나서는 지금 한 발자국도 옴짝달싹 못 할 것"이 그것이다.

오시형이 의식의 주체화를 당당하게 선포한 자리는 오시형의 생각과 달리 여전히 서구적인 그것이었다. "세계사의 변동에 제휴해서" 동양인에 대한 자각이 요청된다는 오시형의 의식이나 욕망의 주체는 세계사가 변동하고 있다는 서구의 목소리였다. 더 내밀한, 은폐된 서구화된 식민주의적 의식이다.

이관형이 허무주의로 빠져든 것도 이것에서 빠져나올 길이 도저히 잡히지 않았기 때문이다. 서구적 방법론을 대체할 수 있는 "고유의 사상이나 문화의 전통을 이룰 만한 정신적인 힘은 가지고 있지 못하"다는 의식이 그것이다. 부르주아지 가정의 '권태와 피로'는 "구라파 문화를 겉껍질루만 배운" 탓임을 알고 있지만, 이것을 극복할 긍정적인 무엇이 없다는 데에 기인한다. 이관형은 「남매」 봉근이가 경험하게 될 미래였다.

「남매」 연작의 소년들에게는 아버지가 없었고, 자신이 아버지를 대체해야 했다. 이 과정에서 아버지는 극도로 추상되었다. 왜냐하면 현실적인 실재의 아버지는 부정해야만 할 아편쟁이이거나 매춘을 강요하는 부도덕한 인물들이기 때문이다. 그러나 오시형은 자기 아버지를 부정하는 시각이 곧 서구에 의한 것이었고, 이것이 내면화되어 자기 욕망으로 변화했다는 것을 알아버렸다. 따라서 오시형이 다원론적 세계관의 위치에 서게 되었다는 것은 아버지의 실재를 인정하겠다는 의미이다. 그리고 그것은 발견되어야 했던 것이다. 그러나 이러한 인식론의 바탕이 이미 서구적인 것임은 이관형에 의해 밝혀지게 되고, 따라서 오시형의 전향은 부정된다. 그러나 이관형의 허무주의는 최무경에 의해 부정된다.

최무경의 자리는 『사랑의 수족관』의 이경희의 위치로서 '외부'이다. 이 외부의 위치에서 그녀는 오시형과 이관형을 이해하게 된다. 그러나 오시형에게 매달리거나 그를 증오하지도 않고, 이관형과 함께 허무주의에 빠지지도 않는다.

이것이 가능한 이유는 사건을 주체적으로 '자기 원인화'했기 때문이다. 오시형과의 이별이라는 사건은 처음에는 오시형으로부터 일방적으로 주어진 것이다. "아버지가 시굴로 내려가자는군그래." 오시형은 아버지를 매개로 최무경에게 이별을 통지한다. 이로써 이별이라는 사건의 원인 자리에는 오시형이 놓이고, 그 결과에는 최무경이 놓인다. 이러한 배치의 궁극적 원인은 서구중심주의에 대한 부정과 '동양학'으로의 전향이다. 그러나 이러한 전향은 은밀한 서구중심주의로의 투항이다. 이관형이 허무주의로 주저 앉은 것도 이러한 은밀함에서 벗어나기 어렵기 때문임을 간파했기 때문이다.

그런데 최무경은 오시형에게 매달리거나 그를 증오하지 않고, 오히려 "그로 하여금 그의 문제를 처리케 하라!"고 말하면서 "나도 나의 생활을 갖자! 나의 생각을 나의 입으로 표현할 만한 자립성을 가져보자!"고 마음먹고 이를 실천한다. 여기서 중대한 변화가 일어난다. 최무경은 오시형의 생활과 자신의 생활을 구분한다.

오시형에게 매달리거나 증오하는 것은 달리 말하면 오시형이 자신을 버렸다는 것을 전제하는 것인데, 이것은 오시형을 원인으로 보고 자신을 결과로 규정하는 인식방식을 고착화하는 것이다. 따라서 그것은 암암리에 '동양학'의 전제를 승인하는 셈이 된다.

그러나 최무경은 '이별'이라는 사건을 자기 원인화한다. 오시형이 전향할 때 '잘려진 것'으로서 최무경의 사랑은 오시형에게 속하지 않는, 오시형과 일체로 대립되는 타자였다. 이것은 오시형이 전향한 '동양학'이 전체의 논리가 될 수 없음을 보여주는 타자이다. 이 타자로서의 사랑을 처리하는 것은 최무경에게 남겨진 영역이다. 이때 사랑이 타자로 남겨질 수밖에 없음을 이해하는 과정에서 최무경은 이별의 결과적 존재에서 이별을 객관화하는 위치로 전환된다. 이별을 객관적으로 이해하는 것은 오시형의 전향을 이해하는 것이고, 그것은 결국 오시형의 의식을 사회, 역사적 조건에서 파악하는 것이다.

이로써 최무경은 오시형이 원인이 아니라 결과였음을 인지한다. 최무경은 당시 조선의 사회, 역사적 조건을 파악하는 주체의 자리에 놓인다. 외부의 위치를 획득한다. 그리고 동시에 통속소설처럼 이별을 개체적인 우연적 사건으로 규정하지 않게 된다. 곧 이별은 더 이상 오시형의 일방적 통고로서 규정될 수 없다. 이별로 '잘려진 것'은 최무경의 입을 통해서 재전유되어야 할 사건이 된다. 이로써 최무경은 주체의 위치에 놓일 수 있다. 이것이 리얼리즘을 통한 주체화의 과정이다.

이관형이 말한 허무주의의 악순환, "꽃을 피우기 위해서 흙 속에 묻히지 못하였던들 무슨 상관이 있으랴, 갈려서 빵으로 되지 않는가"에 대해, 최무경은 이렇게 답한다. "마찬가지 갈려서 빵가루가 되는 바엔 일찍이 갈려서 가루가 되기보담 흙에 묻히어 꽃을 피워보자." 최무경의 대답은 악순환을 수용하는 것이 아니라, 차이를 생산하는 편을 택하겠다는 것이다. 빵가루로의 동질화가 아닌, 꽃과 꽃의 차이, 꽃과 씨와의 차이이다. 이 부정의 내용이 무엇이냐 하는 것은 소설 속에서 밝혀지지 않았다. 다시 말해 결과의 자리에서 주체의 자리로, 사랑이 '잘려진' 이유는 획득했지만, '사랑' 자체는 아직 그녀에게 남아 있다. 이 사랑은 아직 자기 언어를 획득하지 못했다.

그러나 김남천은 '형식이 내용을 규정한다'는 실천론을 재확인하면서 가능성을 모색한다. 오시형과의 파혼을 사실적으로 확인하고 돌아온 그녀는 "아예 어머니 말마따나 동경으루 공부나 갈까?" 하고 생각한다. 비록 원기가 곧 나지는 않았지만 최무경은 자신의 생활을 스스로 책임지려고 한다. 어머니의 말은 조언이기는 하지만 결국 최무경은 혼자 결정을 한다. 혼자 하는 결정은 의미 결정의 단독자가 되겠다는 뜻이 아니다. 그리고 주위의 조건이나 상황을 무시하는 것도 아니다. 그것은 책임을 지려는 것이다. 선택에 대한 책임이다. 이것이 자신의 생활을 스스로 책임진다는 의미에서, 어른 곧 성인이 된다는 것을 의미한다.

여기서 김남천은 성인이 되는 두 가지 길을 보여준다. 오시형이 아버지의 자리를 대체함으로써 성인이 되었다면(그는 결혼하고 곧 그의 아버지의 자리를 잇게 된다), 최무경은 스스로 성인이 되려고 한다. 오시형은 서구의 호명에서 다시 다른 아버지의 '호명'으로 대체된 것일 뿐인데 반해, 최무경의 어른됨은 자기의 철학과 직업을 스스로 가짐으로써 이루어진다는 점에서 대비된다. 오시형은 절대 어른이 될 수 없다면, 아니 스스로 자기 세계를 갖는 어른은 절대 될 수 없다면, 최무경은 어떤 가능성의 표시이다. 그녀는 의식과 생활에서 자립하는 주체이기 때문이다.

그런데 김남천은 최무경이 주체화하는 과정을 억지로 그려내지 않는다. 이것이 그의 정직함이자 임화와 대비되는 점이다. 곧 최무경이 도달해야 할 자리를 선규정적으로 제시하지 않는다. 「등불」의 장유성이 보여주는 생활인의 태도도 그것이다. "부여된 환경, 자기의 주위를 이루고 있는 환경의 조건을 냉철히 판단하여, 그 속에서 최선을 다하여 살아나갈 수 있는 길을 발견하는 것이 가장 바르고 현명한 태도입니다. 자기를 퇴폐에서 구하고 정신적 이완弛緩으로부터 지킬 수 있는 유일의 심적 태도는 이렇게 해서 발견되는 길을 헛눈을 팔지 않고 성실히 걸어나갈 만한 굳은 결의와 용단입니다. 그다음에 남는 것은 실행뿐." 이 구절은 해방 전 김남천의 문학론과 소설이 도달한 최후의 단계로 보인다.

이것은 조건에 대한 냉철한 판단, 길의 발견, 그리고 실천 3단계로 이루어진다. 이러한 단계로서 주체는 '퇴폐'와 '이완'으로부터 자기를 지킬 수 있고, 주체화의 길을 걷을 수 있다. 여기서 문학과 직업은 구분되지 않는다. 곧 문학과 직업을 분업화한 근대적 체제로는 설명되지 않는 지점이 발생한다. "문학에 대해서 불같은 열의와 칼날 같은 결벽성을 가지고 있는 군에게는 군이 종사하고 있는 직업, 농장의 경영에 금후로 전력을 다하여 힘쓰라고뿐 부탁하고 싶습니다. 이 길은 곧 문학 하는 정신에 통하는 길이라는 것을 현명한 군은 어렵지 않게 발견할 것입니다." 김남천은 문학과 직업의 구분을 횡단할 뿐만 아니라, 이러한 구분 자체를 메타적으로 인식함으로써 주체의 공간을 형성한다.

김남천은 문학이 교환가치로 유통되는 시대에 희유稀有한 작가였다. 그는 문학을 마치 수양론처럼 기술한다. 퇴폐와 이완으로의 방기는 곧 시류에 자신을 내맡기는 몰주체적 행위이다. 시류를 핑계로 댈 때, 거기에 주체는 없다. 거기에는 단지 직업인이 있을 뿐이다.

그러나 김남천은 분업적 체제로 고착화된 직업인이 아니라, 이러한 구분으로는 고정되지 않는 존재로서의 생활인을 말한다. 1930년대 초 볼세비키화를 주창하던 위치를 기준으로 하게 되면 큰 낙차이다. 이러한 낙차를 긍정할 수 있다면 그것은 실천을 생활과 분리하지 않았다는 점이다. 생활은 실천을 통해서 형성된다. 이것이 일본 제국주의 말기에 김남천의 윤리적 감각이다. 이 윤리적 감각, 정직함을 통해서 시대의 타자로서, 시대를 가로질렀다.

그는 이 윤리의 긍정적인 것을 무엇이라고 말하지 않는다. 다만 실천을 통해서 끝까지 주체를 방기하지 않았다. 그것은 이경희가 만주에서 경험한 것이었고, 최무경이 오시형을 복기함으로써 확인한 바였으며, 장유성이 직업인으로부터 생활인의 윤리를 유지할 때 나타났다. 자기의 신념과 윤리적 태도를 견지하면서 현실을 그 본질에서부터 묘파할 수 있는 자리가 곧 '외부'이다. 이러한 외부의 위치에 도달하는 과정이 곧 리얼리즘을 매개로 한 주체화로서, 마르크스의 방법이었다. 『사랑의 수족관』에서 「경영」 연작, 그리고 「등불」에 이르는 과정에 나타난 김남천의 '실천'은, '외부'의 획득을 통해 현실을 전유함으로써 타자의 공간을 확보하는 주체화의 실천이었다. 곧 타자-됨을 실천하는 것이 주체화였고, 이것이 자기 원인화이다.

혼재성, 이질적인 것들의 동질화

본격소설론, 서구중심주의 비판

'낭만적 정신'과 '예술적 실천'에 나타난 임화 사유의 핵심은, 부르주아 리얼리즘과 프롤레타리아 리얼리즘의 차이를 확보하기 위한 실천이었다. 임화는 당대 일반적으로 수용된 변증법에 따라, 프롤레타리아 리얼리즘은 부르주아 리얼리즘을 '지양'한 것으로 규정했다. 이때 객관적 태도는 양자에 공통된 것이었기 때문에 차이의 근거는 결국 프롤레타리아의 세계관과 프롤레타리아의 성장이 될 수밖에 없다. '낭만적 정신'에서 임화가 획득하고자 한 것이나, '예술적 실천'을 통해 획득하고자 했던 것도 이것이었다.

그런데 소위 '본격소설론'으로 알려진 새로운 유형의 소설론에서, 임화는 부르주아 리얼리즘과 프롤레타리아 리얼리즘을 동류로 재분류한다. 이전에 양자의 차이를 확보하기 위해 절치부심했던 임화의 태도를 보면, 거의 급전에 해당하는 태도의 변화이다. 이러한 변화는 그동안 임화 사유의 증후의 원인이었던 서구중심주의에 대한 반성이 놓여 있다. 그 양상과 가능성을 검토한다.

「최근 조선소설계의 전망」(「본격소설론」)에서 임화는 "환경을 충분히 묘사하면서 제 사상을 또한 부족할 것 없이 표현"[18]하는 '본격소설'의 완성이 조선문학의 전통이었지만, 당대는 이러한 전통이 약해졌다고 진단하면서, "조선에선 고전적 의미의 소설 양식의 완성이란 것이 당면의 숙제로 남아 있"[19]다고 전망한다.

> 우리는 지금으로부터 20년 전 혹은 10년 전처럼 개성 즉 자기라는 것을 그 어떠한 사회적 추진의 동력의 일부분으로 또는 하나의 힘의 체현자로서(의) 자기라는 것을 느껴야 할 것이다. 물론 우리들의 선진자先進者는 적지 않이 이런 긍지를 느꼈고 그것은 춘원, 상섭, 동인의 문학을 낳었다. 그러나 미쳐 한 사람의 전토적全土的 작가를 만들기 전에 이러한 사고방식은 한 개 전대前代의 사유 방식으로 돌아갔다.
>
> 그러나 이제 다시 우리들로 하여금 자기를 의식시키는 금일의 단계는 그것과는 전혀 상반된 것이다.
>
> 결국 현실에 대한 작가의 태도로부터 생활적인 적극성이 희박해감으로써 소설의 본격성도 드디어 상실되기 시작한 것이다.

우리가 잘 알듯이 하나의 무력한 실체로서 자기를 의식한다던가 자기에 대한 의식이 긍지가 아니고 참기 어려운 환멸과 고통인 사실은, 바로 20세기의 서구소설을 만들어 낸 정신적 기반이다.

이상이라든가, 태원이라든가, 또는 남천이라든가, 먼저 말해 온 신인들을 사실 조선소설의 낡은 전통과 관계하고 있는 것보다는 차라리 20세기의 서구문학과 가까이 하고 있다고 말할 수 있다.[20]

'20년 전 혹은 10년 전'은 각각 3·1 운동을 통해 발현되었던 민족주의 운동과 카프 결성 및 대중화운동 등으로 나타났던 사회주의 운동을 말한다. 임화는 여기에 '개성'이 표현되어 있었다고 말한다. 개성은 말 그대로 타인과 다름을 의미한다. 임화가 에둘러 표현하고는 있지만, '개성'은 곧 '조선적인 것'을 의미하는 것은 쉽게 파악된다. 그런데 임화는 부르주아문학이나 프로문학 모두 '조선' 소설 양식을 완성하는 데에 실패했다고 규정한다. "진정으로 개성이기엔 다분히 봉건적인 신문학, 또한 개성적이라기보다는 지나치게 집단적인 경향문학은 결국 조선의 소설양식을 완성할 수 없었다."[21]

임화의 말대로라면, 20년 전에는 사상적으로 민족주의와 사회주의로 분기되어 있었다고 해도, 이들이 모두 '조선적인 것'을 찾는 일환으로 규정된다. 그러나 민족주의자들은 어쨌든 표제적으로라도 조선적인 것을 표방했기 때문에 임화의 주장은 수긍할 수 있다고 해도, 사회주의자들은 혁명의 발화를 위한 조건을 형성하기 위해 노력했다는 점을 환기하면, 임화의 주장은 쉽게 납득되지 않는다. 게다가 불과 3년 전만해도 이광수를 매판적이라고 비난했었던 것과 비교하면 이러한 인식은 매우 큰 낙차를 보여준다. 「조선신문학사 서설」에서 임화는 민족주의와 사회주의의 차이를 강조했다. 이때 임화는 역사를 전환기로 규정하는 관점에 있었다. 이로써 민족주의 운동이 매판적으로 되돌아갈 때, 이광수는 비판되지 않을 수 없었다.[22] 그런데 불과 3년의 차이를 두고 민족주의 문학을 사회주의 문학과 대등하게 조선문학의 전통으로 규정한다. 이것은 임화의 관점이 크게 변하고 있음을 의미한다. '부르주아/프롤레타리아'의 연장선상에서 규정된 '민족주의문학/사회주의문학'의 대립적 관점은, 프롤레타리아의 성장을 전제로 성립되었다. 이것은 역사적 시간을 기준으로 한 구분이었다. 그런데 임화는 '개성(=주체성)/이식성(=몰주체성)'을 근거로 '민주주의·사회주의/내성소설·세태소설'을 구분하는 관점으로 이동한다. 이것은 '조선/서구'를 구분하는 관점이다. 시간적 관점에서 공간적 관점으로 이동한다. 그리고 임화는 이상, 박태원, 김남천을 비롯한 신진 작가들이 본격소설의 전통과 관계된 것이 아니라, "20세기의 서구문학과 가까이 하고 있다"고 규정한다. 다시 말해 '조선적인 것'이 이들 소설들에서는 발견되지 않는다는 주장이다.

이상의 내용을 토대로 할 때, 임화의 주장은 민족주의문학과 사회주의문학은 그 '내용'에도 불구하고 '조선적인 것'을 찾으려는 전통으로서 동일하지만, 당대 작가들은 서구적인 것으로 '자기'를 표현함에 따라 '조선적인 것'은 유실되었다는 것으로 귀결된다.

따라서 임화는 이전 자신의 입론 지점에서 변화된 과정을 설명해야 했다. "주지와 같이 5~6년 전이면 공통성은커녕 조선문예사상 정신적 대립이 가장 격렬하던 시대다. 결국 이런 가운데서 근접의 요소를 찾는다는 것은 일종 나무에서 고기를 찾는 짓이라 할 수 있는데, 실상 좀 더 들어가 생각하면 기묘하게도 뜻 아닌 곳에 한 개의 공통된 요소가 들어 있다. 위선 우리가 주의할 것은 그들 양 조류가 다 소설(물론 문학 전반)의 근대적 전통이 수립되지 않은 조선사회에서 제 문학을 세워가려고 한 점을 생각지 아니할 수 없다."[23]

이러한 관점의 이동은 여러 가지 문제를 제기한다. 우선 임화가 말하는 '개성'으로서의 '조선적인 것'이 무엇인지에 대한 해명도 필요하다. 이것은 사회주의문학이 '조선적인 것'을 찾는 과정이었다는 주장과 연관된다. 임화의 논리에 따르면 사회주의문학이 추구했던 마르크시즘은 '조선적인 것'으로 대체되기 때문이다. 그리고 내성·세태소설이 '조선적인 것'이 아닌 이유가 설명되어야 한다. 왜냐하면 내성·세태소설은 조선인이 조선의 현실에서 생산한 것임에도 임화는 그것을 서구적인 것으로 간주하기 때문이다. 이상의 것들은 이전 임화의 논리로는 해명되지 않는다.

우선 민족주의문학과 사회주의문학이 '본격소설'을 지향하고자 했던 양 분류라는 주장에 대한 근거를 살펴본다. 그런데 이에 대해 임화의 답변은 궁색하다.

> 시민적 개성의 문학을 집단적인 개성으로 여과濾過함으로 제 독특한(19세기의 소설과 구별되는) 소설(혹은 서사시)을 형성할 경향문학으로서, 아직 시민적 의미의 개성도 형성되지 않은 땅에서 일을 시작한다는 것은 두려운 모험이었다.
>
> 조선의 경향소설은 그런 때문에 개성의 가치를 자기의 입장에서 평가하

고 재생시키는 것을 몰각沒却하게 되었다.

그것은 역시 개성의 가치를 알려 줄 소설의 근대적 전통이 완성되지 않았기 때문이다. 일방一方 본래로 보면 개성의 위대한 기념비를 창조할 신문학은 태준에 와서 이미 쇠미기衰微期의 정신으로 나타났다.

그들은 개성의 사회성을 이해하기엔 너무 비사회적이었다. 즉 성장하기도 전에 깊은 분열상 가운데 빠진 생활 속에 있었던 것이다.[24]

임화는 사회주의문학은 부르주아문학을 기반으로 해서 성립하는데, 부르주아문학조차 성립되어 있지 않은 상태였기 때문에, 사회주의 작가들은 미처 '개성' 자체에 대한 '평가와 재생'을 하지 못했다고 말한다. 부르주아문학은 시민적 개성을 성립해야 했다. 그것은 보편적인 것이 아니라, '조선적'으로서의 시민적 개성이다. 사회주의 작가들은 이것을 바탕으로 '자기의 입장'에서 '시민적 개성'을 '집단적인 개성'으로 재생시켜야 했지만, "개성의 가치를 알려 줄 소설의 근대적 전통이 완성되지 않았"던 시대였기 때문에, 사회주의문학은 '집단적'으로 형상화할 개성 자체를 현실에서 구하지 못했다는 논리이다.[25]

그런데 이러한 조선적인 시민적 개성을 확립하지 못한 것이 '조선의' 부르주아들의 과오 때문이라고 해도, 임화의 주장대로라면 사회주의 작가들은 '개성을 몰각'했다. 그렇다면 이전까지 사회주의문학이 형상화한 '집단적 개인'의 행방을 찾아야 하는데, 임화는 그것을 '산 개성의 풍요성'에서 떨어진, '개성의 환영', '둔중한 사회성의 실체'라고 말한다. "그러므로 신문학의 후예들 속엔 사회성에서 분열된 형해로서의 개성의 환영이 남게 되고, 경향문학에는 산 개성의 풍요성에서 떨어진

둔중한 사회성의 실체만이 드러난 것이다."[26] 임화의 표현은 '도식성'을 가리킨다. 곧 이전 시기 사회주의 작가들이 표현한 '대중'은 이념의 환영이었다는 고백이다. 도식성이 1930년대 카프 작가들에게 최대 현안임은 이로써 다시 확인된다.

따라서 임화의 주장대로라면 카프의 이전 문학들은 모두 폐기되어야 한다. 왜냐하면 그것은 '조선적' 개성을 '집단적'으로 표현해야 했지만, 결국 이념의 의인화였기 때문이다. 그러나 임화는 이전 카프문학들'도' '조선적 개성'을 표현하는 과정이었다고 주장한다.

> 소설형식의 완성이란 것이 어느 한편에선 의식적(형식주의적으로!)으로 강조되고, 다른 편에선 의식되지 않고(내용만능주의로!) 기도 되었음에도 불구하고 그 실은 문학논쟁의 진정한 승부 장소였다고 할 수 있었다.[27]

임화의 논리는 조선적 근대소설의 형식을 완성하기 위한 노력을 민족주의와 사회주의 양편에서 진행해왔는데, 민족주의 문학 편에서는 그것을 '의식적'으로 진행한 반면, 사회주의 편에서는 '의식되지 않'았을 뿐이지, 진행해 왔다는 논리이다. 다시 말해 사회주의 문학은 '의식되지 않은 상태로 조선적 근대소설의 형식을 형성해 온 셈이다. 그리고 그 근거로서 민족주의 문학('춘원－염상섭－이태준'의 계보)이나 사회주의 문학('경향문학－민촌－한설야'의 계보)은 모두 '구조, 성격, 전체의 콤포지션'(민족주의), '스케일의 웅대, 구조의 강고, 성격의 확실성'(사회주의)이 서로 상동 관계에 있다는 것을 제시한다.

임화의 주장에 따르면, 이러한 공통의 형식이 조선적인 개성을 형성하는 근거가 된다. 왜냐하면 민족주의문학이나 사회주의문학은 서로 추구하는 사상이 달랐기 때문에, 내용은 공통의 근거가 될 수 없기 때문이다. 따라서 이들이 모두 '조선적 개성'을 확립하려는 '본격소설'의 전통이 되기 위해서는, 형식이 '조선적 개성'을 형성하는 계기가 되지 않으면 안 되기 때문이다. 이것이 임화가 본격소설을 현실 묘사와 사상 표현의 '조화'에서 구하고, "고전적인 소설을 쓰는 작가가 다시 출현하지 않는" 이유가 "하모니의 소멸, 혹은 분열" 때문이라고 한 이유이다.

> 작가로선 환경을 충분히 묘사하면서 제 사상을 또한 부족 없이 표현할 것을 고전적인 소설의 구조는 보장했다고 생각할 수가 있다. 요컨대 구조 내부에 조화가 있었다.
>
> 묘사(환경의!)와 표현(자기의!)의 하모니! 이것이 고전적 소설의 시적 기초였다면, 이 하모니의 소멸 혹은 분열과 더불어 고전적인 소설을 쓰는 작가가 다시출현하지 않은 것은 주지의, 또한 자연스러운 일이라 할 수 있다.[28]

다소 직접적으로 말하면, 본격소설은 조선의 근대정신이 표현될 수 있는 가능조건이다. 조선의 근대정신은 그것이 조선이라는 '경계'(혹은 한계)를 기반으로 한다. 따라서 그 정신이 표현되기 위해서는, 조선이라는 '전체' 현실을 묘사함으로써 작가의 세계관이 표현되는 소설의 구조를 전제로 한다. 곧 '환경을 충분히 묘사'하는 것이, 곧 '제 사상을 표현'하는 것이 가능한 어떤 '구조'가 전제되어야 한다. 이러한 구조가 본격소설의 구조였다는 논리이다. 그런데 이러한 구조 자체는 민족주의자들에게는 다소 의식적으로 현전되었던 반면, 사회주의자들은 이를

'무의식적'으로 행했다는 것이다. 따라서 "조선소설의 고전적 면모를 유지해오던 이들에게서 그들이 서로 가지고 있던 상호간의 큰 차이에 불구하고 지금 작가들보다는 더 적극적인 열의와 희망을 현실에 대하여서나 저 자신에 대하여 품고 있었다"[29]는 논리가 성립한다.

임화의 논리를 계속 추궁해 가자면, 본격소설의 전통이 유실된 이유가 설명되어야 한다. 이것은 이전에는 본격소설의 전통 모색이 가능했던 근거와 동일하다. 임화는 이것이 가능했던 것은 '개성' 곧 '자기'를 찾겠다는 사회적 분위기가 '힘'으로 드러났기 때문이라고 주장한다. "당연히 우리는 지금으로부터 20년 전 혹은 10년 전처럼 개성 즉 자기라는 것을, 그 어떠한 사회적 추진의 동력의 일부분으로 또는 하나의 힘의 체현자로서의 자기라는 것을 느껴야 할 것이다."[30] 민족주의자들과 사회주의자들이 모두 '조선적인 것'을 찾는 실천을 했는데, 그것은 "사회적 추진의 동력"이 존재했기 때문이라고 말한다. 곧 '조선적인 것'을 찾아야 한다는 사회적 분위기와 운동이 있었는데, 그것이 민족주의와 사회주의로 분출되었다는 논리이다. 따라서 민족주의문학과 사회주의문학은 공히 '조선적인 것'을 추구한 것이 된다.

하지만 '힘'이 사라지고, 동시에 민족주의나 사회주의와 같은 전체적인 사상이 사라진 당대에 작가들은 다만 자신들의 '무력함'만을 느끼게 되었다. 곧 '무력無力'으로서밖에 자기를 규정할 아무 것도 발견하기 어려운 당대 작가들은, 다만 '개인적인 것'으로 돌아가서, '지엽의 세계에 악착'하게 되었다고 말한다. 그리고 자신들의 무력함을 표현할 '형식'을 찾지 못하자, 내성소설이나 세태소설 등의 서구 소설에 자기를 의탁함으로써 몰주체성에 빠졌다는 것이다. 임화는 내성소설이나 세태소설의 사회적 조건으로서 "생활적인 적극성이 희박"해진 사회 분위기를 제기하고, 그 원인으로서 사회적인 운동과 사상의 약화를 제시한다. 자기를 규정할 민족주의나 사회주의와 같은 사상이 있던 시대에는 그것이 민족주의이든 사회주의이든 주체성을 세울 수 있는 근거였다.

그런데 여기에는 논리의 비약이 있다. "우리가 잘 알듯 하나의 무력한 실체로서 자기를 의식한다든가 자기에 대한 의식이 긍지가 아니고 참기 어려운 환멸과 고통인 사실은, 바로 20세기의 서구소설을 만들어낸 정신적 기반이다."[31] 작가들이 무력함을 느끼고 그것을 서구 소설의 양식으로 표현했다고 해도, 내성소설이나 세태소설이 '20세기의 서구소설을 만들어낸 정신적 기반' 위에서 생산되었다는 것은 곧바로 수긍할 수 없기 때문이다. 내성소설과 세태소설을 서구 정신의 표현이라고 주장하는 근거를 먼저 살펴보기로 한다.

> 소위 사상과 문학의 진정한 교섭 영역으로서의 소설이란 것의 문제다. 소설이란 물론 문학의 장르다. 그러나 장르 즉 시, 소설, 희곡 등이란 문학이란 것이 존재하는 진정한 실체다.
>
> 그러면 문학이란 것은 무엇이냐 하면 실체(문학으로서의 장르)가 존재하는 구체성 가운데서 일반적으로 추상된 하나의 일반 세계다.
>
> 즉 논리적 체계적인 사유의 세계와 구별되는 의미에서 생각되는 형상적 상상적인 세계의 가칭假稱이다.
>
> 그러므로 언어에 의한 형상적 사유의 세계로서의 문학은 제일 사상에 가깝고 따라서 문학의 실체로서의 소설(장르)과 사상이 교섭한 젠, 언제나 서로 추상된 것으로서의 문학이란 것을 중간에 두고 관계하게 된다. 다시 말

> 하면 사상이 문학 가운데 실체적으로 실현되려면 장르가 되지 아니하면 아니 된다.
>
> 그러나 전언前言한 것처럼 문학이란 장르에 공통한 그러면서 또한 다른 소위 사상 혹은 과학, 종교와는 구별되는 일반자의 세계인만큼, 우리는 사상과 문학이 교섭되는 진정한 구체적 영역으로서의 소설 장르를 생각할 수 있게 된다.
>
> 따라서 시대정신의 변천이 소설 스타일을 고쳤다는 것은 시대정신이 현대의 문학적 사상의 성질과 방법을 고쳐, 그것이 소설 가운데 투영된 것이라고 이해되지 아니할 수 없다.[32]

소설(장르)과 문학, 그리고 사상, 정신이 추상성의 정도에 따라 배치되고 있다. 사상이나 문학을 임화는 '추상된 하나의 일반 세계'로 구분하고, 이에 반해 소설(장르)을 '실체적으로 실현'된 것으로 구분한다. 사상이나 문학은 추상적 개념으로 존재하는 것이므로, 그것이 경험적인 것이 되기 위해서는 소설이라는 장르로서 표현되어야 한다는 논리이다. 이것은 역으로, 소설 장르는 문학을 매개로 사상을 지시하는, 말하자면 사상과 소설 장르는 상응 관계임을 보여준다. 이러한 관점에서 임화는 소설 장르의 변화에서 사상의 변화를 읽는다. 카프 초기 도식성 문제가 불거졌을 때, '낭만적인 것'으로서 '맹아'는 본질이었고, 경험적 현상과 일치하지 않았다. 이에 임화는 이 불일치를 해결하기 위해 현상을 본질적 현상과 비본질적 현상을 구분하고, 비본질적 현상에서 본질적 현상을 획득하기 위한 실천을 전위들에게 주문했었다. 그런데 변화된 임화의 관점에서 사상과 소설, 곧 본질과 현상은 더 이상 구분되지 않을 뿐만 아니라, 현전된 현상은 본질의 표현으로 전환된다. 곧 소설은 사상을 지시한다.

그런데 임화는 사상에 정신을 더 위 단계로 규정하고, 이러한 정신의 변화가 당대 내성소설, 세태소설에 투영되어 있다고 말한다. 이러한 체계가 임화의 사유 속에서 가능한 이유는 후술하기로 하고, 우선 임화의 논리를 계속 추궁해 보기로 한다.

이러한 논리를 바탕으로 임화는 세태와 내성 소설의 '정신'은 서구문학 '정신'이라고 주장한다. 세태소설이나 내성소설은 겉으로는 사상 없는 무사상이 내용인 것처럼 보인다. 왜냐하면 그것은 '무력'의 표현이기 때문이다. 하지만 임화는 그 무사상은 다름 아닌 서구정신으로서의 사상이라고 말한다. 곧 무사상으로서 '현대는 지성(사상)의 힘으로 세계를 파악할 수 없는 시대'라는 사상은, 이미 서구정신으로서의 사상이라는 논리이다.

> 그러면 심리적 혹은 내성적 소설이란 것은 분명히 20세기적인 서구 정신의 혈통이라 할지라도, 세태소설은 그렇다 할 수 없지 않은가? (…중략…) 이 점은 「세태소설론」에서도 잠깐 언급한 것처럼 조선소설사에 있어 묘사수법의 전통의 결여와도 관계되는 문제로, 조선소설 위에 이식되는 20세기적인 서구문학 정신의 조선적인 제약이라고도 볼 수 있다.[33]

임화는 내성소설과 세태소설을 이식된 소설이라고 규정할 뿐만 아니라, 20세기적인 서구문학의 정신의 표현이라고 말한다. 이것은 당대 작가들이 자기의 무력감을 표출한다고 할 때, 무력감을 '이해하는 방식'을 서구적인 관점에서 파악하고 있다는 것을 의미한다.

정신과 사상, 그리고 소설은 연동되기 때문에, 세태소설과 내성소설에서 나타난 서구적 사상은 서구적 정신의 표현이다. 이것은 이들 작가들이 자신들의 인식방식을 몰각하고 있다는 주장으로 이루어진다. 이것은 앞서 분석한 '잉여론', 작가들은 모르고, 임화만 아는 '비평의 위치'가 실제로 적용된 것이다.

작가들만 모르는 이유에 대한 임화의 답변은 "근대적 전통의 결여"와 "새로워진 우리의 생활" 때문이라고 말한다. 전자는 전술한 바이고, 후자에 대해서 임화는 간단하게만 언급한다. "단지 조금치라도 거친 현실과 부딪치고 싶지 않은 심리, 어찌해야 좋을지 모를 초려, 그렇다고 그대로 있을 수 없는 불안"[34]이 그것인데, 이것은 20년 전 '힘'이 있던 시대와 대조적으로 읽을 때, 일제의 무력적 억압의 강도가 높아진 상황을 에둘러 말하고 있음을 알 수 있다. "전대前代에 비하여 작가들의 달라진 현실에 대한 태도, 그것이 전일의 소설과 금일의 소설을 형식상으로까지 다르게 한 기초이다."[35] 일제의 억압 등으로 인한 외적 상황의 악화와 이로 인한 작가들의 의식의 내면화로 세태소설과 내성소설이 생산되었다는 논리이다.

그런데 임화는 당대 작가들의 '무의식적' 변화를 우연적인 것이나 개체의 기질적인 문제가 아니라, "시대정신이 현대의 문학적 사상의 성질과 방법을 고쳤"고, 이것이 "소설 가운데 투영된 것"으로 규정한다. 곧 변한 시대정신이 작가들의 의식을 매개로 내성소설과 세태소설로 나타난 것이다. 따라서 내성소설과 세태소설이 20세기 서구의 정신이기 때문에, 이들 소설들은 '조선적인 것'과는 무연한 것이 된다.

그런데 이러한 논리가 성립하기 위해서는 작가들이 자신들의 의식을 초월론적으로 반성하지 못하고 있다는 것이 전제되어야 한다. 이러한 측면에서 임화가 아래의 문제를 제기하는 본의가 간취될 수 있다고 본다.

> 우리들에게 명백히 된 사실은 그 어느 때보다도 작가가 홀몸으로 현실 앞에 서게 된 것이다. 이 홀몸으로서의 자기를 작가가 어떻게 의식하느냐가 오늘날 우리의 문학이 어떠한 성격을 정하느냐를 결정하는 커다란 사실이 되었다.[36]

임화는 본격소설이나 내성소설 혹은 세태소설을 결정하는 관건이 '자기를 작가가 어떻게 의식하느냐'에 있다고 규정한다. 곧 이 물음은 내성, 세태소설을 쓰면서도 그것이 조선의 무력감과 조선의 현실을 표현하고 있다는 작가의 몰주체적 의식이 '고발'되어야 한다는 것이다. 인식방식에 대한 초월론적 반성이 전제되지 않는 이상 내용은 이차적인 문제에 불과하다. 이것이 민족주의문학과 사회주의문학이 동류로 간주될 수 있고, 내용보다 형식을 우선하게 된 이유로 파악된다. 그리고 내성소설이나 세태소설이 '부분의 완성, 세공의 정밀' 등의 성과에도 불구하고, '조선서는' 진정한 의미의 소설이 될 수 없는 이유이다.

임화는 여기서 다시 인식대상과 인식방식을 구별한다. 곧 민족주의나 사회주의 운동의 '힘'이 사라지면서, 작가들은 '힘'의 부재에서 오는 무력감에 대한 강한 분만憤懣을 갖게 되었다. 그런데 이러한 '무력감'을 의식하는 작가의 의식이 이미 서구 정신의 것이었기 때문에, 조선 주체들은 자신들의 무력감과 서구의 무력감을 동일시했다는 논리이다. 조선의 주체들 역시 무력감에 있어서는 동일하기 때문에, 서구가 자신들의 무력감을 표현한 내성소설의 양식을 가져다가 거기에 조선인들의 무력감을 표현했다. 그런데 서구의 무력감은 "현실이나 세태로부터 훨쩍 뛰어 비상한다든가, 아주 우그러져들어가 내성한다든가"[37] 하는 그들 서구 지성의 무력감이다. 그러나 조선인의 무력감은 사회주의나 민족주의 사상이 사라진 무력감으로 '민족적'인 것의 힘이 부재한 데에서 오는 무력감이기 때문에 서로 다르다. "무력을 그냥 의식해버리는 성찰이 아니라 무력을 부정하는, 따라서 강함을 의식하려는, 즉 굳세게 되지 못하는 저 자신에 대한 집중된 분만으로 표현되는 것이다. 그러나 제 자신의 무력의 의식이라는 한 가지 공통성에서 돌아볼 제, 그것은 소설의 형태를 심리적 내성적인 방법으로 제약하고 말았다."[38] 하지만 자기의 무력감을 대상으로 하는 인식방식(임화는 이를 사상과 구분해서 '정신'으로 표현한다) 그것이 이미 서구화됨을 알지 못했기 때문에, 내성, 세태소설을 이식하면서도 이식한 줄 모르게 되었다는 비판이다.

「본격소설론」은 인식방식이 서구적인 것으로 몰각해가는 것에 대한 임화의 비판이다. 사회주의자들이나 민족주의자들은 '개성'을 찾으려는 노력이라도 있었고 따라서 그것은 '전토적' 형식으로 나타났다. (하지만 사회주의 작가들은 자신들의 '전토적' 형식이 '개성'을 찾으려는 민족적 요구인 것을 모른 채, 무의식적으로 이것을 해왔다!) 하지만 사회가 변하면서 내성소설과 세태소설은 그들의 양식 자체가 변함에 따라, '전토적' 형식으로 전해오던 '조선적 정신'은 유실되어가고 있다. (왜냐하면 내성소설과 세태소설 작가들은 '조선적 정신'은 '전통적' 형식으로만 가능하다는 것을 모르기 때문이다!)

결론적으로 말하면, 임화의 주장은 본격소설은 여전히 미완이지만, 민족주의문학과 사회주의문학은 모두 '조선적 근대정신'을 마련하기 위한 '형식의 완성'을 추구했다는 점에서 공히 본격 소설의 전통이었다는 것이다. "그러나 주지하듯이 이런 쌍방의 노력에 불구하고 드디어 고전적 의미의 소설은 조선에 확립되지 않았다. 이것은 그때의 불충분하나마 조선소설의 본격성을 유지해 오던 공통성이 전혀 형식상의 그것에 지나지 않았던 무엇보다도 웅변스러운 증좌이다."[39] 그러나 시대가 변했고 이런 변한 시대를 주체적 태도로 대하지 못함에 따라 본격소설을 완성하고자 하던 의지는 유실되고, 주체들은 자기를 아예 몰각한 채로, 곧 무의식적으로 서구적 문학으로 도피했다는 것이 임화의 진단이다. "전혀 새로워진 우리의 생활은 일찍이 조선소설이 정신적 대립에도 불구하고 가지고 있던 형태상의 공통성을 일조一朝에 수난의 공통성으로 고쳐 버렸다."[40]

여기서 임화가 말하는 것은 '의식의 식민성'이다. 이것은 갑작스러운 전환이 아니라, 앞서 김남천의 「남매」를 비판하면서 임화가 제기한, 렌즈로서의 작가의 '눈', 곧 방법론의 연장으로 파악된다. 「남매」 비판 이후 임화는, '고차의 리얼리즘'을 통해서 일체의 주관이 매개되지 않은 리얼리즘 자체를 주문했고, '잉여'론을 통해서 객관 현실 전체를 조망하는 '비평의 위치'를 주장했다. 여기서 임화는 작가들이 자신들의 관점 자체가 '부분'임을 인지하지 못하기 때문에, 이념과 현실의 불일치가 발생했다고 규정했다. '의식은 의식된 존재'임에도, 주체가 자신의 위치를 인지하지 못함에 따라, 이념과 현실이 통일되지 못했다는 논리이다. 여기서 임화는 무의식을 발견했음도 앞서 논의했는데,

무의식은 주체가 자신의 인식방식을 보지 못하기 때문에 발생한다.

그런데 이전까지 임화는 그것이 '부분'이라고 해도 사상 자체를 부정하지는 않았다. 하지만 「본격소설론」에서는 사상과 정신을 구분해서, '정신'을 새로운 인식방식으로 설정한다. 새로운 인식방식은 새로운 대상을 전제로 한다면, 이때 임화에게 새로운 대상은 '민족'이자, '민족'의 경계를 표시할 수 있는 '정신'이다.

이러한 새로운 인식방식에서 임화는 '부분'적 인식을 문제 삼는 것이 아니라, 아예 주체가 자신의 인식방식 자체를 의식하지 못하는 '무의식'을 문제 삼고 있다. 말하자면 이전에 임화는 주체들이 자신들의 의식이 부분적임을 망각하고 있다고 비판했다면, 「본격소설론」에서 임화는 주체들이 정신을 망각하고 있다는 비판이다.

「개설 신문학사」의 방법론으로 여겨지는 「신문학사의 방법」에서 임화는 유명한 언명을 한다. "신문학사란 이식문화의 역사다." 임화의 이 언명을 도식성과 관련해서 읽으면, 근대문학사의 인식방식은 모두 서구적 인식방식이라는 비판으로 분석된다. 이 말은 「맥」의 이관형의 다음 언급과 유사하다.

> 동양인이 우리들이 동양을 서양 학문의 세계에서 분리해서 세운다는 일에도 정작 깊은 생각을 가져보면 여러 가지 곤란이 있을 줄 압니다. 가령 동양학을 건설한다지만 우리들의 대부분은 구라파의 근대를 수입한 이래 학문 방법이 구라파적으로 되어 있지 않겠습니까. 대학에서 공부한 사람의 거의가 구라파적 학문의 방법을 배운 사람들이니 그 방법을 버리고 동양을 연구할 수는 없지 않습니까. 그렇지 않다면 동양이 가지고 있는 고유의 학

문 방법으로 동양을 연구하여야 할 터인데 내가 영국 문학을 한 사람이라 그런지 사회과학이나 자연과학이나 철학이나 심리학이나 구라파적 학문 방법을 떠나서는 지금 한 발자국도 옴짝달싹 못 할 것입니다.

김남천이 이관형을 통해서 한 말이나, 임화가 '신문학사는 이식문학사이다'라고 한 말의 본질적인 측면은 동일하다. 곧 "구라파적 학문 방법을 떠나서는 지금 한 발자국도 옴짝달삭 못하"는 상황, 이것은 자신의 '눈'의 식민성을 발견한 사람들만이 할 수 있기 때문이다.

그런데 임화와 김남천은 여러 모로 다르다. 우선 임화가 사회주의와 민족주의를 동류로 재분류한 것은 '타자'에 의해 그 한계가 그어졌기 때문이다. 그런데 이때 '타자'는 임화에게는 '서구적 정신'이다. 이 '서구적 정신'의 의미는 '낡은 것'이자 '시민적인 것'이다. 그리고 '시민적인 것'은 '비민족적인 것'과 등치된다. 이에 대해 '조선적 정신'은 낡은 문명을 전복하는 '새것'으로서 발견되어야 할 것으로 제기된다.

임화는 당대를 "민족이 하나의 단위로서 행위의 장면으로 진출된 것이 요청된" 때이기 때문에, 국민이라든가 국가는 단일한 '정신적 실체'일 수가 없고, "필연적으로 민족"만이 실천의 주체일 수밖에 없다고 주장한다. 그리고 그것이 독일이 다른 전체주의 국가와 차이라고 말하면서 독일의 문예정책을 "서구문화에의 단호한 결별"로 규정한다. 또한 나치의 유태인 탄압에 대해서 "백열白熱한 윤리적 결단"이라고 주장한다. 이러한 판단은 독일의 문예정책을 19세기 전체와의 대결로 파악하기 때문에 가능하다. 임화는 서구의 문화와 독일 나치의 예술정책을 '개체'와 '전체'의 관점에서 구분하고, 전체주의의 출현을 "시민의 정신상인의 기질"이 반영된 '아스팔트문화'로서의 "서구문화에의 단호한 결별"을 고하는 "혁명적 의의"로 평가한다. 임화가 말하는 '서구문학'은 "시민의 정신이고 상인의 정신"으로 형성된 도시성, 가두성, 민주성, 실증성, 기교성, 코뮤니즘 문학 등으로 이것은 모두 "아스팔트성"으로 총괄된다. 이런 인식하에 독일문예정책은 '민족'을 단위로 19세기 문화 전체에 대한 "하나의 정벌"로 규정한다.[41]

임화는 대상을 계급의 차원에서 구분하던 관점에서, 민족을 중심으로 이동한다. 이때 민족주의 사상이든 사회주의 사상이든 그것은 '조선적 정신'으로서의 '개성'의 내용이 될 수 없다. 다만 민족주의는 '개성'을 개체적인, 곧 시민적인 관점에서 형상화하는 것임에 반해 사회주의는 그것을 집단적인, 곧 계급적인 관점에서 형상화하는 하나의 관점에 불과하다. 이런 표현이 가능하다면, 조선적 정신은 민족의 인식방식이고, 민족주의와 사회주의는 역사의 발전에 따라 그때그때 존재하는 민족구성원들의 인식방식이다. 이러한 사유를 통해서 임화는 일제가 표방한 전체주의로부터 거리를 가질 수 있다. 왜냐하면 현 시기는 '민족'을 주체로 '낡은 것'이 변혁되어야 할 때이기 때문이다. 임화가 독일의 파시즘에 대해 친화적인 유보함을 보이는 이유는 이 때문이다.

「낭만적 정신의 현실적 구조」에서도 그의 논리는 증후적 양상을 띠었지만, 「본격소설론」에서와 같이 카프문학이 무의식적으로라도(!) 조선적 형식을 추구했다는 주장과 같은 근거 없는 논리는 아니었다. 「본격소설론」에서는 증후적 양상은 더욱 극심해지는데, 이것은 논리계형 구분이 뒤섞이고 있기 때문이다. 임화는 인식방식으로서 '조선적 정신'을 발견함으로써 서구중심주의에 일정한 한계를 그을 수 있었다. 그리고 임화는 마르크시즘을 인식대상으로 제한한다. 그런데 문제는 '조선적 정신'이 역사의 발전으로서 '새것'의 위상을 차지하게 될 때, 그 근거를 '조선적 정신' 자체에서는 구할 수 없다는 데 있다. 이때 임화는 인식대상인 마르크시즘의 '낡은 것'과 '새것'의 변증법적 발전을 근거로서 제시한다. 곧 조선적 정신이 역사의 발전임은 그 인식대상인 마르크시즘으로부터 입증된다. 이로써 인식대상이 다시 인식방식의 정당성의 근거로 제시되는 순환오류가 발생한다.

이러한 논리적 증후는 '조선적 정신'을 관념화했기 때문이다. 인식방식으로서의 '조선적 정신'은 식민화된 의식을 반성한 뒤에 제출한 것이기는 하지만, 외부로부터 주어진 것이다. 그것은 타자로 현전된 '조선의' 대중을 매개로 정립되어야 함에도 불구하고, 임화는 대중을 여전히 대상화하는 입장에서 벗어나지 못함에 따라, '조선적 정신'을 관념적 실체로 정립한다. 의식의 존재구속성 테제는 의식의 물적 근거로서 존재의 선차성을 주장한다. 곧 대중의 현전이 새로운 의식을 창발하는 근거이다. 따라서 새로운 의식은 대중의 자기표현 요구에 응답함으로써 현실성과 역사성을 갖게 된다. 그러나 대중을 대상으로 괄호 칠 때, 새로운 인식방식으로서 '조선적 정신'은 관념적 실체로 전변한다. 이것은 '조선적 정신'이 서구중심주의를 반성한 것이면서 동시에 다시 서구중심주의에 사로잡혔음을 의미한다. 내성소설과 세태소설의 작가들이 서구적 정신에 의탁해 있다는 것도 망각했다고 비판하는 임화의 방식은 서구의 위치가 호명한 방식임을 그는 끝내 인지하지 못했다.

임화는 '조선의 정신'을 도달해야 할 실체로 전제한다. 이것은 이전의 '프롤레타리아의 성장'이나 '낭만적인 것'(맹아), '잉여'의 연장선상이다. 그런데 임화는 자신이 해결과제로 제시하는 이러한 문제가 의사문제라고 생각하지 못한다. 이것은 임화가 의식의 식민성에 대해 반성하면서도, 김남천과 방법론이 갈라지는 결정적 분기점이 된다. 이하에서는 '구라파적 학문 방법을 떠나는' 임화의 초월론적 실천의 방법을 구체적으로 살펴보기로 한다.

혼재성의 위치와 근대의 끝

「본격소설론」 이후 임화는 이후 소위 「개설 신문학사」[42]를 기술하는 작업에 매진한다. 「개설 신문학사」는 신소설을 대상으로 한다. 임화는 「본격소설론」을 제출하는 시기까지는 부르주아문학과 사회주의문학을 '본격소설'의 전통이라고 보고 있다. 그러나 「개설 신문학사」를 집필하는 시기에는 이러한 견해도 철회하고, 아예 '신소설'에서 '조선적인 것'의 맹아를 찾게 된다. 민족주의자들이나 사회주의자들이나 모두 서구의 것을 이식했다고 판단한 임화는, 조선의 전통 문학과 서구 문학이 만나는 접점을 신소설로 규정하고, '조선의 근대정신'의 맹아적 형태를 신소설에서 찾을 수 있을 것으로 기대한 것으로 보인다. 곧 조선 근대문학의 전통이 숙・영・정 시대에 기원을 두고 있다고 보고, 이때로부터 전수된 전통과 이식문학으로 대변되는 서구 문학이 맞닥뜨렸던 장소로서, 개화기의 문학 양식인 신소설을 지목하고, 이식문학을 해체하는 조선문학의 전통을 실증해내고자 한 것으로 보인다.

임화는 신소설의 양식적 특징을 '절충성'으로 규정하는데, 이것은 새로운 문학 담당층인 평민이 새로운 사상을 낡은 형식을 차용해서 형성되었기 때문이라고 분석한다. 그런데 임화는 새로운 사상은 "외적인 압력"과 그들의 미약한 자주정신으로 인해 서구 추수로 나아갔다고 보고, 이것이 신소설의 구성이 구소설을 답습하게 된 결정적인 이유라고 말한다. 이러한 논리가 축약된 『치악산』 분석을 보기로 한다.

> 만일 새로운 사상과 낡은 사상의 대립을 소설의 중요한 테마로 하였다면 이판서를 동인으로 한 홍참의와 그의 아들과의 사조상의 차이는 당연히 소설 가운데 부父와 자子의 세대적 갈등으로 표현되어야 할 것이다.
>
> 그러나 『치악산』에서는 전술한 여如히 홍철식은 그 부친과 대립되는 대신 소설적 현실은 장소를 뜨는 데 그쳤다. 바꾸어 말하면 그 부친과 대립하여 관계하는 대신 유학이란 길로 도피하였다.[43]

임화의 말대로 "새로운 사상과 낡은 사상의 대립을 소설의 중요한 테마로 하였다면" 부자간의 세대 갈등이 주된 갈등으로 나타났어야 했다. 그러나 신소설에서 새로운 사상은 갈등하지 않는다. 그것은 단지 추구될 뿐이다. 그것은 이들 문학 담당층들의 미약한 자주 정신에 따라 서구적 정신을 추수한 결과이다. 그럼으로써 이 소설은 재래의 가정 소설 양식을 채용하게 된다.

임화의 논리대로라면, 새로운 사상과 낡은 양식 모두 당대 사회를 반영할 수 없다. 새로운 사상은 조선의 현실에서 낡은 사상과의 투쟁에서 얻어진 것이 아니라, 소설에 나타난 대로 유학을 통한 서구정신의 이식이었기 때문에 당대 사회를 반영하는 데에 제약되며, 또한 권

선징악이나 가정소설과 같은 재래의 낡은 양식이 당대 사회를 반영할 수 없음은 당연한 것이다.

그럼에도 임화는 『치악산』을 비롯한 신소설에는 "당대 사회상이 상당히 반영"되어 있다고 말한다. 임화는 이와 같은 리얼리즘이 바로, 신소설이 현대소설에 전이해준 조선 근대문학의 전통이자, "구소설의 유물을 계승한 산물"이라고 주장한다.[44]

> 이러한 제점諸點 가운데 우리의 특별한 주목을 끄는 점은 이 소설이 당시의 사회상을 상당히 반영하고 있는 점이다. 모든 신소설이 새로운 시대를 사실적으로 반영하는 것으로서 구소설과 구별되는 것이요, 새 현실을 반영하는 것으로서 새로운 사상의 표현과 부합한 것이니, 이인직의 이 소설에서도 그 때 사회상을 우리는 상당한 정도로 볼 수 있다.
>
> 홍참의와 이판서 두 양반의 가정, 불합리한 주종의 관계, 구가족제 하에서의 부인의 참담한 지위, 그리고 무엇보다 이 소설에서 우리의 눈에 뜨이는 것은 홍참의의 가정에서 볼 수 있는 이조 말 양반가정의 실로 음랭陰冷, 암흑한 양상이다.
>
> 이 점은 신소설의 그 새 사상에 못지않은 신소설의 높은 가치라 아니할 수 없다. 그러나 그것도 일조一朝에 창출된 것은 아닌 것으로 역亦 전술한 영・정 이래에 생산된 구소설의 유물을 계승한 산물이라 할 수 있다.[45]

신소설에는 "당시의 사회상이 상당히 반영"되어 있다. 이것은 구소설과 구별되는 신소설의 양식적 특징이다. 그런데 이러한 리얼리즘적 요소는 다름 아니라, "영・정 이래에 생산된 구소설의 유물을 계승한 산물"이라는 것이 임화의 판단이다. 다시 말해 구소설에는 이미 조선의 근대문학의 맹아로서의 리얼리즘이, 마치 당대 실학의 실증주의처럼 발생했고, 그것이 신소설과 현대소설로서 전이되고 있다는 것이다. 이것은 조선 근대문학의 전통이 바로 리얼리즘에 있음을 의미하는 것이다.

임화는 이러한 리얼리즘의 전통이 이식문학사를 해체할 수 있다고 보는데, 이러한 리얼리즘의 전통이 '구소설'에서 발생하고 있다고 주장한다. 그것은 구소설의 언어가 바로 평민들의 언어로서 당시 지배 계급의 관념적인 세계관의 모순을 폭로하고, 그 갈등을 현실적으로 형상화하는 최대의 조건이었기 때문이다. 임화가 언문문학에 부여하는 가치는 이러한 측면에서 이해될 수 있다.

> 한문과 결별하여 그야말로 의지할 곳이 없는 문학으로 하여금 재출발의 기점이 되어 준 것도 이조의 어문문학이요, 아직 자기의 형식을 발견하지 못하여 방황하던 나신裸身의 새 시대 문학 정신에다 풍우風雨를 피할 의장을 입혀준 것이 또한 이조의 언문문학이다.
>
> 요컨대 비록 낡은 양식 가운데 결합되었다 할지라도 이조의 언문문학 가운데는 생상한 조선어의 보옥寶玉이 숨어 있었다. 그 보옥들을 가지고 새 시대의 문학은 오직 새로운 양식을 구조構造하면 그만이었다.[46]

한문과 결별한 뒤, 새로운 형식을 찾지 못한 과도기적 양식으로서의 신소설은 "이조의 언문문학"을, 곧 낡은 양식을 채용한다. 그러나 "비록 낡은 양식 가운데 결합되었다 할지라도" 신소설은 새로운 양식을 구조할 맹아를 이미 "낡은 양식" 가운데에서 발견할 수 있었다. 그것이 바로 "조선어의 보옥寶玉"이다. 조선어는 이조의 언문문학, 신소설, 그리고 현대소설의 언어적 표기 수단에 그치는 것이 아니라, 바로 새로운 형식을 구조해내고 창안해내는 근본적인 힘으로 나타난다. 이러한 힘이 조선어에 내재할 수 있었던 것은, 조선어가 바로 '리얼리즘의 형식'을 생성하는 근본적 계기이기 때문이다.[47]

한문을 대신한 새로운 외적 세력인 일본어로 사유하고 글을 쓰는 것은, 그것이 아무리 리얼리즘의 정신을 따른다고 해도 제 나라 고유의 언어가 가진 리얼리즘의 정신에 미치지 못한다. 『치악산』의 작가가 일본에서 배운 소설 기법에 따라 리얼리즘적 소설을 썼지만, 그것은 현실의 반영이 아니라 새로운 사상의 표현에 한정될 수밖에 없었던 이유가 여기에 놓인다.

요컨대 임화는 조선 근대문학의 전통이 리얼리즘에 있고, 그 리얼리즘은 바로 조선어가 가진 불멸의 가치에 의해 유지되며 전이되어, 나아가 이식문학사를 해체하는 내적인 힘임을 애써 밝혔다. 그럼으로써 조선 근대문학은 바로 리얼리즘문학의 완성, 곧 본격소설의 완성에 놓인다. 그리고 본격소설의 완성을 위한 최량의 조건은, 이미 조선어라는 보옥에 내재해 있기 때문에 가능하다.

「개설 신문학사」는 부정의 부정의 법칙이 기본적 사유 구조로 되어 있다. 유산은 이식문화에 의해 부정되지만, 유산 속에 내재된 긍정적인 것으로서의 전통은 다시 이식문화를 부정함으로써 자기를 관철한다는 것이 기본 구도이다. 이것을 매개하는 자가 바로 당대 지배계급으로서 도약하는 시민인데, 시민은 자신들의 물질적 욕구(내용 = 새것)

를 표현하기 위해서 그 형식으로 과거의 유산(형식 = 낡은 것) 가운데 내용에 가장 적합한 것을 선별한다. 이때 시민계급은 자신들의 물질적 욕구를 서구적인 것에 기준을 둠으로써 이식성으로 급속도로 전화되어 갔기 때문에, 조선의 현실을 객관적으로 파악할 수 없었다.『치악산』에서는 부친과 대립(반봉건)되는 대신 유학(이식성)을 갔던 것이다. 그러나 서구적 관점으로 조선의 현실은 이해될 수 없다.

그런데 임화는 조선의 객관적 현실을 이해하는 전통이 유산 속에 내재되어 있다고 말한다. 시민계급에 의해 선별된 낡은 것으로서의 과거 유산에 내포된 전통은 시민계급에 의해 '의식되지 않았지만', 시민계급의 이식성을 부정함으로써 자기를 관철한다. 임화는 그것을 '리얼리즘의 형식'을 생성하는 '조선어'라고 보았다.

이것은 '본격소설론'으로 전환된 임화의 관점을 보여준다. 곧 현실을 '이식적' 관점이 아니라, '조선적' 관점에서 보아야 한다는 것이다. 이로써 임화가 「본격소설론」이나 「개설 신문학사」에서 주도적으로 제기하는 문제는 '방법론'의 문제라는 가정이 성립된다. 다시 말하면, 도식성의 문제였던 '어떻게 볼 것인가'로서의 방법론에 대한 실증으로 해석할 수 있다.

임화는 리얼리즘 형식의 가능조건으로 조선어를 제시한다. 그리고 조선어가 봉건조선을 어떻게 해체해 왔는지를 논증하면서, 그것의 양식들을 실증해낸다.[48] 그리고 조선어가 평민들의 세계관을 표현하는 새로운 문학 양식을 창안하는 근본적 계기가 되었던 것처럼, 조선어를 통해 새로운 신문학을 건설할 수 있을 것으로 보았다.

임화는 서구적 인식방식에서 벗어나고자 했고, 새로운 조선적 인식방식의 가능조건으로 조선어의 가능성을 해명했다. 임화의 결론은 그러나 당대 역사적으로 실현될 수 없었다. 일제는 조선어마저 봉쇄했기 때문이다. 그리고 임화의 결론을 학문적으로 정립하는 것은 이 글의 과제를 넘는 일이라고 보인다.

그런데 임화의 결론은 하나의 문제가 있다. 임화가 말한 대로 자신의 인식방식이 서구적인 그것임을 판명했다고 해도, 이러한 판단을 하는 인식방식 자체는 서구적인 그것이 아님을 어떻게 판단할 것인가 하는 순환오류의 문제이다.

임화의 의욕적인 태도는 「맥」의 이관형의 회의적 태도는 아니다. 이것은 그의 방법론에 대한 분석을 통해서 해명될 수 있다고 본다. 그리고 동시에 파시즘과의 친화성의 근거도 해명될 수 있다고 생각한다.

「신문학사의 방법」(「방법」)에서 임화는 그 목표가 '조선의 근대정신'의 해명, "모든 문학적, 양식적 운동과 변천의 근원이 된 정신의 역사를 일관성에서 이해하는 일"[49]에 있다고 한다. 곧 신문학이 시작된 이래 신문학의 여러 양식들을 관통하는 하나의 정신으로서 조선적 근대정신이다. "근대정신은 이런 각 시대의 개성적 차이를 초월하여 그러면서도 각 시대의 공유共有한 근원으로 연결되어 있는 것이다. 그러므로 간단히 말하면 근대정신이란 조선의 근대사회가 형성된 이래 오늘날까지의 정신내용을 의미한다."[50] 「방법」에 제시된 근대정신은 신문학사가 시작된 이래 여러 양식이 교체, 발전, 쇠퇴하는 '운동과 변천의 근원'이다. 그것은 이식문학사의 과정에서 "신문학을 외국문학으로부터 구별하는 형식이 되고 또한 내용도 되는", "정신으로의 언문문화"[51]로서, 조선문학의 전통으로 되살아나는 고유한 문화이다.

그런데 '정신'은 추상적이기 때문에, 실재한다면 구체적인 것으로 현상되어야 파악될 수 있다. 따라서 '정신'이 문학영역에서 나타난 '소설'이 그 대상이지만, 소설은 양식를 통해 정신과 관계를 갖기 때문에, 개개의 작품이 아니라 그 유형화로서 '양식'이 대상이 된다. "시대의 양식이란 것은 단순히 그것이 하나의 특이한 양식에 그치는 것이 아니라, 그 시대인의 고유한 체험과 생활에서 형성된 시대정신이 자기를 표현하는 형식"[52]이기 때문이다. 따라서 엄격히 말하면 방법론은 여기까지만 있어도 충분하다. 대상과 수단, 목표가 주어졌고 그 이유가 밝혀졌기 때문이다.

그런데 임화는 여기에 '환경', '토대', '전통'을 부가한다. '환경'은 인접문학으로 임화 스스로 일본문학과 서구문학이라고 말한다. 그런데 이것은 임화가 밝혀내야 할 결과이지 방법이 아니다. 곧 소설양식을 연구한 결과 당시 신문학은 일본문학과 서구문학의 절대적 영향을 받았다고 결론으로 제기되어야 할 사항임에도 임화는 이것을 방법에 기재한다. '토대'와 '전통'도 마찬가지이다. 임화는 "토대에의 관심은 그러므로 신문학을 새로운 정신문화의 일 형태로 이해하기 위한 기초이다"[53]라고 말한다. 하지만 이것 역시 방법으로는 어울리지 않는다. 신문학의 '정신'은 이전 시대의 정신과 구분되는 '새로운' 것으로 판명되어야 하는 것이기 때문이다. '전통'도 마찬가지이다. 연구한 결과 이식문화도 있지만, 전통도 있었다고 논증되어야 할 것이 방법으로 제기되어 있다. 사실 「방법」에서 연구 목표로 제시한 '정신'이란 것도 이미 '정신으로서의 언문문화'라고 이미 말하고 있었다. 특이하게도 임화는 방법론으로서 「과제」를 「개설 신문학사」가 집필되는 과정에 발표한다.

이것이 「방법론」에 결과가 포함되는 한 이유라고 생각된다.

이상의 논증이 타당하다면, 임화는 「방법」에 방법과 결론을 동시에 제출하고 있는 셈이다. 이러한 관점에서 보자면, 「방법」과 「개설 신문학사」는 일반적인 논술에서 '방법'과 '논증'의 관계가 아니라, '결론'과 '근거'의 관계로 볼 수 있다. 곧 결론을 실증적으로 확인한 것이다. 그렇다면 「방법」과 「개설 신문학사」는 동일한 하나의 결론을 두 번 기술한 것이 된다. 「방법」은 이 결론을 추상적 논리체계로서 증명한 것이고, 「개설 신문학사」는 이 같은 결론을 실증한 것으로 보인다. 곧 「방법」의 원 제목인 「조선문학 연구의 일 과제」에서 '과제'가 가리키는 것은 '실증적 자료'를 통한 해명이었다. 이때 임화가 제출하려고 했던 결론은 '정신의 실재', 곧 본격소설에서 구하고자 했던 '조선적 근대정신'이다. "정신은 비평에 있어서와 같이 문학사의 최후의 목적이고 도달점이다."[54]

이러한 측면에서 '토대' '전통' '환경'이 부가된 이유가 밝혀진다. 토대와 전통, 환경 모두 정신이 실재'할 수밖에 없다'는 주장의 근거이다. 토대는 정신의 실재의 물적 근거이고, 전통은 정신이 고유하게 실재할 수 있는 문화적 근거, 환경은 조선 근대정신의 역사적 특수성의 근거이다. 정리하면, 토대와 전통, 환경은 정신의 실재에 대한 근거이고, 양식과 대상은 정신의 현상적 형태인 점에서 구별된다.

임화의 결론에서부터 보자면, 조선 전통으로서의 리얼리즘은 그것이 이미 보편적이기 때문에 민족 고유한 것은 아니다. 그러나 동시에 그것은 일본이나 서구를 통해 이식된 것도 아니다. 오히려 이식문화의 배면에서 면면히 이어온 전통이다.

이러한 측면에서 임화가 구하고자 했던 '조선적 근대정신'은 또한 민족주의자들이 말하는 실체적 전통과도 다르다. 왜냐하면 그것의 형식이 리얼리즘이기 때문이다. 리얼리즘은 그것이 각기 고유한 대상(예를 들면 일본의 현실과 조선의 현실)을 전제로 하고 있기 때문에 고유한 것을 생산해내는 것이지, 이미 실체적으로 내재된 조선적인 것을 개화하는 것이 아니다.

따라서 리얼리즘은 보편적이며 고유하다. 이식적인 것과 교환될 수 없기 때문이다. 임화는 이러한 고유한, 그러나 보편적인 리얼리즘의 형식이 조선어에 의해 이어져왔고, 그 리얼리즘의 형식이 과거 민족주의문학과 사회주의문학에서 담대하게 실천되어 왔다고 말한다.

그러나 '토대'나 '환경', '전통'이 존재한다고 해서 '정신'이 '선험적'으로 존재한다는 것은 필연적인 사실은 아니다. 일상적인 경우나 어떤 이데올로기적 목적을 갖고 '정신' 운운할 수 있다. 그러나 임화의 경우처럼 작가를 지도해내는 비평가의 위치에서는 실증되어서 확인되어야 한다. 따라서 이것의 실재를 증명하는 '과제'의 실천으로서 「개설신문학사」가 집필된 것으로 파악된다.

그러나 「방법」에서 정신의 실재의 근거가 된 '토대' '환경' '전통'은 오히려 임의적인 토톨로지가 아닌가 하는 물음이 제기될 수 있다. 다시 말하면 임화는 '조선적 정신'과 같은 선험적 대상을 전제하고, 이것의 실재를 입증하는 근거들이 필요했던 것으로 보인다. 이로써 그 연관관계를 확인하기 어려운 토톨로지들이 양산되고, 그것들은 '조선적 정신'의 근거로 차용되고 있다고 보인다.

그런데 이러한 임화 논리는 갑작스러운 것이 아니고 이미 카프 가입 초기부터 반복되어 왔다. '조선적 정신'과 같은 선규정된 것들의 초기 양태는 '프롤레타리아의 성장'이었는데, 그 결과는 도식성이었다. 이후 '낭만적 정신'의 '맹아'가 선규정되었을 때, 그의 논리에는 사적유물론과 헤겔의 이론, 그리고 사회주의 리얼리즘이 혼재되어 있었는데, 헤겔의 이론은 사적유물론과 사회주의 리얼리즘의 연결고리였다. 그리고 '잉여'의 이론에는 여기에 「포이에르바하에 관한 테제들」과 『자본』도 결합되어 있었다. 그리고 「본격소설론」에서는 이전의 태도에서 급전하면서도 근거로서 내세운 것은 카프 작가들의 '무의식적' 실천이다. 여기에 「방법」은 연관성을 확인하기 어려운 명제들이 조합되어 있었고, 「개설신문학사」에는 획득하고자 한 '조선적 정신'은 명시되어 있지도 않았다.

이러한 여러 이론의 혼재가 가장 극심한 글 가운데 하나는, 「역사·문화·논리」이다. 이 글은 '혹은 시대성이란 것에의 일각서'라는 부제에서 보듯이 '시대성'에 대한 임화의 견해이다. 이 글의 서두에서 임화는 현재는 역사에의 관심이 부각되는 시대인데, 그 이유는 과거와 현재, 미래가 일관되게 이해되지 않는 시대, 곧 "생각과 외부의 현실이 조화를 잃고 모순하고 있는 때"[55]이기 때문이라고 한다. 관념과 현실의 불일치는 1930년대 내내 임화에게 화두였다. 이러한 때 임화는 '역사에의 의식'이 필요하다고 말한다.

중심 내용만 정리하기로 한다.[56] : 역사는 인간의 주체성(능동성)에 따라 개변될 수 있는 가능성을 갖는다. 이것이 정치적 행위이고, 그 가장 전형적인 표현이 전쟁이다. 따라서 인간의 주체성에 따라 역사의 시간은 재촉할 수 있지만, 그 가능성은 역사의 필연성(생산과 경제)에 종속되기 때문에 영웅들이나 정치가의 의지가 항상 성공하는 것은 아니다. 따라서 역사의 필연성을 객관적으로 파악해야 한다. 그런데 어떤 사건이 미래에 성취될 수 있는 조건은 과거에 있다. 이것은 역으로 과거에 조건은 갖추어져 있는데, 인간의 행위가 부족한 경우 과거에 갖추어진 필연성은 불발되는가의 문제를 제기한다. 이것은 곧 필연성과 현실성이 일치하지 않음을 보여준다. (이것은 현상과 본질의 차이의 임화식 표현으로 보인다) 인간의 주체성의 역량에 따라 필연적인 조건은 현실적으로 다르게 나타나는 것이다. 그런데 인간의 주체성으로서 행위의 구체적, 물질적 표현이 정치라면, 문화는 행위의 정신적 측면이다. (임화는 여기에 "부정은 뒤로 미루고"라는 조건을 제시하면서) "정치와 문화가 자기동일적이고 이것들을 매개하는 생산과 경제에 있어 세계적임에 불구하고, 그것의 개성적으로 표현된다는 일면을 굳게 붙잡을 필요가 있다." 따라서 정치의 성격은 문화를 통해서 알 수 있다. 그 역도 성립한다. 그러나 정치와 문화는 세계적으로 통일된 기반 위에 있기 때문에 그 본질에서 파악되어야 한다.

임화의 다른 글도 비슷한 면이 있는데, 개념에 대한 정의가 일정하게 유지되지 않거나, 그가 사용하는 개념들의 출처에서 임의적으로 떼어내져서 결합되고 있다. 성격과 관점이 다른 글들에 사용된 개념들이 혼재됨으로써, 그의 논리 자체가 파행적으로 보일 수 있다. 위의 책에서도 나타났는데, 임화는 자신의 결론에 대해 '부정은 뒤로 미루고'라고 말하는 데에서 이러한 양상은 극에 달할 정도이다.

위 글에 인용된 전거로서 추측할 수 있는 것은 우선 사적유물론이다. 생산과 경제가 토대가 되고, 상부구조로서 정치와 문화가 제시된다. 여기에 대립물의 투쟁과 통일에 따라 정치와 문화가 배치된다. 그리고 '이성적인 것은 현실적이다'의 헤겔 테제가 "가능한 것만이 현실화된다! 합리적인 행위만이 현실적이다"로 표현되어 있고, '이성의 간지'는 '역사의 커다란 희롱'으로 원용된다. 또한 인과성(물질)과 필연성(사회)의 구분은 폴 발레리의 영향으로도 보인다. 이뿐만이 아니라, "인간은 (…중략…) 현재에 있는 것, 즉 現存在다"라고 하는 부분, 그리고 과거-현재-미래를 구속성-현실성-가능성으로 파악하고, "행위는 언제나 현존재인 인간의 존재양식 그러한 가능성과 현실성을 시간적으로 표현하는 것은 미래와 현재가 아니될 수 없다"고 하는 부분들은 이전 논설에서는 찾아볼 수 없는 하이데거의 영향이다.[57]

이외의 것들을 일일이 분석하는 것은 다른 성격의 글을 요구할 것으로 보인다. 이 글은 다만 임화의 사유에는 마르크시즘이 근본에 있고, 여기에 헤겔을 비롯한 하이데거의 영향, 그리고 미처 출처를 제시하기 어려운 논의들이 혼재되어 있다는 것만을 확인하고자 한다.[58]

화이트헤드가 서구철학은 플라톤의 주석이라고 말했듯이, 임화가 인용하는 사상의 연원들이 서구정신의 표현이라는 점에서 서로 공통되는 지점도 있겠지만, 임화의 글에서처럼 혼재될 수 있는 성질의 것은 아니라고 본다. 물론 이것은 필자의 역량의 한계이기도 하겠지만, 헤겔과 하이데거의 입각점은 다르다고 본다. 그럼에도 이러한 혼재의 양상은 「방법」에서도 나타났고, '낭만적 정신'을 주창할 때도 이미 드러났던 바이다.

이것은 임화의 '미숙함'이라고 보일 수도 있다 '현존재'에 대한 해석을 지금의 하이데거 해석과 견주어보면 임화의 해석은 납득하기 어려운 지점들이 많다. 현존재를 '피투된 기투'로 이해하는 것이 임화처럼 '구속된 가능성'으로 읽은 것보다 더 나은지 판단하는 것은 필자의 몫은 아니다. 한편에서는 임화는 '현대성'을 선취하고 있는 것으로 보일 수 있다.

그러나 미숙하든, 현대성을 선취하고 있든 상관없다. 이러한 비판은 오히려 현대와 식민지 시대의 시차를 보여줄 뿐이기 때문이다. 요점은 서구 지성들의 사유들이 임화의 사상의 표면을 뚫고 내재화될 때, 일정하게 굴절되면서 동시에 그 차이들보다 동일성이 더 많이 간취되고 있다는 점이다. 각기 성격들이 다르고 기본적 관점이 다름에도 임화의 사유에서는 교체되거나 대체될 수 있다는 점이다. 그리고 이러한 과정을 거쳐서 임화는 '정신의 실재'를 증명하고, 위에 나타난 대로, 토대의 세계성과 정치와 문화의 개성성을 밝힘으로써, 정신의 고유성을 증명하고 있다는 점이다. 이것은 증명 여부와 관계없이 정신의 고유성을 실재적인 것으로 전제한다는 점에서, 시대와의 거리를 갖게 하는 요인이 된다. 다시 말하면 서구 이론들이 임화의 사유 안에서 재구성됨으로써, 오히려 탈식민의 효과를 생산하고 있다는 점이다.

이로써 오히려 탐구되어야 할 것은 임화의 사유가 현재의 어떤 사유를 선취했다거나, 혹은 당시 사상을 어떻게 오해했다는 것에 있는 것이 아니라, 성격과 입지점이 다른 글들이 그의 사유 속에서는 통일되고 있다는 측면에서의 '가능성'이다. 다시 말해 헤겔의 철학과 하이데거의 철학의 현실적 조건이 다름에도 이것들이 식민지라는 장소 속에서 변환되고, 교환되며, 또 대체될 수 있다는 것은 오히려 식민지 공간에 어떤 가능성이 있음을 보여주는 것이기 때문이다. 이 글은 이것을 보편을 참칭한 '서구적 이성'에 대한 대타적 이성으로서 '식민지 이성'에 포함시키고, 임화의 사유를 구분해서 이를 '혼재성'으로 규정한다.[59]

그러나 동시에 임화의 '혼재성'은 설명되어야 한다고 생각한다. 왜냐하면 '혼재성'에서 나타나는 이론적 확장 속에서도 이율배반과 순환오류는 지속적으로 발생하고 있기 때문이다. 카프 초기 단편서사시에서 그것은 '누이의 실재'를 전제로 은폐되어 있었지만, 도식성 문제가 불거졌을 때 이율배반과 순환오류는 현전되었다. 그 양태는 이념과 경험의 불일치였다. '낭만적 정신'에서 '낭만적인 것'(맹아)은 임화에게는 실재했지만 경험되지 않았고, '잉여'나 '조선적 정신'도 마찬가지였다.

그런데 임화가 전제한 '낭만적인 것'은 현실적 대상이 아니라 그가 전제한 이론에 의해 가공된 대상이었다. 따라서 이론에 대한 근본적인 반성이 전제되어야 했다. 그런데 임화가 의탁한 이론은 마르크시즘이었고, 마르크시즘은 회의될 수 없었다. 따라서 이론과 경험의 불일치는 해결되지 않았다. 그의 논리의 증후적 양상은 하나의 문장에 동시에 표현되기도 했다. 도식성의 문제를 접근하면서 임화는 이렇게 말한다.

> 공식주의란 공식을 도그마로 만들었기 때문에 나온 현상이다. 바꿔 말하면 결코 책임은 공식에 있었던 것이 아니라 공식을 도그마적으로 사용했었던 때문이었다.
>
> 그러므로 우리는 다시 공식을 공식으로 살릴 수 있는 길을 탐구해야 할 것이 아닐까. 그것은 공식주의의 길이 아니고, 문학과 현실을 같은 입장에서 처리할 수 있는 입장(철학적, 문예학적!), 다시 말하면 수미일관한 체계의 건설, 그것 때문에 우리는 인식론의 가치를 생각하게 될 것이다. 같은

> 인식 활동으로서의 작품과 비평, 거기서 우리는 작품과 이론이 유리되지 않은, 그러면서도 비평을 현재의 이녕泥濘으로부터 높이는 본래의 고도를 회복해가지 않을까?[60]

「개설 신문학사」를 집필하기 수개월 전, 임화의 사유의 한 단면을 간취할 수 있는 글이다. 임화가 말하는 '공식'은 마르크시즘임을 추측할 수 있다. 임화는 문제는 공식에 있지 않고, 그것을 "도그마적으로 사용"했기 때문이라고 규정한다. 이 역시 도식성 문제에 대한 올바른 접근으로 보인다. 그런데 그에게 도그마적 사용에서 '예외적' 사용이 있다. "수미일관한 체계의 건설"이다.

수미일관의 의미는 '이녕으로부터 높이는', 그래서 '본래의 고도'에 다다른다는 의미로 사용되었다. 임화가 말하는 '본래의 고도', 그 자리는 '호명'된 자리로 보인다. 카프 초기 '세계혁명'의 소식이 전달되었을 때, 임화는 바로 그 '세계'의 일원으로 자기를 규정했다. 자신을 '본래의 고도'에 둔 이상, 곧 자신이 프롤레타리아의 전위인 이상, 따라서 프롤레타리아의 성장이 조선에 있어야 했다.

그러나 프롤레타리아 전위는, 마르크스의 표현을 빌리면 실천적으로 획득한 것이 아니라, 개념으로 파악된 것이다. 따라서 프롤레타리아의 전위의 사명도 개념의 전개에 따라 지시되고, 조선의 현실도 개념의 의해 규정되는 전도가 발생한다. 이로써 조선과 서구의 차이는 무의식적으로 사상되는 도식성 문제가 야기되었다. 이념에 의한 현실 재단의 전도된 실천이 발생한 근원, '본래의 고도'는 그에게 예외였고, 이것이 증후의 원인이었다.

그는 '본래의 고도'에서 '낭만적인 것'을 찾았다. 그 과정에서 헤겔과 마르크스는 '혼재'된다. 이 '본래의 고도'는 '비평의 자리'이다. '비평의 자리'에서 생산된 '잉여'에 따라 『정신분석학』과 「독일 이데올로기」와 『자본론』이 재배치된다. 그러나 '비평의 위치'는 작가들의 한계를 원천적으로 확정하는 논리인데, 문제는 타자의 현전을 통해서가 아니라, '비평의 위치'를 통해서 자신의 한계를 확인해야 한다는 것이다. 타자는 경험될 수 있지만, 비평의 위치는 경험될 수 없다. 왜냐하면 그것은 외부가 없는 전체의 논리로서, 비평의 위치는 비평의 위치에서만 재현될 수 있기 때문이다.

따라서 작가들은 비평의 위치가 아니기 때문에 비평의 위치를 재현할 수도 없고, 동시에 비평의 위치를 재현하지 못하기 때문에 작가의 위치에 놓이는 악순환이 발생한다. 그것은 작가들에게 증후를 야기할 뿐이다. 이때 작가들은 파블로프의 개처럼 임화의 인식방식을 서구중심주의로 구분하고, 새로운 인식방식을 도출할 수 있다. 그러나 그가 초월적 위치를 점령하고 있다면 작가들의 증후는 더욱 격렬해질 것이다. 임화는 '본격소설론'을 주장하면서 서구적 인식방식을 반성했다. 그러나 그에게 '본래의 고도'만은 또한 예외였다.

「전체주의의 문학론」은 이러한 관점에서 흥미로운 글이다. 이 글은 이 시기 증후적 양상을 보인 글들이 정제되기 시작한 때에 발표되었다. 곧 다른 글들에 비해 비교적 개념과 구성이 정련되어 있는데, 그것은 임화의 태도의 변화와 관련된다. 이 글에서 임화는 나치의 예술정책의 장래에 대한 판단은 "역사만이 판단할 일"로 간주한다.[61] '모르겠다'는 것인데, 이 말은 겸손도 아니고, 사족도 아니다. 임화는 '모르겠다'고 말하는 위치는 분명 마르크시즘의 세계 혁명으로부터 거리를 갖고 있다. 곧 그의 증후의 원인에 대해 괄호를 칠 때, 그의 글을 비교적 체계를 갖춘다. 그러나 '모르겠다'고 말할 때, 임화는 여전히 증후의 원인이었던 서구중심주의를 반성해야 했다. 하지만 임화가 모른다고 발화하는 위치는, 「경영」의 오시형이 독일의 전승 소식에 대해 "이러한 세계사의 변동에 제휴해서 동양인도 동양인다운 자각이 있어야 할 거야"라고 한 말과 견주어볼 때, 임화는 오시형과 이관형 사이이다. 임화는 오시형처럼 새로운 전체주의로 달려가지도 않고, 이관형처럼 회의주의에 빠지지도 않는다. 임화는 '세계'의 역사의 변동을 관찰한다. 하지만 이전처럼 세계 혁명 전야가 아니라 '모르겠다'는 위치에서 관찰한다.

지성인으로서 '세계사의 변동'에 관심을 갖는 것은 지성인의 조건이다. 그러나 문제는 세계를 바라보는 '주체의 위치'가 망각될 때이다. 곧 '주체의 위치'에서 세계를 보는 것이 아니라, 세계로부터 주체가 호명될 때 주체의 위치는 무의식화됨으로써 주체가 속한 상황의 현실도 추상된다는 점이다. 『대지』의 노벨문학상 수상에 대한 글에서 임화는, 『대지』가 동양인이 아니라, 서양인에 의해 창작된 이유를 자문하고, 중국인이나 동양인들에게 『대지』의 묘사된 환경은 '자신의 일부'이기 때문에 의식되지 않지만, 서구인들은 타인의 위치에 있기 때문에 가능했다고 자답한다. 그리고 "현대적 사고의 첨단에서 볼 때" 『대지』는 "19세기 서구소설 양식의 그대로의 이식에 불과"하다고 평가한다.[62] 서구가 동양을 묘사할 때, 서구는 아무런 증후도 없이 마치 "온전히 타인을 보는 데 불과"하다는 인식에서는, 동양은 타자가 아니라 대상적 존재이다. 이러한 시각은 오리엔탈리즘적과 무연하지는 않다고 본다.

이러한 시각이 가능한 이유는 그가 밝힌 대로 '현대적 사고의 첨단'에 자신이 있다고 생각하기 때문이다.

이 '첨단'의 위치, 곧 전체의 위치는 일본의 농촌문학에 대한 관심에서도 초월적 위치에 있다. 임화는 농촌을 소박하고 무지하게 보는 것은 도회인의 심리의 투사일 뿐이라고 말하면서 "이것을 초월하여 전체적인 입장에서 보는 태도와 정신만이 비로소 도회에 향할 때는 진정으로 도회적일 수가 있고, 농촌에 향하면 진정으로 농촌적일 수가 있는 것"[63]이라고 규정한다.

임화가 말하는 '초월적' 위치로서, 전체적인 입장은 '호명'된 자리이다. 고모리 요이치는 일본의 식민지 팽창과정에서 '동화와 배제'의 논리가 반복적으로 관철되는 과정을 '자기식민지화'를 통해 분석한다. 일본은 서구 열강에 의한 식민화의 불안에서 벗어나기 위해 스스로를 서구 열강과 같은 '문명'의 위치로 규정한다. 그리고 일본은 자신들을 문명으로 규정할 수 있는 '야만'을 자기 밖에서 찾게 된다. '아이누'는 최초의 야만으로 발견되었다.[64] 여기서 중요한 것은 일본이 '문명'의 위치를 전제할 때, 곧 일본이 문명이라는 초월적 위치를 차지하는 순간, 세계는 문명과 야만으로 이분화되고, 아이누는 '야만'으로 통칭됨으로써 아이누의 삶은 개념적으로 규정된다는 것이다.

초월적 위치는 외부를 폐쇄하고, 대상을 문명과 야만과 같은 개념의 세계로 이분화하고, 이를 위계화한다. 임화의 논리적 구조가, 프롤레타리아／부르주아, 사회주의／자본주의, 본질적 현상／비본질적 현상, 고차의 리얼리즘／비고차적 리얼리즘, 비평의 위치／작가의 위치, 조선적 근대정신／서구적 근대정신과 같은 이원적 구조로 되풀이되고 있는 것도, 그가 자신을 초월적 위치와 동일시하기 때문이다.

여기서 '본격소설론'의 조선적 근대정신/서구적 근대정신의 구분이 예외가 되지 않는 것은, 임화가 비판한 작가들의 의식화된 식민성은 '낡은 문명'으로서의 서구문화에 속하는 것이기 때문이다.

> 지금으로부터 10여 년 전 신흥문학이 물결치고 그 위에 헤아릴 수 없이 많은 '이즘'과 '파派'로 분립되어 세계를 횡행한 문학의 생산자들이 이 청년들이었다. 이것이 무엇이라고 설명되든지 간에 그것은 별문제이다.
>
> '병증이 있는 것이 아니라, 오직 환자가 있을 따름이다.' 벵자멩크레뮤가 전후문화의 정신상태를 기술할 제 쓴 최초의 말이다.
>
> 베르사이유 회담은 이 '모욕된 사실'을 처리하지는 아니하였다. '병증 없는 환자'란 바로 19세기 말부터 20세기 초두에 긍하여 시인과 소설가들이 버려두었던 사실事實의 자식들이다.
>
> 이리하여 우리는 대전이 19세기를 청산한 때인 지금, 20세기의 문화는 아직 만들어내지 못한 채 10년을 살아온 것이다.
>
> 우리도 지금 새 학교에 들어가려 하고 있으며, 학교는 새 학생을 또 낳을 것이다. 어떠한 졸업생이 나올 것인지? 그것은 우리 역시 상상할 수 없는 일이다.[65]

임화는 전쟁을 시인과 소설가들이 버려두었던 '사실'들의 필연적인 결과라고 보고 있다. 이러한 맥락에서 19세기 작가들은 고도의 쾌락성과 순수한 문학 사이에서 사실을 방기했고, 그 사실이 복수한 것이 1차 대전이라고 규정한다. 그리고 다시 전쟁이라는 것은 '모욕된 사실'들의 복수가 시작된다는 것이다. 이러한 세계 인식에서 여전히 임화는 '19세기'와 '20세기'를 말한다. 여기에서 조선의 구체성은 사상된다. 임화는 「본격소설론」에서 조선의 작가들이 '조선적 정신'을 방기했다고 비판했지만, 비판하는 위치로서의 '비평의 위치'가 서구의 호명에 따른 위치였다는 것은 끝내 파악하지 못했던 것으로 보인다. 임화가 김남천을 '비평의 위치'에서 비판했지만, 그는 서구를 의식대상으로, 곧 대자적으로 반성하는 데에는 한계가 있었다. 1940년의 한 문학 좌담회에서 일본 본토에서 조선에서의 문학상의 수상자까지 제정하는 문제에 대해 임화는, "조선문학을 시골문학으로 취급한단 말이야"라고 반응한다.[66] 조선문학을 시골문학으로 취급하는 것에 대한 반발에는 이미 일본문학／조선문학, 도시문학／시골문학, 현대적 문학／후진 문학 등의 범주가 가로놓여 있다고 본다.

임화는 '실천하는' 리얼리스트였다. 그러나 '사실'은 주관, 곧 인식방식에 매개된다. 유물론이 말하는 바는 이 인식방식 역시 사회적 조건에 따라 제한된다는 것이다. 그러나 임화가 말한 주관을 매개하지 않는 '고차의 리얼리즘'은 상상된 초월적 위치에서만 가능한 것이다. 이 초월적 위치는 형이상학적 장소일 뿐이다. 그것은 역사적 장소를 갖지 않는다. 초월적 위치를 상정하고 도달하고자 할 때, 외부는 폐쇄되고 이율배반이 생산된다. 사상되었던 타자는 회귀하기 때문이다. 이러한 점에서 임화는 차라리 혁명적 정치가였다.

일곱째 장
이중구속을 넘어서

식민지 이성과 혼재성

이 책에서 필자는 김남천과 임화의 작품과 이론을 '전향' 문제를 중심으로 살펴보았다. 전향을 선택한 이유는 이것이 이들의 작가적 실천을 이해하는 주요한 통로라고 판단했기 때문이다. 이들의 비전향은 단지 개체의 윤리적 기질 때문만이 아니라, 마르크시즘을 매개로 한 일련의 작가적 실천을 통해 차이를 생산하는 데에서 일정한 성과를 이루었다고 판단했다.

일제는 물리력뿐만 아니라 전체주의적 이데올로기를 통해서 식민지를 운영했다. 그것은 동일화의 요구였다. 어느 시대나 이데올로기는 존재했고, 존재하겠지만, 일제시대는 특히 이데올로기가 직접적으로, 또 강제적으로 횡행하던 역사적 공간이었다. 많은 작가들은 일제의 폭력적인 동일화 요구로부터, 차이를 생산하고 주체의 공간을 확보했는데, 특히 김남천과 임화는 상대적인 의미에서나마 그 성과가 인정된다.

이데올로기를 차이들을 구획, 혹은 생산하고 재배치하는 이념적 기제로 규정할 때, 일제의 전체주의와 마르크시즘의 대결은 대상들의 차이를 구획하고 재배치하는 이데올로기적 대결이었다. 그런데 1930년대 국내에서 힘의 열세는 절대적이었기 때문에, 마르크시즘의 이데올로기 효과를 대중적으로 확인하는 것은 어려운 상황이었다. 이러한 상황을 전제할 때, 전체주의 이데올로기에 균열을 내고, 새로운 차이를 생산하는 실천의 출발점과 도착점은 동일한 개체가 된다. 말하자면 비전향은 마르크시즘의 효과가 개체적으로 나타난 현상이다.

이들은 마르크시즘을 해방의 기획으로 수용했다. 김남천과 임화가 속한 카프는 사회주의 작가 단체로서 문학을 매개로 해방의 기획을 실천했다. 마르크시즘이나 사회주의는 낯선 외국의 이론이었고, 특히 문학의 특성상 이를 전유하는 과정은 순탄하지 않았다. 카프가 결성된 이후, 이들은 이론투쟁을 경과하면서 카프의 정체성을 계급운동의 분파로 규정하고, 문학을 대중에게 가져가서, 대중의 혁명적 조직을 형성함으로써 해방의 기획을 완성하고자 했다. 이것이 대중화운동이다. 당시 전 세계적으로 대공황이 발생하자, 카프는 당대를 자본주의 최고단계로 규정하고 사회주의 혁명의 전야로 인식한다. 이에 자신들을 프롤레타리아의 전위로 정립하고 문학을 매개로 전위적으로 대중들의 경화된 의식을 혁파해서 혁명의 조건을 생성하고자 대중화운동을 적극적으로 실천했다.

그런데 대중화운동에서 카프 작가들은 이념으로서의 마르크시즘과 경험된 현실의 불일치를 경험한다. 해방의 기획으로 인지하고 수용한 마르크시즘이 현실과 불일치한 경험은 큰 충격이었다. 이처럼 마르크시즘과 현실의 비정합이 문학적으로 표현된 것이 '도식성'이었다. 도식성은 '이율배반' '이중구속'을 지시한다. 마르크시즘은 보편적이다와 보편적이지 않다는 명제가 동시에 성립했고, 이것은 이념이나 현실 어느 쪽을 선택한다고 해결될 수 없는 상황이었다.

도식성의 원인은 카프 작가들의 추상적 인식방식이었다. 세계혁명의 소식이 들려왔을 때, 이들 전위들에게 서구의 위치는 무의식화되었는데, 이로써 개념과 대상을 동일시하는 추상적 인식방식이 발생했다. 추상적 인식방식에 의해 현실을 전유했기 때문에, 현실은 구체적으로 파악되지 않았고 개념적으로 규정되었다. 따라서 서구의 상황과 조선의 상황의 차이는 사상되고, 조선을 마치 서구처럼 인지했다. 서구중심주의가 무의식화된 것이다.

그러나 도식성 문제가 처음 불거졌을 때부터, 추상적 인식에 대한 초월론적 반성에 도달했던 것은 아니다. 오히려 창작방법론을 완성해가는 과정은 서구중심주의로부터 벗어나는 과정이었다. 그것은 동시에 조선의 현실을 구체적으로 파악해가는 과정이었다. 이것이 창작방법론이 카프 작가들에게 최대 과제로 부각된 후, 1930년대의 핵심 현안이 된 이유였다.

창작방법론은 마르크시즘을 근거로, 마르크시즘을 해석하는 과정에서 이루어졌다는 점에서, 창작방법론을 완성하는 것은 '유물론적 관점'의 정립, '리얼리즘문학의 완성', 그리고 전위와 대중의 통일인 '혁명적 조건의 조성'의 매개적 방법이자 계기였다. 그리고 이것들이 이루어짐으로써 차이의 근거가 확보된다는 점에서, 창작방법론은 결국 차이를 생산하는 실천으로 규정된다.

그러나 창작방법론의 가장 큰 의미는 '식민지 이성'을 생성하는 과정이었다는 점에서 찾을 수 있다. 이성을 범박하게 이해하면, 감성에 주어진 대상과 오성의 개념을 통일함으로써 대상에 대한 인식을 형성하는 능력이라고 할 수 있다. 이를 카프 작가들에게 적용하면 감성에 주어진 대상은 조선의 구체적 현실이라고 할 수 있고, 오성의 개념은 이들이 수용한 마르크시즘이라고 할 수 있다. 감성과 오성의 불일치가 도식성으로 나타난 것인데, 창작방법론은 이러한 불일치를 통일해가는 과정이라는 측면에서, 창작방법론은 '식민지 이성'이 생성되는 과정으로 간주된다. 식민지 이성은 서구중심주의를 벗어나면서 서구 이성을 메타적 위치에서 규정한다는 점에서 이성의 변증법적 전개로서의 발전이다.

도식성이 제기되기 전, 카프 작가들의 추상적 인식방식은 반성되지 않았다. 그러나 추상적 인식방식은 현실과 정합적이지 않기 때문에 모순을 발생시켰고, 따라서 발생한 모순은 전위들의 작품과 이론에 균열을 내고 있었다. 그러나 추상적 인식방식이 반성되지 않은 상황에서는 이러한 모순은 은폐, 억압되었다.

모순을 은폐, 억압하는 임화의 형식은 단편서사시에 나타난 편지의 존재 양식이다. 편지 형식은 발신인과 수신인을 전제로 한다. 따라서 편지가 존재한다는 사실은 발신인과 수신인이 존재한다는 것을 사실적인 것으로 만들었다. 이로써 마르크시즘에 개념적으로 존재하는, 혹은 발전된 자본주의 사회에 존재하는 '누이'는 편지의 형식을 통해서 조선의 실제적 인물인 것처럼 가장되었다.

김남천에게도 양상은 유사했다. 이념과 현실의 불일치를 임화가 편지의 존재 형태로써 은폐했다면, 김남천은 이를 '제거'하는 방식이었다. 초기소설인 「공장신문」의 재창이의 타락은 현실적인 존재이다. 그러나 이러한 현실적인 것이 마르크시즘으로의 동일화에 균열을 냄으로써 전위와 노동자가 분리되었다고 판단한 김남천은, 이념의 동일성을 유지하기 위해서 재창이를 노조간부의 자리에서 제거했다. 여기에 김남천의 윤리의식이 발견되는데, 그는 전위와 노동자의 통일의 매개로 윤리적인 것을 설정하고 있었다. 이러한 윤리의식이 덧붙여 있다는 점에서 김남천의 해결 과제는 중층적이었다.

하지만 이러한 방식들에 의한 모순의 은폐는 도식성이 조직적으로 발견된 뒤에는 더 이상 유지될 수 없었다. 도식성이 발견되고, 이와 연동해서 주체들의 관념적 태도가 해결과제로 제시되었다. 그런데 유물변증법적 창작방법론이 제기되기 이전에는, 도식성이 대중의 심리, 성격과 같은 감성을 획득하지 못했기 때문에 발생한 것으로 규정되었다. 대중의 실제 감성을 체험하지 못함에 따라 작품에 대중들의 감성이 나타나지 않았거나, 나타났다고 해도 작가가 관념적으로 상상한 것이었기 때문에, 현실성이 없었고 이에 작품이 도식화된 것으로 판단했다. 이로써 대중 속으로 들어가 대중들의 감성을 획득할 것이 요구되었다. 하지만 이러한 인식은 내용과 형식을 구분하는, 카프 작가들이 부정했던 부르주아의 인식방식이었다.

신석초가 제기한 유물변증법적 창작방법은 도식성에 대해 근본적인 지점을 비판했는데, 그 가운데 하나는 전위들이 소부르주아라는 것이었다. 이로써 전위들은 모순된 존재가 되기 때문에 유물변증법적 창작방법은 카프 작가들에게 쉽게 수용되지 않았다. 그러나 유물변증법적 창작방법은 세계관이 현실 속에서 '구체화'되어야 한다고 규정했다. '구체화' 과정은 현실을 전유하는 과정이자 마르크스가 해석되는 과정으로서 주체의 실천을 요구했다. 그런데 유물변증법적 창작방법은 다름 아닌 포이에르바하를 비판한 마르크스의 방법이었다.

하지만 '구체화'를 세계관의 '변화'나 '포기' 정도로 이해함에 따라, 임화 등은 유물변증법적 창작방법을 '우경화'의 계기로 인식했다. 이에 반해 김남천은 소설 창작의 경험을 바탕으로 유물변증법적 창작방법을 수용하고 이를 통해서 「물」을 창작 발표했다. 「물」에서 전위의 사상성이 사라진 것이 유물변증법적 창작방법 때문이라고 판단한 임화는 김남천을 거세게 비판하면서 논쟁이 격화되었고, 소위 '물 논쟁'으로 비화되었다. 이후 김남천은 유물변증법적 창작방법을 완성시켜 나가게 되었고, 임화는 당시 소련에서 수입된 사회주의 리얼리즘을 매개로 자신의 창작방법을 모색하게 되었다.

이처럼 창작방법론이 갈라지게 된 이유는 도식성의 원인에 대한 판단의 차이였다. 임화는 프롤레타리아는 성장하고 있는데, 자신을 포함한 카프의 작가들의 부르주아적 속성으로 인해서 대중들의 감성을 획득하지 못함에 따라 작품이 도식화되었다고 판단했다. 이에 전위들의 실천을 요구했고 당파성을 견지할 것을 주문했다. 이에 반해 김남천은 도식성은 주체의 추상적 인식방식에서 비롯된다고 보고, 마르크스의 변증법적 인식론에 따라 이념을 조선의 현실 속에서 구체화하기 위한 실천을 주장했다.

이 책은 김남천과 임화가 도식성을 극복하는 과정에 대한 새로운 시도였고, 그 과정은 이미 본론에서 충분하게 기술했다고 생각된다. 이를 간략히 정리하면, 김남천의 실천은 새로운 인식방식, 곧 '식민지 이성'을 형성하는 과정이었다. 그가 도달한 곳은 전체주의의 논리를 대상화함으로써 타자로서 자기를 정립시킬 수 있는 자리로서 '외부'였다. 이것은 그가 마르크스의 방법에 가장 충실했다는 것을 보여준다. 그 장소를 언급할 수 있는 언어를 대신해서 '차이의 유물론'으로 명명해 보았다. '외부'가 명명된다면 그것은 이미 한계가 그어진 것이기 때문이다. 그는 '그곳'으로서의 타자에게 가야한다는 뜻에서 '윤리'의 개념을 한정할 때, 가장 윤리적인 작가 가운데 하나였다.

임화 역시 뛰어난 실천으로써 전체주의의 논리에 함몰되지 않고 역사적 시기마다 그것을 돌파했다. 그럼에도 곧 그의 사유의 표현이겠지만, 임화의 글은 증후적이었다. 그 원인은 그의 인식방식의 최종적 원점에 해당하는 보편주의를 부정할 수 없었다는 점에 있다. 이러한 보편주의는 고정된 초월적 위치를 전제할 때 가능하다. 임화에게 그 위치는 '프롤레타리아 전위의 눈', '낭만적 정신', '청년', '비평의 위치' 등을 유전하면서 계속 반복되어 왔다. 그리고 그러한 위치는 서구중심주의가 '세계혁명'을 호명할 때 임화의 인식방식으로 무의식화된 위치였다. 이로써 그의 사유에는 외부가 없다. 정확히는 이러한 초월적 위치만이 외부이다. 이러한 논리적 증후에도 불구하고 그의 사유에는 탈식민성이 고찰된다. 그것은 사적유물론 테제를 통해서 서구와 일제의 전체주의 논리에 한계를 그을 때마다 이루어졌다.

이것이 가능했던 일차적 이유는 그의 실천력이다. 적에게 모든 것을 내어던지자고 했던 실천이 전제되지 않았다면 이러한 돌파는 어려웠다고 생각한다. 이러한 실천력을 매개로 그의 사유 안에서는, 서구의 다양한 사상들과 이론들이 그 차이들보다 동일성이 더 많이 확보됨으로써, 전체주의 이데올로기와 거리를 갖게 하는 요인이 되었다. 다시 말하면 서구 이론들이 임화의 사유 안에서 재구성됨으로써, 오히려 탈식민의 효과를 생산했다. 이것은 식민지 공간에 어떤 가능성이 있음을 보여준다. 이에 이러한 임화의 사유를, 보편을 참칭한 '서구중심주의'에 한계를 긋는 헤겔의 말을 빌리자면, 대자적 의식의 창발로서 '식민지 이성'에 포함시키고, 임화의 사유를 구분해서 이를 '혼재성'으로 규정한다. 그리고 임화의 글에 대한 다른 접근이 필요함을 제기한다.

초월적 위치와 '치료적 이중구속'

도식성의 이중구속에 부딪히기 이전, 김남천과 임화는 자신들을 '전위'로 규정하고 마르크시즘을 대중에게 가져가서, 대중들을 혁명적 주체로 전화시킴으로써 해방의 기획을 완성하고자 했다. 이때 이들이 대중들에게 가져가고자 했던 마르크시즘이란, 도식적 소설이 말해주듯이 계급이론이었다. 그런데 계급이론에서 말하는 바는 바로 대중들이 항상 체험하고 있는 현실적인 것이다. 늘 경험하지만, 계급이론을 통해서만 밝혀질 수 있는 경험!

마르크스가 밝힌 노동자들의 삶이란 이중구속적 그것이다. 자본주의체제는 임금노동과 노동과정에서 실제 소비된 노동의 차이인 '잉여' 가치를 자본가계급이 착취함으로써 유지된다. 착취가 가능하기 위해서는 노동력이 임금노동으로 환원되어야 하고, 또 팔 수 있는 상품이 노동밖에 없는 노동자가 존재해야 한다. 다시 말해 노동력이 화폐로 재현되는 상품세계가 존재하고, 동시에 "자신의 사용가치가 곧바로 가치의 원천이면서 동시에 그것의 현실적 소비가 곧 노동의 대상화이자 가치의 창출이 되는 그런 상품"[1]으로서 노동자가 존재해야 한다. 이때 노동자는 자신의 노동력을 화폐로 재현하지 않을 수도 없고, 또 할 수도 없는 상황에 빠진다. 화폐로 재현하지 않으면 당장 생계가 난망해지고, 또 재현하면 착취당하기 때문이다. 그러나 재현하지 않을 수 없기 때문에, 프롤레타리아는 노동을 하면 할수록 자본주의체제의 고착화를 돕는 처지에 빠진다.[2] 이러한 이중구속에 빠진 노동자들을 이중구속에서 벗어나게 하기 위해 가져가야 할 마르크시즘은 분명 '몇 개의 공식'은 아니다.

필자가 방법론으로 삼은 베이트슨의 이중구속으로 다시 돌아가 보기로 한다. 베이트슨은 이중구속을 설명하면서 논리계형의 의미를 다각도로 설명한다. 어떤 범죄행위와 범죄 자체는 논리계형을 달리한다. 우리는 대개 어떤 범죄행위를 범죄라고 일반화시키는데, 베이트슨에 따르면 "소위 범죄학이라고 하는 학문은 이런 단순한 논리계형의 오류로부터 몇천 년 동안 빠져 나오지 못하고 있다"고 한다.[3] 어떤 범죄행위를 벌한다고 해서 교정이 되는 것은 아니다. 왜냐하면 어떤 범죄행위는 그것이 범죄에 속한 것이고, 범죄는 놀이나 연구와 같은 '행동조직의 방법' 가운데 하나이기 때문이다. 곧 어떤 범죄행위는 행동조직의 방법 자체가 교정됨으로써 교정이 되는 것이지, 행동조직 방법은 간과한 채 어떤 범죄행위만을 갖고 교정하려고 하면 난망할 뿐만 아니라, 정신병이 유발된다. 베이트슨은 파블로프의 개가 증후를 나타냈던 것도 파블로프가 논리계형을 혼동함에 따라서 일어났다고 보았다.

논리계형의 구분에 비춰볼 때, 카프 전위들이 대중들에게 가져가야 했던 마르크시즘은 몇 개의 공식으로 이루어진 계급이론이 될 수 없다. 여기에는 중대한 오류가 있는데, 그것은 마르크시즘의 방법이 간과되었다는 점이다. 마르크스가 정립한 계급이론은 분명 몇 개의 공식으로 이루어졌지만, 그것은 어떤 내용적인 것 이전에 대상을 보는 마르크스의 방법에 의해 구성된 것이기 때문이다. 이것이 카프 작가들에게 맹점으로 남아 있었기 때문에 도식성이 유발되었다. 카프 작가들이 몇 개의 공식을 전유함으로써 자신들을 마르크스주의자라고 생각할 수 있었지만, 이들이 방법을 간과함으로써 이중구속에 빠졌듯이, 대중들에게 몇 개의 공식을 가져간다고 해서 대중들이 전화되는 것은 아니다. 이런 관점에서 보면 박영희의 전향은 김남천이 예리하게 분석했듯이, 통속적인 견해와 달리 전향이라고도 할 수 없다. 전향은 방법을 전환할 때 발생하기 때문이다.

문제는 방법을 어떻게 가져갈 수 있는가 하는 점인데, 여기서 마르크스와 베이트슨이 다시 일치하는 점이 발견된다. 베이트슨은 경우를 먼저 보기로 한다. 프리다 프롬-라이히만 박사는 정신분열증이 심각한 여인을 치료해야 했다. 그녀는 매우 복잡한, 자신이 세운 종교 속에 구속되어 있었는데, 자신의 신 R이 의사와 얘기하지 말라는 명령에 따라, 치료 받는 것을 거부했다. 이러한 상황에서 프롬-라이히만 박사는 환자를 '치료를 위한' 이중구속 상황에 묶어놓는다.

그녀는 신 R이 의사와 대화하지 말라고 했기 때문에, 의사와 대화를 하지 않는 것은 신 R의 실재를 증명하는 것이다. 이때 의사 자신은 신 R이 없다고 생각하지만, 환자는 실재한다고 믿고 있기 때문에 그것을 부정하지는 않는다고 말하면서, 의사가 신의 세계를 알 수 있도록 의사와 얘기해도 되는지 허락을 받아오라고 한다. 이때 의사는 신은 허락할 것이라고 말한다. 그녀는 신 R의 명령에 따르므로, 의사와 얘기해도 되는지 물어볼 것이고, 따라서 다시 의사와 대화할 것이다. 곧 신 R이 실재하기 때문에 의사와 대화하지 않아야 하지만, 다시 신 R의 명령에 따라야 하기 때문에 의사와 대화를 하게 됨으로써 신 R의 실재에 회의가 발생한다. 그리고 다시 의사는 신이 그녀를 한 번도 도운 적이 없었다고 말하라고 한다. 그러면 신은 의사가 그녀와 이 일을 할 수 있는지 없는지 시도해 보라고 의사 자신에게 허락할 것이고, 이것이 바로 의사 자신이 시도하고자 하는 것이라고 전하라고 한다. 의사가 시도하고자 하는 것이 의사에게 허락을 했는지 신 R의 명령을 확인하는 것이고, 그녀는 신 R의 명령에 따르므로, 다시 의사에게 허락을 했는지 안 했는지 묻게 됨으로써 다시 의사와 대화하게 된다. 이로써 환자는 신 R의 명령에 따라 대화를 하지 않아야 하지만, 동시에 신 R의 명령에 따라야 하기 때문에 의사와 대화를 하게 됨으로써 신 R의 실재에 회의를 갖게 된다. 베이트슨은 프롬-라이히만 박사가 고안한 치료를 두고 "천재적인 능력"이라고 말하면서, 그러한 능력들이 "체계적이고 일반적인 것으로 이해될 그 날"이 목표라고 말한다.[4]

치료를 위한 이러한 이중구속 상황의 설계는 마르크스의 그것과 유사하다. 노동을 하지 않으면 생계가 막연해지고, 또 노동을 함으로써 자본주의체제의 영위를 돕게 되는 노동자의 처지는, 환자의 이중구속적 상황과 유사하다. 환자는 치료를 받지 않으면 신 R의 세계와 현실의 모순을 경험하게 되고, 치료를 받게 되면 신 R의 실재와 함께 자신의 근거를 상실한다. 프롬-라이히만 박사가 고안한 것은, 신 R이 실재하기 때문에 대화에 응해야 하는 상황이다.

자본가는 자본의 소유자이다. 이 개념 속에는 부르주아 혁명의 역사적 필연성도, 자본가 계급 형성의 필연성도 속하지 않는다. 따라서 혁명의 필연성도 담고 있지 않다. 이것은 노동자도 마찬가지이다. 이 개념 안에는 억압이나 착취도, 프롤레타리아트로서의 계급 형성이나 사회주의 혁명도 속하지 않는다. 따라서 자본가와 노동자를 아무리 대립시켜 놓은들, 이 대립에서는 탐욕이나 질시와 같은 인간적 속성만이 생산된다. 게다가 여기서 발생하는 것은 분쟁이지 혁명이 아니다.

그러나 '계급'으로서 부르주아지나 프롤레타리아트는 다르다. 이들의 대립이 비로소 잉여나 착취, 그리고 해방이 발생하게 된다. 그리고 이 대립의 지양으로서 '혁명'이 발생하게 된다. 따라서 자신이 노동자라고 생각하는 이상 저항은 경제주의적 관점이나 정의와 같은 추상적 이념, 혹은 인정과 같은 보편적 개념으로 환원될 수밖에 없다. 이처럼 혁명은 계급/계급의 차이에서 발생하는 것이지, 자본가/노동자의 차이에서 발생하는 것이 아니다.[5]

자본가/노동자의 대립이 아니라, 부르주아/프롤레타리아트의 대립은 분명히 마르크스의 업적이다. 이러한 측면을 이해한다면, 탈근대주의 담론이 말하는 '차이'가 왜 혁명으로 점화되기 어려운지를 간파하는 것은 어려운 것이 아니다. 자본가/노동자의 대립도 차이이고, 부르주아/프롤레타리아트의 대립도 차이이다. 차이는 산재한다. 문제는 자본가/노동자 사이의 차이나, 부르주아/프롤레타리아트의 차이가 아니다. 바로 자본가/노동자가 공속하는 장場, 그리고 부르주아/프롤레타리아트가 공속하는 장 사이의 차이이다. 전자의 장에서 자본가와 노동자는 이해를 두고 대립한다. 따라서 조정과 같은 수단으로 이 갈등은 지양될 수 있다. 하지만 후자의 장에서 부르주아와 프롤레타리아트는 이해가 아니라 사회구성체를 두고 대립한다. 곧 토대와 상부의 통합적 형태로서의 사회구성체이다. 따라서 조정이 아니라, 혁명만이 수단이 된다. 다른 선택지를 가정하는 것은 제2인터내셔널의 붕괴가 보여주듯이, 계급을 노동자로 환원하는 것이다.

그러나 노동자들이 물리적으로 단결한다고 해도 이것이 바로 프롤레타리아가 되는 것도 아니다. 이것은 자본가들이 물리적으로 단결한다고 해도 이것이 곧 자본가계급이 되지 않는 것과 마찬가지이다. 자본가들이 자본가계급이 되기 위한 조건은 자본주의적 생산양식을 통해서이다. 자본주의적 생산양식이 선행되지 않으면 자본가들은 자본가계급이 되지 않고, 노동자들은 프롤레타리아가 되지 않는다. 이것이 마르크스가 충분히 발달한 선진사회에서 도래할 수밖에 없다고 본 이유이다.

생산력의 조건과 더불어 의식적인 측면에서 노동자가 프롤레타리아 전화되기 위해서는, "지배 계급의 사상들은 어떠한 시대에도 지배적 사상들"[6]임이 극복되어야 한다. 마르크스가 밝히고 있듯이, 우선은 사회적 의식은 지배계층의 의식이다. 여기서 추상적 인식방식이 발생한다. "18세기 이래로 모든 역사 서술가들에게 공통적인 이런 식의 역사 파악은 더욱더 추상적인 사상들, 즉 더한층 보편성의 형태를 취하는 사상들이 지배한다는 현상에 필연적으로 직면"하는데, 그것은 "모든 새로운 계급은 그들의 목적을 관철하기 위하여 반드시 그들의 이해를 사회의 모든 성원의 공동 이해로서 제시할 필요"가 있기 때문이다.[7] 이러한 추상적 인식방식에서 은폐되는 것은 지배계급의 위치이다.

그런데 지배계급의 위치에서 생산된 '추상적 사상'은 그것이 '자명함'으로 은폐됨으로써 초월적 위치에 놓인다. 따라서 이러한 의식을 인지하고 혁파하는 것은 다만 '몇 개의 공식'으로는 어림없는 일일 뿐만 아니라, 의식을 '비판'으로 해결하는 것은 결국 의식을 더욱더 공고히 하는 결과를 가져온다.

노동자들이 프롤레타리아로 전환되기 어려운 이유는 노동자들의 의식이 '사적 소유'를 자명하게 수용하고 있기 때문이다. 사적 소유 자체가 반성되지 않을 때, 곧 노동자가 노동과 소유를 일치하려고 할수록 불일치는 더욱 심화될 뿐이다. 왜냐하면 '어떤' 노동자는 자본가가 될 수 있다. 그러나 프롤레타리아는 결코 '부르주아'가 될 수 없다. 자본주의 체제는 후자의 문제를 전자의 경우로 환원시킴으로써, 자본주의 체제의 근본적 한계를 은폐하고, 체제를 강화한다. 이것은 '모두'가 부르주아가 되어야 한다는 것을 의미하는 것이 아니라, 새로운 인간형이 필요함을 역설한다. 이율배반이 생산된 조건 자체를 문제로 해야 한다. 말하자면 파블로프의 개가 논리계형을 구분해야 했던 것처럼, 프롤레타리아 역시 노동과 소유가 불일치하는 경험적 대상과 자신의 인식방식으로서 물신주의를 구분해내야 한다.

노동자가 프롤레타리아로 전환되는 것은, 노동과 소유의 불일치에 합당한 인식방식을 획득해야 한다. 그것은 최종적으로는 자본주의체제의 인식방식의 원점인 '사적 소유'가 자명한 것이 아님을 한계 긋는 새로운 인식방식인데, 마르크스는 그것을 프롤레타리아의 세계관이라고 했다. 이를 변증법적 유물론의 '양질전환'의 척도와 연관해서 보면, '사적 소유'라는 척도에서 새로운 척도의 변화가 요구된다. 이로써 새로운 사회체제는 노동자가 자본주의적 인식방식인 물신주의로부터 자신을 구분하고, "인간을 인간의 최고의 존재라고 선언하는 그러한 이론의 관점 위에서"[8] 자신을 새롭게 규정할 때 가능하다.

그러나 노동자 역시 물신주의에 사로잡혀 있기 때문에, 자기 인식조건 자체에 대한 초월론적 반성은 매우 어려운 일이다. 그리고 물신주의 자체가 사회적 구조를 토대로 하고 있기 때문에, 의식만 바꾸는 식의 관념적 태도로는 이를 전화시켜내기는 만무한 일이다. 마르크스는 이러한 초월론적 반성은 실천적으로 이루어질 수밖에 없다고 규정했다. "의식의 모든 형식들 및 생산물들은 (…중략…) 관념론적 헛소리들을 발생시킨 실제의 사회적 관계들의 실천적 전복에 의해서만 해소될 수 있"기 때문이다.[9]

마르크스가 말하는 실천은 "투쟁의 경험을 통해 노동자들은 그들의 이해관계가 자본가들과 다르다는 것을 깨닫"[10]는 것을 의미한다. 비유적으로 말하면 꿈은 흔들어 깨워야 한다. 이를 마르크스는 '실천(적 전복)', '혁명'이라고 했다. "이러한 공산주의 의식의 대규모적인 산출 및 그 자체의 관철을 위해서도 오로지 하나의 실천적인 운동, 즉 혁명 속에서만 이루어질 수 있는 광범위한 인간 변혁이 필요"[11]하다. 이것은 투쟁을 통한 현실의 변화와 주체의 변화가 동시적으로 이루어질 수밖에 없음을 의미한다.

이러한 실천은 기존 지배계급의 세계관의 외부로서의 타자를 현출시킨다. 마르크스는 그 외부를 '프롤레타리아'라고 했다. 다시 말해, 프롤레타리아는 노동자가 타자로서 자기를 정립할 때 비로소 형성되는 것이고, 이는 실천을 통한 의식의 변화를 통해서 이루어질 수 있다. 마르크스는 「공산주의당 선언」의 끝에서 '만국의 노동자여, 단결하라!'로 주창했다. 이 선언은 노동자가 자신을 프롤레타리아로 인지하는 것을 촉구하는 것으로 해석된다.

이러한 맥락에서 노동자가 프롤레타리아가 된다는 것은, 지배계급의 관념에 한계를 규정하고 '차이'를 생산하는 타자-됨이다. 타자는 파블로프의 개가 증후에 빠진 계기이다. 자본주의체제의 인식방식의 최종적 형태인 사적 소유라는 인식방식의 한계를 긋는 타자-됨의 강도가 자본주의체제를 유지할 수 없을 정도가 되었을 때, 체제는 변혁된다. 이로써 자본주의체제의 인식방식이 아닌 새로운 인식방식이 도출된다. 타자-됨의 운동은 프롤레타리아의 사상과 현실이 일치될 때까지 지속되어야 한다는 것, 이것이 마르크스의 실천이 함의하는 바이다. 이러한 '실천' 자체의 발화를 위해 카프는 '몇 개의 공식'을 가져가고자 했지만, '몇 개의 공식'으로 노동자들을 혁명적 주체로 전환시키겠다는 생각은 이들 주체의 위치가 맹점으로 은폐되었기 때문에 발생했을 뿐이다.

베이트슨은 이중구속에 사로잡힌 환자를 '치료적 이중구속'의 상태로 묶어놓았다. 이로써 환자는 초월적 위치에 놓였던 신 R에 대한 회의를 갖게 되었고, 결국 치료에 응했다. 이러한 '치료적 이중구속'은 말하자면 "프롤레타리아들은 공산주의 혁명 속에서 족쇄 이외에 아무것도 잃을 것이 없다"[12]는 것과 비견될 수 있다고 본다. 이들 카프 작가들이 자본주의체제에서 이중구속에 빠져 있는 대중들에게 가져가야 할 마르크시즘은, '몇 개의 공식'이 아니라 '치료적 이중구속'이어야했다. 대중에게 소유에 대한 인식방식 자체를 회의하게 함으로써, 주체의 위치를 반성적으로 전유하는 메타적 인식방식의 산출을 위해 실천으로 나설 수밖에 없도록 하는 '치료적 이중구속'이다.

주註 ※ 기본 자료는 작자명 생략

첫째 장, 주체의 위치와 마르크스의 방법

1 마르크스, 강신준 역, 『자본』 I-1, 도서출판 길, 2010, 249~250쪽 참조.

2 김영민의 분석은 매우 객관적인 태도로서 실증적 가치가 높다. 하지만 창작방법의 전개와 대중화운동을 유기적으로 살펴보지는 않았다. 김영민, 『한국 근대문학비평사』, 소명출판, 1999, 345~346쪽 참조. 권영민은 창작방법론 논쟁이 1차 검거로부터 발생하고 있다고 보았는데, 시기와 원인에 대한 유기적 관련에 대한 해명은 미흡해 보인다. 권영민, 『한국 현대문학사』 1, 민음사, 2005, 330~333쪽 참조. 서경석은 '물 논쟁'의 의의가 담론이 원천적으로 지니고 있는 현실이 아니라, 경험적 현실을 문제 삼게 된 것에 있다고 평가함으로써 리얼리즘의 내재적 발전에 무게를 두고 있다. 서경석, 「1930년대 문학비평에 나타난 '탈근대성' 연구」, 『한국학보』 84, 일지사, 1996. 채호석은 '물 논쟁'의 발생론적 원인이었던 볼세비키화(세계관)와 프롤레타리아 리얼리즘(방법론)의 모순이 사회주의 리얼리즘을 계기로 나타났다고 규정한다. 채호석, 「김남천문학 연구」, 『한국 근대문학과 계몽의 서사』, 소명출판, 1999, 64쪽 참조.

3 김윤식은 소련의 사회적 문화적 이론이 정비되고, 이것이 일본 및 한국에 파급되어 창작방법에 대한 논의가 활발해졌다고 본다. 김윤식, 『한국 근대문예비평사연구』, 일지사, 1984, 84쪽. '총서' 편찬자들의 의견도 동일하다. "소위 소시알리스틱 리얼리즘이 도입되면서 거의 창작방법론의 논의가 집중되어지는데, 이 문제는 카프 해산과 더불어 극도의 위기 속에서 프로문학의 현실적 존재를 사수하기 위한 마지막 방어벽이자 출구가 되었다." 임규찬·한기형, 「카프해산문제에 대하여」, 『카프 해산기의 동향과 쟁점』(카프비평자료총서 V), 태학사, 1990, 16쪽. 『한국 근대민족문학사』의 저자들도 사회주의 리얼리즘의 수입 이전에 임화에게서 예술적 반영론에 대한 이해를 발견할 수 있지만, 결국은 사회주의 리얼리즘의 수입을 통해 본격화된 것으로 보고 있다. 김재용 외, 『한국 근대민족문학사』, 한길사, 1993, 583쪽 참조.

4 백철, 『신문학사조사』, 신구문화사, 2003, 384쪽. 김영민도 김기진의 변증적 사실주의론이 '세계관의 문제보다 예술 형식의 문제'였다고 규정한다. 김영민, 위의 책, 422쪽 참조. 변증적 사실주의는 이론의 현실 정합성 문제를 제기되지 않는다는 점에서, 유물변

증법과 질적 차이를 갖는다.

5 「1932년을 당하여 조선문학 운동의 신단계」, 임화문학예술편집위원회 편, 『평론』 1(임화문학예술전집 4), 소명출판, 2009, 201~204쪽 참조.

6 백철, 앞의 책, 378쪽.

7 "이렇듯 신경향파 비평 시기부터 방향전환 논의, 볼세비키화 단계의 논의에 이르기까지 그 논리 내부에는 일정한 현실이 전제되어 있다. 이러한 한계는 작품의 도식화에서 부정적으로 나타나는데 특히 작가들에게는 이 점이 불만이었을 터이다." 서경석, 앞의 책, 167~168쪽.

8 채호석, 앞의 책, 59쪽 참조.

9 김윤식, 「임화와 전향논리」, 『임화연구』, 문학사상사, 2000, 565쪽.

10 "고전은 아득해서 좋다. 시간적으로 아득함은 공간적으로 아득함보다 오히려 이국적이요 신비적이다. 古鏡照神의 그윽한 경지는 고탑의 蒼苔와 같이 年祖라는 자연이 얹어주고 가는 가치이다. 蒼然함! 오래 울궈야 나오는 마른 버섯과 같은 향기! 이것은 아모리 명문이라도 일조일석에 수사할 수 없는, 고전만이 두룰 수 있는 일종 光背인 것이다." 이태준, 「문장의 고전, 현대, 언문일치」, 차승기, 『반근대적 상상력의 임계들』, 푸른역사, 2009, 158쪽 재인용.

11 김윤식, 앞의 책, 553쪽.

12 들뢰즈의 『천 개의 고원』의 책 제목 '고원'은 들뢰즈가 밝히고 있듯이, 베이트슨이 현대문명의 질곡으로부터 벗어날 수 있는 문명으로 제시한 발리섬 주민들의 인식방식과 관련이 있다. 질 들뢰즈 · 펠릭스 가타리, 김재인 역, 『천 개의 고원』, 새물결, 2003, 48~49쪽 참고. 이 글의 논제가 아니기 때문에 자세히 언급할 수는 없지만, 들뢰즈가 칸트의 '통각'에 주목해서 '-되기'이론을 전개한 것도, 인식방식과 대상을 구분하는 '논리계형의 구분'이 전제된 것으로 보인다.

13 그레고리 베이트슨, 박지동 역, 『정신과 자연』, 까치, 1990, 139~157쪽 참조.

14 이것이 러셀이 해결하고자 했던 크레타인의 역설, "어떤 크레타인이 '모든 크레타인은 거짓말쟁이다'고 말했다"이다. 어떤 크레타인의 말함은 하나의 말함의 방식으로 다른 말함의 방식이 존재한다. 가령 그 크레타인은 평소에 신뢰가 아주 높기로 유명할 수가 있다. 이것이 구분되지 않으면 순환오류에 빠진다. 직접적 비교는 어렵겠지만, 수학의 무모순을 증명하기 위한 시도가 순환오류에 빠졌을 때, 형식 체계를 대상으로 삼아 사유할 수 있다는 것을 최초로 통찰한 힐베르트가 발명한 것도 '외부'의 관점이다. 박정일, 『튜링&괴델, 추상적 사유의 위대한 힘』, 김영사, 2010, 151~157쪽 참조.

15 베이트슨, 앞의 책, 149~150쪽 참조.

16 위의 책, 151쪽.

17 베이트슨은 인간의 진화는 이처럼 단일한 학습이 아니라, 학습을 학습할 수 있는 능력의 진화로 설명되는데, 이러한 능력은 '신호는 신호이다'는 사실을 발견함으로써 이루어졌다고 본다. 위의 책, 286~293쪽 참조.

18 섬세한 비교가 수행되어야 하겠지만, 하이데거의 존재론적 차이도 이런 맥락에서 고찰될 수 있다. 특히 비트겐슈타인의 후기 철학의 '세계-그림'은 논리계형의 구분과 매우

유사하다. "세계-그림들이 서로 다르기 때문에 발생하는 그러한 수준의 충돌은, 그러한 충돌을 해소할 정도의 공통적인 판단 표준이나 방법들이 존재하지 않는다. 여기서 요구되는 것은 논증이나 추리의 제시가 아니라, 어떤 한 유형의 개종이며, 어떤 사람의 전체 세계관의 변화이다." M. K. 뮤니츠, 박영태 역, 『현대 분석 철학』, 서광사, 1997, 610쪽. 푸코의 '담론'도 이러한 관점에서 고찰될 수 있다. 푸코는 '담론' 형성의 과정을 권력과 장치 등을 매개로 밝혔는데, 그것은 "'나'는 도대체 어떤 역사를 경유하여 형성된 것일까?"를 밝히는 시도였다. 우치다 타츠루, 이경덕 역, 『푸코, 바르트, 레비스트로스, 라캉 쉽게 읽기』, 갈라파고스, 2012, 122쪽.

19 V. G. 아파나셰프, 김성환 역, 『변증법적 유물론』, 백두, 1991, 89~129쪽 참조.

20 가라타니 고진, 송태욱 역, 『트랜스크리틱』, 한길사, 2005, 23~31쪽 참조.

21 F. 카울바하, 백종현 역, 『칸트 비판철학의 형성과정과 체계』, 서광사, 1992, 317쪽 참조.

22 한자경, 『헤겔 정신현상학의 이해』, 서광사, 2009, 20쪽 참조.

23 '초월론적 반성'은 가라타니 고진의 '초월론적 비판'에서 비판을 반성의 개념으로 전유한 것이다. 고진, 앞의 책, 30쪽 참조.

24 칸트는 이를 '인식조건(인식능력)'으로 규정했는데, 칸트의 인식조건은 '특정한' 인식방식 가운데 하나이다. 따라서 인식조건보다 인식방식이 보다 적절한 용어로 보인다.

25 한자경, 앞의 책, 26쪽 참조.

26 고진, 앞의 책, 162쪽.

27 F. 카울바하, 앞의 책, 163쪽.

28 한자경, 앞의 책, 34~39쪽 참조.

29 마르크스, 앞의 책, 145쪽.

30 위의 책, 121쪽.

31 위의 책, 144쪽 참조.

32 위의 책, 134~137쪽 참조.

33 J. 이스라엘, 황태연 역, 『변증법』, 까치, 1990, 124~132쪽 참조. 그런데 여기서 '추상화'는 대상을 일반자로 환원하는 추상과 구분된다. 레닌은 카우츠키의 초제국주의를 비판하면서 후자를 '죽은 추상'이라고 하였다. 레닌, 남상일 역, 『제국주의론』, 백산서당, 1986, 124~128쪽 참조. 카우츠키는 말하자면, 창작방법론 이전의 카프 작가들의 경우에 해당한다.

34 알렉스 켈리니코스, 정남영 역, 『현대철학의 두 가지 전통과 마르크스주의』, 갈무리, 1996, 93~96쪽 참조.

35 마르크스, 앞의 책, 116쪽.

36 위의 책, 121쪽.

37 마르크스, 최인호 역, 「독일 이데올로기」, 『칼 맑스/프리드리히 엥겔스 저작 선집』 1권, 박종철출판사, 2005, 194쪽 참조.

38 정신상, 「마르크스 사회과학과 실천」, 경상대학교 사회과학연구소 편, 『마르크스의 방법론과 가치론』, 도설출판 한울, 2000, 31쪽.

39 하이데거가 서구 철학의 역사를 두고 '망각의 역사'를 말할 수 있었던 것도 존재론적 차

이를 발견할 수 있었기 때문이었고, 러셀이 수학의 근본적 문제를 해결할 수 있었던 것도 유형론적 차이를 혼동하지 않음으로써 가능했던 것이다. 이러한 유형론의 구분은 마르크스가 이미 개인과 계급의 구별, 철학과 실천의 구별을 통해서 제시했다고 본다. 개인과 계급의 구별은 마지막 장에서 언급한다.

40 임석진, 『철학사전』, 중원문화, 1999, 655쪽 '지양' 항목 참조.

둘째 장, 추상적 인식방식과 은폐된 모순

1 「무엇찾니」, 임화문학예술전집편찬위원회 편, 『시』(임화문학예술전집 1), 소명출판, 2009, 22쪽.

2 졸고, 「임화 비평의 탈식민성 연구」, 한국외대 석사논문, 2007, 19～27쪽 참조.

3 「무산계급문화의 장래와 문예작가의 행정」, 『평론』 1, 21쪽.

4 「설」, 『시』, 29～30쪽. 이 계열의 시들로는, 「혁토」, 「초상」, 「선시」, 「혼광의 아들」, 「화가의 시」, 「지구와 '박테리아」, 「탱크의 출발」, 「담」들인데, 1927년에 집중적으로 발표되었다.

5 「미예술영역에 재한 주체이론의 확립」, 『조선일보』, 1927.11.

6 「무산계급 문화의 장래와 문예작가의 행정」, 『평론』 1, 24～25쪽.

7 「지구와 '박테리아'」, 『시』, 41～42쪽.

8 김기진, 「변증적 사실주의」, 임규찬, 한기형 편, 『제1차 방향전환론과 대중화론』(카프비평자료총서 III), 태학사, 1989, 499쪽.

9 「탁류에 항하여」, 『평론』 1, 137～139쪽.

10 양주동, 「문예상의 내용과 형식문제」, 임화, 위의 책, 137쪽 재인용.

11 「김기진군에게 답함」, 위의 책, 150쪽.

12 「탁류에 항하여」, 위의 책, 141～142쪽.

13 「분화와 전개」, 위의 책, 113쪽 참조.

14 마르크스에게 식민주의는 식민지의 역사적 발전을 촉진하는 측면과 식민지 원주민들에게 고통을 가져오는 측면이 동시에 존재하는 이율배반적 문제였다. 이에 대해 마르크스는 서구중심주의적 태도로부터 완전히 자유로웠던 것은 아닌데, 인류의 보편적 발전의 관점에서 전자의 입장을 관철한다. 로버트J. C. 영, 「마르크스와 식민주의와 제국주의」, 김택현 역, 『포스트식민주의 또는 트리컨티넨탈리즘』, 박종철출판사, 2005 참조. 그러나 마르크스의 방법이 새로운 인식방식을 생산하는 실천에 있다는 것과 그가 '모든' 부분에서 새로운 인식방식의 생산을 근본적으로 실천했다는 것은 별개의 문제이다.

15 「자본주의 사회에 재한 문학운동의 전개 경향」, 『평론』 1, 98쪽.

16 「赫土」, 『시』, 31쪽.

17 「탱크의 출발」, 위의 책, 43쪽.

18 장 라프랑슈 외, 임진수 역, 『정신분석 사전』, 열린책들, 2005, 482～488쪽 참조.

19 「우산 받은 요꼬하마의 부두」, 『시』, 70～73쪽.

20 「양말 속의 편지」, 위의 책, 74쪽.

21 「우리 오빠와 화로」, 위의 책, 55～57쪽. 이하 「화로」로 표기.

22 「다 없어졌는가」, 위의 책, 65쪽.

23 「시인이여! 일보 전진하자!」, 『평론』 1, 172쪽.

24 채호석, 위의 책, 51～54쪽 참고.

25 이하 김남천 소설은 『맥, 김남천 단편선』(채호석 편, 문학과지성사, 2006)을 출처로 한다. 이 책의 소설을 인용할 경우에는 따로 각주를 달지 않고, 큰따옴표로써 인용임을 표시한다.

26 아래의 「공장신문」, 「공우회」 그리고 「물」과 「남편 그의 동지」 및 '물 논쟁'과 관련된 글은 「'물 논쟁'에 나타난 김남천의 자기반성적 실천 고찰」,(졸고, 『민족문학사연구』 47, 민족문학사연구소, 2011)의 내용을 문맥에 맞게 수정한 것임을 밝힌다. 이에 따로 출처를 표시하지는 않는다.

27 「33년을 통하여 본 현대조선의 시문학」, 『평론』 1, 360～361쪽.

28 「문학시평」, 정호웅 · 손정수 편, 『김남천 전집』 I, 박이정, 2000, 14쪽.

셋째 장, 구체적 인식방식과 식민지 이성의 발아

1 「분화와 전개」, 『평론』 1, 106～115쪽 참조.

2 「착각적 문예이론」, 위의 책, 122～129쪽 참조.

3 박영희, 「무산계급 예술운동의 정치적 역학」, 『제1차 방향전환론과 대중화론』, 353쪽.

4 본부초안, 「무산계급 예술운동에 대한 논강」, 위의 책, 356쪽.

5 김기진, 「대중소설론」, 위의 책, 515쪽 참조.

6 권환, 「무산예술운동의 별고와 장래의 전개책」, 임규찬 · 한기형 편, 『문예운동의 볼세비키화』(카프비평자료 IV), 태학사, 1989, 64쪽; 「조선예술운동의 당면한 구체적 과정」, 같은 책, 203쪽.

7 안막, 「프로예술의 형식문제」, 위의 책, 101쪽.

8 박영희, 「조선프롤레타리아 예술운동의 작금」, 위의 책, 228쪽.

9 「1931년간의 카프예술운동의 정황」, 위의 책, 390쪽; 「1932년을 당하여 조선문학운동의 신단계」, 위의 책, 489쪽.

10 송영, 「1932년의 창작의 실천방법」, 위의 책, 496쪽.

11 한설야, 「변증법적 사실주의의 길로」, 위의 책, 511쪽.

12 백철, 「창작방법 문제」, 위의 책, 556쪽.

13 안함광, 「문예시평」, 위의 책, 577쪽.

14 안막, 앞의 글, 97～103쪽 참조. 권한 역시 같은 맥락에서 "전형적 공식적 인물만 나열하지 말고 심리와 성격의 묘사"를 주문한다. 권환, 앞의 글, 203쪽.

15 권환, 「평범하고도 긴급한 문제」, 『문예운동의 볼세비키화』, 109쪽.

16 안막, 앞의 글, 104쪽.

17 안함광, 「조선프로예술운동의 현세와 혼란된 논단」, 『문예운동의 볼세비키화』, 247쪽.
18 권환, 「무산예술운동의 별고와 장래의 전개책」, 64쪽.
19 안막, 앞의 글, 76쪽.
20 권환, 「조선예술운동의 당면한 구체적 과정」, 202쪽.
21 위의 글, 201쪽 참조.
22 안막, 「마르크스주의 예술비평의 기준」, 『문예운동의 볼세비키화』, 134~145쪽 참조.
23 안막, 「조선 프로예술가의 당면의 긴급한 임무」, 위의 책, 186쪽.
24 한설야, 「사실주의 비판」, 위의 책, 285쪽.
25 「탁류에 항하여」, 『평론』 1, 136~141쪽 참조.
26 신석초, 「문학창작의 고정화에 항하여」, 『문예운동의 볼세비키화』, 372~386쪽. 이하 이 책의 인용에 대한 주석은 별도로 하지 않고, 큰따옴표로 인용문임을 밝힌다. 한 가지 부연하면, 신석초가 인용하는 파제예프에 대한 국내 저서를 아직 구하지 못했기 때문에, 그가 유진이나 로젠딸리와 어떤 학문적 관계를 갖는지 구체적으로 분석하지 못했다. 하지만 신석초가 언급한 내용을 토대로 할 때 파제예프는 "예술작품의 인식특질은 예술가의 '올바른' 이데올로기적 입장으로부터 강제적으로 결과되어 나오는 것이 아니라, 일차적으로는 실재하는 사회 제과정이나 제경향이 예술작품 속에서 어느 만큼 '진리에 충실하게' 반영되는가 하는 점에 따라 달라진다"는 로젠딸리의 견해에 속하는 것으로 보인다. 홀거 지이겔, 정재경 역, 『소비에트 문학이론』, 연구사, 1988, 194~197쪽 참조.
27 신석초, 「예술적 방법의 정당한 이해를 위하여」, 『문예운동의 볼세비키화』, 441~457쪽. 이하 이 책의 인용에 대한 주석은 별도로 하지 않고, 큰따옴표와 직접인용 표시로 인용문임을 밝힌다.
28 송영, 「1932년의 창작의 실천방법」, 위의 책, 504~505쪽 참조.
29 유문선은 신석초의 유물변증법적 창작방법의 논리가 '문학예술의 방법 = 가면박탈 = 리얼리즘의 성립'으로 귀결되며, 이것은 '작가의 세계관의 체득'으로 이어진다고 봄으로써 유물변증법적 창작방법에 대한 정확한 이해에 도달하고 있다. 유문선, 「1930년대 초반 '유물변증법적 창작방법' 논의에 관하여」, 『관악어문연구』 15, 서울대학교, 1990, 218쪽. 그러나 그는 이러한 논리적 귀결은 소련 라프의 것이고, 신석초의 글을 해석하면서는 '우경화의 계기'였다고 분석한다. 이것은 신석초가 본질을 파악하기 위해서 '복잡다양한 현상'에 대한 파악이 필요하다고 한 이유를 미처 파악하지 못했기 때문으로 보인다.
30 알렉스 캘리니코스, 앞의 책, 64~67쪽 참조.
31 마르크스, 「포이에르바하에 관한 테제들」, 『칼 마르크스／프리드리히 엥겔스 저작선집』 제1권, 185~189쪽. 「포이에르바하에 관한 테제들」의 내용은 이 책에서 인용하기 때문에 따로 주석을 달지 않는다.
32 '고발'과 '폭로'는 의도적으로 사용한 것이다. 김남천의 '고발'론의 이론적 근거를 제시하기 위해서이다.
33 마르크스, 「독일 이데올로기」, 『칼 마르크스／프리드리히 엥겔스 저작선집』 제1권, 220쪽.
34 위의 글, 202쪽.
35 위의 글, 211쪽.

36 위의 글, 204쪽.

37 위의 글, 212쪽.

38 위의 글, 215쪽.

39 서동욱에 따르면 서구철학에서 타자 문제가 최대 현안으로 대두된 것은 1960년대라고 한다. "1960년대 이루어진 이 모든 철학적 업적들은, 대상 세계의 최후 근거로서의 초월적 주체에서 눈길을 돌려, 타자의 개입을 통해 비로소 발생하는 주체를 그리고자 했다." 서동욱, 『차이와 타자』, 문학과지성사, 2008, 218쪽. 서동욱은 레비나스와 들뢰즈의 타자이론을 분석하고, 세 쌍의 결론을 이끌어낸다. ① 타자의 현존은 주체의 발생을 가능하게 한다는 점에서 '존재론적' 관점, ② 타자의 현존은 주체의 상관자로서 대상 세계의 출현을 가능케 한다는 점에서 '우주론적' 관점, ③ 타자의 현존은 성적 차이를 수립하고 그에 따라 성적 욕망의 대상을 분별해준다는 점에서 '정신분석학적' 관점이 그것이다. 위의 책, 158쪽 참조. 그런데 필자의 견해로는, '타자'의 문제는 1930년대 식민지 지식인들에게 최대의 문제였고, 이와 관련하여 ④ 타자의 현존은 주체의 위치를 대상화함으로써 논리계형을 구분하게 한다는 '인식론적' 관점이 추가되어야 한다고 생각한다.

40 이현식은 「물」에서 김남천의 소설 문법이 달라졌다고 규정한다. 이현식, 「한국 근대문학사를 바라보는 한 관점」, 『우리어문연구』 17, 우리어문학회, 2001. 달라진 소설 문법을 이 글에서는 '구체적 인식방식'으로 명명한다.

41 「문학시평」, 14쪽.

42 아래의 '물 논쟁'과 관련된 글은, 「'물 논쟁'에 나타난 김남천의 자기반성적 실천 고찰」(졸고, 『민족문학사연구』 47, 민족문학연구소, 2011)을 문맥에 맞게 수정한 것으로, 이에 이하 인용문에 주석을 따로 하지는 않는다.

43 「6월 중의 창작」, 『평론』 1, 261쪽.

44 「임화적 창작평과 자기비판」, 『김남천 전집』 I, 50쪽.

45 「문학시평」, 위의 책, 13~15쪽 참조.

46 위의 글, 15~16쪽.

47 「창작방법에 있어서의 전환의 문제」, 『김남천 전집』 I, 71쪽.

48 「임화적 창작평과 자기비판」, 49쪽.

49 위의 글, 50쪽.

50 「당면과제의 인식」, 『김남천 전집』 I, 62쪽.

51 채호석, 앞의 책, 48쪽.

52 「문학적 치기를 웃노라」, 『김남천 전집』 I, 57쪽.

53 「창작과정에 대한 감상」, 위의 책, 78쪽.

54 「임화에 관하여」, 위의 책, 41쪽.

55 위의 글, 39쪽.

56 「6월 중의 창작」, 262~263쪽.

57 「현대문학의 제 경향」, 『평론』 1, 445쪽.

58 「1932년을 당하여 조선문학 운동의 신단계」, 201~204쪽 참조.

59 위의 글, 174쪽.

60 위의 글, 175쪽.
61 「33년을 통하여 본 현대 조선의 시문학」, 359～361쪽.
62 「시인이여! 일보 전진하자」, 174쪽.
63 「집단과 개성의 문제」, 『평론』 1, 421～422쪽.
64 위의 글, 439쪽.
65 「낭만적 정신의 현실적 구조」, 임화문학예술전집편찬위원회 편, 『문학의 논리』(문화문학예술전집 3), 소명출판, 2009, 13～29쪽 참조.
66 위의 글, 17～18쪽.
67 위의 글, 23쪽.
68 위의 글, 19～20쪽.
69 위의 글, 28～29쪽.
70 위의 글, 29쪽.
71 위의 글, 21쪽.
72 위의 글. 임화문학예술전집 편찬자들이 생략하거나 수정한 것들을 원발표문대로 적었다.
73 「위대한 낭만적 정신」, 『평론』 1, 30쪽.
74 위의 글, 33쪽.
75 위의 글, 32～33쪽.
76 1935년 임화는 「조선신문학사 서설」을 발표한다. 이 글 역시 사적유물론에 입각해서 쓴 글로써 매우 정치하게 이인직으로부터 『고향』에 이르는 문학사를 사회적 조건에서 설명한다. 필자는 이것에 대해 나름대로 정리한 바가 있는데, 이 글에서 「서설」에 나타난 임화의 문학적 관점이 '낭만주의 계열'과 '사실주의 계열'의 분리와 통일에 있음을 논증했다. 졸고, 「임화 비평의 탈식민성 연구」, 한국외대 석사논문, 2007, 78쪽 참조.
77 「주리라 네 탐내는 모든 것을」, 『시』, 94～102쪽.
78 「다시 네거리에서」, 위의 책, 117～119쪽.
79 「세월」, 위의 책, 86～88쪽.

넷째 장, 김남천, 식민지 이성의 전개 과정

1 「창작방법에 있어서의 전환의 문제」, 『김남천 전집』 I, 69쪽 참조.
2 위의 글, 64쪽.
3 「지식계급 전형의 창조와 『고향』 주인공에 대한 감상」, 『김남천 전집』 I, 95쪽.
4 위의 글, 87～88쪽.
5 위의 글, 86쪽 참조.
6 위의 글, 94쪽.
7 「창작과정에 대한 감상」, 74쪽.
8 「지식계급 전형의 창조와 『고향』 주인공에 대한 감상」, 95쪽 참조.
9 위의 글, 96쪽.

10 위의 글.
11 위의 글, 92쪽.
12 위의 글, 94~95쪽.
13 위의 글, 88~89쪽.
14 위의 글, 97쪽.
15 「고발의 정신과 작가」, 『김남천 전집』 I, 231쪽.
16 위의 글.
17 「창작방면의 신국면」, 『김남천 전집』 I, 237~240쪽.
18 위의 글, 243쪽.
19 한자경, 앞의 책, 36쪽 참조.
20 「최근 평단에서 느낀 바 몇 가지」, 『김남천 전집』 I, 262쪽.
21 「창작방법의 신국면」, 239쪽.
22 「최근의 창작」, 『김남천 전집』 I, 106쪽.
23 「지식인의 자기 분열과 불요불굴의 정신」, 위의 책, 247쪽.
24 「임화적 창작평과 자기 비판」, 위의 책, 49쪽.
25 「유다적인 것과 문학」, 위의 책, 307쪽.
26 위의 글, 310쪽.
27 위의 글, 312쪽.
28 위의 글, 308쪽.
29 위의 글, 305쪽.
30 위의 글, 304~305쪽
31 「자기분열의 초극」, 『김남천 전집』 I, 324쪽.
32 「유다적인 것과 문학」, 305~306쪽.
33 위의 글, 310쪽.
34 위의 글, 307쪽.
35 위의 글, 308쪽.
36 위의 글, 311쪽.
37 「자기분열의 초극」, 326쪽.
38 「유다적인 것과 문학」, 308쪽.
39 「도덕의 문학적 파악—과학 · 문학과 모랄개념」, 『김남천 전집』 I, 347쪽.
40 「유다적인 것과 문학」, 311쪽.
41 「일신상 진리와 모랄」, 『김남천 전집』 I, 355쪽.
42 위의 글, 358~359쪽.
43 「세태 · 풍속 묘사 기타」, 『김남천 전집』 I, 362~363쪽.
44 「일신상 진리와 모랄」, 358~359쪽.
45 위의 글, 363쪽.
46 위의 글, 359~360쪽.

47 위의 글, 361쪽.
48 위의 글, 360쪽.
49 위의 글, 361쪽.
50 「자기분열의 초극」, 328쪽.
51 위의 글, 329쪽.
52 위의 글, 330쪽.
53 「11월 창작평」, 『김남천 전집』 I, 290~293쪽.
54 「조선적 장편소설의 일고찰」, 위의 책, 276~289쪽 참조.
55 「창작방법의 신국면」, 239쪽.
56 「조선적 장편소설의 일고찰」, 281~282쪽.
57 위의 글, 282쪽. 고전문학에 대한 연구가 진전된 지금의 관점에서 보면 김남천의 주장은 수정되어야 한다. 왜냐하면 조선 후기에는 수다한 장편소설이 가문소설의 형태로 발전되었고, 또 판소리계소설이나 『춘향전』과 같은 작품들이 존재했기 때문이다. 그럼에도 불구하고 김남천이 로만 개조를 요구하는 이유는 당대를 전환기로 규정하기 때문으로 보인다.
58 위의 글, 288쪽.
59 「모랄의 확립」, 『김남천 전집』 I, 373쪽.
60 위의 글, 373쪽.
61 이 소설들을 고발론과 모럴론으로 구분하는 것은 쉽지 않다. 왜냐하면 고발론도 김남천의 윤리의식을 전제하고 있기 때문이다. 그러나 모럴론에서 원인의 주체화가 이루어지고 있다는 점에서 고발론쪽에 가깝다고 할 수 있다. 이런 점에서 「무자리」는 모럴론의 반영으로 볼 수 있다.
62 「현대 조선소설의 이념」, 『김남천 전집』 I, 402쪽.
63 김남천, 『대하』, 신원문화사, 2005. 이하 이 소설의 인용은 이 책을 출처로 한다. 이에 따로 출처를 표기하지 않고 따옴표로 대신한다.
64 마르크스, 『자본』 I-1, 208~211쪽 참조.
65 위의 책, 248쪽.
66 위의 책.

다섯째 장, 임화, 타자 경험과 비평의 위치

1 「가을 바람」, 『시』, 128~129쪽.
2 「최후의 염원」, 위의 책, 138~139쪽.
3 「야행차 속」, 위의 책, 149~150쪽.
4 「상륙」, 위의 책, 184~187쪽.
5 「해협의 로맨티시즘」, 위의 책, 151~154쪽.
6 삼등선실의 식민지 원주민의 '얼굴', '남도 사투리'는 임화에게 타자로서 경험되었는데,

이것은 레비나스의 타자와 유사하다. "레비나스의 초월이란 바로, 고통받는 얼굴의 모습으로 나타나는 절대적인 타자, 규정 불능의 무한자와 관계함을 말한다. 왜냐하면 나는 나에게 전념하기를 그만두고, 나와 전혀 다른 자에게로 가서 그의 윤리적 요구에 전념하게 되기 때문이다." 서동욱, 앞의 책, 144쪽.

7 「내 청춘에 바치노라」, 『시』, 163～164쪽.
8 「지도」, 위의 책, 165～167쪽.
9 「현해탄」, 위의 책, 190쪽, 부분인용.
10 「작가의 '눈'과 문학의 세계」, 『문학의 논리』, 244쪽.
11 위의 글, 245쪽.
12 「사실주의의 재인식」, 『문학의 논리』, 72쪽 참조.
13 위의 글, 79～81쪽 참조.
14 위의 글, 80쪽.
15 위의 글, 83쪽.
16 위의 글, 79쪽.
17 위의 글, 83쪽.
18 위의 글, 83～84쪽.
19 위의 글, 84쪽.
20 「주체의 재건과 문학의 세계」, 『문학의 논리』, 50쪽.
21 위의 글, 55～56쪽.
22 위의 글, 57쪽.
23 위의 글, 62쪽.
24 「작가와 문학의 잉여의 세계」, 『문학의 논리』, 560～561쪽.
25 위의 글, 567～570쪽.
26 「현대문학의 정신적 기축」, 『문학의 논리』, 97～98쪽.
27 위의 글, 102쪽.
28 위의 글.
29 「주체의 재건과 문학의 세계」, 『문학의 논리』, 60～62쪽 참조.
30 「현대문학의 정신적 기축」, 위의 책, 102쪽.
31 헤겔에게서 기원하는 것으로, 하나의 정립에 대하여 이에 반하는 반정립이 나타나고, 다음에 이를 종합한 제3의 것이 나타난다는 3단계의 발전을 가지고 세계의 제 현상을 설명한다. 임석진, 앞의 책, 720쪽, 'Triade' 조항 참고.

여섯째 장, 차이의 유물론과 혼재성

1 「소설의 당면 과제」, 『김남천 전집』 I, 507쪽.
2 이기영, 『신재지』(한국근현대민족문학총서 4), 도서출판 풀빛, 1989, 440쪽 참조.
3 「성격과 편집광의 문제(발자크 연구 노트 2)」, 『김남천 전집』 I, 550～552쪽.

4 모럴과 모럴의 근거는 분명 구분되어야 하는 개념이다. 김남천에게 모럴은 작가의 태도로서의 리얼리즘에 해당되고, 모럴의 근거는 이러한 태도가 가능한 조건이기 때문이다. 그러나 이하에서는 이 둘의 구분을 전제한 채, '모럴'이라는 용어로 양자를 통일해서 쓰고자 한다. 이편이 논의 전개의 편의에 도움이 되고, 모럴은 모럴의 근거를 통해서만 성립된다는 점에서 큰 낙차는 없을 것 같기 때문이다. '유다적인 것'을 '유다'로 고쳐 쓰는 이유는 다만 논의의 편의 때문이다.

5 「관찰문학소론」(발자크연구노트 3), 『김남천 전집』 I, 596쪽.

6 「체험적인 것과 관찰적인 것(발자크 연구4)」, 『김남천 전집』 I, 605~607쪽.

7 위의 글, 608쪽.

8 「세태 · 풍속 묘사 기타」, 364쪽. 이 말은 관찰문학론을 제기하기 전의 것이지만, 김남천의 사상성 경향이 마르크시즘에 있다고 할 때, 관찰문학론에 와서 이것을 실현할 수 있는 방법을 발견하는 것으로 해석하는 편이 정당해 보인다.

9 「관찰문학소론 (발자크 연구 노트 3)」, 『김남천 전집』 I, 597쪽.

10 위의 글, 598쪽.

11 위의 글.

12 「체험적인 것과 관찰적인 것(발자크 연구 노트 4)」, 601쪽.

13 위의 글, 610쪽.

14 「소설의 장래와 인간성 문제」, 『김남천 전집』 I, 715~716쪽.

15 「두 의사의 소설」, 『김남천 전집』 I, 725쪽.

16 졸고, 「전환기의 사상, 리얼리즘의 조건」, 『민족문학사연구』 44, 민족문학사연구회, 2010. 이하 『사랑의 수족관』에 대한 분석은 이 논문에 의거하기 때문에 따로 출처를 표기하지 않는다.

17 지금까지의 「경영」 연작에 대한 해석도 전자에 한정되어 있었다고 본다. 채호석은 그간 「경영」 연작에 대한 연구가 오시형의 전향 논리와 그를 부정하는 이관형의 논리를 중심으로 진행되었으나, "최무경은 매개적인 인물이 아니라 소설의 중심에 놓인 인물이고, 오히려 오시형과 이관형이 매개적인 존재로서 파악될 수도 있다"고 보았다. 채호석, 위의 책, 198쪽 참조. 이 글 역시 최무경이 중심인물이라고 생각한다. 다만, 채호석은 최무경이 오시형과 이관형을 매개로 '이행'한다고 보고 이를 해명하는 쪽이라면, 이 글은 최무경이 '남겨진 사랑'을 어떻게 수용하고 처리하는지를 중심에 놓는다.

18 「본격소설론」, 『문학의 논리』, 291쪽. 원 제목은 '「최근 조선소설계의 전망」'이지만, 편찬자들의 뜻에 따라 '「본격소설론」'으로 지칭한다.

19 위의 글, 305쪽.

20 위의 글, 299~300쪽.

21 위의 글, 297쪽.

22 "춘원의 문학이 갖는 경향성의 불철저함은 조선 부르주아지의 행동적 불철저성과 병존하는 것이나, 그 사상이 문학적 표현을 입은 시기가 상기한 바와 같이 아직 그들이 계급의 다소간이나마 행동적 조류 가운데 섰을 때에 미리 자기를 제한하였다는 의미에서 그 진보성이 '심히 적음'을 지적할 수 있는 것이다." 「조선 신문학사론 서설」, 임화문학

예술전집편찬위원회 편, 『문학사』(임화문학예술전집 2), 소명출판, 2009, 396쪽.

23 「본격소설론」, 294쪽.

24 위의 글, 297쪽.

25 그런데 양쪽이 소설 형식의 완성을 추구했음에도, 결국 미완으로 그치고 말았다. 그 이유에 대해 임화는 민족주의문학은 '근대정신'의 미비로 인해서 소설 형식을 완성할 수 없었고, 사회주의문학은 형식의 완성을 경시했기 때문이라고 주장한다. 하지만 근대정신의 확립은 '내용'에 있어서 완결된다는 것을 근거로 사회주의문학의 가치를 높게 평가한다. 위의 글, 296쪽 참조.

26 위의 글, 297쪽.

27 위의 글, 296쪽.

28 위의 글, 291쪽.

29 위의 글, 295쪽.

30 위의 글, 299쪽.

31 위의 글, 300쪽.

32 위의 글, 303~304쪽.

33 위의 글, 301~303쪽.

34 위의 글, 298쪽.

35 위의 글.

36 위의 글, 299쪽.

37 위의 글, 301쪽.

38 위의 글, 303쪽. 임화의 사회비평에서도 비주체성은 주제로 다루어지고 있다. 임화는 피서 가는 사람들이 자신과 "국경을 달리한 세계의 주민"처럼 생각되었다고 말한다. "영양부족과 과로에 꼬치꼬치 마르고 그 위엔 누렇게 뜬 피부만이 덮힌 알뜰한 육체에다 해수욕복을 입고도 제법 물속에서 무엔척 태연자약한 광경은 하나의 슬픈 『아이러니컬』 풍경이라 아니할 수 없다." 「때를 기다리는 월세계 여행」, 『조선일보』, 1938.8.11. 마치 세태소설 작가들이 서구의 정신을 조선의 정신으로 착각하는 것과 같다.

39 위의 글, 296쪽.

40 위의 글, 298~299쪽.

41 「전체주의의 문학론」, 『문학의 논리』, 600~606쪽

42 「개설 신문학사」는 1939.9~1940.11 기간 동안 여러 잡지에 연재된 글을 통칭하는 말이다. 『문학사』의 편찬에 따라, 이하 인용문의 구체적인 발표 시기는 따로 언급하지 않는다. 그리고 「개설 신문학사」에 관한 이하의 내용은 「『신문학사』와 『한국문학사』의 동일성 소고」(졸고, 『상허학보』 28, 2010)를 본론에 맞게 수정, 보완한 것으로 따로 출처를 표기하지 않는다.

43 「개설 신문학사」, 『문학사』, 192~193쪽.

44 분량상 임화가 분석한 신소설을 모두 게재할 수 없기 때문에 대표적인 『치악산』 분석만 다루었다. 나머지 신소설에 대한 임화의 분석은 졸고, 「임화 비평의 탈식민성 연구」, 한국외대 석사논문, 2007, 128~139쪽 참조.

45 위의 글, 194쪽.

46 「개설 신문학사」, 138쪽.

47 언어와 사상의 관계에 대한 임화의 관심은 1936년 무렵부터 확인된다. 「문학과 행동의 관계」(『조선일보』, 1936.1)에서 임화는 언어와 사유, 노동의 동일기원설을 주장하며, 「조선어와 위기하의 조선문학」(『조선중앙일보』, 1936.3)에서는 "최량의 『민족문학』만이 최량의 민족어를 소유할 수가 있"는 전제로, 아일랜드인이 영어로 사유하고 문학적으로 이야기하는 것은 영국문화의 일부분에 불과할 뿐이라고 주장한다. 임화의 언어론은 헤겔의 '주인과 노예의 변증법'과 관련된다. 졸고, 「『신문학사』와 『한국문학사』의 동일성 소고」, 2010, 226~229쪽 참조.

48 임화는 신문학의 발단 단계를 '구소설과 가사창곡→신소설과 창가→신문학'으로 설정하고, 이러한 양식의 교체가 "평민화하는 귀족과 신흥하는 평민"의 계급 교체와 상동적임을 논증한다. 곧 새로운 문학 양식의 변모를 새로운 문학 담당층의 교체로 설명하고 있으며, 새로운 문학 담당층의 발생을 지배계급의 세계관과 다른 그들 고유의 언어의 발견으로 설명한다. 이 고유의 언어로서 조선어는 서구와 같은 경로를 밟지 못하고, "외적인 압력"으로 인해 다만 절충적인 과도기적 형태를 밟음으로써, 신소설과 같은 과도기적 양식으로 표출되었다고 주장한다. 졸고, 위의 글, 233~235 참조.

49 「신문학사의 방법」, 『문학사』, 662쪽.

50 위의 글, 652쪽. 임화는 방법론의 요소로서, ① 정신적 토대로서의 조선문학, ② 자본주의 발달사 및 민중운동사 등의 토대, ③ 서구와 일본문학의 유입의 경로 및 영향관계, 그리고 ④ 전통 및 ⑤ 양식 등을 거론한다. 이것을 '근대정신'과 관련지으면, '근대정신'은 ⑤ 양식으로 표현되는데, 이 양식은 ③ 서구와 일본문학이 이식된 것이지만 ① 근대조선어문학의 정신적 토대로서 조선문학은 ④ 이식문화와 교섭하면서 전통으로 부활되어 '신문학을 외국문학으로부터 구별하는 형식과 내용이 된다.

51 위의 글, 658쪽.

52 위의 글, 660쪽.

53 위의 글, 651쪽.

54 위의 글, 661쪽.

55 「역사 · 문화 · 문학」, 『문학의 논리』, 576쪽.

56 이러한 서술 양식을 취하는 이유는 이 글은 거의 증후적 양상을 보이기 때문이다. 필자의 능력 문제이거나 혹은 초월적 위치에 둔 보편성을 반성하지 못한 임화의 문제일 것이다. 후자 쪽이라면 서구중심주의는 증후의 원인으로 보인다.

57 「역사 · 문화 · 문학」, 579~580쪽 참조.

58 "근대문화의 위기가 어떠한 사상으로 극복되느냐 하는 역사적인 내용이 현대적인 혼란의 원동력이기 때문이다. 그러기 때문에 우리는 현재 서구에서 보는 바와 같은 혹은 동양에서 볼 수 있는 다기의 철학을 일시에 읽어야 할 괴로운 의무를 걸머지고 있는 것이다." 「카톨릭시즘」과 현대정신」, 『문학의 논리』, 593쪽.

59 임화의 혼재성은 분명 바바의 '혼성성'을 연상시킨다. 이것은 임화에 대한 새로운 관점으로 새로운 연구가 필요함을 보여준다고 생각된다. 하정일은 혼성성이 임화의 이식문학론과 다른 점은, "임화가 주체적 민족문학의 건설로 나아간 데 비해 혼성개념은 그 자

체로 자족적"이라는 것에 있다고 하였다. 하정일, 「복수의 근대와 민족문학」, 『민족문학사연구』 17, 민족문학연구소, 2000.

60 「비평의 고도」, 『문학의 논리』, 559쪽.

61 「전체주의의 문학론」, 위의 책, 608쪽.

62 「『대지』의 세계성」, 위의 책, 622~623쪽.

63 「일본 농민문학의 동향」, 위의 책, 642쪽.

64 고모리 요이치, 송태욱 역, 『포스트 콜로니얼, 식민지적 무의식과 식민주의적 의식』, 삼인, 2002, 24~36쪽 참조.

65 「19세기의 청산」, 『문학의 논리』, 617~618쪽.

66 「문학의 제문제」, 『문장』, 1940.

일곱째 장, 이중구속을 넘어서

1 『자본』 I-1, 251쪽.

2 "임금 노동, 프롤레타리아의 노동은 프롤레타리아에게 소유를 만들어 주는가? 결코 그렇지 않다. 그 노동은 자본, 즉 임금 노동을 착취하는 소유, 새로운 자본에 의해 임금 노동을 착취하기 위하여 새로운 임금 노동을 만들어 낸다는 조건하에서만 증식할 수 있는 소유를 만들어낸다. 소유는 오늘날의 형태에 있어서는 자본과 임금 노동의 대립 속에서 운동한다." 「공산주의당 선언」, 『칼 맑스/프리드리히 엥겔스 저작선집』 제1권, 413쪽.

3 베이트슨, 앞의 책, 152~153쪽.

4 위의 책, 336~337쪽 참조.

5 혁명의 조건은 계급이기 때문에, 이런 관점에서 소수자들이 혁명을 일으키기 위해서는, 소수자가 아니라 소수자계급이 되어야만 하는데, 그것은 난망해 보인다. 혁명은 분쟁이 아니다.

6 「독일 이데올로기」, 『칼 맑스/프리드리히 엥겔스 저작 선집』 1권, 226쪽.

7 위의 글, 228쪽.

8 「헤겔 법철학의 비판을 위하여」, 『칼 마르크스/프리드리히 엥겔스 저작선집』 제1권, 15쪽.

9 「독일 이데올로기」, 220쪽.

10 알렉스 캘리니코스, 정성진 · 정진상 역, 『알렉스 캘리니코스가 쓴 마르크스의 사상』, 북막스, 2004, 119쪽.

11 「독일 이데올로기」, 220쪽.

12 「공산주의당 선언」, 433쪽.

참고문헌

1. 기본 자료

김남천, 『사랑의 수족관』, 인문사, 1940.

______, 이명재 편, 『김남천－등불 외』, 한국학술정보, 2002.

______, 정호웅·손정수 편, 『김남천 전집 』I, 박이정, 2000.

______, 『대하』, 신원문화사, 2005.

______, 채호석 편, 『맥, 김남천 단편선』, 문학과지성사, 2006.

임　화, 임화문학예술전집편찬위원회 편, 『시』 임화문학예술전집 1, 소명출판, 2009.

______________________________, 『문학사』 임화문학예술전집 2, 소명출판, 2009.

______________________________, 『문학의 논리』 임화문학예술전집 3, 소명출판, 2009.

______________________________, 『평론』 1 임화문학예술전집 4 소명출판, 2009.

______________________________, 『평론』 2 임화문학예술전집 5, 소명출판, 2009.

임규찬·한기형 편, 『프로문학의 성립과 신경향파』 카프비평자료총서 II, 태학사, 1989.

______________, 『제1차 방향전환론과 대중화론』 카프비평자료 III, 태학사, 1989.

______________, 『문예운동의 볼세비키화』 카프비평자료 IV, 태학사, 1989.

______________, 『카프 해산기의 동향과 쟁점』 카프비평자료총서 V, 태학사, 1990.

______________, 『카프 해산기의 창작방법 논쟁』 카프비평자료총서 VI, 태학사, 1990.

______________, 『카프 해산후의 문예동향』 카프비평자료총서 VII, 태학사, 1990.

이외 일제시대 신문·잡지.

2. 사전류

임석진 외, 『철학사전』, 중원문화, 1999.
장 라프랑슈 외, 임진수 역, 『정신분석 사전』, 열린책들, 2005.
한용환, 『소설학사전』, 고려원, 1992.

3. 단행본

강만길 외, 『일본과 서구의 식민통치 비교』, 선인, 2004.
경상대학교 사회과학연구소 편, 『마르크스의 방법론과 가치론』, 한울, 2000.
고부응 편, 『탈식민주의－이론과 쟁점』, 문학과지성사, 2005.
권영민, 『한국 현대문학사』 1, 민음사, 2005.
김수행, 『『자본론』의 현대적 해석』, 서울대 출판부, 2002.
김영민, 『한국 근대문학비평사』, 소명출판, 1999.
김외곤, 『한국 근대 리얼리즘문학 비판』, 태학사, 1995
김운태, 『일본제국주의의 한국통치』, 박영사, 1986.
김윤식, 『한국 근대문예 비평사 연구』, 일지사, 1984.
______, 『임화 연구』, 문학사상사, 2000.
김재용 외, 『한국 근대민족문학사』, 한길사, 1993,
김형효, 『하이데거와 마음의 철학』, 청계출판사, 2000.
문학과사상연구회, 『임화 문학의 재인식』, 소명출판, 2004.
박정일, 『튜링&괴델, 추상적 사유의 위대한 힘』, 김영사, 2010.
방기중, 『한국근현대 사상사 연구』, 역사비평사, 1993.
방기중 편, 『일제하 지식인의 파시즘체제 인식과 대응』, 혜안, 2005.
백　철, 『신문학 사조사』 중판, 신구문화사, 2003.
서동욱, 『차이와 타자』, 문학과지성사, 2008.
이선일 편역, 『마르크스 · 레닌주의의 실천논쟁』, 거름, 1989.
임화문학연구회, 『임화 문학 연구』 2, 소명출판, 2011.
____________, 『임화 문학 연구』 3, 소명출판, 2012.
정문길 · 한동원 편, 『헤겔』, 고려대 출판부, 1990.

정명중,『육체의 사상, 사상의 육체』, 문학들, 2008.
차승기,『반근대적 상상력의 임계들』, 푸른역사, 2009.
채호석,『한국 근대문학과 계몽의 서사』, 소명출판, 1999.
최원규 편,『일제 말기 파시즘과 한국사회』, 청아출판사, 1998.
하정일,『탈식민의 미학』, 소명출판, 2008.
한자경,『헤겔 정신현상학의 이해』, 서광사, 2009.

가라타니 고진, 박유하 역,『일본 근대문학의 기원』, 민음사, 1997.
__________, 송태욱 역,『트랜스크리틱』, 한길사, 2005.
고모리 요이치, 송태욱 역,『포스트 콜로니얼, 식민지적 무의식과 식민주의적 의식』, 삼인, 2002.
다네마르크, 베르트 외, 이기홍 역,『새로운 사회과학방법론』, 한울, 2009.
들뢰즈, 질 · 펠릭스 가타리, 김재인 역,『천 개의 고원』, 새물결, 2003.
레닌, V. I., 남상일 역,『제국주의론』, 백산서당, 1988.
________, 이길주 역,『레닌의 문학 예술론』, 논장, 1988.
마르크스, 강신준 역,『자본』I-1, 도서출판 길, 2012.
마르크스 · 엥겔스,『칼 마르크스/프리드리히 엥겔스 저작 선집』1권, 박종철출판사, 2005.
뮤니츠, M. K., 박영태 역,『현대 분석 철학』, 서광사, 1997.
바스카, 로이, 이기홍 역,『비판적 실재론과 해방의 사회과학』, 후마니타스, 2007.
베이트슨, 그레고리, 박지동 역,『정신과 자연』, 까치, 1990.
볼프, 미하엘, 김종기 역,『모순이란 무엇인가』, 동녘, 1997.
브룩스 외, 이경수 외역,『신비평과 형식주의』, 고려원, 1999.
사럽, 마단, 김해숙 역,『알기 쉬운 자끄 라깡』, 백의, 1996.
샤프, 아담, 김영숙 역,『인식론 입문』, 연구사, 1990.
아나파셰프, V. G., 김성환 역,『변증법적 유물론』, 백두, 1981.
아이히호른 외, 윤정윤 외 역,『변증법적 유물론』, 동녘, 1990.
앤더슨, 베네딕트, 윤형숙 역,『상상의 공동체』, 나남출판, 2006.
영, 로버트 J. C., 김택현 역,『포스트식민주의 또는 트리컨티넨탈리즘』, 박종철출판사, 2005.
우치다 타츠루, 이경덕 역,『푸코, 바르트, 레비스트로스, 라캉 쉽게 읽기』, 갈라파고스, 2012.
윌리엄스, 레이먼드, 박만준 역, 『마르크스주의와 문학』, 지식을만드는지식, 2009.
이스라엘, J., 황태연 역, 『변증법』, 까치, 1990.
蔣孔陽, 김일평 역, 『형상과 전형』, 사계절출판사, 1987.
지이겔, 홀거, 정재경 역, 『소비에트 문학이론』, 연구사, 1988.
카울바하, F., 백종현 역, 『칸트 비판철학의 형성과정과 체계』, 서광사, 1992.
캘리니코스, 알렉스, 정남영 역, 『현대철학의 두 가지 전통과 마르크스주의』, 갈무리, 1996.
________________, 정성진 · 정진상 역, 『알렉스 캘리니코스가 쓴 마르크스의 사상』, 북막스, 2004.
코올, 스테판, 여균동 역, 『리얼리즘의 역사와 이론』, 한밭출판사, 1982.
코프닌, 김현근 역, 『마르크스주의 인식론』, 이성과현실사, 1988.
푸코, 미셸, 이규현 역, 『성의 역사』 1, 나남출판, 2005.
플라메나쯔, 존, 진덕규 역, 『이데올로기란 무엇인가』, 까치, 1984.
Bigsby, C. W. E., 박희진 역, 『다다와 초현실주의』, 서울대 출판부, 1987.
Fiedler, F. 외, 문성화 역, 『변증법적 유물론』, 계명대 출판부, 2009.
Hawkes, Terence, 심명호 역, 『은유』(개정판), 서울대 출판부, 1986.
Said, Edward W., 박홍규 역, 『오리엔탈리즘』, 교보문고, 2011.

4. 논문

구재진, 「1930년대 사회주의 비평과 조선인식」 『민족문학사연구』 31, 2006.
고창택, 「메타 비판적 변증법에서 비판 실재론적 변증법으로」, 『철학연구』 108, 2008.
권성우, 「임화 시에 나타난 탈식민성 연구」, 『한국문예비평연구』 24, 2007.
_____, 「임화의 메타비평연」, 『상허학보』 19, 2007.
김성연, 「김남천 「祭退膳」 연구」, 『한민족문화연구』 17, 2005.
김예림, 「초월과 중력, 한 근대주의자의 초상」, 『한국 근대문학 연구』 9, 2004.
김지형, 「임화 비평의 탈식민성 연구」, 한국외대 석사논문, 2007.
_____, 「전환기의 사상, 리얼리즘의 조건」, 『민족문학사연구』 44, 2010.
_____, 「『신문학사』와 『한국문학사』의 동일성 소고」, 『상허학보』 28, 2010.

______, 「'물 논쟁'에 나타난 김남천의 자기반성적 실천 고찰」, 『민족문학사연구』 47, 2011.
김현향, 「임화의 신문학사 인식과 전통」, 『민족문학사연구』 38, 2008.
김홍식, 「소설개조론 연구」, 『비평문학』 37, 2010.
류보선, 「1930년대 후반기 한국문학비평 연구」, 서울대 박사논문, 1995.
박정선, 「임화 시의 시적 주체 변모 과정 연구」, 경북대 박사논문, 2005.
서경석, 「1930년대 문학비평에 나타난 '탈근대성' 연구」, 『한국학보』 84, 1996.
______, 「1930년대 후반의 카프」, 『어문학』 66, 1999.
______, 「김남천의 발자크 연구노트론」, 『인문예술논총』 19, 1999.
손유경, 「임화의 유물론적 사유에 나타나는 주체의 위치」, 『한국 현대문학 연구』 24, 2008.
신두원, 「임화의 현실주의론 연구」, 서울대 석사논문, 1991.
신재기, 「임화의 '주체 재건론' 비판」, 『한국 근대문학비평가론』, 월인, 1999.
손미란, 「김남천의 신문연재소설 연구」, 영남대 박사논문, 2012.
신승엽, 「이식과 창조의 변증법」, 『창작과비평』 73, 1991.
유문선, 「1930년대 초반 '유물변증법적 창작방법' 논의에 관하여」, 『관악어문연구』 15, 1990.
이경덕, 「탈식민주의와 주인과 노예의 변증법」, 『비평과이론』 6권 1호, 2001.
이경훈, 「임화의 1930년대 후반기 시 연구」, 『비평문학』 7, 1993.
이기홍, 「사회연구에서 가추와 역행추론의 방법」, 『사회와역사』 80, 2008.
이상경, 「임화의 소설사론에 대한 비판적 검토」, 『창작과비평』 69, 1988.
이성혁, 「1920년대 한국 근대시의 전위성 연구」, 한국외대 박사논문, 2007.
이태훈, 「1930년대 후반 '좌파지식인'의 전체주의 인식과 한계」, 『역사문제연구』 24, 2010.
이현식, 「관조주의적 미학과 리얼리즘의 가능성」, 『현상과인식』 62, 1994.
______, 「1930년대 후반 한국문예비평이론 연구」, 연세대 박사논문, 1995.
이 훈, 「1930년대 임화의 문학론 연구」, 서울대 박사논문, 1993.
임환모, 「1930년대 한국문학 비평 연구」, 전남대 박사논문, 1992.
장성규, 「카프문인들의 전향과 대응의 논리」, 『상허학보』 22, 2008.
전 철, 「그레고리 베이트슨의 정신의 생태학」, 『철학연구』 86, 2009.
조종화, 「형식과 내용의 변증법」, 『헤겔연구』 31, 2012.

차승기, 「임화와 김남천 또는 세태와 풍속의 거리」, 『현대문학의 연구』 25, 2005.
최두석, 『시와 리얼리즘』, 창작과비평사, 1996.
최유찬, 「1930년대 한국리얼리즘론 연구」, 연세대 박사논문, 1986
하정일, 「민족문학의 이념과 방법」, 『민족문학사연구』 3, 1993.
_____, 「프리체의 리얼리즘관과 30년대 후반의 리얼리즘론」, 『현대문학의 연구』 4, 1993.
_____, 「프로문학의 탈식민 기획과 근대극복론」, 『한국 근대문학 연구』 22, 2010.
허 정, 「임화 시 연구」, 동아대 박사논문, 2007.
홍종욱, 「중일 전쟁기 조선사회주의자들의 전향과 그 논리」, 『한국사론』 44, 2000.